Die Effektivität der Durchsetzung im Völkerrecht

Europäische Hochschulschriften Recht

European University Studies in Law

Publications Universitaires Européennes de Droit

Band/Volume 6784

Annemarie Theobald

# Die Effektivität der Durchsetzung im Völkerrecht

## Eine Untersuchung anhand des Internationalen Gerichtshofs und der Erfüllungskontrolle im Rahmen des Paris Agreement

PETER LANG

Berlin - Bruxelles - Chennai - Lausanne - New York- Oxford

**Bibliografische Information der Deutschen Nationalbibliothek**
Die Deutsche Nationalbibliothek verzeichnet diese Publikation in der Deutschen Nationalbibliografie; detaillierte bibliografische Daten sind im Internet über http://dnb.d-nb.de abrufbar.

Zugl.: Trier, Univ., Diss., 2023

D 385
ISSN 0531-7312
ISBN 978-3-631-91743-5
EBOOK 978-3-631-91746-6
E-PUB 978-3-631-91747-3
DOI 10.3726/b21736



Verlegt durch: Peter Lang GmbH, Berlin, Deutschland

info@peterlang.com http://www.peterlang.com



Diese Publikation wurde begutachtet.

# Vorwort

Die vorliegende Arbeit wurde im Sommersemester 2023 vom Fachbereich Rechtswissenschaft der Universität Trier als Dissertation angenommen. Sie entstand im Wesentlichen während meiner Zeit als Wissenschaftliche Mitarbeiterin am Institut für Umwelt- und Technikrecht sowie am Institut für Recht und Digitalisierung Trier. Stand der verwendeten Literatur und Rechtsprechung ist April 2022.

Danken möchte ich zunächst meinem Doktorvater *Prof. Dr. Alexander Proelß* (Universität Hamburg) für die umfassende Betreuung meiner Arbeit. Ich konnte mich immer darauf verlassen, konstruktives Feedback, hilfreiche Anmerkungen und unterstützende Worte zu erhalten. Frau *Prof. Dr. Antje von Ungern-Sternberg* danke ich für die freundliche Übernahme und die Erstellung des Zweitgutachtens. Auch *Prof. Dr. Peter Reiff*, meinem langjährigen Chef, möchte ich auf diesem Weg meine Dankbarkeit aussprechen, sowohl für die freundliche Übernahme des Prüfungsvorsitzes bei meiner Disputation als auch für die sehr angenehme Arbeitsatmosphäre über all die Jahre.

Danken möchte ich auch meiner Familie. Ich konnte und kann immer auf den Beistand meiner Eltern, *Anne* und *Wulf Theobald*, und meiner Geschwister *Klara* und *Simon* zählen. Ohne ihre Unterstützung wäre diese Arbeit nicht möglich gewesen.

Besonderer Dank gebührt im Rahmen der Erstellung dieser Dissertation auch meinem Onkel *Dr. Ulrich Staab* sowie *Anna Sophie Etzkorn* für hilfreiche Anmerkungen.

Schlussendlich gebührt mein Dank meinem Freund *Hans Zilles*. Ohne seine Unterstützung und seine ermutigenden Worte hätte ich diese Arbeit nicht schreiben und vor allem beenden können. Auch seine hilfreichen Anmerkungen während der gesamten Promotionszeit, bei Abgabe und Disputationsvorbereitung, waren von unschätzbarem Wert. Lieber Hans – Danke für alles!

# Inhaltsverzeichnis

# Abkürzungsverzeichnis

| | |
|---|---|
| °C | Grad Celsius |
| aA | andere Ansicht |
| ABl C | Amtsblatt C |
| Abs. | Absatz |
| AcP | Archiv für die civilistische Praxis |
| ACtHPR | African Court on Human and Peoples' Rights |
| AEUV | Vertrag über die Arbeitsweise der Europäischen Union |
| AJIL | American Journal of International Law |
| AJWH | Asian Journal of WTO & International Health Law and Policy |
| AK | Aarhus-Konvention |
| APuZ | Aus Politik und Zeitgeschichte |
| ARSP | Archiv für Rechts- und Sozialphilosophie |
| Art. | Artikel |
| ASIL | American Society of International Law |
| ASR | Articles on State Responsibilty |
| ATJ | Andean Tribunal of Justice |
| AVR | Archiv des Völkerrechts |
| BeckOK | Beck'scher Online-Kommentar |
| BeckRS | Beck-Rechtsprechung |
| BGBl. | Bundesgesetzblatt |
| Bsp. | Beispiel |
| BVerfG | Bundesverfassungsgericht |
| BVerfGE | Entscheidungen des Bundesverfassungsgerichts |
| BVerfGG | Bundesverfassungsgerichtsgesetz |
| BVerwG | Bundesverwaltungsgericht |
| BYIL | British Yearbook of International Law |
| bzw. | beziehungsweise |
| CCLR | Carbon & Climate Law Review |
| CDM | Clean Development Mechanism |
| CMA | Conference of the Parties serving as the meeting of the Parties to the Paris Agreement |

| | |
|---|---|
| CMP | Conference of the Parties serving as the meeting of the Parties to the Kyoto Protocol |
| COE | Council of Europe |
| COP | Conference of the Parties |
| COP/MOP | Conference of the Parties/Meeting of the Parties |
| CP.21 | Conference of the Parties 21 |
| DRiZ | Deutsche Richterzeitung |
| DSU | Dispute Settlement Understanding |
| DVBl | Deutsches Verwaltungsblatt |
| EACJ | East African Court of Justice |
| ECOWAS | Westafrikanische Wirtschaftsgemeinschaft |
| ECtHR | European Court of Human Rights |
| EGMR | Europäischer Gerichtshof für Menschenrechte |
| EJIL | European Journal of International Law |
| EMRK | Europäische Menschenrechtskonvention |
| ERA | Europäische Rechtsakademie |
| etc. | et cetera |
| EU | Europäische Union |
| EuG | Gericht der Europäischen Union |
| EuGH | Europäischer Gerichtshof |
| EurUP | Zeitschrift für Europäisches Umwelt- und Planungsrecht |
| EUV | Vertrag über die Europäische Union |
| EuZW | Europäische Zeitschrift für Wirtschaftsrecht |
| EWG | Europäische Wirtschaftsgemeinschaft |
| f. | folgende (Einzahl) |
| ff. | folgende (Mehrzahl) |
| Fn. | Fußnote |
| FRY | Federal Republic of Yugoslavia |
| FS | Festschrift |
| GA Res. | General Assembly Resolution |
| GATT | General Agreement on Tariffs and Trade |
| GG | Grundgesetz |
| ggf. | gegebenenfalls |
| GRCh/GRC | Grundrechtecharta der Europäischen Union |
| GYIL | German Yearbook of International Law |
| HFKW | teilflourierte Kohlenwasserstoffe |
| IACHR | Inter-American Court of Human Rights |

| | |
|---|---|
| IACtHR | Inter-American Court of Human Rights |
| ICJ | International Court of Justice |
| ICJ Rep. | IJC Reports |
| ICTR | International Criminal Tribunal for Rwanda |
| ICTY | International Criminal Tribunal for the former Yugoslavia |
| IGH | Internationaler Gerichtshof |
| IGH Statut | Statut des Internationalen Gerichtshofs |
| ILC | International Law Commission |
| ILM | International Legal Materials |
| INDC | Intended Nationally Determined Contributions |
| IO | Internationale Organisation |
| IPbürgR | Internationaler Pakt über bürgerliche und politische Rechte |
| IPCC | Intergovernmental Panel on Climate Change |
| IStGH | Internationaler Strafgerichtshof |
| JEEPL | Journal for European Environmental & Planning Law |
| JI | Joint Implementation |
| JURA | Juristische Ausbildung |
| JuS | Juristische Schulung |
| JZ | JuristenZeitung |
| KP | Kyoto-Protokoll |
| LNTS | League of Nations Treaty Series |
| Ls. | Leitsatz |
| MOP | Meeting of the Parties |
| MP | Montreal Protocol |
| MPEPIL | Max Planck Encyclopedia of Public International Law |
| mwN | mit weiteren Nachweisen |
| N.Y.U. J. Int'l L. & Pol. | New York University Journal of International Law and Politics |
| NDCs | Nationally Determined Contributions |
| NGO | Non-Governmental Organisation/ Nichtregierungsorganisation |
| NILR | Netherlands International Law Review |
| NJW | Neue Juristische Wochenschrift |
| No. | Numero |
| Nos. | Numeros |

| | |
|---|---|
| NVwZ | Neue Zeitschrift für Verwaltungsrecht |
| NVwZ-Extra | Neue Zeitschrift für Verwaltungsrecht-Extra |
| o.Ä. | oder Ähnlichem/oder Ähnliches |
| OECD | Organisation for Economic Co-operation and Development (Organisation für wirtschaftliche Zusammenarbeit und Entwicklung) |
| OVG | Oberverwaltungsgericht |
| PA | Paris Agreement |
| PAICC | Paris Agreement Implementation and Compliance Committee |
| PCA | Permanent Court of Arbitration |
| PCIJ | Permanent Court of International Justice |
| RdC | Recueil des Cours |
| RECIEL | Review of European, Comparative & International Environmental Law |
| RGBl. | Reichsgesetzblatt |
| RIAA | Reports of International Arbitral Awards |
| Rn. | Randnummer |
| Rspr. | Rechtsprechung |
| RW | Rechtswissenschaft |
| S. | Seite |
| s. | siehe |
| SRÜ | Seerechtsübereinkommen der Vereinten Nationen |
| StIGH | Ständiger Internationaler Gerichtshof |
| StVO | Straßenverkehrs-Ordnung |
| SZIER | Schweizer Zeitschrift für internationales und europäisches Recht |
| u.a. | unter anderem/und andere |
| u.Ä. | und Ähnliches |
| ua | und andere |
| UN | United Nations |
| UNCh | UN-Charta |
| UNEP | United Nations Environment Programme |
| UNFCCC | United Nations Framework Convention on Climate Change |
| UNTS | United Nations Treaty Series |
| v. | versus |

| | |
|---|---|
| VG | Verwaltungsgericht |
| vgl. | vergleiche |
| WTO | World Trade Organization |
| WVK | Wiener Vertragsrechtskonvention |
| z.B. | zum Beispiel |
| ZaöRV | Zeitschrift für ausländisches öffentliches Recht und Völkerrecht |
| ZfU-Spezial | Zeitschrift für Umweltpolitik und Umweltrecht-Spezial |
| ZPO | Zivilprozessordnung |
| ZUR | Zeitschrift für Umweltrecht |

# Einleitung

Das Völkerrecht hat den Ruf, an Durchsetzungsschwäche zu leiden: Internationale Verpflichtungen würden nicht eingehalten, die Durchsetzung dieser sei nicht möglich. Aufgrund dieser Tatsache wird dem Völkerrecht gar der Rechtscharakter abgesprochen.[1] Als problematisch und dafür ursächlich wird beispielsweise eingestuft, dass es keine obligatorische Gerichtsbarkeit gibt, oder dass im Völkerrecht Rechtsetzende und Rechtsunterworfene identisch sind.[2] Aber ist es tatsächlich nicht möglich, Staaten zu einem bestimmten Verhalten zu zwingen? Oder gibt es effektive Mittel ohne Zwangswirkung, um die Erfüllung völkerrechtlicher Verpflichtungen zu erreichen? Welche Methoden versprechen Erfolg, welche nicht? Welche Anreize können gesetzt werden?

Deutlich wurde das Problem der Durchsetzung im Verfahren Iran gegen USA wegen Verletzungen des Freundschaftsvertrages von 1955.[3] Dieses Verfahren wurde durch den Iran eingeleitet, da die USA nach ihrem Ausstieg aus dem Atomabkommen die Sanktionen gegen den Iran wiederaufgenommen haben. Der Internationale Gerichtshof (IGH) erließ am 3. Oktober 2018 vorläufige Maßnahmen. Die USA kündigten direkt nach Verkündung der Maßnahmen an, den Anordnungen des IGH nicht Folge zu leisten. Sie führten an, der Iran missbrauche das Gericht zu Propagandazwecken. Auch gaben sie bekannt, den Freundschaftsvertrag beenden zu wollen und andere Abkommen hinsichtlich der Existenz von Streitbeilegungsklauseln zu untersuchen.[4] Eine solche Reaktion

---

1 *Thompson*, Coercive Enforcement of International Law, in: Dunoff/Pollack, Interdisciplinary Perspectives on International Law and International Relations The State of the Art, S. 502; *Graf Vitzthum*, Begriff, Geschichte und Rechtsquellen des Völkerrechts, in: Vitzthum/Proelß, Völkerrecht, Rn. 51, 65; *von Arnauld*, Völkerrecht, Rn. 440; *Wiegandt*, ZaöRV 2011, S. 31 (48); *Wolfrum*, International Law, MPEPIL, Rn. 20.

2 S. z.B. *von Arnauld*, Völkerrecht, Rn. 439.

3 ICJ, Alleged Violations of the 1955 Treaty of Amity, Economic Relations, and Consular Rights (Islamic Republic of Iran v. United States of America); s. zum Verlauf des Verfahrens und zum politischen Hintergrund: AJIL 1/2019, S. 173–182 (Iran Initiates Suit Against the United States in the International Court of Justice, While Sanctions Take Effect).

4 S. zu diesem Verfahren z.B. *Fischer*, The Iranian Suit against the US Sanctions and the 1955 Treaty of Amity: Brilliant Plan or Aberration?, EJIL-Talk 7.9.2018; *Hill-Cawthorne*, The ICJ's Provisional Measures Order in Alleged Violations of the 1955 Treaty (Iran v. United States), EJIL-Talk 3.10.2018.

der USA auf ein gegen sie eingeleitetes internationales Gerichtsverfahren kann dazu beitragen, das Ansehen der internationalen Gerichtsbarkeit in der Staatengemeinschaft zu schädigen.

Von großer Bedeutung wird die Einhaltung der Klimaziele des Paris Agreement[5] sein. Wie der Bericht des Intergovernmental Panel on Climate Change (IPCC) aus dem Jahr 2018 aufzeigt, kann die Erderwärmung (nur) noch unter der Bedingung der Kooperation aller Staaten auf 1,5 °C begrenzt werden.[6] Daher ist es von Relevanz, wie bzw. ob im Rahmen des Paris Agreement auf Nichteinhaltung reagiert wird oder reagiert werden kann.

Anhand dieser Beispiele wird deutlich, dass das Problem der Durchsetzung des Völkerrechts, trotz seiner langen Historie, keine Aktualität eingebüßt hat.

## Hintergrund

Hintergrund dieser Problematik ist das Gesamtsystem der völkerrechtlichen Rechtsordnung, das signifikante Unterschiede zum innerstaatlichen Recht aufweist.

Im deutschen Verfassungsrecht besitzt der Staat ein Gewaltmonopol, Selbsthilfe ist nicht gewollt.[7] Im Gegenzug erhält der Bürger die Rechtsschutzgarantie des Art. 19 Abs. 4 GG, die Rechtsschutz gegen Akte der vollziehenden Gewalt erfasst,[8] sowie einen allgemeinen Justizgewährungsanspruch,[9] der den Rechtsschutz vor den Zivilgerichten umfasst.[10] Der Justizgewährungsanspruch sichert den Zugang zu Gerichten, die Prüfung des Streitbegehrens und eine bindende gerichtliche Entscheidung.[11] Wesensmerkmal des innerstaatlichen Rechts ist somit ein Subordinationsverhältnis zwischen Rechtssetzer und Rechtsunterworfenem. Subjekte des Völkerrechts sind dagegen gleichrangige souveräne

5 BGBl. 2016 II, 108.

6 „IPCC special report on the impacts of global warming of 1.5 °C above pre-industrial levels and related global greenhouse gas emission pathways, in the context of strengthening the global response to the threat of climate change, sustainable development, and efforts to eradicate poverty" vom 8.10.2018.

7 *Kunig*, Völkerrecht als öffentliches Recht – Ein Glasperlenspiel, Gedächtnisschrift für Eberhard Grabitz, S. 325 (332); *Maurer*, Staatsrecht I, § 1 Rn. 14.

8 Schmidt-Bleibtreu/Klein/Bethge/*Bethge*, BVerfGG, § 90 Rn. 275.

9 *Detterbeck*, AcP 192 (1992), S. 325 (327).

10 BeckOK GG/*Huster*/*Rux*, Art. 20 Rn. 199.

11 BVerfG, Beschluss vom 30. April 2003, BVerfGE 107, 395 (401), NJW 2003, S. 1924.

Staaten.[12] Mechanismen, die im innerstaatlichen Bereich die Durchsetzung sicherstellen, existieren im Völkerrecht nicht.

Diese in Art. 2 Nr. 1 UN-Charta (UNCh) verankerte souveräne Gleichheit der Staaten hat einen nicht unerheblichen Einfluss auf die Durchsetzung des Völkerrechts.[13] Um zu einer verbindlichen Streitbeilegung zu gelangen, müssen Staaten sich einer übergeordneten Instanz unterwerfen, was im Widerspruch zu diesem Prinzip steht. Weiterhin ursächlich für die Durchsetzungsschwäche des Völkerrechts können fehlende Mittel, zum Beispiel finanzieller Art, sein. In diesem Fall kann der bestehende Wille zur Vertragstreue durch die Staaten nicht umgesetzt werden. Aufgrund des Prinzips der souveränen Gleichheit können Staaten auch frei zwischen unterschiedlichen Mitteln wählen, um eine Norm durchzusetzen oder einen Streit darüber beizulegen.[14] Durch die Charta der Vereinten Nationen sind die Staaten aber inzwischen auf die friedliche Streitbeilegung beschränkt, Art. 2 Nr. 3 und Art. 33 UNCh.[15]

Im internationalen Bereich wurde in den letzten Jahrzehnten eine Vielzahl an Gerichten geschaffen,[16] die auf den Erlass von bindenden Urteilen ausgerichtet sind.[17] Diese Entwicklung deutet darauf hin, dass die gerichtliche Durchsetzung als wichtiges Instrument zur Sicherung der Einhaltung des Völkerrechts angesehen wird. Auch werden stetig mehr Individuen eingebunden – sei es auf Klägerseite wie bei den Menschenrechten oder aber auch auf Beklagtenseite im Rahmen des Völkerstrafrechts.[18] Daneben wird in einigen Verträgen versucht, die Notwendigkeit einer expliziten Zustimmung der Staaten zu einem bestimmten Rechtsstreit zu umgehen. So können die Staaten im Rahmen der

---

12 *Epping*, Der Staat als die „Normalperson" des Völkerrechts, in: Ipsen, Völkerrecht, Rn. 254.

13 *Epping*, Der Staat als die „Normalperson" des Völkerrechts, in: Ipsen, Völkerrecht, Rn. 255.

14 *Pellet*, Peaceful Settlement of International Disputes, MPEPIL, Rn. 1, 28; *Peters*, EJIL 14 (2003), S. 1 (10).

15 *Pellet*, Peaceful Settlement of International Disputes, MPEPIL, Rn. 1, 3; *Peters*, EJIL 14 (2003), S. 1 (10); *Schmalenbach*, Friedliche Streitbeilegung, in: Proelß, Internationales Umweltrecht, Rn. 3.

16 *Peters*, EJIL 14 (2003), S. 1 (30).

17 *Romano/Alter/Shany*, Mapping international adjudicative bodies, The Issues, and Players in: Romano/Alter/Shany, The Oxford Handbook of International Adjudication, S. 5.

18 *Kau*, Der Staat und der Einzelne als Völkerrechtssubjekte, in: Vitzthum/Proelß, Völkerrecht, Rn. 17, 22; *von Arnauld*, Völkerrecht, Rn. 67 f.; *Walter*, ZaöRV 2016, S. 363 (382 f.).

UN-Seerechtskonvention[19] zwar zwischen vier verschiedenen Streitbeilegungsmechanismen wählen (Art. 287 Abs. 1 SRÜ) – wurde aber keiner der Mechanismen gewählt, so kann trotzdem ein Schiedsgericht über den Rechtsstreit entscheiden.[20] Vor dem Internationalen Strafgerichtshof (IStGH) können Staatsangehörige von Staaten angeklagt werden, die nicht Vertragspartei des Statuts sind, sofern der Tatortstaat Vertragspartei ist (Art. 12 Abs. 2 a) IStGH-Statut[21]).[22] Voraussetzung ist, dass das Geschehen dem Ankläger durch einen Vertragsstaat unterbreitet wird (Art. 13 a) IStGH-Statut) oder Ermittlungen durch den Ankläger nach Art. 15 IStGH-Statut aufgenommen werden (Art. 13 c) IStGH-Statut). Diese Entwicklungen haben zur Folge, dass Staaten den entsprechenden Verträgen fernbleiben. So wurden beispielsweise die USA nie Mitglied des Statuts des IStGH.[23] Auch führte die Ankündigung der Chefanklägerin des IStGH, das Verhalten der US-Streitkräfte in Afghanistan untersuchen zu wollen, dazu, dass der IStGH von den USA als illegitim und geradezu gefährlich bezeichnet wurde.[24] Explizit benannt wurde auch die Bedrohung der amerikanischen Souveränität durch den IStGH.[25] Im weiteren Verlauf verhängten die USA unter dem damaligen Präsidenten Donald Trump Sanktionen gegen die Chefanklägerin, die zwischenzeitlich durch die Regierung unter Joe Biden zurückgenommen wurden.[26]

Andere Wege werden im Bereich des Umweltvölkerrechts beschritten: Statt Gerichten werden Mechanismen der Erfüllungskontrolle geschaffen. Die Subsumtion dieser Mechanismen unter den Begriff „Durchsetzungsmechanismen" wird im Verlauf der Studie untersucht und festgelegt. Im Rahmen der Einleitung soll diesbezüglich keine Unterscheidung getroffen werden. Neue Entwicklungen

---

19 1833 UNTS 3, 1834 UNTS 3, 1835 UNTS 3.

20 *Merrills*, International Dispute Settlement, S. 180.

21 2187 UNTS 3.

22 *Schröder*, Verantwortlichkeit, Völkerstrafrecht, Streitbeilegung und Sanktionen, in: Vitzthum/Proelß, Völkerrecht, Rn. 56; *von Arnauld*, Völkerrecht, Rn. 1363.

23 *Schröder*, Verantwortlichkeit, Völkerstrafrecht, Streitbeilegung und Sanktionen, in: Vitzthum/Proelß, Völkerrecht, Rn. 56.

24 S. z.B. https://www.zeit.de/politik/ausland/2018-09/internationaler-strafgerichtshof-bolton-john-usa-sicherheitsberater-drohung (abgerufen am 19.4.2022); AJIL 1/2019, S. 169–173 (Trump administration expresses strong disapproval of the International Criminal Court).

25 AJIL 1/2019, S. 169 (170) (Trump administration expresses strong disapproval of the International Criminal Court).

26 https://rsw.beck.de/aktuell/daily/meldung/detail/usa-sanktionen-gegen-istgh-mitarbeiter-zurueckgenommen (abgerufen am 19.4.2022).

im Bereich der umweltvölkerrechtlichen Erfüllungskontrolle sind im Rahmen des Klimaschutzrechts zu beobachten. Ähnlich wie in Art. 18 des Kyoto-Protokolls (KP) enthält Art. 15 des Paris Agreement (PA) zwar die Aufforderung, einen Mechanismus zur Erfüllungskontrolle einzusetzen.[27] Die Ausgestaltung dieses Mechanismus entspricht jedoch der auf Freiwilligkeit ausgerichteten Struktur des PA. So sind die durch die Staaten gemeldeten Reduktionsverpflichtungen bezüglich ihres Inhalts unverbindlich[28] und daher nicht sanktionierbar.[29] Für die Vertragsstaatenkonferenz der United Nations Framework Convention on Climate Change (UNFCCC)[30] war es von größerer Relevanz, eine möglichst hohe Beteiligung zu erzielen, als konkrete Verpflichtungen und Durchsetzungsmechanismen einzubauen.[31] Denn auch die im Umweltrecht verwendeten Compliance-Mechanismen können abschrecken.[32] Daher wurde der Fokus auf die Öffentlichkeit der Verstöße und daraus resultierenden politischen Druck gelegt.[33] Die Zielsetzung der verhandelnden Staaten wurde erreicht: ein Vertrag wurde unterzeichnet, und das PA ist entgegen der Prognosen vieler Kritiker in weniger als einem Jahr nach Unterzeichnung in Kraft getreten.[34] Die gewählte Struktur, die den Beitritt von Ländern wie den USA und China ermöglicht hatte, hat indes schon Schwächen gezeigt: so konnten die USA unter Donald Trump problemlos das Abkommen verlassen. Dieser Schritt wurde inzwischen von Joe Biden durch den Wiedereintritt der USA rückgängig gemacht.

## Problemstellung/Forschungsfrage

Die aufgezeigten Entwicklungen scheinen sich zunächst zu widersprechen bzw. Ausdruck eines unterschiedlichen Verständnisses von Reaktionen auf einen Völkerrechtsbruch zu sein. Einerseits werden Gerichte mit teilweise umfassenden Zuständigkeiten geschaffen, die bindende und verpflichtende Urteile erlassen

27 Böhringer, ZaöRV 2016, S. 753 (789).
28 *Böhringer*, ZaöRV 2016, S. 753 (780) mwN in Fußnote 105; *Voigt*, RECIEL 25 (2016), S. 161.
29 *Böhringer*, ZaöRV 2016, S. 753 (791); *Ekardt/Wieding*, ZfU-Spezial 2016, S. 36 (44).
30 1771 UNTS 107.
31 *Ekardt/Wieding*, ZfU-Spezial 2016, S. 36 (44).
32 *Voigt*, RECIEL 25 (2016), S. 161 (162).
33 *Saurer*, NVwZ 2017, S. 1574 (1575); *Schlacke*, ZUR 2016, S. 65 (66).
34 S. beispielsweise https://www.bmuv.de/themen/klimaschutz-anpassung/klimaschutz/internationale-klimapolitik/un-klimakonferenzen/22-un-klimakonferenz-in-marrakesch/inkrafttreten-paris-abkommen (abgerufen am 19.4.2022).

(können). Andererseits appelliert das PA an die Freiwilligkeit der Vertragsstaaten und schafft eine explizit nicht sanktionierende Kontrollinstanz, was die Effektivität des Abkommens deutlich beeinträchtigen kann – und wird?

Auffällig ist, dass grundsätzlich der Wille und die Bereitschaft vorhanden sind, internationale Gerichte zu schaffen und mit weitreichenden Kompetenzen zu versehen. Der Internationale Seegerichtshof und der Internationale Strafgerichtshof sind nur Beispiele für solche Gerichte. Es ist jedoch stets anzumerken, dass manche Staaten aufgrund von Souveränitätsbedenken den entsprechenden Verträgen fernbleiben.

Anders liegt die Situation im Umweltvölkerrecht. Auch wenn Gerichte zum Teil über umweltrechtliche Streitigkeiten zu entscheiden haben oder dieses Themengebiet in ihren Entscheidungen zumindest streifen müssen und es auch dort Rufe nach einem Umweltgericht gibt, so setzen Verträge vorzugsweise auf Mechanismen der Erfüllungskontrolle, auf Monitoring, Reporting und auf *naming and shaming*. Diese Mechanismen werden von den jeweiligen Verträgen geschaffen, es gibt keine zentrale Instanz, die grundsätzlich (nur) über alle umweltvölkerrechtlichen Probleme entscheiden kann. Zwar besitzt der IGH durchaus die Kompetenz, über umweltrechtliche Streitigkeiten zu entscheiden – er ist jedoch kein Umweltweltgericht.

Kernfrage der Arbeit ist die Effektivitätsbewertung der untersuchten Mechanismen anhand einer Effektivitätsdefinition und Effektivitätskriterien. Diese ermöglichen, die Mechanismen anhand feststehender Bewertungskriterien zu vergleichen. Am Ende soll als Antwort stehen, wo die höhere Effektivität zu finden ist. Dabei wäre es illusorisch mit dem Ziel zu starten, „die“ Lösung für das Problem der Durchsetzung im Völkerrecht zu finden. Vielmehr geht es darum, einen Beitrag zur Diskussion zu leisten und die ausgewählten Mechanismen zu bewerten.

## Forschungsstand/Forschungsbedarf

Forschungsbedarf ergibt sich in diesem Themenfeld aus der bereits erwähnten Aktualität. Dem Völkerrecht und seinen Institutionen wird in Zeiten von aufstrebendem Nationalismus viel Kritik entgegengebracht.[35] Der IGH als das Hauptrechtsprechungsorgan der Vereinten Nationen muss sich aufgrund dieser Umstände als effektives Mittel der friedlichen Streitbeilegung behaupten. Das

35 S. schon die beschriebene Kritik an den internationalen Gerichten; *von Arnauld*, Völkerrecht, Rn. 53 ff. noch mit Verweis auf die Präsidentschaft von Donald Trump.

Umweltvölkerrecht, und insbesondere das Klimaschutzrecht, könnten aktueller nicht sein. Sollte die internationale Gemeinschaft jetzt keine Trendwende bezüglich der Emissionen erreichen, können die Klimaziele nicht erreicht werden. Daher ist eine Untersuchung der Durchsetzung der Ziele von großer Relevanz.

Untersuchungen der Effektivität gerichtlicher Durchsetzung und der Effektivität des IGH liegen in englischer Sprache vor, sind allerdings teilweise schon älteren Datums. Die Effektivität der Durchsetzung des PA wurde dagegen noch nicht ausführlich betrachtet, insbesondere im Hinblick auf die stetige Weiterentwicklung der entsprechenden Regelungen.

Mit der Frage, wie sich die Compliance mit dem PA entwickeln wird, beschäftigte sich auch *Zerrin Savaşan* in ihrem Buch „Paris Climate Agreement: A Deal for Better Compliance?".[36] Hierbei ähnelt die Herangehensweise in Teilen der vorliegenden Studie. Auch sie erläutert als Basis der Untersuchung den Begriff der Compliance und beschreibt Compliance-Mechanismen. Die Schlussfolgerungen aus Kyoto-Protokoll und Montreal Protocol hin zum Compliance-Mechanismus des PA sind ebenfalls Gegenstand der vorliegenden Untersuchung. Dabei sind aber einige Unterschiede zu beachten. Zum einen beschäftigt *Zerrin Savaşan* sich nicht allgemein mit der Durchsetzung und deren Effektivität, sondern lediglich mit den Compliance-Mechanismen im Umweltvölkerrecht. Auch ist ihre Arbeit auf dem Stand von 2019, sodass die aktuellen Entwicklungen und Regelungen zum PA nicht Gegenstand ihrer Untersuchung sind. Es besteht demnach trotz dieser Veröffentlichung ein Bedarf nach den Ergebnissen der vorliegenden Studie. Insbesondere die Gegenüberstellung der zu untersuchenden Mechanismen kann Synergien hervorbringen, die so noch nicht untersucht wurden.

Des Weiteren fehlen insbesondere im deutschen Sprachraum entsprechende Untersuchungen. Gerade Untersuchungen zur Effektivität von Durchsetzung sind meist nur in englischer Sprache und so größtenteils nur aus der entsprechenden Perspektive zu finden. Daher kann die vorliegende Untersuchung diesbezüglich neue Sichtweisen eröffnen.

## Vorgehensweise/Gang der Untersuchung

Gegenstand des ersten Kapitels sind die theoretischen Grundlagen der vorliegenden Arbeit. Hierfür werden die Begriffe der Durchsetzung und der Durchsetzungsschwäche erläutert und definiert. Auch wird betrachtet, welche Auswirkungen die Durchsetzungsschwäche des Völkerrechts auf dessen

36 *Savaşan*, Paris Climate Agreement: A Deal for Better Compliance?.

Rechtsqualität hat. Anschließend werden die schon angesprochenen Ursachen der Durchsetzungsschwäche eingehend erläutert. Danach wird die (historische) Entwicklung der internationalen Streitbeilegung bzw. Durchsetzung betrachtet. Die unterschiedlichen Mechanismen der friedlichen Streitbeilegung werden kurz aufgezeigt.

Das zweite Kapitel behandelt den Begriff der Effektivität, der für diese Arbeit definiert wird. Des Weiteren sollen Effektivitätskriterien festgelegt werden, die die Definition schärfen. Definition und Kriterien sollen im Anschluss als „Prüfungsraster" auf die zu untersuchenden Mechanismen angewendet werden. Als Bewertungskriterium wird demnach auf die Effektivität der Mechanismen abgestellt. Nötig ist eine Einordnung, warum dieses Kriterium und nicht das Bewertungskriterium der Legitimität von Durchsetzungsmechanismen gewählt wurde.[37]

Auf nationaler Ebene wird Legitimität insbesondere verstanden als Rechtfertigung des Staates, also seiner Herrschaftsgewalt und seiner Handlungen.[38] In Abgrenzung von der Legalität, das heißt der formellen Rechtmäßigkeit, ist der Maßstab der Legitimität vor- bzw. außerrechtlich.[39] Auch im Völkerrecht soll durch den Begriff der Legitimität Herrschaft (und damit bindende Entscheidungen) gerechtfertigt werden.[40] Diese wird nach *Rüdiger Wolfrum* hergeleitet aus der Zustimmung der Staaten, der Wahrnehmung der Aufgaben durch Verfahren, die als fair angesehen werden, sowie durch die Ergebnisse (*outcomes*).[41] Allerdings solle die Tatsache, dass Entscheidungen durch die Adressaten nicht als zufriedenstellend wahrgenommen werden, nicht die Legitimität beeinflussen.[42]

Aber warum wird auf die Effektivität und nicht auf die Legitimität abgestellt? Diese Schlussfolgerung ist nicht korrekt bzw. nicht vollständig. Vielmehr geht die Legitimität in dieser Arbeit in Teilen in der Effektivität auf. Auch *Yuval Shany*

---

37 Zur Legitimität und Legitimation von Gerichten und Durchsetzung im Völkerrecht s. insbesondere: *von Bogdandy/Venzke*, In wessen Namen? Internationale Gerichte in Zeiten globalen Regierens.

38 *Schöbener/Knauff*, Allgemeine Staatslehre, § 4 Rn. 5.

39 *Schöbener/Knauff*, Allgemeine Staatslehre, § 4 Rn. 4 f., s. hierzu auch *Treves*, Aspects of Legitimacy of Decisions of International Courts and Tribunals, in: Wolfrum/Röben, Legitimacy in International Law, S. 169.

40 *Wolfrum*, Legitimacy in International Law, MPEPIL, Rn. 1.

41 *Wolfrum*, Legitimacy in International Law, MPEPIL, Rn. 6 ff.; zu den Problemen der Legitimation durch Konsens s. z.B. *Ginsburg*, Political Theory of International Adjudication, MPEPIL, Rn. 25 ff.

42 *Wolfrum*, Legitimacy in International Law, MPEPIL, Rn. 8.

sieht die Legitimität als Faktor der Effektivität.[43] Im Rahmen der Effektivitätsdefinition werden sowohl eine Definition als auch Kriterien der Effektivität aufgestellt. Einige dieser Kriterien lassen sich nicht eindeutig nur der Effektivität oder nur der Legitimität zuordnen. So kann der Compliance-Faktor auch Indiz für die Legitimität eines Durchsetzungsmechanismus sein[44] – genau wie die (innerstaatliche) Rezeption von Urteilen.[45] Auch die „Nutzungsraten" können Aufschluss darüber geben, ob ein Mechanismus als legitim angesehen wird.[46] Der Einfluss der Unabhängigkeit von Mechanismen beinhaltet ebenfalls Gesichtspunkte der Legitimität. *Yuval Shany* nennt selbst die wahrgenommene Legitimität als eigenen Effektivitätsfaktor.[47] Effektivität und Legitimität sind somit nicht trennscharf voneinander abzugrenzen. Auch wenn hier primär auf die Effektivität abgestellt werden wird, so beinhaltet diese auch Merkmale der Legitimität.

Im dritten Kapitel werden die Effektivitätsdefinition sowie die diesbezüglichen Kriterien auf die internationale Gerichtsbarkeit am Beispiel des IGH angewendet. Hierzu werden der geschichtliche Hintergrund des IGH, seine Rechtsgrundlagen und Verfahrensarten sowie die Besetzung der Richterbank zunächst knapp beschrieben. Anschließend erfolgt die Bewertung anhand der Kriterien sowie der Definition. Diese beschränkt sich dabei auf den IGH – eine Bewertung der internationalen Gerichtsbarkeit in ihrer Gesamtheit würde in der vorliegenden Studie zu weit führen.

Das vierte Kapitel beinhaltet die Anwendung der Effektivitätsdefinition und der Effektivitätskriterien auf die Compliance-Mechanismen am Beispiel des Paris Agreement zum Klimaschutz. Es werden zunächst die Compliance-Verfahren des Umweltvölkerrechts erläutert sowie die Entwicklung des Klimaschutzrechts unter Darstellung der einschlägigen Vertragswerke sowie Protokolle. Anschließend folgt die Effektivitätsbewertung des PA. Hierbei ist auch die aktuelle Entwicklung bezüglich des Mechanismus im Blick zu behalten.

In einem Fazit werden die Ergebnisse anschließend zusammengefasst.

---

43 *Shany*, Effectiveness of International Adjudication, MPEPIL, Rn. 2.

44 *Shany*, Effectiveness of International Adjudication, MPEPIL, Rn. 20.

45 *Shany*, Effectiveness of International Adjudication, MPEPIL, Rn. 28.

46 *Shany*, Effectiveness of International Adjudication, MPEPIL, Rn. 29; s. hierzu auch *Giladi/Shany*, The International Court of Justice, in: Shany, Assessing the Effectiveness of International Courts, S. 161 (176).

47 *Shany*, Effectiveness of International Adjudication, MPEPIL, Rn. 40.

# Kapitel 1: Durchsetzungsschwäche des Völkerrechts

Als Grundlage der Untersuchung werden im vorliegenden Kapitel die Begriffe der Durchsetzung sowie der Durchsetzungsschwäche des Völkerrechts definiert und deren Auswirkungen aufgezeigt. Hierbei wird auf das Ziel der Durchsetzung (Compliance) eingegangen sowie auf die Gründe, warum dieses Ziel von den Staaten angestrebt wird. Anschließend werden die in der Einleitung schon angesprochenen Ursachen der Durchsetzungsschwäche beleuchtet. Bezüglich der friedlichen Streitbeilegung wird zunächst deren Entwicklung in Bezug auf die Zulässigkeit von Gewaltanwendung betrachtet. Im Anschluss werden die Mechanismen der friedlichen Streitbeilegung beschrieben.

## I) Durchsetzungsschwäche und Auswirkungen

Der Begriff „Durchsetzungsschwäche des Völkerrechts" ist in den Themenfeldern Politik und Recht nicht neu. Eine einfach gehaltene Definition dieser Durchsetzungsschwäche des Völkerrechts wäre, dass ein Staat, der einen Völkerrechtsbruch begeht oder begangen hat, völkerrechtlich nicht ohne Weiteres dazu gezwungen werden kann, diesen abzustellen oder den ohne den Völkerrechtsbruch bestehenden Zustand (wieder-)herzustellen. Die erzwungene Wiederherstellung der Rechtstreue nach dem Rechtsbruch stellt sich mangels Gewaltenteilung und Zwangsmittel schwieriger dar als im innerstaatlichen Recht. Daher soll zur Einführung auf die Definition des Begriffs sowie auf die Ursachen der Durchsetzungsschwäche eingegangen werden. Anschließend werden die Entwicklung der friedlichen Streitbeilegung sowie deren Mittel aufgezeigt. Diese theoretischen Grundlagen dienen als Basis der weiteren Untersuchung.

### 1) Definition Durchsetzung und Durchsetzungsschwäche

Die für diese Arbeit relevanten Begriffe der Durchsetzung und der Durchsetzungsschwäche müssen im Hinblick auf das weitere Vorgehen zunächst definiert werden, da von dieser Definition der Untersuchungsgegenstand abhängt. Da der Inhalt des Begriffs der Durchsetzung durchaus variiert, ist es nötig festzulegen, wie er in dieser Arbeit verstanden werden soll. Der Gegenstand der Untersuchung muss unter den vertretenen Begriff der Durchsetzung zu fassen sein.

Eine mögliche Definition ist, dass Durchsetzung *„das unter Einsatz bestimmter Mittel erfolgende Bemühen, das normwidrige Verhalten eines Staates mit den*

*Geboten oder Verboten des Völkerrechts wieder in Übereinstimmung zu bringen, also die Kongruenz zwischen normativer und Seinsebene wiederherzustellen*" ist.[48] Ein weites Verständnis der Durchsetzung wäre das Erfassen „*alle[r] Bemühungen [...], präventiv oder repressiv die Einhaltung des Rechts zu fördern*".[49] Ebenfalls weit gefasst ist folgende Definition: „*Enforcement [...] is to be understood as all the actions undertaken by States or other entities to induce or compel States to achieve compliance with [environmental] obligations entered into*".[50] Enger betrachtet kann Durchsetzung auch definiert werden als „*die direkte Einwirkung auf das rechtsuntreue Subjekt mit Zwang und Gewalt*" mit „*Maßnahmen, die es unmittelbar dazu veranlassen können, etwas zu tun oder zu lassen, zu dem es ansonsten nicht bereit wäre. Es geht um die Brechung seines Willens.*"[51]

Die Mehrzahl der dargestellten Definitionen des Begriffes der Durchsetzung, sowie auch der Versuch einer einfach gehaltenen Definition bezüglich der Durchsetzungsschwäche des Völkerrechts, knüpfen für die (Wieder-)Herstellung eines völkerrechtskonformen Verhaltens an eine Anordnung einer weisungsbefugten oder übergeordneten Instanz an. Sie gehen somit von Zwang aus. Die Konsequenz ist das Vorliegen eines Subordinationsverhältnisses.[52] Wird der Begriff der Durchsetzung jedoch weiter gefasst, so ist darin die Reaktion auf einen Völkerrechtsbruch zu sehen, für die den Staaten die unterschiedlichsten Mittel zur Verfügung stehen.[53] Diese müssen nicht zwangsläufig durch ein Subordinationsverhältnis geprägt sein. Insbesondere im Bereich des Umweltvölkerrechts hat sich eine Vielzahl konfliktvermeidender Mechanismen ohne ein solches Subordinationsverhältnis herausgebildet, die eine Rückkehr zur oder ein erstmaliges Herstellen der Rechtstreue bezwecken sollen.[54] Aufgrund der Tatsache,

---

48 *Schweisfurth*, Völkerrecht, Kapitel 6 Rn. 4.

49 *Kunig*, Völkerrecht als öffentliches Recht – Ein Glasperlenspiel, Gedächtnisschrift für Eberhard Grabitz, S. 325 (333).

50 *Wolfrum*, RdC 272 (1998), S. 9 (30); *Fitzmaurice*, Environmental Compliance Control, MPEPIL, Rn. 20.

51 *Kunig*, Völkerrecht als öffentliches Recht – Ein Glasperlenspiel, Gedächtnisschrift für Eberhard Grabitz, S. 325 (333).

52 *Wiegandt*, ZaöRV 2011, S. 31 (49).

53 *Graf Vitzthum*, Begriff, Geschichte und Rechtsquellen des Völkerrechts, in: Vitzthum/Proelß, Völkerrecht, Rn. 65; *Vöneky*, JURA 2007, S. 488 (489).

54 Hierzu beispielsweise *Brunnée*, Enforcement Mechanisms in International Law and International Environmental Law, in: Beyerlin/Stoll/Wolfrum, Ensuring Compliance with Multilateral Environmental Agreements, S. 1 (14 ff.); *Schmalenbach*, Friedliche Streitbeilegung, in: Proelß, Internationales Umweltrecht, Rn. 8.

dass diese Mechanismen – zumindest primär – keinen Zwang vorsehen, werden sie häufig nicht unter den klassischen Begriff der Durchsetzung gefasst. Die Mechanismen der Erfüllungskontrolle sind meist vielmehr auf Hilfestellungen zur Erfüllung der vertraglichen Verpflichtungen ausgelegt.[55] Diese nicht durch Zwang geprägten Mittel unterfallen nur dann dem Begriff der Durchsetzung, wenn dieser entsprechend weit gefasst wird.

Zur Präzisierung der Definition ist festzustellen, was das Ziel der Durchsetzung ist und warum diese benötigt wird. Zu untersuchen ist somit zunächst, wann ein Staat sich im Einklang mit seinen bestehenden Verpflichtungen befindet und anschließend, warum dieser Zustand angestrebt wird oder nicht. Die so gewonnenen Erkenntnisse sind sowohl für die Definition des Begriffes als auch im Anschluss für die Bewertung der Mechanismen von Bedeutung, da diese auf die unterschiedlichen Gründe der Nichterfüllung eingehen sollten.

Das Ziel der Durchsetzung ist es, zu gewährleisten, dass Staaten ihre völkerrechtlichen Verpflichtungen erfüllen. Erfüllt ein Staat seine Verpflichtungen, so liegt Compliance vor. Compliance beschreibt die Verbindung zwischen dem, was das Recht fordert, und dem Verhalten seiner Subjekte.[56] Die Einhaltung der Verpflichtungen ist geprägt durch ein Verhalten oder eine Situation, die konform mit den völkerrechtlichen Verpflichtungen eines Völkerrechtssubjektes ist.[57]

Im umweltvölkerrechtlichen Bereich definiert das „Manual on Compliance with and Enforcement of Multilateral Environmental Agreements" des United Nations Environment Programme (UNEP) Compliance als *„the fulfilment by the contracting parties of their obligations under a multilateral environmental agreement and any amendments to the multilateral environmental agreement"*.[58]

Probleme bezüglich der Befolgung von Regeln können bei bindenden und nicht bindenden Vorschriften auftreten.[59] Auch nicht bindende Vorschriften sollen ihrem Sinn nach beachtet bzw. befolgt werden.[60] Daher ist es auch im

---

55 *Schmalenbach*, Friedliche Streitbeilegung, in: Proelß, Internationales Umweltrecht, Rn. 7 f.

56 *Huneeus*, Compliance with Judgments and Decisions, in: Romano/Alter/Shany, The Oxford Handbook of International Adjudication, S. 437 (438).

57 *Bothe*, Compliance, MPEPIL, Rn. 1.

58 UNEP, Manual on Compliance with and Enforcement of Multilateral Environmental Agreements, S. 59; ähnlich: *Wolfrum*, RdC 272 (1998), S. 9 (29) mwN; *Fitzmaurice*, Environmental Compliance Control, MPEPIL, Rn. 17.

59 *Bothe*, Compliance, MPEPIL, Rn. 5.

60 *Kunig/Uerpmann-Wittzack*, Völkerrecht und staatliches Recht, in: Vitzthum/Proelß, Völkerrecht, Rn. 170 f.

Fall solcher nicht bindenden Vorschriften möglich, Erhebungen über die Befolgungsrate durchzuführen und zu versuchen, diese anzuheben.[61]

Fraglich bleibt sodann, aus welchem Grund Staaten ihre Verpflichtungen erfüllen oder nicht. Zu dieser Frage werden verschiedene Ansätze bzw. Theorien vertreten.[62] Da diese, wie aufgezeigt, auch Einfluss auf den Begriff der Durchsetzung haben, sollen einige, für die weitere Untersuchung relevante, Theorien überblicksweise dargestellt werden.[63]

Eine Theorie bzw. eine mögliche Entscheidungshilfe für Staaten beinhaltet eine einfache Kosten-Nutzen-Analyse (rational choice).[64] Compliance tritt dieser Theorie zufolge dann ein, wenn die Kosten für Non-Compliance höher als die für Compliance sind.[65] In diese Rechnung können unterschiedliche Faktoren einfließen, wie beispielsweise Reziprozität und Reputation.[66]

*Abram Chayes* und *Antonia Handler Chayes* gehen in ihrem Buch „The New Sovereignty" aus dem Jahr 1995, in welchem sie einen „managerial approach" verfolgen, davon aus, dass Staaten ihre Verpflichtungen grundsätzlich einhalten wollen, dass es also eine „Neigung" der Staaten zur Einhaltung ihrer Verpflichtungen gebe.[67] Sie identifizieren im Weiteren drei Gründe für Non-Compliance: (1)

---

61 S. zu diesem Komplex auch *Fitzmaurice*, Environmental Compliance Control, MPEPIL, Rn. 10–14.

62 Für einen Überblick über die unterschiedlichen Theorien (Rationalist – Norm-Driven – Liberal) s. *Raustiala*, Case Western Reserve Journal of International Law 32 (2000), S. 387 (399–411).

63 Hier kann nur auf einige der Theorien eingegangen werden, die Darstellung erhebt daher keinen Anspruch auf Vollständigkeit. Eine (ebenfalls knappe) Aufzählung unterschiedlicher Compliance-Theorien ist zu finden bei *Delcourt*, Compliance, Theory of, MPEPIL, Rn. 6–14. Weitere (hier nicht dargestellte) Theorien wurden beispielsweise aufgestellt von *Roger Fisher* („Improving Compliance with International Law"), *Oran Young* („International Cooperation Building Regimes for National Resources and the Environment") und *Thomas M. Franck* („Fairness in International Law and Institutions"). Zusammenfassend und bewertend in Bezug auf die Theorien von *Chayes/Chayes* und *Thomas M. Franck*: *Koh*, Why Do Nations Obey International Law?, Yale Law Journal 106 (1997), S. 2599–2659.

64 *Bothe*, Compliance, MPEPIL, Rn. 6; *Kunig*, Völkerrecht als öffentliches Recht – Ein Glasperlenspiel, Gedächtnisschrift für Eberhard Grabitz, S. 325 (333); bezogen auf internationale Gerichte wurde ein solches Modell entwickelt von *Guzman*, University of Pennsylvania Law Review 157 (2008), S. 171–235.

65 *Bothe*, Compliance, MPEPIL, Rn. 6.

66 *Bothe*, Compliance, MPEPIL, Rn. 8–11.

67 *Chayes/Chayes*, The New Sovereignty, S. 3.

Zweideutigkeit und Unbestimmtheit der Vertragssprache, (2) Beschränkungen der Kapazität der Parteien, die Verpflichtungen einzuhalten, und (3) die zeitliche Dimension bezüglich sozialer, ökonomischer und politischer Veränderungen, die von dem Vertrag betrachtet würden.[68] Des Weiteren gehen sie davon aus, dass nicht immer voll erfüllt werden müsse, sondern dass ein akzeptables Level an Compliance zu finden sei, das sich aber im Laufe der Zeit ändern könne.[69] Sie stellen die These auf, dass aufgrund der von ihnen identifizierten Gründe für Non-Compliance Zwangsdurchsetzung fehlgerichtet und kostenintensiv sei.[70] Besser geeignet, um Staaten zur Erfüllung ihrer Verpflichtungen zu bewegen, seien Transparenz, Streitbeilegung und Capacity Building als Teil einer Management-Strategie.[71] So könne das Lösen der Probleme zu einer kooperativen Strategie und nicht nur zu einseitigen Sanktionen führen.[72]

Gegen diesen Ansatz wenden sich *George W. Downs, David M. Rocke* und *Peter N. Barsoom*.[73] Ihnen zufolge habe die managerial school nur Vertragswerke untersucht, bezüglich derer aufgrund mangelnder Kooperationstiefe und aufgrund der Tatsache, dass in ihnen lediglich kleine Schritte gegangen werden, kein Durchsetzungsmechanismus erforderlich sei.[74] Kooperationstiefe sei in diesem Kontext so zu verstehen, dass sie die Kosten für Änderungen bewertet, die aufgrund des Vertrages, ausgehend vom status quo ante, erforderlich sind.[75] Am Beispiel mehrerer Verträge zeigen sie auf, dass bei diesen weder die von der managerial school ausgemachten Ursachen tatsächlich ursächlich für Non-Compliance gewesen seien, noch dass die Lösungsstrategien dort erfolgreich sein könnten.[76] Vielmehr sei eine in den Verträgen vorgesehene Durchsetzung erfolgversprechend(er).[77]

---

68 *Chayes/Chayes*, The New Sovereignty, S. 10; *Chayes/Chayes*, International Organization 47 (1993), S. 175 (188).

69 *Chayes/Chayes*, The New Sovereignty, S. 17–20; *Chayes/Chayes*, International Organization 47 (1993), S. 175 (176).

70 *Chayes/Chayes*, The New Sovereignty, S. 22; *Raustiala*, Case Western Reserve Journal of International Law 32 (2000), S. 387 (407).

71 *Chayes/Chayes*, The New Sovereignty, S. 22–25.

72 *Chayes/Chayes*, The New Sovereignty, S. 26.

73 *Downs/Rocke/Barsoom*, International Organization 50 (1996), S. 379–406.

74 *Downs/Rocke/Barsoom*, International Organization 50 (1996), S. 380, 383, 388–392.

75 *Raustiala*, Case Western Reserve Journal of International Law 32 (2000), S. 387 (408); s. hierzu auch *Helfer/Slaughter*, California Law Review 93 (2005), S. 901 (937), die sich auf eine signifikante Verhaltensänderung vom status quo beziehen.

76 *Downs/Rocke/Barsoom*, International Organization 50 (1996), S. 392–397.

77 *Downs/Rocke/Barsoom*, International Organization 50 (1996), S. 392–397.

Auf dieser Grundlage lässt sich so ein weiterer Grund für die Befolgung des Völkerrechts identifizieren: Die Existenz eines Sanktions- oder Durchsetzungsmechanismus. Hierdurch kann für Staaten ein Anreiz gesetzt werden, nicht gegen vorhandene Normen zu verstoßen, um nicht Gegenstand eines Sanktionsverfahrens zu werden. Da dieses Sanktionsverfahren auch öffentlich bekannt werden würde, hätte der rechtsbrechende Staat ggf. mit einem Verlust seines Ansehens in der internationalen Gemeinschaft zu rechnen. Die durch die Sanktion provozierte Öffentlichkeit und Publizität kann ebenfalls als Anreiz gesehen werden, nicht gegen völkerrechtliche Normen zu verstoßen. Diese Entscheidung kann auch als Fall von rational choice angesehen werden, da die Staaten zwischen Kosten und Nutzen eines Rechtsbruchs bei Vorliegen eines Sanktionsmechanismus abwägen.

Ein vorhandener und wirksamer Sanktionsmechanismus kann demnach dazu führen, dass Verpflichtungen eingehalten werden, um einer Sanktionierung zu entgehen. Dies führt dazu, dass sich ein Wille zur Vertragstreue ausbildet. Ein solcher Wille ist beispielsweise nicht notwendigerweise vorhanden, wenn Vertragstreue nur das Nebenprodukt eines anderen Umstandes ist. Ein (nicht völkerrechtliches) Beispiel hierfür wäre die Geschwindigkeitsbegrenzung auf der Straße: Wird die Begrenzung eingehalten, weil der Fahrer sie einhalten will, um nicht bestraft zu werden – oder kann er nur wegen einer Baustelle oder eines Staus nicht schneller fahren? Oder in einem anderen (umweltvölkerrechtlichen) Kontext: Sinkt der $CO_2$-Ausstoß eines Landes, weil Klimaschutzziele eingehalten werden sollen – oder weil klimaschädliche Industrie aufgrund einer Wirtschaftskrise zusammengebrochen ist? Eine solche willentliche Vertragstreue – und sei sie nur aus der Motivation entstanden, einer Sanktion zu entgehen – ist gegenüber der Vertragstreue als Nebenprodukt vorzuziehen, da der rechtstreue Staat sich der Rechtsnormen und seiner Vertragstreue bewusst ist. Es erhöht auch das Vertrauen darauf, dass diese Staaten sich bei anderen vertraglichen Verpflichtungen ebenfalls rechtstreu verhalten.

*Ronald B. Mitchell* identifiziert in einem am Umweltrecht ausgerichteten Aufsatz aus dem Jahr 1993 zwei Denkansätze bezüglich der Compliance von Staaten in der Politikwissenschaft: die realist school und die institutionalist school.[78] Beide Ansätze gehen ihm zufolge grundsätzlich davon aus, dass das Völkerrecht befolgt wird, allerdings sähen die Institutionalisten einen Einfluss von Verträgen auf dieses Verhalten, die Realisten nicht.[79] *Mitchell* definiert Compliance als

---

78 *Mitchell*, RECIEL 2 (1993), S. 327.
79 *Mitchell*, RECIEL 2 (1993), S. 327.

„*an actor's behaviour that conforms to a treaty's explicit rules*", wobei dies dann durch den Vertrag verursacht ist, wenn das Verhalten aufgrund des Compliance-Systems des Vertrages erfolgt.[80] Als Ursachen für Non-Compliance zählt er die Kosten der Vertragserfüllung, die Unfähigkeit der Vertragsstaaten, die Bestimmungen zu erfüllen, und die Unachtsamkeit der Vertragsstaaten auf.[81]

Eine neue These zur Compliance von Staaten stellen *Anne van Aaken* und *Betül Simsek* in ihrem Beitrag „Rewarding in International Law" auf.[82] Die Autorinnen führen an, dass Belohnungen stärkere Anreize zur Compliance setzten als Strafen. Belohnungen („*rewards*") definieren sie als „*improvements in a target's value position relative to a baseline of expectations*".[83] Diese Basislinie (baseline) sei der Ausgangspunkt für die Unterscheidung zwischen Belohnung und Strafe, wobei die Basislinie sich verschieben könne.[84] Dabei differenzieren *van Aaken* und *Simsek* zwischen „*internal*" und „*external*" rewards, je nachdem, ob die Belohnung im Vertrag selbst angelegt sei, sowie zwischen „*entry rewards*" und „*compliance rewards*", von denen die Staaten entweder bei Beitritt zu einem Übereinkommen oder bei Compliance mit diesem profitieren.[85] Hervorgehoben werden auch die Vorteile des „*naming and praising*" im Vergleich zu „*naming and shaming*".[86] Im Rahmen ihrer Analyse kommen sie zu dem Ergebnis, dass (entgegen der Annahme der rational choice Theorie) Belohnung und Strafe keine identischen Anreize setzten, sondern erhebliche Unterschiede aufwiesen.[87]

Insgesamt können also unterschiedliche Gründe für Non-Compliance ausgemacht werden, wobei manche willentlich (z.B. Kosten-Nutzen-Analyse), andere dagegen unwillentlich (z.B. fehlende finanzielle oder technische Möglichkeiten) durch die Staaten verursacht werden.

Besonders aus diesen Theorien hervorzuheben sind für die Definitionsarbeit die Ansätze von *Chayes/Chayes* und *Downs/Rocke/Barsoom* aufgrund der Gegensätzlichkeit der Argumente. Die erste Ansicht geht davon aus, dass

---

80 *Mitchell*, RECIEL 2 (1993), S. 327 (328).

81 *Mitchell*, RECIEL 2 (1993), S. 327 (329).

82 *van Aaken/Simsek*, AJIL 115 (2021), S. 195–241. Der Beitrag wurde breit diskutiert, s. z.B. das Symposium bei AJIL Unbound 2021 ab S. 207 sowie das Symposium des Völkerrechtsblogs, https://voelkerrechtsblog.org/symposium/rewarding-in-international-law/ (abgerufen am 19.4.2022).

83 *van Aaken/Simsek*, AJIL 115 (2021), S. 195 (196).

84 *van Aaken/Simsek*, AJIL 115 (2021), S. 195 (203 f.).

85 *van Aaken/Simsek*, AJIL 115 (2021), S. 195 (196 f.).

86 *van Aaken/Simsek*, AJIL 115 (2021), S. 195 (213 ff.).

87 *van Aaken/Simsek*, AJIL 115 (2021), S. 195 (235).

Staaten das Völkerrecht befolgen wollen, während die andere Ansicht Staaten in Konkurrenz zueinander sieht, die von einem Regelbruch nur durch Sanktionen abgehalten werden können.[88]

Erweitert man allerdings den Begriff der Durchsetzung auch auf kooperative Mechanismen, Hilfestellung und Transparenzpflichten, so kann auch der Ansatz von *Chayes/Chayes* und der managerial school so verstanden werden, dass Durchsetzung und Durchsetzungsmittel nötig sind und dass ohne diese die Vertragserfüllung nicht erreicht wird. Beide Ansätze haben gemeinsam, dass sie nicht von einer „automatischen" Vertragserfüllung ausgehen, sondern erkennen, dass hierfür Anreize gegeben und Strafen festgesetzt werden müssen. Sie unterscheiden sich lediglich in der Intensität der von ihnen vorgesehenen Mechanismen. Auch die von *Chayes/Chayes* angesprochenen Mechanismen können unter den Begriff der Durchsetzung gefasst werden, wenn er nur weit genug gefasst wird.

Ein „Allheilmittel" kann allerdings keine der Theorien liefern, unabhängig von der Anzahl der betrachteten Theorien.[89] Dies legt die Schlussfolgerung nahe, dass unterschiedliche Mechanismen möglich sind oder benötigt werden, um die Vertragserfüllung bzw. die Erfüllung anderer Pflichten (wieder-)herzustellen. Je nachdem, ob beispielsweise Unwille oder Unfähigkeit die Ursache ist, muss die Reaktion anders ausfallen, sind bestimmte Durchsetzungsmechanismen erfolgversprechender als andere. Ist ein Staat z.B. aus Gründen fehlender finanzieller Möglichkeiten nicht in der Lage, die Bestimmungen eines völkerrechtlichen Vertrages einzuhalten, wäre eine Geldstrafe als Zwangsmittel der falsche Weg. Es wäre dann wenig wahrscheinlich, dass der betroffene Staat die Strafe zahlt bzw. zahlen kann.

Durchsetzung ist demnach viel mehr, als klassischerweise darunter verstanden wird.[90] Dem Völkerrecht fehlt es nicht an Durchsetzungsmechanismen, wenn deren Definition nur weit genug gezogen wird.[91] Der Begriff der

88 *Vidigal*, Journal of International Dispute Settlement 6 (2015), S. 462 (466).

89 *Brunnée*, Enforcement Mechanisms in International Law and International Environmental Law, in: Beyerlin/Stoll/Wolfrum, Ensuring Compliance with Multilateral Environmental Agreements, S. 1 (11).

90 *Brunnée*, Enforcement Mechanisms in International Law and International Environmental Law, in: Beyerlin/Stoll/Wolfrum, Ensuring Compliance with Multilateral Environmental Agreements, S. 1 (23).

91 *Brunnée*, Enforcement Mechanisms in International Law and International Environmental Law, in: Beyerlin/Stoll/Wolfrum, Ensuring Compliance with Multilateral Environmental Agreements, S. 1 (23).

Durchsetzung kann sowohl Zwangsmittel als auch kooperative Mittel umfassen. Sie haben gemeinsam, dass mit ihnen auf einen Rechtsbruch reagiert werden soll und auch reagiert wird. Berichtspflichten sind beispielsweise eine präventive Reaktion auf Völkerrechtsbrüche – sie reagieren indes nicht auf einen konkreten Rechtsbruch, sondern auf die Tatsache, dass allgemein gegen Völkerrecht verstoßen wird. Dieser Tatsache wird Rechnung getragen, indem die Staaten aufgefordert werden, regelmäßig Berichte zu ihrer Vertragserfüllung vorzulegen. So sollen Völkerrechtsbrüche bezüglich konkreter Vertragswerke bzw. Pflichten von vorneherein verhindert oder aufgedeckt werden.

Daher ist Durchsetzung so zu definieren, dass sie eine wie auch immer ausgestaltete Reaktion auf die Tatsache ist, dass gegen Völkerrecht verstoßen wird, unabhängig von der konkreten Ursache eines Verstoßes und der Art der Reaktion. Unter dem Begriff der Durchsetzung werden daher sowohl Mittel, die Zwang beinhalten (können) und bindend sind, als auch Mechanismen zur Hilfestellung erfasst. Durchsetzungsschwäche wäre demnach zu definieren als die Tatsache, dass trotz dieser Mittel häufig nicht auf Völkerrechtsbrüche reagiert werden kann, dass die Mittel nicht immer „passen".

## 2) Rechtsqualität des Völkerrechts und Auswirkungen der Durchsetzungsschwäche

Eine Auswirkung der Durchsetzungsschwäche ist, dass sie herangezogen wurde und wird, um das Völkerrecht als Rechtsordnung und dessen Rechtsqualität zu leugnen – dem Völkerrecht wird und wurde daher der Rechtscharakter abgesprochen.[92]

Einer der bekanntesten Vertreter dieser Ansicht ist *John Austin*, der im 19. Jahrhundert in seinen „Lectures on Jurisprudence" das Völkerrecht nicht zum „*positive law*", sondern lediglich zu einer „*positive morality*" zählte, ähnlich wie das Recht der Ehre oder „*the law set by fashion*".[93] Verstöße gegen diese „*rules of positive morality*" zögen nach Austin keine rechtlichen Sanktionen nach

92 *Thompson*, Coercive Enforcement of International Law, in: Dunoff/Pollack, Interdisciplinary Perspectives on International Law and International Relations The State of the Art, S. 502; *Graf Vitzthum*, Begriff, Geschichte und Rechtsquellen des Völkerrechts, in: Vitzthum/Proelß, Völkerrecht, Rn. 51, 65; *von Arnauld*, Völkerrecht, Rn. 440; *Wiegandt*, ZaöRV 2011, S. 31 (48); *Wolfrum*, MPEPIL, International Law, Rn. 20.

93 *Austin*, Lectures on Jurisprudence Band I, 5. Auflage 1885, Lecture I, S. 87; s. zum Werk Austins beispielsweise *Eastwood*, A Brief Introduction to Austin's Theory of Positive Law and Sovereignty.

sich und begründeten daher auch keine rechtliche Verpflichtung der Parteien.[94] Völkerrecht bestehe lediglich aus „*opinions or sentiments current among nations generally*" und sei daher nicht „*law properly so called*".[95] Es ist somit kein Recht, kann nicht sanktionieren und keine Pflichten auferlegen.[96] „*Law*" müsse Austin zufolge „*commands*" enthalten, die ein „*superior*" einem „*inferior*" auferlege.[97] Zwar lässt er einige Ausnahmen zu, das Völkerrecht zählt aber nicht dazu.[98]

Bei der Auseinandersetzung mit dieser Ansicht ist der geänderte zeitgeschichtliche Kontext einzubeziehen. In den letzten Jahrzehnten, insbesondere durch die Errichtung der Vereinten Nationen (und zuvor des Völkerbundes), ist eine Verrechtlichung der internationalen Beziehungen eingetreten.[99] Die Tatsache, dass Staaten das Völkerrecht durchaus als bindend und als Recht ansehen, zeigt sich auch daran, dass bei einem Bruch des Völkerrechts (beispielsweise des Gewaltverbots aus Art. 2 Nr. 4 UNCh) versucht wird, diesen zu rechtfertigen.[100] Der Verstoß gegen eine Norm beseitigt diese nicht, solange sie noch anerkannt wird.[101] Daher führt auch der Verstoß gegen eine Norm nicht zu einer Situation, in der diese Norm nicht mehr als bindend oder als Recht angesehen wird. Insbesondere im Rahmen des Gewaltverbots zeigen neuere Rechtfertigungsversuche, wie die Rechtsfigur der humanitären Intervention oder die der präventiven und präemptiven Selbstverteidigung, dass Staaten durchaus anerkennen, dass sie gegen eine (bindende) Norm des Völkerrechts verstoßen.[102] Würden sie deren Rechtscharakter leugnen, könnten sie dies als Erklärung heranziehen.[103]

---

94 *Austin*, Lectures on Jurisprudence Band I, 5. Auflage 1885, Lecture V, S. 180.

95 *Austin*, Lectures on Jurisprudence Band I, 5. Auflage 1885, Lecture V, S. 184.

96 *Austin*, Lectures on Jurisprudence Band I, 5. Auflage 1885, Lecture V, S. 184 f.

97 *Austin*, Lectures on Jurisprudence Band I, 5. Auflage 1885, Lecture I, S. 96.

98 *Austin*, Lectures on Jurisprudence Band I, 5. Auflage 1885, Lecture I, S. 98 ff.

99 Schon 1929 wurde das Völkerrecht von Viktor Bruns als Rechtsordnung bezeichnet, s. *Bruns*, ZaöRV 1929, S. 1–56; hierzu auch *Mosler*, ZaöRV 1976, S. 6–49; zu den Einflüssen der Internationalen Organisationen auf das Völkerrecht s. *Schmahl*, Die Internationalen und die Supranationalen Organisationen, in: Vitzthum/Proelß, Völkerrecht, Rn. 25, 26, 29.

100 Zum Gewaltverbot beispielsweise *Dörr*, APuZ 43/2004, S. 14 (15).

101 *van Aaken*, EJIL 17 (2006), S. 289 (297); *Stein/von Buttlar/Kotzur*, Völkerrecht, Rn. 14.

102 *Dörr*, APuZ 43/2004, S. 14 (15); zu diesen Versuchen der Rechtfertigung s. beispielsweise *Herdegen*, Völkerrecht, § 34 Rn. 4 ff.

103 *Stein/von Buttlar/Kotzur*, Völkerrecht, Rn. 14.

Neueren Datums ist die Kritik von *Jack L. Goldsmith* und *Eric A. Posner.*[104] Die Autoren wollen dem Völkerrecht nicht die Rechtsqualität absprechen, tun dies aber faktisch doch, indem sie seine Verbindlichkeit verneinen.[105] Auch bezeichnen sie das Völkerrecht im dritten Teil ihres Werkes „The Limits of International Law" als *„politics"*.[106] Sie begrenzen das Völkerrecht auf die Interessenverfolgung der Staaten und stellen die These auf, dass Völkerrecht nur durch diese Interessenverfolgung entstehe.[107] Völkerrecht wird so von ihnen als das Ergebnis von Staateninteressen angesehen, nicht als Grenze der Interessenverfolgung.[108] Das Völkerrecht habe keinen eigenen *„compliance pull"*, der Staaten dazu anhalte, gegen ihre Interessen zu handeln.[109] Es sei somit nur eine Begleiterscheinung.[110]

Dieser Ansatz wird in der Literatur jedoch zu Recht kritisiert.[111] So wird *Goldsmith* und *Posner* unter anderem eine Fehlwahrnehmung des Völkerrechts bescheinigt, da sie beispielsweise die Rechtfertigung eines Normbruchs nicht als Bestätigung einer Norm ansehen und auch nicht erkennen, dass nicht jeder Staat jede Vertragsverletzung rügen darf.[112] Vorgeworfen wird ihnen weiterhin, dass sie das Völkerrecht nicht als Ganzes wahrnehmen und so beispielsweise die Staatenverantwortlichkeit völlig außen vor lassen.[113] Ein weiteres Beispiel für diese Fehlwahrnehmung ist die Tatsache, dass sie die Europäische Menschenrechtskonvention (EMRK) in den Kontext der Europäischen Union (EU) einordnen.[114]

---

104 *Goldsmith/Posner*, The Limits of International Law; s. hierzu auch die Besprechung von *Cremer*, ZaöRV 2007, S. 267–296.

105 *Cremer*, ZaöRV 2007, S. 267 (267 f.); *Wiegandt*, ZaöRV 2011, S. 31 (47).

106 *Goldsmith/Posner*, The Limits of International Law, S. 202; *van Aaken*, EJIL 17 (2006), S. 289 (305).

107 *Goldsmith/Posner*, The Limits of International Law, S. 13; *Cremer*, ZaöRV 2007, S. 267 (272).

108 *Schiff Berman*, Texas Law Review 84 (2006), S. 1265 (1270).

109 *Goldsmith/Posner*, The Limits of International Law, S. 13; *Cremer*, ZaöRV 2007, S. 267 (276); *Schiff Berman*, Texas Law Review 84 (2006), S. 1265 (1270).

110 *Wiegandt*, ZaöRV 2011, S. 31 (46); so auch *van Aaken*, EJIL 17 (2006), S. 289 (292).

111 S. z.B. *Cremer*, ZaöRV 2007, S. 267–296 (insbesondere 280 ff.); kritisch auch *van Aaken*, EJIL 17 (2006), S. 289–308; *Schiff Berman*, Texas Law Review 84 (2006), S. 1265–1306; *Hathaway/Lavinbuk*, Harvard Law Review 119 (2006), S. 1404–1443; *Guzman*, Virginia Law Review 92 (2006), S. 533–564 stimmt zwar dem rational choice Ansatz der Autoren zu, übt aber Kritik innerhalb dieses Ansatzes.

112 *Cremer*, ZaöRV 2007, S. 267 (279 f.).

113 *Cremer*, ZaöRV 2007, S. 267 (279).

114 *Cremer*, ZaöRV 2007, S. 267 (280) mit Verweis auf *Goldsmith/Posner*, The Limits of International Law, S. 126.

Neben dieser Fehlwahrnehmung macht *Hans-Joachim Cremer* sechs weitere Kritikpunkte am rational-choice-Ansatz von *Goldsmith* und *Posner* aus: (1) Die Wahrnehmung des Staates als Einheit; (2) das Verfolgen klar definierter Eigeninteressen der Staaten als zumindest erklärungsbedürftiges Phänomen; (3) die Art und Weise der Reduzierung der Komplexität der politischen Entscheidungsfindung; (4) das Ausblenden des Verhaltens der Staaten im Rechtsdiskurs; (5) die Implikation, „*dass Recht nur dann gilt, wenn es dazu taugt, das Verhalten der Staaten schlüssig zu erklären*"; (6) die Überspielung des normativen Charakters des Rechts durch die Tatsache, dass dem Befolgungsanspruch des Völkerrechts die Bedeutung abgesprochen wird.[115]

Insgesamt erscheint es daher voreilig, aus der Durchsetzungsschwäche abzuleiten, dass Völkerrecht kein Recht sei bzw. keine Rechtsqualität besäße. Auch ohne Durchsetzbarkeit kann Recht vorliegen.[116] Sonst wären auch weite Teile des nationalen Rechts kein Recht in diesem Sinne. Beispiele sind die vollen Gerichtsakten der deutschen Gerichte, die vielfältigen Verstöße gegen die StVO[117] oder auch, dass Teile des deutschen Verfassungsrechts nicht durchgesetzt werden können.[118] Auch wenn es noch vereinzelte Stimmen gibt, die Völkerrecht nicht als Recht bezeichnen, so kann doch inzwischen von einem fast allgemeinen Konsens ausgegangen werden, der das Gegenteil vertritt.[119] Daher wird hier auch von der Rechtsqualität des Völkerrechts ausgegangen.

## II) Ursachen der Durchsetzungsschwäche

Wie schon in der Einleitung angesprochen, können unterschiedliche Ursachen für die Durchsetzungsschwäche des Völkerrechts ausgemacht werden. Auch aus den oben zitierten Compliance-Theorien lassen sich hierfür Gründe herauslesen. Im Folgenden sollen daher die Ursachen der Durchsetzungsschwäche ausführlicher erläutert werden.

115 *Cremer*, ZaöRV 2007, S. 267 (281 ff.).

116 *Amerasinghe*, AVR 37 (1999), S. 1 (14 f.); *Hobe*, Einführung in das Völkerrecht, S. 4, 7 f.; *Schweisfurth*, Völkerrecht, Teil 3 Rn. 18; *Wolfrum*, MPEPIL, International Law, Rn. 20.

117 *Wiegandt*, ZaöRV 2011, S. 31 (53).

118 *Stein/von Buttlar/Kotzur*, Völkerrecht, Rn. 14; *Wiegandt*, ZaöRV 2011, S. 31 (50 f.).

119 *Graf Vitzthum*, Begriff, Geschichte und Rechtsquellen des Völkerrechts, in: Vitzthum/Proelß, Völkerrecht, Rn. 62; *Herdegen*, Völkerrecht, § 1 Rn. 15; *Hobe*, Einführung in das Völkerrecht, S. 8.

Wie bereits in der Einleitung angesprochen, gilt im Völkerrecht der fundamentale Grundsatz der souveränen Gleichheit der Staaten (Art. 2 Nr. 1 UNCh).[120] Die „Friendly Relations Declaration"[121] hat diesen Grundsatz noch weiter spezifiziert: „*All States enjoy sovereign equality. They have equal rights and duties and are equal members of the international community, notwithstanding differences of an economic, social, political or other nature.*"[122] Damit ist die souveräne Gleichheit der Staaten primär eine Rechtsgleichheit.[123] Neben der Rechtsgleichheit umfasst die souveräne Gleichheit der Staaten gemäß der Spezifizierung in der Friendly Relations Declaration die volle Souveränität der Staaten, die Pflicht zur Achtung der Rechtspersönlichkeit anderer Staaten, die territoriale Unversehrtheit und politischen Unabhängigkeit der Staaten, die freie Wahl des politischen, sozialen, wirtschaftlichen und kulturellen Systems sowie die Pflicht zur Erfüllung der internationalen Verpflichtungen und das friedliche Zusammenleben der Staaten.[124] Das Prinzip der souveränen Gleichheit führt demnach dazu, dass alle Staaten die gleichen Rechte und Pflichten haben und sich kein Staat über einen anderen Staat erheben und somit auch nicht über ihn zu Gericht sitzen darf (par in parem non habet iudicium).[125] Hieraus entstammt auch das Interventionsverbot, welches die Einmischung in die inneren und äußeren Angelegenheiten,

---

120 *Vöneky*, JURA 2007, S. 488 (489).

121 Declaration on Principles of International Law concerning Friendly Relations and Co-operation among States in Accordance with the Charter of the United Nations ("Friendly Relations Declaration"), Anhang der Resolution der UN-Generalversammlung Nr. 2625 (XXV) vom 24.10.1970.

122 Declaration on Principles of International Law concerning Friendly Relations and Co-operation among States in Accordance with the Charter of the United Nations ("Friendly Relations Declaration"), Anhang der Resolution der UN-Generalversammlung Nr. 2625 (XXV) vom 24.10.1970, The principle of sovereign equality of States; *Fassbender*, APuZ 43/2004, S. 7.

123 Declaration on Principles of International Law concerning Friendly Relations and Co-operation among States in Accordance with the Charter of the United Nations ("Friendly Relations Declaration"), Anhang der Resolution der UN-Generalversammlung Nr. 2625 (XXV) vom 24.10.1970, The principle of sovereign equality of States; *Fassbender*, APuZ 43/2004, S. 7.

124 Declaration on Principles of International Law concerning Friendly Relations and Co-operation among States in Accordance with the Charter of the United Nations ("Friendly Relations Declaration"), Anhang der Resolution der UN-Generalversammlung Nr. 2625 (XXV) vom 24.10.1970, The principle of sovereign equality of States; *von Arnauld*, Völkerrecht, Rn. 316.

125 *Kokott*, ZaöRV 2004, S. 517 (519) mwN; *von Arnauld*, Völkerrecht, Rn. 316, 439.

ausgeübt durch Zwang oder dessen Androhung, verbietet.[126] Ein Staat kann daher nicht über einen anderen Staat zu Gericht sitzen, auch der Staatengemeinschaft ist dies verwehrt. Jeder Staat muss einem Gericht oder anderem Durchsetzungsmechanismus erst zustimmen, sei es explizit nur für eine Streitigkeit, durch einen Vertrag oder generell, beispielsweise vor dem IGH.[127] Ohne Zustimmung ist es (fast) unmöglich, einen Staat dazu zu zwingen, ein bestimmtes Verhalten zu unterlassen oder vorzunehmen.[128]

Das Prinzip der souveränen Gleichheit der Staaten ist aber nicht unbestritten und wird insbesondere von Vertretern der Konstitutionalisierungsthese angezweifelt.[129] Vordenker dieser These war *Alfred Verdross* mit seinem 1926 erschienenen Werk „Die Verfassung der Völkerrechtsgemeinschaft“[130], dem von anderen Autoren gefolgt wurde. Konstitutionalisierung lässt sich nach *Stefan Kadelbach* und *Thomas Kleinlein* als *„Entwicklung zu einer verfassungsähnlichen Ordnung im Völkerrecht verstehen, wenn sich innerhalb des Völkerrechts Normstrukturen gebildet haben, die Vorrang beanspruchen und etwas über Geltung und Legitimität des Völkerrechts aussagen“*.[131] Es soll demnach verfassungsähnliche Normen geben, die über den anderen Normen des Völkerrechts stehen und an welchen das übrige Völkerrecht zu messen ist.[132] Als Ausdruck solcher höherrangiger Normen bzw. als Verfassung werden die UN-Charta (insbesondere aufgrund ihres Art. 103), das zwingende Völkerrecht (ius cogens) und die erga

126 ICJ, Military and Paramilitary Activities in and against Nicaragua (Nicaragua v. United States of America), Merits, Urteil vom 27. Juni 1986, ICJ Rep. 1986, S. 14 (108), Rn. 205; *von Arnauld*, Völkerrecht, Rn. 351.

127 *Romano/Alter/Shany*, Mapping international adjudicative bodies, The Issues, and Players in: Romano/Alter/Shany, The Oxford Handbook of International Adjudication, S. 3 (5); s. beispielsweise Art. 36 IGH-Statut, der diese drei Möglichkeiten beschreibt.

128 *von Arnauld*, Völkerrecht, Rn. 439. Eine eventuelle Ausnahme stellen die „obligations erga omnes partes“ dar, bei denen alle Vertragsparteien eines multilateralen Vertrages die Einhaltung der Kernpflichten des Vertrages einklagen können sollen. Streitig ist dies bezüglich der obligations erga omnes, bei welchen diskutiert wird, ob jeder Staat ihre Verletzung einklagen können soll.

129 *von Arnauld*, Völkerrecht, Rn. 30.

130 hierzu auch: *Fassbender*, Grund und Grenzen der konstitutionellen Idee im Völkerrecht, FS Isensee, S. 73 (76–80).

131 *Kadelbach/Kleinlein*, AVR 44 (2006), S. 235 (236).

132 *Fassbender*, APuZ 43/2004, S. 7 (11).

omnes-Pflichten diskutiert.[133] Gefordert wird in diesem Zusammenhang auch eine „Demokratisierung" des Völkerrechts: Aufgrund der Tatsache, dass nun auch Individuen Völkerrechtssubjekte seien, müssten diese auch durch das Völkerrecht repräsentiert werden, was bei einer Staatengleichheit und dem Prinzip „one state one vote" nicht der Fall sei.[134]

Einigkeit besteht jedoch in der Hinsicht, dass (noch) eine Unterwerfung unter die internationale Gerichtsbarkeit oder einen anderen Streitbeilegungsmechanismus nötig ist. Dies wird auch von den Vertretern der Konstitutionalisierungsthese nicht angezweifelt. Daher muss (und kann) in dieser Studie keine weitergehende Auseinandersetzung mit der Konstitutionalisierungsthese erfolgen. Im Folgenden wird von einer weiter bestehenden souveränen Gleichheit der Staaten und nicht von einer Konstitutionalisierung der völkerrechtlichen Ordnung ausgegangen.[135]

Somit bleibt die souveräne Gleichheit der Staaten als gewichtiger Grund, wenn nicht sogar als der zentrale Punkt für die Durchsetzungsschwäche des Völkerrechts bestehen. Bedingt durch die Tatsache, dass Staaten weder von einem höherrangigen Mechanismus noch von einer höherrangigen Norm zu einer Art der Durchsetzung oder zur Einhaltung der durch einen Durchsetzungsmechanismus auferlegten Verhaltenspflichten gezwungen werden können, hat die Durchsetzung im Völkerrecht mit einem erheblichen Handicap zu kämpfen.

Als weitere Ursache für die Durchsetzungsschwäche des Völkerrechts ist auszumachen, dass es (zumindest bei einigen Staaten) eine – möglicherweise natürliche bzw. historisch bedingte – Aversion gibt, sich Durchsetzungsmechanismen zu unterwerfen oder deren Urteile o.Ä. zu akzeptieren. Diese Neigung fußt auf dem oben beschriebenen Problem, da sie Ausdruck des völkerrechtlichen Selbstverständnisses der souveränen Gleichheit ist. Es ist quasi ihre Konsequenz: Wer

---

133 *Fassbender*, APuZ 43/2004, S. 7 (11); *Fassbender*, Grund und Grenzen der konstitutionellen Idee im Völkerrecht, FS Isensee, S. 73 (80); *Kadelbach/Kleinlein*, AVR 44 (2006), S. 235 (248); bezüglich der UN-Charta als Verfassung der internationalen Gemeinschaft s. insbesondere *Fassbender*, Columbia Journal of Transnational Law 36 (1998), S. 529 (531); von der UN-Charta als „*international constitutional instrument*" spricht auch schon *de Visscher*, Dissenting Opinion zu ICJ, International Status of South West Africa, Gutachten vom 11. Juli 1950, ICJ Rep. 1950, S. 168 (189), hierzu auch *Fischer-Lescano*, ARSP 88 (2002), S. 349 (351) (Fn. 18).

134 *Kokott*, ZaöRV 2004, S. 517 (529 ff.).

135 Zum gleichen Ergebnis kommend: *Schmahl*, Die Internationalen und die Supranationalen Organisationen, in: Vitzthum/Proelß, Völkerrecht, Rn. 30; *Walter*, GYIL 44 (2001), S. 170 (201).

nicht gezwungen werden kann, will sich auch nicht zwingen lassen. Daher geht beispielsweise die Mitgliedschaft bei einem internationalen Gericht immer auf Kosten der Souveränität,[136] auch wenn die Unterwerfung als Ausdruck der Souveränität angesehen werden kann. Dies lässt sich auf andere zentrale Durchsetzungsmechanismen übertragen.

Das Zusammentreffen von Zustimmungserfordernis und Zurückhaltung der Staaten wird deutlich im Rahmen der internationalen Gerichtsbarkeit, an deren Beispiel die hier im Vordergrund stehende Ursache der Durchsetzungsschwäche aufgezeigt werden soll. Die internationale Gerichtsbarkeit gründet sich auf der Zustimmung der Staaten.[137] Die Skepsis ihr gegenüber zeigt sich beispielsweise daran, dass von den derzeit 193 Vertragsparteien des IGH-Statuts[138] (die per Definition die Mitglieder der Vereinten Nationen sind, Art. 35 IGH-Statut)[139] lediglich 73 Staaten die obligatorische Gerichtsbarkeit nach Art. 36 Abs. 2 IGH-Statut akzeptiert[140] und diese Erklärung meist mit Vorbehalten versehen haben.[141] Unter diesen Staaten sind kleine und mittlere Staaten vorherrschend, Großmächte haben (fast) keine Erklärungen abgegeben.[142] Dem Römischen Statut des IStGH sind lediglich 123 Staaten beigetreten, Staaten wie die USA, China, Indien, Russland, Iran und Israel sind bislang nicht Mitglied geworden.[143] Auch wird der IStGH dafür kritisiert, dass er sich zu sehr auf den

---

136 *Pauwelyn/Hamilton*, Journal of International Dispute Settlement 9 (2018), S. 679 (684).

137 *Merrills*, International Dispute Settlement, S. 124 f.; *Shany*, Jurisdiction and Admissibility, in: Romano/Alter/Shany, The Oxford Handbook of International Adjudication, S. 782.

138 S. https://www.icj-cij.org/en/states-entitled-to-appear (abgerufen am 19.4.2022).

139 S. hierzu: https://www.icj-cij.org/en/states-entitled-to-appear (abgerufen am 19.4.2022); *Schmalenbach*, Friedliche Streitbeilegung, in: Proelß, Internationales Umweltrecht, Rn. 30.

140 S. hierzu: https://www.icj-cij.org/en/declarations (abgerufen am 19.4.2022).

141 *Kolb*, The Elgar Companion to The International Court of Justice, S. 191; *Merrills*, International Dispute Settlement, S. 126 mwN. Der deutsche Vorbehalt sieht beispielsweise vor, dass die gegnerische Streitpartei ihre Unterwerfungserklärung mindestens 12 Monate vor Einreichung der Klageschrift hinterlegt oder ratifiziert hat und schließt unter anderem Streitigkeiten betreffend der Verwendung von Streitkräften im Ausland aus.

142 *Kolb*, The Elgar Companion to The International Court of Justice, S. 191.

143 S. https://asp.icc-cpi.int/en_menus/asp/states%20parties/Pages/the%20states%20parties%20to%20the%20rome%20statute.aspx (abgerufen am 19.4.2022).

afrikanischen Kontinent konzentriere und so ein Instrument des Neokolonialismus und Rassismus sei.[144]

Als prominentes Staatenbeispiel für diese Zurückhaltung der Staaten sind die USA anzuführen, die es vermeiden wollen, dass sie oder ihre Staatsangehörigen vor internationalen Gerichtshöfen verklagt werden. Aus diesem Grund haben sie ihre Erklärung, die die obligatorische Gerichtsbarkeit des IGH anerkannte, zurückgezogen;[145] im Zuge des momentan durch den Iran eingeleiteten Verfahrens wollen sie alle völkerrechtlichen Verträge auf Streitbeilegungsklauseln mit Kompetenz für den IGH untersuchen und die Abkommen ggf. verlassen.[146] Ihrer Skepsis gegenüber der internationalen Strafgerichtsbarkeit haben sie neben dem Fernbleiben vom Römischen Statut[147] unter anderem dadurch Ausdruck verliehen, dass sie mit anderen Staaten bilaterale Abkommen geschlossen haben, in welchen sich die Vertragspartner verpflichten, keine US-Amerikaner an den Gerichtshof auszuliefern.[148]

Die weitgehende Skepsis zahlreicher Staaten gegenüber internationalen (und supranationalen) Gerichten zeigt sich auch daran, dass viele nach Optionen suchen, sich von deren Gerichtsbarkeit zurückzuziehen.[149] So ist beispielsweise Großbritannien im Grundsatz aufgrund des Brexits nicht mehr der Gerichtsbarkeit des Europäischen Gerichtshofes (EuGH) unterworfen (der auch ein zentraler Punkt in der Anti-EU-Kampagne war), der IStGH hat Austritte und Austrittsambitionen afrikanischer Staaten zu verzeichnen, und Großbritannien hat angedroht, den Europäischen Gerichtshof für Menschenrechte (EGMR)

---

144 *Herdegen*, Völkerrecht, § 61 Rn. 4; *Pauwelyn/Hamilton*, Journal of International Dispute Settlement 9 (2018), S. 679 (684); kritisch zu diesen Vorwürfen *Ambos*, Internationales Strafrecht, § 6 Rn. 35.

145 *Walter*, Rechtsschutz durch den Internationalen Gerichtshof, in: Ehlers/Schoch, Rechtsschutz im Öffentlichen Recht, Rn. 41.

146 S. zu diesem Verfahren z.B. *Fischer*, The Iranian Suit against the US Sanctions and the 1955 Treaty of Amity: Brilliant Plan or Aberration?, EJIL-Talk 7.9.2018; *Hill-Cawthorne*, The ICJ's Provisional Measures Order in Alleged Violations of the 1955 Treaty (Iran v. United States), EJIL-Talk 3.10.2018.

147 Die ursprünglich von Bill Clinton geleistete Unterschrift wurde zurückgezogen, s. hierzu *Stein*, Die Bilateral Immunity Agreements der USA und Art. 98 des Rom-Statuts, FS Ress, S. 295 (296).

148 *Schröder*, Verantwortlichkeit, Völkerstrafrecht, Streitbeilegung und Sanktionen, in: Vitzthum/Proelß, Völkerrecht, Rn. 56 mit Verweis auf *Stein*, Die Bilateral Immunity Agreements der USA und Art. 98 des Rom-Statuts, FS Ress, S. 295.

149 *Pauwelyn/Hamilton*, Journal of International Dispute Settlement 9 (2018), S. 679.

zu verlassen.[150] Als wichtiger Faktor für diese Entwicklung wird auch hier die Souveränität genannt, bzw., dass die Einbettung in ein internationales Gericht immer auf Kosten der Souveränität gehe.[151]

Das Beispiel der internationalen Gerichtsbarkeit zeigt somit exemplarisch ein Folgeproblem der souveränen Gleichheit der Staaten auf: im Völkerrecht gibt es keine obligatorische Gerichtsbarkeit mit umfassender Zuständigkeit.[152] Dies ist einer der Unterschiede zum innerstaatlichen Recht, in welchem (meist) ein Gericht angerufen werden kann. Dieses fehlende Gericht kann als eine Ursache der Durchsetzungsschwäche angesehen werden. Eine obligatorische Gerichtsbarkeit würde die Wahrscheinlichkeit der Verfolgung von Rechtsbrüchen und somit die Erzwingung der Rechtstreue möglicherweise erhöhen.

Als weitere Ursache der Durchsetzungsschwäche des Völkerrechts ist die Unfähigkeit bzw. fehlende Kapazität der Staaten, den rechtskonformen Zustand (wieder-)herzustellen anzuführen. Dieser Punkt wurde schon im Rahmen der Gründe für die Nichtbefolgung des Völkerrechts angesprochen. Ist ein Staat nun aber von Beginn an nicht in der Lage, sich völkerrechtskonform zu verhalten, weil ihm beispielsweise die finanziellen Mittel fehlen, so kann er auch auf ein Urteil o.Ä. nicht adäquat reagieren. Erfolgversprechender scheinen in diesen Fällen Mechanismen, die finanzielle oder ähnliche Hilfe leisten und nicht auf Zwang ausgerichtet sind. Diese dürfen jedoch nicht dazu führen, rechtsbrechende Staaten für den Rechtsbruch zu „belohnen".

## III) Entwicklung der internationalen Streitbeilegung und der Durchsetzung (in Bezug auf die Zulässigkeit von Gewaltanwendung)

Die internationale Streitbeilegung war im letzten Jahrhundert einem Wandel unterworfen, insbesondere bezüglich der Zulässigkeit der Anwendung militärischer Gewalt. Noch zu Beginn des 20. Jahrhunderts war Gewalt ein legitimes Mittel der Konfliktlösung.[153] Die Haager Friedenskonferenzen von 1899 und

150 *Pauwelyn/Hamilton*, Journal of International Dispute Settlement 9 (2018), S. 679 (681 f.); Russland hatte dies ebenfalls angedroht, wurde jedoch zwischenzeitlich aufgrund des Ukraine-Krieges aus dem Europarat ausgeschlossen.

151 *Pauwelyn/Hamilton*, Journal of International Dispute Settlement 9 (2018), S. 679 (683).

152 *van Aaken*, RW 2013, S. 227 (231).

153 *Herdegen*, Völkerrecht, § 34 Rn. 1; *Kunig*, JURA 1998, S. 664; *Uerpmann*, AVR 33 (1995), S. 107.

1907 setzten dieser Auffassung nur minimale Grenzen.[154] Ein erster Ansatz zum Verbot von zwischenstaatlicher Gewalt war die Drago-Porter-Konvention von 1907, die es untersagte, Vertragsschulden durch militärische Gewalt einzutreiben.[155] Aber selbst die Satzung des Völkerbundes[156] konnte (auch unter dem Eindruck des Ersten Weltkrieges) kein allgemeines Verbot des Krieges etablieren.[157] Zwar war nach der Satzung des Völkerbundes dessen Hauptaufgabe die Friedenssicherung, jedoch schuf sie nur einen Kriegsaufschub und kein Kriegsverbot.[158] Den Staaten wurde auferlegt, sich zunächst um eine friedliche Streitbeilegung zu bemühen und erst drei Monate nach Verfahrensabschluss Krieg zu führen.[159] Erst der Briand-Kellogg-Pakt (1928)[160] schuf ein Kriegsverbot.[161] Einzige Ausnahme des Kriegsverbots war das Selbstverteidigungsrecht.[162] Der Pakt hatte eine hohe Beteiligung der Staaten zu verzeichnen.[163] Allerdings folgte aus der verwendeten Terminologie („Kriegs" verbot), dass Staaten in der Folge dieses

---

154 *Heintschel von Heinegg*, Vom *ius ad bellum* zum *ius contra bellum* (Kriegsverbot, Gewaltverbot und Interventionsverbot) in: Ipsen, Völkerrecht, Rn. 8 f.

155 II. Haager Abkommen, betreffend die Beschränkung der Anwendung von Gewalt bei der Eintreibung von Vertragsschulden vom 18.10.1907; RGBl. 1910, 59; *Dörr*, Use of Force, Prohibition of, MPEPIL, Rn. 4; *Herdegen*, Völkerrecht, § 34 Rn. 1.

156 RGBl. 1919, 687.

157 *Bothe*, Friedenssicherung und Kriegsrecht, in: Vitzthum/Proelß, Völkerrecht, Rn. 5; *Kunig*, JURA 1998, S. 664.

158 *Stein/von Buttlar/Kotzur*, Völkerrecht, Rn. 770; zum Aufschub des Krieges durch das Vorlegen bei einer objektiven Stelle s. *Diaconu*, Peaceful Settlement of Disputes Between States: History and Prospects, in: Macdonald/Johnston, The Structure and Process of International Law, S. 1095 (1097); *Pellet*, Peaceful Settlement of International Disputes, MPEPIL, Rn. 9.

159 *Dörr*, Use of Force, Prohibition of, MPEPIL, Rn. 5; *Kunig*, JURA 1998, S. 664.

160 Vertrag über die Ächtung des Krieges vom 27. August 1928; LNTS Bd. 94 S. 57; RGBl. 1929 II, 97.

161 *Bothe*, Friedenssicherung und Kriegsrecht, in: Vitzthum/Proelß, Völkerrecht, Rn. 6; *Crawford*, Brownlie's Principles of Public International Law, S. 718; *Dörr*, Use of Force, Prohibition of, MPEPIL, Rn. 7; *Dörr*, APuZ 43/2004, S. 14; *Tomuschat*, ZaöRV 2019, S. 579 (592 f.).

162 *Stein/von Buttlar/Kotzur*, Völkerrecht, Rn. 772; dieses Selbstverteidigungsrecht war zwar im Vertragstext nicht ausdrücklich genannt, es bestand aber Einigkeit über ein solches, s. hierzu z.B. *Kunig*, JURA 1998, S. 664 (665); mit Verweis auf die Präambel, die Staaten, die trotz des Vertrags Krieg führen die Vorteile des Paktes nimmt: *Heintschel von Heinegg*, Vom *ius ad bellum* zum *ius contra bellum* (Kriegsverbot, Gewaltverbot und Interventionsverbot) in: Ipsen, Völkerrecht, Rn. 14 (Fn. 22).

163 *Kunig*, JURA 1998, S. 664 (665); *Stein/von Buttlar/Kotzur*, Völkerrecht, Rn. 772.

Paktes eigentlich kriegerische Handlungen nicht mehr als „Krieg" bezeichneten und stattdessen als „measures short of war" für zulässig erklärten.[164] Daneben enthielt der Briand-Kellogg-Pakt kein vertragliches Sanktionssystem, was die Wirksamkeit zusätzlich schwächte.[165] Zwar war allgemein anerkannt, dass Staaten nicht unilateral Rechte mithilfe militärischer Mittel durchsetzen durften – die praktische Umsetzung dieses Konsenses hinkte dieser Erkenntnis aber hinterher.[166] Ein allgemeines Gewaltverbot etablierte erst die Charta der Vereinten Nationen von 1945 aufgrund der Erfahrungen des Zweiten Weltkrieges in Art. 2 Nr. 4 UNCh.[167] Das Gewaltverbot wurde in der Folge von internationalen Verträgen wie beispielsweise dem sogenannten Zwei-plus-vier-Vertrag[168] bestätigt.[169] Es ist inzwischen auch gewohnheitsrechtlich anerkannt[170] und nach herrschender Auffassung sogar Norm des zwingenden Völkerrechts (ius cogens).[171] Diese Entwicklung erfolgte trotz anhaltender Verstöße gegen das Gewaltverbot (und somit trotz fehlender Staatenpraxis) vor allem durch die Rechtsüberzeugung der Staaten, die sich insbesondere in den Rechtfertigungsversuchen bezüglich

---

164 *Bothe*, Friedenssicherung und Kriegsrecht, in: Vitzthum/Proelß, Völkerrecht, Rn. 6; *Lesaffer*, Kellogg-Briand Pact (1928), MPEPIL, Rn. 18; *Stein/von Buttlar/Kotzur*, Völkerrecht, Rn. 772.

165 *Bothe*, Friedenssicherung und Kriegsrecht, in: Vitzthum/Proelß, Völkerrecht, Rn. 6; *Heintschel von Heinegg*, Vom *ius ad bellum* zum *ius contra bellum* (Kriegsverbot, Gewaltverbot und Interventionsverbot) in: Ipsen, Völkerrecht, Rn. 15; *Stein/von Buttlar/Kotzur*, Völkerrecht, Rn. 772.

166 *Tomuschat*, ZaöRV 2019, S. 579 (593).

167 *Bothe*, Friedenssicherung und Kriegsrecht, in: Vitzthum/Proelß, Völkerrecht, Rn. 7 mwN; *Dörr*, Use of Force, Prohibition of, MPEPIL, Rn. 1, 8; *Dörr*, APuZ 43/2004, S. 14; *Grzeszick*, AVR 41 (2003), S. 484 (486); *Tomuschat*, ZaöRV 2019, S. 579 (595); *von Arnauld*, Völkerrecht, Rn. 1036.

168 Vertrag über die abschließende Regelung in Bezug auf Deutschland vom 12. September 1990, BGBl. 1990 II, 1317.

169 *Bothe*, Friedenssicherung und Kriegsrecht, in: Vitzthum/Proelß, Völkerrecht, Rn. 7.

170 ICJ, Military and Paramilitary Activities in and against Nicaragua (Nicaragua v. United States of America), Merits, Urteil vom 27. Juni 1986, ICJ Rep. 1986, S. 14 (98 ff.), Rn. 187 ff.

171 *Dörr*, Use of Force, Prohibition of, MPEPIL, Rn. 1, 31 mit Verweis auf *Elaraby*, Separate Opinion zu ICJ, Legal Consequences of the Construction of a Wall in the Occupied Palestinian Territory, Gutachten vom 9. Juli 2004, ICJ Rep. 2004, S. 246 (354); *Schmahl*, Die Internationalen und die Supranationalen Organisationen, in: Vitzthum/Proelß, Völkerrecht, Rn. 22 mwN; *Schadtle*, JURA 2009, S. 686; *Stein/von Buttlar/Kotzur*, Völkerrecht, Rn. 773. Häufig wird angegeben, dass der IGH im *Nicaragua-Urteil* diese Aussage getroffen habe. Dort findet sie sich indes nicht.

der angewendeten Gewalt zeigt.[172] Das Gewaltverbot untersagt Gewaltanwendung in den internationalen Beziehungen der Staaten und ist daher auf Bürgerkriege u.Ä. nicht anwendbar.[173] Auch die Androhung von Gewalt ist von Art. 2 Nr. 4 UNCh erfasst und somit verboten.[174]

Anerkannte Ausnahmen vom Verbot der Gewaltanwendung sind die Selbstverteidigung (Art. 51 UNCh) und die Ermächtigung durch den UN-Sicherheitsrat (Kapitel VII-Resolution).[175] Weitere Ausnahmen wie beispielsweise die humanitäre Intervention werden diskutiert, sind aber noch nicht allgemein als solche anerkannt.[176] Auch sind die Ausnahmen des Gewaltverbots an strenge Voraussetzungen geknüpft, um nicht durch diese Gewalt extensiv zuzulassen. Voraussetzung für das Vorliegen einer Situation, in welcher Selbstverteidigung zulässig ist, ist nicht lediglich die Anwendung von Gewalt, sondern eine qualifizierte Form der Gewaltanwendung in der Form des bewaffneten Angriffs.[177] Dieser wird vom IGH als *„most grave form[s] of the use of force"* bezeichnet.[178] Zur Feststellung dieser qualifizierten Form der Gewaltanwendung stellt der IGH auf Größe (scale) und Auswirkungen (effects) des Angriffs ab.[179] Auch die gewaltsame Erwiderung von Gewalt ist somit erschwert und soll Eskalationen verhindern. Insgesamt soll die unilaterale Gewaltanwendung zurückgedrängt werden, das Monopol insbesondere für die Ausübung kollektiver Gewalt

---

172 *Bothe*, Friedenssicherung und Kriegsrecht, in: Vitzthum/Proelß, Völkerrecht, Rn. 8.

173 *Dörr*, Use of Force, Prohibition of, MPEPIL, Rn. 21.

174 *Schadtle*, JURA 2009, S. 686 (687).

175 *Dörr*, Use of Force, Prohibition of, MPEPIL, Rn. 40, 42; *Grzeszick*, AVR 41 (2003), S. 484 (485); *Joyner*, Coercion, MPEPIL, Rn. 12 ff.; *Schadtle*, JURA 2009, S. 686 (690) (mit Verweis auf die inzwischen obsoleten Ausnahmen bezüglich der Feindstaatenklausel, Art. 53 und 107 UNCh); *von Arnauld*, Völkerrecht, Rn. 1049.

176 *Dörr*, Use of Force, Prohibition of, MPEPIL, Rn. 48–52; *Dörr*, APuZ 43/2004, S. 14 (17 f.).

177 *Stein/von Buttlar/Kotzur*, Völkerrecht, Rn. 784 f.

178 ICJ, Military and Paramilitary Activities in and against Nicaragua (Nicaragua v. United States of America), Merits, Urteil vom 27. Juni 1986, ICJ Rep. 1986, S. 14 (101), Rn. 191; ICJ, Oil Platforms (Islamic Republic of Iran v. United States of America), Merits, Urteil vom 6. November 2003, ICJ Rep. 2003, S. 161 (186), Rn. 51.

179 ICJ, Military and Paramilitary Activities in and against Nicaragua (Nicaragua v. United States of America), Merits, Urteil vom 27. Juni 1986, ICJ Rep. 1986, S. 14 (103 f.), Rn. 195, wo der IGH auf scale und effects zur Abgrenzung zum bloßen Grenzzwischenfall abstellt; *Dörr*, APuZ 43/2004, S. 14 (15); *Stein/von Buttlar/Kotzur*, Völkerrecht, Rn. 786.

so weit wie möglich beim UN-Sicherheitsrat liegen.[180] Dies wird auch dadurch deutlich, dass die Selbstverteidigung subsidiär zu den Maßnahmen des Sicherheitsrates ist.[181] Allerdings stellt die Berufung auf Selbstverteidigung trotzdem den am häufigsten genutz ten Rechtfertigungsversuch dar.[182]

## IV) Mechanismen der friedlichen Streitbeilegung

Zur friedlichen Streitbelegung sind nach alledem unterschiedliche Mechanismen zu zählen. Voraussetzung für das Eingreifen der Pflicht zur friedlichen Streitbeilegung ist ein Streit zwischen den Parteien. Der Ständige Internationale Gerichtshof (StIGH) definierte im *Mavrommatis-Fall* 1924 einen Streit als *„a disagreement on a point of law or fact, a conflict of legal views or interests between two persons“*.[183] Diese Begriffsbestimmung wurde im Folgenden durch den StIGH und den IGH weiter ausgearbeitet.[184] Die wohl wichtigste Klarstellung erfolgte durch den IGH in den *South West Africa Cases*, wo er festlegte, dass ein Streit nur dann vorliege, wenn gezeigt werde, dass *„the claim of one party is positively opposed by the other“*.[185] Dieses Kriterium wurde anschließend noch in der Hinsicht spezifiziert, dass der Antragsgegner sich dessen bewusst sein müsse, dass die Anträge sich in dieser Weise gegenüber stehen müssen.[186] International bzw. völkerrechtlich wird dieser Streit durch die Beteiligung von *„governments, institutions, juristic persons (corporations) or private individuals in different parts of the world“*.[187] Wie solch einem Streit im Völkerrecht begegnet werden kann, soll im Folgenden knapp erläutert werden.

---

180 *Dörr*, APuZ 43/2004, S. 14 (19).

181 *Crawford*, Brownlie's Principles of Public International Law, S. 731; *von Arnauld*, Völkerrecht, Rn. 1082.

182 *Schadtle*, JURA 2009, S. 686 (692).

183 PCIJ, The Mavrommatis Palestine Concessions, Urteil vom 30. August 1924, Series A Nr. 2, S. 11; *Peters*, EJIL 14 (2003), 1 (3).

184 S. für eine ausführliche Übersicht beispielsweise *Garrido-Muñoz*, Dispute, MPEPIL.

185 ICJ, South West Africa Cases (Ethiopia v. South Africa; Liberia v. South Africa), Preliminary Objections, Urteil vom 21. Dezember 1962, ICJ Rep. 1962, S. 319 (328).

186 ICJ, Obligations concerning Negotiations relating to Cessation of the Nuclear Arms Race and to Nuclear Disarmament (Marshall Islands v. United Kingdom), Preliminary Objections, Urteil vom 5. Oktober 2016, ICJ Rep. 2016, S. 833 (850 f.), Rn. 41.

187 *Merrills*, International Dispute Settlement, S. 1.

## 1) Individuelle/Unilaterale und kollektive Rechtsdurchsetzung: Gegenüberstellung

Im Rahmen der unilateralen bzw. individuellen Durchsetzung versuchen Staaten einen Streit ohne Einschaltung anderer Staaten oder Internationaler Organisationen (IOs) zu lösen.[188] Dies kann zum Beispiel durch diplomatische Verfahren geschehen. In die Kategorie der unilateralen Rechtsdurchsetzung fällt aber auch die Gegenmaßnahme (Repressalie) oder die Retorsion.[189] Ein Staat reagiert hier alleine, also ohne Unterstützung, auf einen ihm gegenüber begangenen Völkerrechtsbruch. Dies birgt jedoch eine erhebliche Eskalationsgefahr.[190] Auch ist nicht jeder Staat in der Lage, Gegenmaßnahmen auszuführen (gegebenenfalls sogar aufgrund des vorhergehenden Völkerrechtsbruches ihm gegenüber), sodass allein durch die Erlaubnis, das Recht selbst durchzusetzen, keine gleiche und effektive Durchsetzung gewährleistet werden kann.[191] Im Rahmen der UNCh soll unilaterales gewaltsames Vorgehen weitestgehend zurückgedrängt werden.[192]

Des Weiteren kann die Staatengemeinschaft auch kollektiv auf einen Völkerrechtsbruch reagieren, beispielsweise im Rahmen einer Internationalen Organisation.[193] Hier ist das System der kollektiven Sicherheit im Rahmen der UNCh, gesteuert durch den Sicherheitsrat, das wichtigste Beispiel.[194] Aber auch Wirtschaftssanktionen und gezielte Sanktionen gegen Einzelpersonen sind zu nennen.[195] Der Sicherheitsrat hat über Art. 41 und 42 UNCh diverse Maßnahmen getroffen, wozu beispielsweise auch die Errichtung des International Criminal Tribunal for Rwanda (ICTR) und des International Criminal Tribunal for the former Yugoslavia (ICTY) zählen.[196] Allerdings kann das Tätigwerden des Sicherheitsrates stets durch die Veto-Mächte blockiert werden.[197] Auch ist er

188 *Schmalenbach*, Friedliche Streitbeilegung, in: Proelß, Internationales Umweltrecht, Rn. 1.

189 *Bothe*, Compliance, MPEPIL, Rn. 117; *Schmalenbach*, Friedliche Streitbeilegung, in: Proelß, Internationales Umweltrecht, Rn. 1; *Wiegandt*, ZaöRV 2011, S. 31 (55).

190 *Bothe*, Compliance, MPEPIL, Rn. 20.

191 *Kritsiotis*, International law and the relativities of enforcement, in: Crawford/Koskenniemi, The Cambridge Companion to International Law, S. 245 (251).

192 *Bothe*, Friedenssicherung und Kriegsrecht, in: Vitzthum/Proelß, Völkerrecht, Rn. 19.

193 *van Aaken*, RW 2013, S. 227 (244).

194 *van Aaken*, RW 2013, S. 227 (244).

195 *van Aaken*, RW 2013, S. 227 (245).

196 *Kritsiotis*, International law and the relativities of enforcement, in: Crawford/Koskenniemi, The Cambridge Companion to International Law, S. 245 (254 ff.).

197 *Bothe*, Friedenssicherung und Kriegsrecht, in: Vitzthum/Proelß, Völkerrecht, Rn. 32 ff.

durch die UN-Charta bezüglich seiner Kompetenzen beschränkt: Art. 24 der Charta überträgt ihm die *„Hauptverantwortung für die Wahrung des Weltfriedens und der internationalen Sicherheit“*.[198]

## 2) Mittel der friedlichen Streitbeilegung aus Art. 33 UNCh

Art. 33 UNCh zählt folgende Mittel der friedlichen Streitbeilegung auf: Verhandlung, Untersuchung, Vermittlung, Vergleich, Schiedsspruch, gerichtliche Entscheidung, Inanspruchnahme regionaler Einrichtungen oder Abmachungen und friedliche Mittel eigener Wahl. Diese Liste ist nicht abschließend, so fehlen beispielsweise die sogenannten Guten Dienste (good offices).[199] Auch werden die Mittel zur Streitbeilegung häufig kombiniert.[200] Staaten können zwischen den Mitteln frei wählen.[201] Voraussetzung ist aber stets deren Zustimmung zur Streitbeilegung.[202]

Die diplomatischen Mittel Verhandlung, Gute Dienste und Vermittlung haben gemeinsam, dass die gefundene Lösung für die Streitparteien nicht bindend ist.[203] Die Urteile eines Schiedsgerichts oder eines internationalen Gerichts sind dagegen bindend.[204]

Verhandlungen zwischen den Staaten zeichnen sich dadurch aus, dass die Staaten ohne Intervention einer dritten Partei in einen Dialog treten.[205] Sie ermöglichen durch Formfreiheit das Finden einer Lösung für beide Streitparteien. Im Unterschied zu einer gerichtlichen Streitbeilegung haben die Staaten die volle Kontrolle über das Verfahren.[206] Verhandlungen sind das wohl am

---

198 S. hierzu *Wood*, United Nations, Security Council, MPEPIL, Rn. 18–39.

199 *Pellet*, Peaceful Settlement of International Disputes, MPEPIL, Rn. 31; *Schmalenbach*, Friedliche Streitbeilegung, in: Proelß, Internationales Umweltrecht, Rn. 3; *von Arnauld*, Völkerrecht, Rn. 441.

200 *Pellet*, Peaceful Settlement of International Disputes, MPEPIL, Rn. 31.

201 *Pellet*, Peaceful Settlement of International Disputes, MPEPIL, Rn. 28.

202 *Diaconu*, Peaceful Settlement of Disputes Between States: History and Prospects, in: Macdonald/Johnston, The Structure and Process of International Law, S. 1096 (1102); *Pellet*, Peaceful Settlement of International Disputes, MPEPIL, Rn. 29.

203 *Pellet*, Peaceful Settlement of International Disputes, MPEPIL, Rn. 39; *Peters*, EJIL 14 (2003), S. 1 (4); *Schmalenbach*, Friedliche Streitbeilegung, in: Proelß, Internationales Umweltrecht, Rn. 22.

204 *Peters*, EJIL 14 (2003), S. 1 (4); *Schmalenbach*, Friedliche Streitbeilegung, in: Proelß, Internationales Umweltrecht, Rn. 22; *Shaw*, International Law, S. 801.

205 *Peters*, EJIL 14 (2003), S. 1 (4); *von Arnauld*, Völkerrecht, Rn. 442.

206 *Merrills*, International Dispute Settlement, S. 17; *Schmalenbach*, Friedliche Streitbeilegung, in: Proelß, Internationales Umweltrecht, Rn. 23.

meisten genutzte Mittel der friedlichen Streitbeilegung.[207] Bei einer Vermittlung dagegen tritt eine dritte Partei hinzu, ebenso wie bei den Guten Diensten.[208]

Der Vergleich (conciliation) wurde durch das Institut de Droit International 1961 folgendermaßen definiert: „*Conciliation means a method for the settlement of international disputes of any nature according to which a Commission set up by the Parties, either on a permanent basis or on an ad hoc basis to deal with a dispute, proceeds to the impartial examination of the dispute and attempts to define the terms of a settlement susceptible of being accepted by them, or of affording the Parties, with a view to its settlement, such aid as they may have requested*".[209] Untersuchungen dienen dazu, die zugrunde liegenden Tatsachen festzustellen.[210]

Aufgrund der Tatsache, dass die Ergebnisse der beschriebenen Mittel häufig als fair wahrgenommen werden und den Staaten nicht oktroyiert werden, gibt es eine höhere Wahrscheinlichkeit, dass sie befolgt werden.[211] Die beteiligten Staaten sind und bleiben Herren des Verfahrens, es gibt für sie kein Risiko, dass das Ergebnis ihrem Willen widerspricht.

Schiedsgerichtsbarkeit und internationale Gerichtsbarkeit sind sogenannte rechtliche Mittel.[212] Sie zeichnen sich dadurch aus, dass auf der Basis von Rechtsnormen eine bindende Entscheidung getroffen wird.[213] Die Schiedsgerichtsbarkeit (Arbitration) wurde von der International Law Commission (ILC) wie folgt definiert: „*International arbitration is a procedure for the settlement of disputes between States by a binding award on the basis of law and as the result of an undertaking voluntarily accepted*".[214] Als erster Schiedsvertrag gilt der Jay-Vertrag zwischen den USA und Großbritannien aus dem Jahr 1794.[215] Seit den Haager

---

207 *Merrills*, International Dispute Settlement, S. 2.

208 *Schmalenbach*, Friedliche Streitbeilegung, in: Proelß, Internationales Umweltrecht, Rn. 27; *von Arnauld*, Völkerrecht, Rn. 442.

209 Institut de Droit International, Resolution 1961, Art. 1; *Cot*, Conciliation, MPEPIL, Rn. 1.

210 *Merrills*, International Dispute Settlement, S. 43; *Peters*, EJIL 14 (2003), S. 1 (5); *Schmalenbach*, Friedliche Streitbeilegung, in: Proelß, Internationales Umweltrecht, Rn. 26.

211 *van Aaken*, RW 2013, S. 227 (246) mwN.

212 *Brower II*, Arbitration, MPEPIL, Rn. 3; *Merrills*, International Dispute Settlement, S. 88; *Peters*, EJIL 14 (2003), S. 1 (7); *Romano/Alter/Shany*, Mapping international adjudicative bodies, The Issues, and Players in: Romano/Alter/Shany, The Oxford Handbook of International Adjudication, S. 3 (5); die übrigen Mittel werden im Gegensatz dazu als diplomatische Mittel bezeichnet.

213 *Brower II*, Arbitration, MPEPIL, Rn. 3; *Walter*, Rechtsschutz durch den Internationalen Gerichtshof, in: Ehlers/Schoch, Rechtsschutz im Öffentlichen Recht, Rn. 2.

214 Yearbook of the International Law Commission 1953, Volume II, Chapter II, S. 202.

215 *Brower II*, Arbitration, MPEPIL, Rn. 13; *von Arnauld*, Völkerrecht, Rn. 446.

Friedenskonferenzen von 1899 und 1907 besteht in Den Haag der Permanent Court of Arbitration (Ständiger Schiedshof), der allerdings selbst kein Gericht ist, sondern eine Liste mit möglichen Schiedsrichtern führt.[216] Im Unterschied zur ständigen internationalen Gerichtsbarkeit entscheiden die Staaten im Rahmen der Schiedsgerichtsbarkeit selbst über Richter und Verfahren.[217] Dies wird im sogenannten compromis festgelegt.[218]

Des Weiteren bleibt auch die Möglichkeit der Durchsetzung durch ein ständiges internationales Gericht, wobei aufgrund der souveränen Gleichheit der Staaten eine vorherige Unterwerfung unter die Gerichtsbarkeit nötig ist.[219] Herausragende Bedeutung hat der IGH in Den Haag, der auch als „World Court" bezeichnet wird.[220] Weitere Beispiele für die internationale und auch regionale Gerichtsbarkeit sind der Internationale Seegerichtshof in Hamburg oder auch der EuGH in Luxemburg.

Entscheidendes Merkmal der ständigen internationalen Gerichtsbarkeit im Vergleich zur Schiedsgerichtsbarkeit ist die vorherige Existenz des Gerichts im Gegensatz zur Wahl der Richter durch die Parteien. Hieraus folgt auch, dass Schiedsgerichtsbarkeit mehr „private" Rechtsdurchsetzung ist, während das Ergebnis eines ständigen internationalen Gerichts eher „öffentliches Gut" ist.[221] So genießen die Urteile der ständigen internationalen Gerichtsbarkeit mehr Aufmerksamkeit und wohl auch mehr Reputation.[222] Ein weiterer Vorteil ist wegen der Transparenz über vorherige Entscheidungen in anderen Fällen die bessere Vorhersehbarkeit (Berechenbarkeit als Bestandteil der Rechtssicherheit) der zu erwartenden Urteile.[223] Andererseits ermöglicht die Einsetzung eines Schiedsrichters größere

216 *Ando*, Permanent Court of Arbitration (PCA), MPEPIL, Rn. 1, 3; *Brabandere,* Leiden Journal of International Law 31 (2018), S. 459 (460); *von Arnauld*, Völkerrecht, Rn. 448.

217 *Brower II*, Arbitration, MPEPIL, Rn. 3; *von Arnauld*, Völkerrecht, Rn. 447.

218 *Schmalenbach*, Friedliche Streitbeilegung, in: Proelß, Internationales Umweltrecht, Rn. 40.

219 *Peters*, EJIL 14 (2003), S. 1 (17); *Jennings*, ZaöRV 1987, S. 3.

220 S. zu dieser Bezeichnung z.B. *Crawford*, Brownlie's Principles of Public International Law, S. 695; *Kolb*, The Elgar Companion to The International Court of Justice, S. 59; *Bernhardt*, ZaöRV 1987, S. 17 (19).

221 *Romano/Alter/Shany*, Mapping international adjudicative bodies, The Issues, and Players in: Romano/Alter/Shany, The Oxford Handbook of International Adjudication, S. 3 (5) mwN.

222 *von Arnauld*, Völkerrecht, Rn. 451.

223 *von Arnauld*, Völkerrecht, Rn. 451.

Flexibilität.[224]

Bei der gerichtlichen Durchsetzung generell, sei es durch einen ständigen internationalen Gerichtshof oder durch ein Schiedsgericht, sind zwei „Ebenen" zu unterscheiden: die Durchsetzung völkerrechtlicher Regelungen durch Gerichte einerseits und die Durchsetzung der ergangenen Gerichtsurteile andererseits. Diese zweite „Ebene" kann wiederum als Maßstab der Effektivität der ersten Ebene angesehen werden.

### 3) Staatenverantwortlichkeit

Die Staatenverantwortlichkeit beinhaltet, dass ein Staat für die ihm zurechenbaren Verletzungen des Völkerrechts verantwortlich ist.[225] Die Regelungen hierzu sind in den Articles on State Responsibilty (ASR) niedergelegt, die zwar selbst nicht rechtsverbindlich, aber größtenteils Ausdruck kodifizierten Gewohnheitsrechts sind.[226] Art. 34 bis 39 ASR bestimmen, wie bei einer festgestellten Verletzung durch den Verletzerstaat reagiert werden muss; sie legen also die Rechtsfolge eines Völkerrechtsverstoßes fest. Diese kann in restitution (Restitution), compensation (Schadensersatz) oder satisfaction (Genugtuung) bestehen oder einer Kombination der unterschiedlichen Möglichkeiten.[227] Auch können

---

224 *Walter*, Rechtsschutz durch den Internationalen Gerichtshof, in: Ehlers/Schoch, Rechtsschutz im Öffentlichen Recht, Rn. 2; *von Arnauld*, Völkerrecht, Rn. 451.

225 PCIJ, Factory at Chorzów, Urteil vom 26. Juli 1927, Series A Nr. 17, S. 29; *von Arnauld*, Völkerrecht, Rn. 376; zur Entstehung der Articles on State Responsibility s. auch *Tomuschat*, ZaöRV 2019, S. 579 (597–609), der insbesondere auf die Rolle der special rapporteure eingeht.

226 So äußerte der IGH sich zur gewohnheitsrechtlichen Geltung von Art. 8 ASR: ICJ, Application of the Convention on the Prevention and Punishment of the Crime of Genocide (Bosnia and Herzegovina v. Serbia and Montenegro), Urteil vom 26. Februar 2007, ICJ Rep. 2007, S. 43 (207 f.), Rn. 398; die gewohnheitsrechtliche Geltung des in Art. 4 ASR (dort noch Art. 6 der draft articles) niedergelegten Prinzips des Verhaltens von Staatsorganen wurde erwähnt in ICJ, Difference Relating to Immunity from Legal Process of a Special Rapporteur of the Commission on Human Rights, Gutachten vom 29. April 1999, ICJ Rep. 1999, S. 62 (87 f.), Rn. 62; zur gewohnheitsrechtlichen Geltung des Notstandes (Art. 25 ASR) s. ICJ, Gabčíkovo-Nagymaros Project (Hungary v. Slovakia), Urteil vom 25. September 1997, ICJ Rep. 1997, S. 7 (40 f.), Rn. 51. Zur Vertiefung s. insbesondere den Kommentar der ILC zu den Draft Articles on State Responsibility, Yearbook of the International Law Commission 2001, Volume II Part Two, Chapter IV, S. 20–143.

227 *Crawford*, State Responsibility, MPEPIL, Rn. 28; *Schröder*, Verantwortlichkeit, Völkerstrafrecht, Streitbeilegung und Sanktionen, in: Vitzthum/Proelß, Völkerrecht, Rn. 32.

Staaten einseitig durch Gegenmaßnahmen auf Völkerrechtsverletzungen reagieren, Art. 49 ASR.[228] Gegenmaßnahmen sind grundsätzlich selbst völkerrechtswidrige Akte, die aber im Kontext der Staatenverantwortlichkeit als Reaktion auf einen Rechtsbruch gerechtfertigt sind.[229] Grundsätzlich soll die Durchsetzung im Rahmen der Staatenverantwortlichkeit dezentral sein – die Staaten sollen mit den erlaubten Mitteln ihr Recht selbst durchsetzen.[230] Ausnahmen werden im Bereich der Verpflichtungen erga omnes diskutiert.[231]

## 4) Umweltvölkerrecht: Compliance-Mechanismen

Wie bereits angesprochen, ist insbesondere das Umweltvölkerrecht bezüglich der internationalen Streitbeilegung und der Durchsetzung der Verpflichtungen neue und eigene Wege gegangen. Entstanden sind die sogenannten Compliance-Mechanismen, eine institutionalisierte Erfüllungskontrolle.[232] In ihrem Rahmen werden üblicherweise zuerst Daten über Erfüllung und Nichterfüllung gesammelt und anschließend festgelegt, ob ein Fall der Nichterfüllung vorliegt.[233] Basierend auf diesen Daten soll dann die adäquate Abhilfemöglichkeit gefunden werden.[234] Als Rechtsfolge können beispielsweise negative Anreize wie *naming and shaming*, aber auch Handelssanktionen dienen.[235] Eine weitere Neuerung im Umweltvölkerrecht betrifft die Tatsache, dass (durch Verträge) Rechtspositionen von Individuen geschaffen werden, die innerstaatlich durchgesetzt werden können (so geschehen im Rahmen der Aarhus-Konvention).[236]

228 *Schröder*, Verantwortlichkeit, Völkerstrafrecht, Streitbeilegung und Sanktionen, in: Vitzthum/Proelß, Völkerrecht, Rn. 30 f.

229 *Schmalenbach*, Verantwortlichkeit und Haftung, in: Proelß, Internationales Umweltrecht, Rn. 29.

230 *van Aaken*, RW 2013, S. 227 (252).

231 *van Aaken*, RW 2013, S. 227 (253).

232 *Schmalenbach*, Friedliche Streitbeilegung, in: Proelß, Internationales Umweltrecht, Rn. 11.

233 *Bothe*, Compliance, MPEPIL, Rn. 50; *Schmalenbach*, Friedliche Streitbeilegung, in: Proelß, Internationales Umweltrecht, Rn. 12 f.

234 *Schmalenbach*, Friedliche Streitbeilegung, in: Proelß, Internationales Umweltrecht, Rn. 13.

235 *Schmalenbach*, Friedliche Streitbeilegung, in: Proelß, Internationales Umweltrecht, Rn. 14 ff.

236 *Walter*, ZaöRV 2016, S. 363 (381).

## 5) World Trade Organization (WTO)

Die Streitbeilegung im Rahmen der WTO ist im Dispute Settlement Understanding (DSU) niedergelegt.[237] Das Verfahren ist gerichtsähnlich.[238] Ein Panel und der Appellate Body untersuchen den Streit rechtlich, können aber nur eine unverbindliche Entscheidung treffen.[239] Die rechtliche Verbindlichkeit folgt durch den Dispute Settlement Body.[240]

## 6) Durchsetzung im Rahmen des Menschenrechtsschutzes

Auch im Rahmen internationaler und regionaler Menschenrechtsverträge sind Durchsetzungsmechanismen in Form von Gerichtshöfen und Beschwerdeverfahren entstanden. Eine Besonderheit dieser Verträge betrifft die Möglichkeit, dass Individuen zum Teil Klage erheben und so unmittelbar Beteiligte des Verfahrens werden können.[241] Der bekannteste Gerichtshof, wenn auch nur im regionalen Kontext, ist der EGMR in Straßburg, der über die Einhaltung der im Rahmen des Europarates beschlossenen EMRK wacht.[242] Art. 34 EMRK enthält die Individualbeschwerde, Art. 33 EMRK den Mechanismus der Staatenbeschwerde.[243] Gemäß Art. 46 Abs. 1 EMRK sind die Staaten verpflichtet, die Urteile des EGMR anzuerkennen.[244] Die rechtskräftigen Urteile sind daher völkerrechtlich verbindlich.[245] Weitere Gerichtshöfe sind der African Court

---

237 *Merrills*, International Dispute Settlement, S. 206; *Schmalenbach*, Friedliche Streitbeilegung, in: Proelß, Internationales Umweltrecht, Rn. 45; von Arnauld, Völkerrecht, Rn. 957.

238 *Schmalenbach*, Friedliche Streitbeilegung, in: Proelß, Internationales Umweltrecht, Rn. 45; *von Arnauld*, Völkerrecht, Rn. 957.

239 *Schmalenbach*, Friedliche Streitbeilegung, in: Proelß, Internationales Umweltrecht, Rn. 45.

240 *Schmalenbach*, Friedliche Streitbeilegung, in: Proelß, Internationales Umweltrecht, Rn. 45.

241 S. z.B. Art. 33 EMRK oder Art. 1 des Fakultativprotokolls zum IPbürgR.

242 *Eborah*, International Human Rights Courts, in: Romano/Alter/Shany, The Oxford Handbook of International Adjudication, S. 225 (230 f.).

243 *Kau*, Der Staat und der Einzelne als Völkerrechtssubjekte, in: Vitzthum/Proelß, Völkerrecht, Rn. 262; *Oetheimer/Cano Palomares*, European Court of Human Rights (ECtHR), MPEPIL, Rn. 16 f.

244 *Kau*, Der Staat und der Einzelne als Völkerrechtssubjekte, in: Vitzthum/Proelß, Völkerrecht, Rn. 266; *Oetheimer/Cano Palomares*, European Court of Human Rights (ECtHR), MPEPIL, Rn. 43.

245 Meyer-Ladewig/Nettesheim/von Raumer/*Meyer-Ladewig/Brunozzi*, EMRK, Art. 46 Rn. 2.

on Human and Peoples' Rights (ACtHPR) und der Inter-American Court of Human Rights (IACtHR).[246]

Der Internationale Pakt über bürgerliche und politische Rechte (IPbürgR) von 1966 hat im Vertragstext (Art. 40 IPbürgR) selbst ein Berichtssystem zur Durchsetzung der im Pakt verankerten Rechte etabliert.[247] Diese Berichte werden vom UN-Menschenrechtsausschuss (Human Rights Committee) überprüft, welcher am Ende „concluding observations" und „general comments" zu den Bestimmungen des IPbürgR abgibt.[248] Diese sind nicht rechtsverbindlich, sollen aber öffentlichen Druck auf die Staaten ausüben.[249] Daneben gibt Art. 41 IPbürgR den Staaten ein Recht zur Beschwerde, aber nur, wenn diese dem Mechanismus ausdrücklich zugestimmt haben.[250] Die Individualbeschwerde dagegen wurde nicht vom Vertragstext selbst, sondern von einem Fakultativprotokoll eingeführt, das explizit unterzeichnet und ratifiziert werden muss.[251] Die Entscheidung im Rahmen der Individualbeschwerde ist für den Staat nicht bindend, sie soll lediglich nach Treu und Glauben beachtet werden.[252] Anders scheint das der Menschenrechtsausschuss selbst zu sehen, der die Nichtbeachtung von durch ihn angeordneten vorläufigen Maßnahmen als Verletzung der Pflicht ansieht,

---

246 *Eborah*, International Human Rights Courts, in: Romano/Alter/Shany, The Oxford Handbook of International Adjudication, S. 225 (226).

247 *Kau*, Der Staat und der Einzelne als Völkerrechtssubjekte, in: Vitzthum/Proelß, Völkerrecht, Rn. 239; *Tomuschat*, International Covenant on Civil and Political Rights (1966), MPEPIL, Rn. 35.

248 *Kau*, Der Staat und der Einzelne als Völkerrechtssubjekte, in: Vitzthum/Proelß, Völkerrecht, Rn. 239; *Schilling*, Internationaler Menschenrechtsschutz, Rn. 866; *Tomuschat*, Human Rights Committee, MPEPIL, Rn. 10 f.

249 *Heintze*, Menschenrechte als völkerrechtlicher Regelungsgegenstand, in: Ipsen, Völkerrecht, Rn. 9.

250 *Heintze*, Menschenrechte als völkerrechtlicher Regelungsgegenstand, in: Ipsen, Völkerrecht, Rn. 10; *Kau*, Der Staat und der Einzelne als Völkerrechtssubjekte, in: Vitzthum/Proelß, Völkerrecht, Rn. 240; *Tomuschat*, Human Rights Committee, MPEPIL, Rn. 12.

251 *Kau*, Der Staat und der Einzelne als Völkerrechtssubjekte, in: Vitzthum/Proelß, Völkerrecht, Rn. 241; *Tomuschat*, International Covenant on Civil and Political Rights (1966), MPEPIL, Rn. 35; *Weiß*, AVR 42 (2004), S. 142 (145).

252 *Birkenkötter*, APuZ 10–11/2016, S. 10 (14); *Buergenthal*, Human Rights, MPEPIL, Rn. 21; *Epping*, Das Individuum als Völkerrechtssubjekt, in: Ipsen, Völkerrecht, Rn. 11 mwN; *Heintze*, Menschenrechte als völkerrechtlicher Regelungsgegenstand, in: Ipsen, Völkerrecht, Rn. 11; *Shelton*, Human Rights, Individual Communications/Complaints, MPEPIL, Rn. 48; *Tomuschat*, Human Rights Committee, MPEPIL, Rn. 14.

das 1. Fakultativprotokoll (und somit ein von den Staaten anerkanntes bindendes Instrument) nach Treu und Glauben zu beachten.[253]

## 7) Durchsetzung auf nationaler Ebene

Völkerrecht kann schließlich auch von nationalen Gerichten durchgesetzt werden.[254] Diese Durchführung ist keine ungewöhnliche Praxis.[255] So klagte zum Beispiel die Nichtregierungsorganisation (NGO) Urgenda in den Niederlanden erfolgreich gegen den niederländischen Staat, damit dieser aktiv gegen den Klimawandel vorgeht.[256] Das Verfahren hatte weltweit Vorbildwirkung für nationale und internationale Klimaklagen. In Deutschland versuchten jemenitische Opfer amerikanischer Drohnenangriffe die Bundesrepublik Deutschland für diese Angriffe verantwortlich zu machen, da die Drohnen mit hoher Wahrscheinlichkeit von der Air Base Ramstein aus gesteuert werden.[257] Das VG Köln wies die Klage in erster Instanz ab.[258] Nachdem das OVG Münster anschließend eine Schutzpflichtverletzung der Bundesregierung angenommen hatte,[259] entschied

---

253 Menschenrechtsausschuss, General Comment Nr. 33 § 19; Menschenrechtsausschuss, F.M./Kanada, Communication Nr. 2284/2013, § 7; s. hierzu auch *Schilling*, Internationaler Menschenrechtsschutz, Rn. 876. Auch der EGMR verweist in seiner Entscheidung EGMR (Große Kammer), Urteil vom 4. Februar 2005 – 46827/99, 46951/99 Mamatkulov und Askarov/Türkci in § 114 auf die durch den Menschenrechtsausschuss festgestellte Bindungswirkung von dessen vorläufigen Maßnahmen. Anders inzwischen wohl *Kadelbach*, Rechtsschutz durch die Vereinten Nationen, insbesondere nach dem Internationalen Pakt über bürgerliche und politische Rechte, in: Ehlers/Schoch, Rechtsschutz im Öffentlichen Recht, Rn. 27 mwN.

254 *Kritsiotis*, International law and the relativities of enforcement, in: Crawford/Koskenniemi, The Cambridge Companion to International Law, S. 245 (265).

255 *Kingsbury*, International courts: uneven judicialisation in global order, in: Crawford/Koskenniemi, The Cambridge Companion to International Law, S. 203 (222).

256 Rechtbank Den Haag, Urteil vom 24. Juni 2015, ECLI:NL:RBDHA:2015:7196; Gerechtshof Den Haag, Urteil vom 9. Oktober 2018, ECLI:NL:GHDHA:2018:2610; Hoge Raad, Urteil vom 20. Dezember 2019, ECLI:NL:HR:2019:2007; s. z.B. beck-aktuell vom 10.10.2018, aber auch schon *Saurer*, NVwZ 2017, S. 1574 (1576).

257 S. hierzu beispielsweise *Beinlich*, Germany and its Involvement in the US Drone Programme before German Administrative Courts, EJIL-Talk 8.4.2019.

258 VG Köln, Urteil vom 27. Mai 2015 – 3 K 5625/14.

259 OVG Münster, Urteil vom 19. März 2019 – 4 A 1361/15, NVwZ 2019, S. 1624 (Ls.), BeckRS 2019, 5666.

das BVerwG, dass Deutschland diese Schutzpflichten nicht verletzt hatte.[260] Eine Verfassungsbeschwerde vor dem BVerfG ist anhängig.[261] Und die Nachfahren der Opfer deutscher Kolonialpolitik versuchten eine Entschädigung vor einem Gericht in New York zu erreichen.[262]

### 8) Reputationsverlust

Von beträchtlicher Relevanz ist der Reputationsverlust, wenn ein Rechtsbruch international bekannt wird.[263] Dieses Prinzip des *naming and shaming* beinhalten daher viele umweltvölkerrechtliche Verträge.[264] Um Verstöße aufzudecken, bedarf es Mechanismen wie Monitoring- und Berichtspflichten, die dies erst möglich machen.[265] Um „nur“ den Verlust an Reputation in den internationalen Beziehungen (ohne dass dies institutionell gesteuert wird) unter den Begriff der Durchsetzung fassen zu können, ist allerdings ein sehr weiter Begriff der Durchsetzung zugrunde zu legen. Das hier erarbeitete Verständnis erlaubt dies, da es nicht auf institutionalisierte Durchsetzung, sondern lediglich auf eine Reaktion auf die Tatsache, dass gegen viele Normen des Völkerrechts verstoßen wird, abstellt. Eine solche Reaktion kann auch der Verlust des Ansehens in der internationalen Gemeinschaft sein.

### 9) Positive und negative Anreize

Ein weiteres Mittel, um internationalen Normen einen „compliance pull“ zu geben und so für deren Befolgung zu sorgen, sind positive und negative Anreize in Verträgen.[266] Streng genommen fallen dergleichen Anreize in Verträgen nicht unter einen engen Begriff der Durchsetzung. Aufgrund der hier vertretenen Definition sind sie jedoch als Durchsetzungsmechanismen einzuordnen.

---

260 BVerwG, Urteil vom 25. November 2020, BVerwGE 170, 345 (370), NJW 2021, S. 1610 (1618), Rn. 66 ff.; *Sachs*, JuS 2021, S. 804 (806). Kritisch zur Entscheidung: *Payandeh/Sauer*, NJW 2021, S. 1570–1574.

261 2 BvR 508/21.

262 S. hierzu z.B. *Jaspert*, „Setback for the descendants of the Nama and Ovaherero indigenous peoples. A New York Court declines jurisdiction in Rukoro et al. v. Germany“, Völkerrechtsblog, 8 May 2019, doi: 10.17176/20190509-173956-0.

263 *van Aaken*, RW 2013, S. 227 (242); *Wiegandt*, ZaöRV 2011, S. 31 (55).

264 S. hierzu auch schon oben; *Schmalenbach*, Friedliche Streitbeilegung, in: Proelß, Internationales Umweltrecht, Rn. 15.

265 *van Aaken*, RW 2013, S. 227 (243).

266 *Bothe*, Compliance, MPEPIL, Rn. 100, 104–113.

Auch können unter den Oberbegriff „Anreize" einige der bereits beschriebenen Mechanismen einsortiert werden. Daher dient diese Beschreibung lediglich als Abschluss bzw. als andere mögliche Gruppierung der Durchsetzungsmechanismen. Anreize reagieren oft nicht auf einen konkreten Bruch des Völkerrechts, sondern ganz allgemein auf die Tatsache, dass gegen Völkerrecht verstoßen wird, indem sie Verstöße präventiv verhindern wollen. Aufgrund der Erkenntnis, dass gegen Völkerrecht verstoßen wird, versuchen diese Mechanismen solchen Verstößen entgegenzuwirken.

Staaten sollen durch diese Mechanismen dazu angehalten werden, ihre Vertragspflichten zu befolgen, sodass ein Zustand der Nichtbefolgung nicht erst eintritt. Positive Anreize zur Vertragserfüllung können beispielsweise ökonomische Anreize oder Geldzahlungen, aber auch jede andere Form der Hilfe für den Vertragsstaat sein.[267] Hiermit wird darauf reagiert, dass Nichtbefolgung nicht nur durch Unwillen, sondern auch durch fehlende Kapazität der Staaten begründet sein kann.[268] Negative Anreize dienen der Abschreckung, wie beispielsweise der gerade angesprochene Reputationsverlust oder auch andere der schon besprochenen Mechanismen.[269] Insoweit sind die Übergänge fließend.

## 10) Zusammenfassung und Bewertung

Die Liste der aufgezählten Streitbeilegungs- und Durchsetzungsmechanismen ist nicht abschließend; mit ihr soll vorliegend ein Überblick über die wesentlichen bisherigen Durchsetzungsmechanismen im Völkerrecht gegeben werden. Einer abschließenden Aufzählung steht generell die Freiheit der Staaten entgegen, neue oder eigene Mechanismen zu etablieren oder in Verträgen festzuschreiben.

Wie bereits definiert, werden in dieser Studie auch die Mechanismen der Erfüllungskontrolle, wie sie insbesondere im Umweltvölkerrecht zu finden sind, unter den Begriff der Durchsetzung gefasst. Durchsetzung definiert sich im Rahmen dieser Arbeit daher nicht durch Zwang, sondern durch die Tatsache, dass mit einem wie auch immer gearteten Mittel versucht wird, Völkerrechtskonformität (wieder-)herzustellen. Weil die aufgezählten Mittel der Durchsetzung zahlreich sind und weil im Völkerrecht von Durchsetzungsschwäche gesprochen wird, ist die Frage nach der Effektivität der Mechanismen durchaus berechtigt. Keines der Mittel kann Stand jetzt als „die" Lösung für das Durchsetzungsproblem im Völkerrecht angesehen werden. Da jedoch die Betrachtung sämtlicher

267 *Bothe*, Compliance, MPEPIL, Rn. 111 ff.
268 *Bothe*, Compliance, MPEPIL, Rn. 111 f.
269 *Bothe*, Compliance, MPEPIL, Rn. 104 ff.

Mittel den Rahmen dieser Untersuchung sprengen würde, konzentriert sie sich im Folgenden auf die ständige internationale Gerichtsbarkeit am Beispiel des IGH sowie auf die Erfüllungskontrolle im Umweltvölkerrecht am Beispiel der Durchsetzung des Paris Agreement zum Klimaschutz. Hierdurch soll die internationale Gerichtsbarkeit als klassisches Mittel den neueren Mitteln des Umweltvölkerrechts gegenübergestellt werden.

# Kapitel 2: Effektivität und Effektivitätskriterien

Als Bewertungsgrundlage der Durchsetzungsmechanismen dient in der vorliegenden Studie der Begriff der Effektivität. Dieser wird im folgenden Kapitel entwickelt. Hierfür werden zunächst der Begriff der Effektivität im allgemeinen Völkerrecht und im Recht auf effektiven Rechtsschutz betrachtet sowie bestehende Ansätze zur Definition der Effektivität. Hieraus wird eine Definition der Effektivität erarbeitet. Zur Konkretisierung dieser Definition werden im Anschluss Kriterien beschrieben, deren Vorliegen Indiz für Effektivität sein kann. Definition und Kriterien werden in den folgenden Kapiteln der Bewertung als objektiver Maßstab zugrunde gelegt werden. Dieser soll dazu dienen, dass der Vergleich auf der Basis identischer bzw. vergleichbarer Kriterien erfolgt und so wissenschaftlichen Anforderungen genügt.

## I) Effektivität – Definition

Der Begriff der Effektivität bedarf – aufgrund unterschiedlicher Ansätze in der Literatur – einer Definition, die anschließend der Bewertung zugrunde gelegt wird. Zu diesem Zweck werden bestehende Definitionen und Ansätze betrachtet und ausgewertet. Zunächst wird auf die Bedeutung des Begriffes „Effektivität" im allgemeinen völkerrechtlichen Begriffsverständnis, aber auch auf die Garantie des effektiven Rechtsschutzes im nationalen, also deutschen, und europäischen Kontext eingegangen. Anschließend werden Definitionen und Erklärungen zur Effektivität des Völkerrechts und zur Effektivität der Durchsetzung beleuchtet. Aus diesen Ansätzen ergibt sich eine Definition des Begriffes der Effektivität, die die Basis für die weitere Prüfung darstellen wird.

### 1) Der Effektivitätsbegriff im allgemeinen Völkerrecht und im Recht auf effektiven Rechtsschutz

Dem Duden zufolge bedeutet Effektivität „Wirksamkeit".[270] Übertragen auf die dieser Studie zugrundeliegende Fragestellung bewertet die Effektivität somit, ob Durchsetzungsmechanismen wirksam sind. Als Synonym für den Begriff der „Wirksamkeit" wird (wiederum im Duden) der Begriff der „Durchsetzungskraft"

---

270 https://www.duden.de/rechtschreibung/Effektivitaet (abgerufen am 19.4.2022); vgl. auch: *Krieger*, Das Effektivitätsprinzip im Völkerrecht, S. 33.

vorgeschlagen, mithin unmittelbar auf das Wort „Durchsetzung" verwiesen.[271] Die Effektivität bzw. Wirksamkeit der Mechanismen kann demnach ihre Durchsetzungskraft beurteilen.

Um die Effektivität bewerten und definieren zu können (und somit die Wirksamkeit und Durchsetzungskraft), lohnt zunächst der Blick auf verwandte Gebiete, um gegebenenfalls Analogien zu bilden oder Kriterien zu übernehmen. Betrachtet werden die Verwendung des Begriffs der Effektivität im allgemeinen völkerrechtlichen Begriffsverständnis (Buchst. a) sowie das Recht auf effektiven Rechtsschutz im deutschen und europäischen Menschenrechtsschutz (sowohl EU-Recht als auch das Recht der EMRK) (Buchst. b).

### *a) Effektivität(sprinzip) im Völkerrecht*

Wird der Begriff der Effektivität im völkerrechtlichen Kontext (Stichwort: Effektivitätsprinzip) verwendet, so wird darunter meist die Effektivität der Staatsgewalt verstanden.[272] Bezüglich der Staatsgewalt ist der tatsächliche Zustand,[273] die faktisch stabilisierte Lage[274] relevant, die Existenz eines Staates setzt primär die Effektivität der Staatsgewalt und nicht deren Legitimität voraus.[275] Die Effektivität der Staatsgewalt geht daher in diesem Kontext der Legitimität vor. Diese Effektivität fehlt beispielsweise, wenn die Ausübung der Staatsgewalt nur in Abhängigkeit von einer anderen Staatsgewalt erfolgen kann.[276] Grenzen dieser Praxis werden nur durch das Völkerrecht selbst bestimmt, beispielsweise bezüglich der Anerkennung von rechtswidrigem Gebietserwerb (etwa durch Annexion unter Verletzung des Gewaltverbotes).[277] Hierdurch entfällt ein Anwendungsfall

---

271 https://www.duden.de/rechtschreibung/Wirksamkeit (abgerufen am 19.4.2022).

272 *Kau*, Der Staat und der Einzelne als Völkerrechtssubjekte, in: Vitzthum/Proelß, Völkerrecht, Rn. 80; *Krüger*, Das Prinzip der Effektivität, FS Spiropoulos, S. 265 (282).

273 *Krüger*, Das Prinzip der Effektivität, FS Spiropoulos, S. 265 (275); *Verdross/Simma*, Universelles Völkerrecht, § 69.

274 *Tilch/Arloth*, Deutsches Rechts-Lexikon, Band 1 A–F, S. 1166.

275 *Herdegen*, Völkerrecht, § 8 Rn. 8; *Stein/von Buttlar/Kotzur*, Völkerrecht, Rn. 285; dagegen *Taki*, Effectiveness, MPEPIL, Rn. 10, der darauf abstellt, dass im neueren Kontext das Prinzip der Effektivität bei der Entstehung von Staaten an Bedeutung verloren habe. Zur Relativierung des Effektivitätsprinzips, insbesondere durch das Selbstbestimmungsrecht der Völker, s. *Krieger*, Das Effektivitätsprinzip im Völkerrecht, S. 100–169.

276 *Stein/von Buttlar/Kotzur*, Völkerrecht, Rn. 286.

277 *Krieger*, Das Effektivitätsprinzip im Völkerrecht, S. 332, 415; *Stein/von Buttlar/Kotzur*, Völkerrecht, Rn. 318; *Verdross/Simma*, Universelles Völkerrecht, § 70; ein aktuelles Beispiel ist die Annexion der Krim durch Russland, die völkerrechtlich trotz des

der Effektivität.[278] Der zumindest zeitweise Wegfall der Staatsgewalt bedingt allerdings nicht zwangsläufig den Untergang der Staateneigenschaft - der Verlust der Staatsqualität tritt erst ein, wenn die Wiederherstellung der Staatsgewalt nicht mehr möglich ist.[279] Sogenannte „failed states“ bleiben rechtsfähig, sind allerdings nicht handlungsfähig.[280] Auf Effektivität wird ebenfalls im Rahmen des Gebietserwerbs durch Okkupation abgestellt, was im *Islands of Palmas-Schiedsspruch* bestätigt wurde:[281] „*The title of discovery, if it had not been already disposed of by the Treaties of Münster and Utrecht would, under the most favourable and most extensive interpretation, exist only as an inchoate title, as a claim to establish sovereignty by effective occupation.*“[282] Ein weiteres Beispiel für die Notwendigkeit der Effektivität im Völkerrecht ist die Seeblockade.[283] Eine Blockade ist „*die Sperre aller Zugänge zu den Küsten oder Häfen des Feindes von See aus, um alle seine Überseeverbindungen abzuschneiden*“.[284] Die rechtliche Wirksamkeit einer Blockade ist abhängig von ihrer Effektivität.[285] Durch die Einführung dieser Voraussetzung sollten sogenannte „Papierblockaden“ verhindert werden, also Blockaden, die nicht oder nicht ausreichend durchgesetzt wurden.[286] Auch hier wird demnach auf die tatsächliche Lage und nicht auf Erklärung oder Wille abgestellt.[287] Ebenfalls abhängig von der Effektivität als Voraussetzung ihrer Existenz sind die stabilisierten de-facto-Regime.[288] Stabilisierte de-facto-Regime

---

abgehaltenen Referendums nicht anerkannt wird, sodass die Krim im internationalen Kontext noch als zur Ukraine gehörend betrachtet wird, s. hierzu GA Res. 68/262 (14).

278 *Taki*, Effectiveness, MPEPIL, Rn. 13.

279 *Stein/von Buttlar/Kotzur*, Völkerrecht, Rn. 315; *Taki*, Effectiveness, MPEPIL, Rn. 5; *Zimmermann*, Continuity of States, MPEPIL, Rn. 11.

280 *Stein/von Buttlar/Kotzur*, Völkerrecht, Rn. 316.

281 Islands of Palmas Case (Netherlands, USA), 4. April 1928, RIAA II, S. 829 (839); *Crawford*, Brownlie's Principles of Public International Law, S. 211 mwN; *Herdegen*, Völkerrecht, § 24 Rn. 8.

282 Islands of Palmas Case (Netherlands, USA), 4. April 1928, RIAA II, S. 829 (869).

283 *Krieger*, Das Effektivitätsprinzip im Völkerrecht, S. 63–67.

284 *Krieger*, Das Effektivitätsprinzip im Völkerrecht, S. 63.

285 *Bothe*, Friedenssicherung und Kriegsrecht, in: Vitzthum/Proelß, Völkerrecht, Rn. 86; *Daum*, Das Völkerrecht der Seeblockade, S. 146; *Krieger*, Das Effektivitätsprinzip im Völkerrecht, S. 64; *Taki*, Effectiveness, MPEPIL, Rn. 12.

286 *Daum*, Das Völkerrecht der Seeblockade, S. 146; ausführlicher zur Effektivität der Seeblockade s. dort S. 146–152.

287 *Krieger*, Das Effektivitätsprinzip im Völkerrecht, S. 67.

288 *Krieger*, Das Effektivitätsprinzip im Völkerrecht, S. 94 f.; *Taki*, Effectiveness, MPEPIL, Rn. 9.

sind *„Herrschaftssubjekte […], die entweder aus einem Bürgerkrieg hervorgegangen sind oder sich auf andere Weise von demjenigen Staat abgespalten haben, dem sie formell noch angehören“.*[289] Als stabilisiert werden sie bezeichnet, wenn sie effektive und dauerhafte Gebietshoheit ausüben und somit tatsächlich unabhängig von dem Staat sind, der formal die territoriale Souveränität innehat.[290] Sie erfüllen die Voraussetzungen für einen Staat (Staatsvolk, Staatsgebiet und Staatsgewalt), ihnen fehlt jedoch die Anerkennung „als Staat“.[291] Angeknüpft wird lediglich an die effektive Beherrschung des Territoriums, nicht aber an die Anerkennung.[292]

Effektivität im Völkerrecht geht demnach meist einher mit einem Abstellen auf die tatsächliche Lage und nicht (nur) auf die rechtliche Lage. Einschränkungen bezüglich dieses Grundsatzes werden lediglich in Ausnahmefällen und nur hinsichtlich fundamental wichtiger Normen des Völkerrechts anerkannt (verwiesen sei erneut auf das Gewaltverbot als Norm des ius cogens). Es wird der Tatsache Rechnung getragen, dass die rechtliche Lage nur unter größeren Herausforderungen und ggf. sogar nicht eindeutig feststellbar ist. Auch erfordert das Anerkennen einer tatsächlichen Lage keine Unterwerfung unter eine über Entscheidungsbefugnis verfügende übergeordnete Stelle. Daher erscheint eine Übertragung dieses Verständnisses auf die Effektivität von Durchsetzungsmechanismen zumindest zweifelhaft, da diese eine solche Stelle darstellen. Überprüfbar für eine Analogie ist allerdings, ob im Rahmen der Durchsetzung allein auf die Zielerreichung als Maßstab der Effektivität abgestellt werden kann, ohne Berücksichtigung, wie dieses Ziel erreicht wurde.

### *b) Das Recht auf effektiven Rechtsschutz*

Das Recht auf effektiven Rechtsschutz bzw. Recht auf einen wirksamen Rechtsbehelf enthält ebenfalls den Begriff der Effektivität. Es findet sich unter anderem im deutschen Grundgesetz in Art. 19 Abs. 4 GG, in Art. 6 und 13 EMRK sowie in Art. 47 der Grundrechtecharta der Europäischen Union (GRCh)[293].[294] Daher

---

289 *Luchterhand*, AVR 46 (2008), S. 435 (457).

290 *Luchterhand*, AVR 46 (2008), S. 435 (457).

291 *Luchterhand*, AVR 46 (2008), S. 435 (457).

292 *Frowein*, Das de facto-Regime im Völkerrecht, S. 7; dies ist nicht unumstritten, s. hierzu beispielsweise *Luchterhand*, AVR 55 (2017), S. 185 (207) mit Verweis auf die Ansicht von *Hillgruber*, u.a. erläutert in *Hillgruber*, EJIL 9 (1998), S. 491 (497 ff.).

293 ABl C 326 vom 26.10.2012, S. 392.

294 *Grabenwarter/Pabel*, Europäische Menschenrechtskonvention, § 24 Rn. 3; *Thiele*, ERA Forum (2015) 16:511 (512).

soll betrachtet werden, wann der Rechtsschutz von Individuen den genannten Rechtsgrundlagen zufolge als effektiv anzusehen ist, um die Übertragbarkeit dieser Kriterien überprüfen zu können.

### *(1) Das Recht auf effektiven Rechtsschutz im deutschen Grundgesetz*

Die Rechtsschutzeffektivität aus Art. 19 Abs. 4 GG gewährt möglichst wirksamen Schutz durch die Gerichte in allen von den Prozessordnungen zur Verfügung gestellten Instanzen.[295] Dieser Schutz muss in angemessener Zeit und Intensität erfolgen.[296] Zunächst garantiert Art. 19 Abs. 4 GG ein Grundrecht auf Individualrechtsschutz.[297] Er enthält weiterhin, im Zusammenspiel mit anderen Vorschriften, eine objektive Werteentscheidung für eine gerichtsgeprägte Gewaltenteilung[298] sowie die institutionelle Garantie eines Rechtsweges.[299] Rechtsschutz wird nicht nur durch Art. 19 Abs. 4 GG, sondern auch durch den allgemeinen Justizgewährungsanspruch garantiert.[300] Bestandteil der Garantie des Rechtsschutzes ist der *„Zugang zu den Gerichten, die Prüfung des Streitbegehrens in einem förmlichen Verfahren sowie die verbindliche gerichtliche Entscheidung“*.[301] Von Relevanz im Rahmen des effektiven Rechtsschutzes ist zudem die Dauer des Verfahrens.[302] Für die Bestimmung der Angemessenheit der Verfahrensdauer ist auf die besonderen Umstände des Einzelfalls abzustellen.[303] Des Weiteren muss der Rechtschutz wirksam sein, was insbesondere die Aufhebung angegriffener Exekutivakte beinhaltet.[304]

---

295 BVerfG, Beschluss vom 16. Dezember 1980, BVerfGE 55, 349 (369), (Rudolf-Hess-Entscheidung).

296 *Ipsen/Kaufhold/Wischmeyer*, Staatsrecht I, § 16 Rn. 13, für die zeitliche Komponente mit Verweis auf BVerfG, Beschluss vom 16. Dezember 1980, BVerfGE 55, 349 (369), (Rudolf-Hess-Entscheidung).

297 Dürig/Herzog/Scholz/*Schmidt-Aßmann*, Grundgesetz, Art. 19 Abs. 4 Rn. 7 f.

298 Dürig/Herzog/Scholz/*Schmidt-Aßmann*, Grundgesetz, Art. 19 Abs. 4 Rn. 10.

299 Dürig/Herzog/Scholz/*Schmidt-Aßmann*, Grundgesetz, Art. 19 Abs. 4 Rn. 14.

300 BVerfG, Beschluss vom 30. April 2003, BVerfGE 107, 395 (401), NJW 2003, S. 1924.

301 BVerfG, Beschluss vom 30. April 2003, BVerfGE 107, 395 (401), NJW 2003, S. 1924.

302 BVerfG, Beschluss vom 16. Dezember 1980, BVerfGE 55, 349 (369), (Rudolf-Hess-Entscheidung); BeckOK GG/*Enders*, Art. 19 Rn. 79; Dürig/Herzog/Scholz/*Schmidt-Aßmann*, Grundgesetz, Art. 19 Abs. 4 Rn. 262 mwN.

303 BVerfG, Beschluss vom 16. Dezember 1980, BVerfGE 55, 349 (369), (Rudolf-Hess-Entscheidung).

304 Ipsen, Staatsrecht II, Rn. 886.

### (2) *Effektiver Rechtsschutz in der Europäischen Menschenrechtskonvention (EMRK)*

Art. 6 EMRK (Recht auf ein faires Verfahren) ist diejenige Vorschrift der EMRK, auf die sich die meisten Urteile des EGMR beziehen (fast 40 % in den letzten 60 Jahren).[305] Von diesen Urteilen entfällt der größte Anteil (nahezu 21 %) auf Rechtsprechung zur überlangen Verfahrensdauer.[306] Die Vorschrift enthält zunächst eine Organisationsgarantie, die das Entscheidungsorgan „Gericht" sicherstellt, wobei der Begriff des Gerichtes autonom zu interpretieren ist.[307] Des Weiteren wird der Zugang zu einem unabhängigen, unparteiischen und auf Gesetz beruhenden Gericht garantiert.[308] Unter den anschließend genannten Verfahrensgarantien bildet das Recht auf ein faires Verfahren den Kern.[309] Ebenfalls gewährt wird die öffentliche und mündliche Verhandlung.[310] Art. 6 EMRK beinhaltet daneben explizit die Entscheidung in angemessener Frist, innerhalb welcher verhandelt und entschieden werden muss.[311] Die Gewährleistung einer angemessenen Verfahrensdauer sowohl im nationalen als auch im europäischen Menschenrechtsschutz unterstreicht ihre Bedeutung.

Auf Art. 13 EMRK (Recht auf eine wirksame Beschwerde) beziehen sich dagegen deutlich weniger Urteile als auf Art. 6 EMRK (nur knapp 9 % in den letzten 60 Jahren).[312] Art. 13 EMRK schützt die wirksame Beschwerde vor einer nationalen Instanz bei Verletzung einer materiellen Garantie der EMRK oder eines Zusatzprotokolls und ist somit ein akzessorisches Recht.[313] Für die

---

305 Meyer-Ladewig/Nettesheim/von Raumer/*Meyer-Ladewig/Harrendorf/König*, EMRK, Art. 6 Rn. 1 mit Verweis auf die Statistiken des EGMR; *Stein/von Buttlar/Kotzur*, Völkerrecht, Rn. 1040; *Thiele*, ERA Forum (2015) 16:511 (514) mit Verweis auf Council of Europe, Overview 1959–2014, S. 5; Council of Europe, Overview 1959–2020, S. 6 f.

306 Meyer-Ladewig/Nettesheim/von Raumer/*Meyer-Ladewig/Harrendorf/König*, EMRK, Art. 6 Rn. 1 mit Verweis auf die Statistiken des EGMR; *Thiele*, ERA Forum (2015) 16:511 (514) ebenfalls mit Verweis; Council of Europe, Overview 1959–2020, S. 6 f.

307 *Grabenwarter/Pabel*, Europäische Menschenrechtskonvention, § 24 Rn. 29.

308 *Grabenwarter/Pabel*, Europäische Menschenrechtskonvention, § 24 Rn. 51.

309 *Grabenwarter/Pabel*, Europäische Menschenrechtskonvention, § 24 Rn. 66.

310 *Grabenwarter/Pabel*, Europäische Menschenrechtskonvention, § 24 Rn. 86.

311 *Grabenwarter/Pabel*, Europäische Menschenrechtskonvention, § 24 Rn. 81; *Kau*, Der Staat und der Einzelne als Völkerrechtssubjekte, in: Vitzthum/Proelß, Völkerrecht, Rn. 257; Meyer-Ladewig/Nettesheim/von Raumer/*Meyer-Ladewig/Harrendorf/König*, EMRK, Art. 6 Rn. 188.

312 Council of Europe, Overview 1959–2020, S. 7.

313 *Grabenwarter/Pabel*, Europäische Menschenrechtskonvention, § 24 Rn. 183 f.

Wirksamkeit des Rechtsbehelfs wird darauf abgestellt, ob das Eintreten oder Fortdauern der Konventionsverletzung verhindert oder eine angemessene Entschädigung gezahlt werden kann.[314]

### *(3) Effektiver Rechtsschutz im Recht der EU*

Art. 47 GRCh (Recht auf einen wirksamen Rechtsbehelf und ein unparteiisches Gericht) gewährt ebenfalls das Recht auf wirksamen Rechtsschutz.[315] Dies bedeutet, dass ein zulässiger Rechtsbehelf, der begründet ist, auch zum Erfolg verhelfen muss.[316] Allerdings wäre es verfehlt, von einer Erfolgsgarantie zu sprechen.[317] Aus diesem Grund wird in der Terminologie auch der Begriff der Effektivität angedacht.[318] Zunächst gewährleistet Art. 47 Abs. 2 GRCh die Entscheidung durch ein unabhängiges, unparteiisches und zuvor durch Gesetz errichtetes Gericht, öffentlich und in einem fairen Verfahren. In Art. 47 Abs. 2 GRCh findet sich des Weiteren, wie in den schon genannten Bestimmungen, ebenfalls das Recht auf Entscheidung innerhalb angemessener Frist. Es verpflichtet zu einer zügigen und effizienten Verfahrensdurchführung.[319] Die zulässige Dauer des Verfahrens ist im Einzelfall zu bestimmen.[320]

### *(4) Zusammenfassung*

Das Recht auf effektiven bzw. wirksamen Rechtsschutz in der beschriebenen Variante dient dem Rechtsschutz von Individuen gegen den Staat auf nationaler und regionaler Ebene. Es soll die Durchsetzung individueller Rechte von Klägern gegen den Staat sichern und so eine Übermachtstellung des Staates ausgleichen. Zwar sind sowohl die internationalen und regionalen Menschenrechtskonventionen Teil des Völkerrechts als auch die Individuen zwischenzeitlich als Völkerrechtssubjekte anerkannt,[321] doch betrifft die vorliegende Konstellation nicht die

---

314 Meyer-Ladewig/Nettesheim/von Raumer/*Meyer-Ladewig/Renger*, EMRK, Art. 13 Rn. 9 mit Verweis auf die Rechtsprechung des EGMR.

315 von der Groeben/Schwarze/Hatje/*Lemke*, Europäisches Unionsrecht, Art. 47 GRC Rn. 5.

316 Stern/Sachs/*Alber*, GRCh Kommentar, Art. 47 Rn. 62.

317 Stern/Sachs/*Alber*, GRCh Kommentar, Art. 47 Rn. 62.

318 Stern/Sachs/*Alber*, GRCh Kommentar, Art. 47 Rn. 62.

319 Meyer/Hölscheidt/*Eser/Kubiciel*, Charta der Grundrechte der Europäischen Union, Art. 47 Rn. 39; Jarass/*Jarass*, Charta der Grundrechte der EU, Art. 47 Rn. 52 (mit Verweis auf ein Urteil des EuGH, wo sich dieser Wortlaut nicht findet).

320 *Jarass*, NJW 2011, S. 1393 (1397).

321 *Stein/von Buttlar/Kotzur*, Völkerrecht, Rn. 493.

traditionelle Durchsetzung auf Ebene der Staaten, wie sie beispielsweise vor dem IGH praktiziert wird. Auch befinden Staaten sich rechtlich auf gleicher Ebene und bedürfen so im Grundsatz nicht des Schutzes als strukturell schwächere Partei. Es kann daher für die Bewertung der Effektivität der Durchsetzungsmechanismen eine Parallele zum Recht auf effektiven Rechtsschutz hinsichtlich einiger Aspekte gezogen werden; zugleich sind aber die Besonderheiten des immer noch staatenzentrierten Völkerrechts und der meist diesbezüglichen Durchsetzung zu beachten. Daneben ist nicht jeder Durchsetzungsmechanismus staatenzentriert, auch Individuen (allein oder organisiert, z.B. in NGOs) bekommen stetig mehr Rechte zugesprochen. Parallelen bieten sich somit hinsichtlich der Akteure an, die befugt sind, vor dem Durchsetzungsmechanismus zu verhandeln und insbesondere eine Klage oder Beschwerde zu erheben. Aus diesem Grund wird auf die beteiligten Akteure im Rahmen der Effektivitätskriterien genauer eingegangen werden. Die Gefahr einer überlangen Verfahrensdauer ist im Menschenrechtsschutz sehr präsent. Indem beispielsweise vor dem EGMR konsequent auf überlange Verfahrensdauern hingewiesen wird, wird deutlich, dass ein schnelles Verfahren essentiell für einen effektiven Rechtsschutz (im dort behandelten Rahmen: vor nationalen Gerichten) ist. Ein langes Verfahren beeinträchtigt den Rechtsschutz. Diese Feststellung kann auch im internationalen Kontext für die Bestimmung der Effektivität Verwendung finden. Benötigt die Entscheidung eines internationalen Durchsetzungsmechanismus zu viel Zeit, so kann die Entscheidung am Ende obsolet werden oder nur noch nachträglich die Völkerrechtswidrigkeit oder -konformität feststellen. Daher wird auf die Gefahr einer überlangen Verfahrensdauer im Folgenden im Rahmen der Effektivitätskriterien eingegangen werden. Andere Kriterien und Garantien sind (zu) sehr auf den Rechtsschutz von Individuen gegen den Staat zugeschnitten. Hier erscheint eine Übertragung zumindest zweifelhaft. So sichert das Recht auf eine öffentliche Verhandlung eine Person gegen Geheimjustiz und Willkür ab – im Rahmen internationaler Streitigkeiten kann eine nichtöffentliche Verhandlung durchaus von Nutzen sein, da gleichgestellte Staaten unter Ausschluss der Öffentlichkeit verhandeln können. Parallelen könnten hier lediglich für den Fall angezeigt sein, dass ein Durchsetzungsmechanismus betrachtet wird, der Individuen eine Klagemöglichkeit bietet, oder bezüglich Rechtsstreitigkeiten von Staaten, die sich zwar rechtlich, aber nicht tatsächlich (beispielsweise bezüglich der Entwicklung oder der finanziellen Möglichkeiten) auf einer Ebene befinden.

## 2) Bestehende Ansätze zur Definition der Effektivität

Viele Autoren haben sich (zum Teil auch mehrfach) in unterschiedlichem Kontext zur Definition des Begriffs der „Effektivität" geäußert. Diese Überlegungen beziehen sich allgemein auf die Effektivität des Völkerrechts als Rechtsordnung oder auf dessen Durchsetzung. Im Folgenden werden beide Bereiche einbezogen, um die Untersuchung möglichst umfassend zu gestalten. Bezüglich der Durchsetzungsmechanismen finden sich primär Untersuchungen hinsichtlich der Effektivität internationaler Gerichte bzw. des IGH, andere Mechanismen werden seltener behandelt und bewertet. Auf einige dieser Ansätze soll nun eingegangen werden.[322]

Von verschiedenen Autoren wird die Effektivität des Völkerrechts als dessen „regelmäßige Wirksamkeit" bezeichnet.[323] Bezüglich völkerrechtlicher Normen wird der Begriff primär für das Verhältnis von der Ist- zur Soll-Leistung, demnach für den Zielerreichungsgrad, verwendet.[324]

Die Zielerreichung als Maßstab der Effektivität findet sich auch bei anderen Autoren. *Yuval Shany* betrachtet sowohl in seinem Aufsatz „Assessing the Effectiveness of International Courts: A goal-based approach"[325] als auch in dem Buch „Assessing the Effectiveness of International Courts"[326] die Effektivität internationaler Gerichtshöfe. Gerade in ihren theoretischen Ansätzen sind beide Beiträge nahezu identisch, daher werden sie gemeinsam ausgewertet. Zunächst erteilt *Shany* den „klassischen" Bewertungskriterien der Effektivität internationaler Gerichtshöfe - Compliance, Nutzungsrate und Einfluss auf das Staatenverhalten - eine klare Absage.[327] Für die Bewertung der Effektivität „leiht" er sich infolgedessen eine Definition der Effektivität internationaler Gerichtshöfe aus den Sozialwissenschaften: seiner Ansicht zufolge ist eine Organisation dann erfolgreich, wenn sie die beabsichtigten Ziele erreicht.[328] Für diese

---

322 Die Darstellung erhebt keinen Anspruch auf Vollständigkeit. Eine umfassende Darstellung würde die Grenzen der Studie sprengen.

323 *Verdross/Simma*, Universelles Völkerrecht, § 68; *Krieger*, Das Effektivitätsprinzip im Völkerrecht, S. 35.

324 *Krieger*, Das Effektivitätsprinzip im Völkerrecht, S. 33 (in Abgrenzung zum Begriff der Effizienz), 35 jeweils mwN.

325 *Shany*, AJIL 106 (2012), S. 225–270.

326 *Shany*, Assessing the Effectiveness of International Courts.

327 *Shany*, Introduction, in: Shany, Assessing the Effectiveness of International Courts, S. 1 (4).

328 *Shany*, AJIL 106 (2012), S. 225 (230); *Shany*, Introduction, in: Shany, Assessing the Effectiveness of International Courts, S. 1 (6).

Untersuchung müssten dann die Ziele der Organisation bestimmt werden, um anschließend das Erreichen der Ziele zu bewerten.[329] Hierbei bedient sich *Shany* einer Unterscheidung von *Perrow* zwischen sogenannten „*official goals*", die formell festgehalten sind, und den „*operative goals*", die die von der Organisation tatsächlich favorisierte Strategie widerspiegeln.[330] Diese Kategorien differenziert er weiter aus, indem er als Zielkategorien die Quelle des Ziels (extern oder intern in der Organisation), die Tatsache, ob das Ziel ein Endziel oder nur ein Zwischenziel ist, und die Ausdrucksform des Ziels (explizit, implizit, ungesagt) festlegt.[331] Er selbst konzentriert sich unter allen möglichen Zielen auf die Ziele der „mandate providers".[332] Namentlich für internationale Gerichtshöfe identifiziert er vier Ziele, die allen internationalen Gerichtshöfen gemeinsam seien: primary norm compliance/norm support – dispute resolution or problem solving/resolving international disputes and problems – regime support – regime legitimization/legitimizing public authority.[333] Hierzu kämen noch die den unterschiedlichen Mechanismen eigenen Ziele.[334] Die Bewertung der Zielerreichung erfolgt anhand des „*judicial outcome*" des Gerichtes, welcher im Gegensatz zum reinen „*output*" die Effekte des outputs beschreibe.[335]

Anders bewertet *Kal Raustiala* die Effektivität. Er präsentiert in seinem Aufsatz „Compliance & Effectiveness in International Regulatory Cooperation"[336], der sich auf die Effektivität des Völkerrechts und deren Abgrenzung zur Bewertung der Compliance bezieht, zunächst mehrere mögliche Ansätze der Definition von Effektivität, die in der Literatur vertreten werden: „*Effectiveness is a concept that can be defined in varying ways: as the degree to which a given rule*

329 *Shany*, AJIL 106 (2012), S. 225 (230).

330 *Shany*, A Goal-Based Approach to Effectiveness Analysis, in: Shany, Assessing the Effectiveness of International Courts, S. 13 (17).

331 *Shany*, A Goal-Based Approach to Effectiveness Analysis, in: Shany, Assessing the Effectiveness of International Courts, S. 13 (17 ff.).

332 *Shany*, AJIL 106 (2012), S. 225 (240).

333 *Shany*, AJIL 106 (2012), S. 225 (244 ff.); *Shany*, The Goals of International Courts, in: Shany, Assessing the Effectiveness of International Courts, S. 31 (38–48); die zum Teil doppelte Benennung ist darauf zurückzuführen, dass diese sich in den beiden Quellen unterscheidet.

334 *Shany*, The Goals of International Courts, in: Shany, Assessing the Effectiveness of International Courts, S. 31 (46 ff.).

335 *Shany*, AJIL 106 (2012), S. 225 (248); *Shany*, Measuring Goal Attainment, in: Shany, Assessing the Effectiveness of International Courts, S. 49 (53).

336 *Raustiala*, Case Western Reserve Journal of International Law 32 (2000), S. 387–440.

*induces changes in behavior that further the goals of the rule; the degree to which a rule improves the state of the underlying problem; or the degree to which a rule achieves its inherent policy objectives*"[337] Er selbst bevorzugt allerdings als Maßstab der Effektivität eine beobachtbare und gewollte Verhaltensänderung: „*an effective rule is simply a rule that leads to observable, desired behavioral change*".[338]

Ein ähnliches Verständnis der Effektivität des Völkerrechts findet sich bei *Timothy Meyer*.[339] Er bestimmt Effektivität durch einen Vergleich des Verhaltens bei Existenz der fraglichen Norm und ohne diese.[340] Hierbei wird darauf abgestellt, ob die Norm das Verhalten beeinflusst bzw. geändert hat oder nicht.[341] Ebenfalls in diese Richtung argumentiert *Karen Alter*, die zur Beurteilung der Effektivität von internationalen Gerichtshöfen den Vergleich mit der Situation ohne den jeweiligen Gerichtshof sucht und dabei die Frage stellen lässt, ob der Gerichtshof dazu beigetragen hat, den Staat in Richtung der Compliance mit dem Recht zu bewegen.[342] Abgegrenzt wird die Effektivität von ihr vom Einfluss („*influence*") des Gerichtshofes. Dieser Einfluss betrachte, ob der internationale Gerichtshof dazu beigetragen habe, das Verhalten eines Staates in einer ansonsten nicht eingetretenen Art und Weise zu verändern.[343]

Bezüglich der Umsetzung internationaler umweltrechtlicher Abkommen wird die „*effectiveness*" von *David G. Victor*, *Kal Raustiala* und *Eugene B. Skolnikoff* definiert als „*the degree to which international environmental accords lead*

337 *Raustiala*, Case Western Reserve Journal of International Law 32 (2000), S. 387 (393) mwN.

338 *Raustiala*, Case Western Reserve Journal of International Law 32 (2000), S. 387 (394) mwN; diese Definition wird aufgegriffen und angewendet von *Helfer/Alter/Guerzovich*, AJIL 103 (2009), S. 1–47, s. dort zu dieser Bezugnahme Fußnote 6.

339 *Meyer*, How Compliance Understates Effectiveness, ASIL Proceedings 2014, S. 168 (169), Panel: Effectiveness of international adjudication: Assessing Functions and Performance.

340 *Meyer*, How Compliance Understates Effectiveness, ASIL Proceedings 2014, S. 168 (169), Panel: Effectiveness of international adjudication: Assessing Functions and Performance.

341 *Meyer*, How Compliance Understates Effectiveness, ASIL Proceedings 2014, S. 168 (169), Panel: Effectiveness of international adjudication: Assessing Functions and Performance.

342 *Alter*, European Journal of International Relations 14 (2008), S. 33 (52).

343 *Alter*, European Journal of International Relations 14 (2008), S. 33 (52).

*to changes in behaviour that help solve environmental problems*"[344] bzw. als „*the extent to which the accord causes changes in the behaviour of targets that further the goals of the accord*"[345] Auch in dieser Definition wird demnach nicht auf das Erreichen des Zieles selbst, sondern auf eine Verhaltensänderung abgestellt.[346]

*Oran Young* benennt in seinem Werk „International Governance – Protecting the environment in a stateless society" sechs von ihm identifizierte Dimensionen der Effektivität internationaler Regime bzw. Governance-Systeme (wobei er zugibt, dass diese Aufzählung nicht zwingendermaßen als abschließend anzusehen sei): „*effectiveness as problem solving, effectiveness as goal attainment, behavioral effectiveness, process effectiveness, constitute effectiveness, and evaluative effectiveness*".[347] Die „*Effectiveness as Problem Solving*" beziehe sich auf das der Regimegründung zugrunde liegende Problem, welches gelöst werden solle.[348] Dieses Problem könne sich im Laufe der Lebensdauer eines Regimes ändern oder neue Dimensionen annehmen.[349] Auf der Basis dieser Dimension der Effektivität variiere die Effektivität der Regime sehr stark.[350] Die „*Effectiveness as Goal Attainment*" betrachte dagegen, inwieweit (genannte oder nichtgenannte) Ziele des Regimes erreicht werden.[351] Diese Ziele müssten nicht mit den zu lösenden Problemen übereinstimmen, was besonders deutlich werde bei den nicht genannten Zielen der Regime.[352] Im Rahmen der „*Behavioral Effectiveness*" werde gefragt, ob durch das Regime bei einem oder mehreren Mitgliedern (oder auch bei Individuen, Unternehmen und Organisationen unter der Hoheitsgewalt der Mitglieder) eine Verhaltensänderung bewirkt werde, etwa durch Vornahme einer Handlung, die ansonsten nicht so durchgeführt worden wäre, oder durch

344 *Victor/Raustiala/Skolnikoff*, Introduction and Overwiew, in: Victor/Raustiala/Skolnikoff, The Implementation and Effectiveness of International Environmental agreements, S. 1.

345 *Victor/Raustiala/Skolnikoff*, Introduction and Overwiew, in: Victor/Raustiala/Skolnikoff, The Implementation and Effectiveness of International Environmental agreements, S. 6.

346 *Victor/Raustiala/Skolnikoff*, Introduction and Overwiew, in: Victor/Raustiala/Skolnikoff, The Implementation and Effectiveness of International Environmental agreements, S. 6.

347 *Young*, International Governance, S. 143.

348 *Young*, International Governance, S. 143.

349 *Young*, International Governance, S. 143.

350 *Young*, International Governance, S. 143.

351 *Young*, International Governance, S. 144.

352 *Young*, International Governance, S. 144.

Beendigung oder Neuausrichtung einer vorherigen Verhaltensweise.[353] Trotz möglicher Korrelationen mit den schon genannten Dimensionen der Effektivität sei diese Dimension davon zu unterscheiden, da eine Verhaltensänderung beispielsweise auch den Zielen und Problemen zuwider laufen oder neue Probleme verursachen könne.[354] Die „*Process Effectiveness*" befasse sich damit, inwiefern die Bestimmungen eines internationalen Regimes in die innerstaatlichen rechtlichen und politischen Systeme der Mitgliedsstaaten umgesetzt seien, und inwiefern die dem Regime Unterworfenen die Vorschriften befolgten.[355] Diese Dimension der Effektivität beschäftige sich demnach mit der innerstaatlichen Umsetzung und der Compliance. Von diesen Dimensionen zu unterscheiden sei wiederum die „*Constitutive Effectiveness*", die betrachte, ob die Gründung des Regimes zu einer sozialen Praxis geführt habe, die Ausgaben von Zeit, Energie und Ressourcen der Mitglieder beinhalte.[356] Trotz der sozialen Praxis könne es sein, dass diese weder zur Zielerreichung noch zur Problemlösung beitrage, so dass sich diese Dimension der Effektivität zum Teil erheblich von den anderen unterscheide.[357] Als sechste und letzte Dimension der Effektivität nennt *Young* die „*Evaluative Effectiveness*", welche auf die Performance abstelle, also darauf, ob Ergebnisse erzielt würden, die effizient, fair, nachhaltig oder belastbar seien.[358] Sie bewerte demnach die Kosteneffektivität eines Regimes.[359]

Zu beachten ist aber, dass *Young* sich auf die Effektivität internationaler Regime und gerade nicht auf die Effektivität von Durchsetzung bezieht, sodass im Rahmen einer abschließenden Betrachtung nicht alle seiner Effektivitätsdimensionen übertragbar sind. Sie müssen daher einzeln hinsichtlich ihrer Anwendbarkeit geprüft werden. Die Lösung des Problems oder das Erreichen eines Zieles kann auf Durchsetzungsmechanismen angewendet werden. Dies trifft ebenfalls auf die Verhaltensänderung zu. Auch die Umsetzung in nationales Recht und die Befolgung des Rechts können auf Durchsetzungsmechanismen übertragen werden. Lediglich bezüglich der sozialen Praxis und der Kosteneffektivität sind Zweifel angebracht. Zwar kann auch ein Durchsetzungsmechanismus auf lange Sicht zu einer geänderten sozialen Praxis bezüglich aller beteiligten Staaten

353 *Young*, International Governance, S. 145.
354 *Young*, International Governance, S. 146.
355 *Young*, International Governance, S. 146.
356 *Young*, International Governance, S. 147 f.
357 *Young*, International Governance, S. 147.
358 *Young*, International Governance, S. 149.
359 *Young*, International Governance, S. 149.

hinlenken – primär wird er aber zu Veränderungen bei konkret betroffenen Staaten führen. Erst eine ständige Spruchpraxis bezüglich ähnlicher oder gleich gelagerter Probleme kann dazu führen, dass auch nicht betroffene Staaten ihre Praxis ändern, um einer Beschwerde, Anklage etc. zu entgehen. Für die Entstehung einer sozialen Praxis ist demnach eine längere Existenz eines Mechanismus notwendig. Auch die Fairness, Nachhaltigkeit und Belastbarkeit der Ergebnisse im Rahmen der Kosteneffektivität kann nicht unmittelbar übertragen werden. Die Frage, ob vergleichbare Ergebnisse weniger kostenintensiv oder bessere Ergebnisse mit den gleichen Kosten möglich gewesen wären,[360] erscheint bei der Durchsetzung nicht als primäres Problem. Erst wenn die Ziele der Durchsetzung tatsächlich erreicht werden, kann das Verfahren für die Zukunft optimiert werden.

*Laurence R. Helfer* und *Anne-Marie Slaughter* bewerten die Effektivität eines supranationalen Gerichts nach folgendem Gesichtspunkt: „*In sum, we measure the effectiveness of a supranational tribunal in terms of its ability to compel compliance with its judgments by convincing domestic government institutions, directly and through pressure from private litigants, to use their power on its behalf.*“[361]

*Laurence R. Helfer* untersucht in einem späteren Beitrag für die Bewertung der Effektivität internationaler Gerichte vier Dimensionen der Effektivität. Er fasst die Forschungsergebnisse anderer Autoren zusammen und ordnet sie dabei diesen vier von ihm aufgestellten Kategorien der Effektivität zu: case-specific effectiveness – erga omnes effectiveness – embeddedness effectiveness – effectiveness in developing international law or norm-development effectiveness.[362] Die „*Case-specific effectiveness*“ betreffe hierbei das Befolgen spezifischer Urteile internationaler Gerichtshöfe.[363] *Helfer* betrachtet in diesem Zusammenhang insbesondere die Frage, ob Compliance ein aussagekräftiges Kriterium zur Bestimmung der Effektivität ist.[364] Dagegen behandelt er im Rahmen der „*Erga Omnes*

---

360 *Young*, International Governance, S. 149.

361 *Helfer/Slaughter*, Yale Law Journal 107 (1997), S. 273 (290); zu diesem Aufsatz und der Kritik am Ansatz von *Helfer* und *Slaughter* s. auch unter II) Effektivitätskriterien.

362 *Helfer*, The Effectiveness of international Adjudicators, in: Romano/Alter/Shany, The Oxford Handbook of International Adjudication, S. 464 (466).

363 *Helfer*, The Effectiveness of international Adjudicators, in: Romano/Alter/Shany, The Oxford Handbook of International Adjudication, S. 464 (466).

364 *Helfer*, The Effectiveness of international Adjudicators, in: Romano/Alter/Shany, The Oxford Handbook of International Adjudication, S. 464 (468 f.); s. zu dieser Fragestellung die Untersuchung sogleich unter Kapitel 2 II) 1) Befolgen der Entscheidungen (Compliance).

*Effectiveness*" die Frage, ob Entscheidungen internationaler Gerichtshöfe Präjudizienwirkung entfalteten, die das Verhalten aller Staaten, die dem Gerichtshof unterworfen seien, beeinflussten.[365] Diese Untersuchung resultiert aus der Tatsache, dass die Urteile internationaler Gerichtshöfe prinzipiell nur eine Bindungswirkung inter partes haben.[366] Die „*Embeddedness Effectiveness*" beschäftige sich damit, ob internationale Gerichtshöfe die Fähigkeiten innerstaatlicher Akteure (Gerichte, aber beispielsweise auch Gesetzgeber), Völkerrechtsverletzungen „zu Hause" abzuhelfen, in der Hinsicht verbesserten, dass internationale Streitbeilegung vermieden werden könne.[367] Die „*Effectiveness in Developing International Law*" betrachte dagegen die Fähigkeit internationaler Gerichte, Normen zu generieren.[368] Aufgrund der meist eingeschränkten Zuständigkeit internationaler Gerichtshöfe (der EGMR wendet beispielsweise lediglich die EMRK an; eine wichtige Ausnahme ist der IGH) sei diese Dimension der Effektivität bei einer solchen Einschränkung auch auf den vorgegebenen Rahmen bzw. den jeweiligen Vertrag beschränkt.[369]

*Laurence R. Helfer*, *Karen J. Alter* und *M. Florencia Guerzovich* unterscheiden in ihrem Beitrag „Islands of Effective International Adjudication: Constructing an Intellectual Property Rule of Law in the Andean Community" zwischen Untersuchungen aus juristischer Sicht und aus der der International Relations.[370] Im juristischen Bereich werde die Effektivität eines Rechtssystems anhand der Compliance mit den Regeln beurteilt, im Rahmen der International Relations danach, ob Staaten ihr Verhalten aufgrund der Existenz von Regeln oder Institutionen änderten.[371] Nach einer Darstellung des Andean Tribunal of Justice (ATJ)

---

365 *Helfer*, The Effectiveness of international Adjudicators, in: Romano/Alter/Shany, The Oxford Handbook of International Adjudication, S. 464 (466).

366 *Helfer*, The Effectiveness of international Adjudicators, in: Romano/Alter/Shany, The Oxford Handbook of International Adjudication, S. 464 (470) mit Verweis auf Art. 59 IGH-Statut in der Fußnote.

367 *Helfer*, The Effectiveness of international Adjudicators, in: Romano/Alter/Shany, The Oxford Handbook of International Adjudication, S. 464 (474).

368 *Helfer*, The Effectiveness of international Adjudicators, in: Romano/Alter/Shany, The Oxford Handbook of International Adjudication, S. 464 (476). Nicht unproblematisch ist hier, ob Gerichte eine solche Kompetenz besitzen. *Helfer* bezieht sich indes nicht nur auf „*Lawmaking*" der Gerichte, sondern auch auf Anwendung und Auslegung der Verträge durch Gerichte.

369 *Helfer*, The Effectiveness of international Adjudicators, in: Romano/Alter/Shany, The Oxford Handbook of International Adjudication, S. 464 (477).

370 *Helfer/Alter/Guerzovich*, AJIL 103 (2009), S. 1 (16 f.).

371 *Helfer/Alter/Guerzovich*, AJIL 103 (2009), S. 1 (16 f.).

gehen sie anschließend genauer auf drei Erklärungsversuche der Effektivität ein. Der ersten Theorie zufolge sei das institutionelle Design der ausschlaggebende Faktor der Effektivität.[372] Die Autoren verweisen insbesondere auf die Unabhängigkeit der Gerichte, zwingende Gerichtsbarkeit und die Zugangsvoraussetzungen zu den Gerichtshöfen.[373] Hieraus schließen sie, dass speziell die Möglichkeit, in den Staat hineinzuwirken, von besonderer Relevanz für Beschwerden von Individuen und Compliance mit den Entscheidungen sei.[374] Der zweite Ansatz beziehe sich auf die principal-agent theory, wobei Effektivität mit der Strategie der Richter verbunden werde.[375] Hier werde entweder auf den „*strategic space*" der Richter, also die ihnen vorgegebenen Grenzen, abgestellt oder darauf, ob die Staaten die aktivistischen Tendenzen der Richter adäquat eingeschränkt hätten, also ob Kontroll- oder Sanktionsmechanismen richterliches Übernehmen eindämmten.[376] Eine dritte Gruppe wiederum verwende eine „*liberal international relations theory*" und nenne ein demokratisches System, unabhängige nationale Richter sowie robuste Zivilgesellschaften als Voraussetzungen, ohne welche ein internationales Gericht weder aktiv noch effektiv sein könne.[377]

### 3) Eigene Definition und Zusammenfassung

Im ersten Schritt wurde das Verständnis der Effektivität als Prinzip im Völkerrecht und im Recht auf einen effektiven Rechtsschutz betrachtet. Die Übertragbarkeit des Effektivitätsprinzips in Gänze wurde abgelehnt, da das Abstellen auf eine tatsächliche Lage im Rahmen der Durchsetzung nicht genügen kann. Das Erreichen der Ziele ohne Abstellen auf den Weg zur Zielerreichung findet sich auch im Rahmen von Effektivitätsdefinitionen, für die das Erreichen der beabsichtigten Ziele ein Maßstab der Effektivität ist. Problematisch ist in diesem Fall, dass zur Bestimmung der Effektivität auch die Kausalität zwischen Ziel und Mechanismus von Bedeutung sein muss. Daher kann kein vollständiger Schleier über den Weg zum Ziel gelegt werden. Vielmehr muss zumindest der Einfluss

---

372 *Helfer/Alter/Guerzovich*, AJIL 103 (2009), S. 1 (40).

373 *Helfer/Alter/Guerzovich*, AJIL 103 (2009), S. 1 (40).

374 *Helfer/Alter/Guerzovich*, AJIL 103 (2009), S. 1 (40); hier wird verwiesen auf *Helfer/Slaughter*, Yale Law Journal 107 (1997), S. 273–391. Zu diesem Aufsatz s. sogleich unter Kapitel 2 II) Effektivitätskriterien sowie im Rahmen der Effektivitätskriterien unter Kapitel 2 II) 11) Unabhängigkeit.

375 *Helfer/Alter/Guerzovich*, AJIL 103 (2009), S. 1 (40).

376 *Helfer/Alter/Guerzovich*, AJIL 103 (2009), S. 1 (41).

377 *Helfer/Alter/Guerzovich*, AJIL 103 (2009), S. 1 (41).

des Mechanismus auf dieses Ziel untersucht werden. Im Zusammenhang mit dem Recht auf effektiven Rechtsschutz wurde insbesondere auf die Dauer des Verfahrens als Kriterium der Effektivität abgestellt und in diesem Zusammenhang die Übertragbarkeit bejaht. Die Verfahrensdauer wird allerdings nicht in der eigentlichen Definition, sondern bei der Aufstellung von Kriterien zur weiteren Bestimmung der Effektivität Verwendung finden.

Im zweiten Schritt wurden verschiedene Ansätze zur Definition der Effektivität herausgearbeitet, die sowohl aus dem rechtlichen Bereich als auch aus dem Bereich der International Relations stammen. Die Mehrzahl der hier genannten Definitionen bezieht sich auf die Verhaltensänderung als Maßstab der Effektivität; ein Ansatz bezieht sich darüber hinaus auf das Erreichen der Ziele.[378] Überzeugend erscheint das Abstellen auf eine Verhaltensänderung - die allerdings am Ende auch zu einem übergeordneten Ziel wie Rechtssicherheit oder dem Erreichen des 1,5 °C-Zieles im Rahmen des Paris Agreement führen sollte. Hier überzeugt insbesondere die Definition von *Raustiala*, die auf eine beobachtbare und gewünschte Verhaltensänderung abstellt. Auch der Vergleich zwischen der Situation mit und ohne Durchsetzungsmechanismus zielt auf eine Verhaltensänderung ab, bezieht aber noch die Zielerreichung mit ein. Zwar wird der „*impact on state conduct*" von *Shany* als Maßstab der Effektivität in Zweifel gezogen.[379] Dies überzeugt jedoch nicht in der gleichen Weise wie seine Kritik an Nutzungsraten und Compliance im Rahmen der Effektivitätsbestimmung.[380] Gerade die Verhaltensänderung beinhaltet einen Effekt des Mechanismus, der mehr Aussagekraft hat als die Zielerreichung, da für diese immer auch eine Kausalität vorliegen muss. Trotzdem ist die Zielerreichung auch Teil der Definition, allerdings lediglich als nachgeordneter Maßstab.

Aus diesem Grund soll hier zunächst die Effektivität definiert werden als die Fähigkeit eines Durchsetzungsmechanismus, eine Verhaltensänderung bei Staaten herbeizuführen, die (im besten Fall) dazu führt, dass das Ziel des zugrundeliegenden Vertrages oder des Mechanismus an sich erreicht oder (zumindest) gefördert wird.

---

378 Auf die Ziele bezieht sich auch *McRae*, AJWH 3 (2008), S. 1 (3), in seiner Untersuchung des Streitbeilegungsmechanismus der WTO, ohne jedoch eine eigene Definition der Effektivität aufzustellen.

379 *Shany*, AJIL 106 (2012), S. 225 (226).

380 S. hierzu im Abschnitt Kapitel 2 II) 1) Befolgen der Entscheidungen (Compliance) sowie Kapitel 2 II) 2) Nutzung bzw. Anzahl der Verfahren.

Eine weitere Ausdifferenzierung der Definition wird durch die folgenden Effektivitätskriterien erfolgen. Diese sollen die Definition schärfen und Charakteristika aufzeigen, die für die Effektivität von Nutzen sein können. Sie sollen demnach auch danach beurteilt werden, ob sie dazu beitragen können, eine Verhaltensänderung herbeizuführen.

## II) Effektivitätskriterien

Um effektive Durchsetzung erkennen und bewerten zu können, sollen nun Kriterien von Durchsetzungsmechanismen herangezogen werden, die bei Vorliegen oder Nichtvorliegen Indizien für eine effektive Durchsetzung sein können. Die gesammelten Kriterien werden auf ihre Eignung zur Feststellung der Effektivität hin überprüft. Als methodische Herausforderung erweist sich hier, dass oft eine eigene Bewertung der Effektivität von Mechanismen im Vorhinein nötig wäre, um anschließend von einzelnen Eigenschaften auf deren Effektivität schließen zu können. Dies würde allerdings bedingen, dass es schon eine Liste an Kriterien gäbe – welche allerdings in dieser Studie erst erstellt werden soll. Die Bewertung würde sich somit „im Kreis drehen". Daher sollen die einzelnen Kriterien im Hinblick auf das Erreichen der oben genannten Effektivitätsdefinition und mithilfe von vorhanden Literaturmeinungen und eigenen Prognosen bewertet werden. Hierbei kann durchaus auf Ansichten zurückgegriffen werden, die einen bestimmten Mechanismus als besonders effektiv erachten, sofern sie keine Einzelansichten sind. Bei allgemeinem Konsens über die Effektivität eines Mechanismus kann von dessen Effektivität zumindest im Ansatz ausgegangen werden, sodass die dort vorliegenden Charakteristika primär für eine erhöhte Effektivität sprechen. Allerdings darf bei Aufstellung einer solchen Liste die Unterschiedlichkeit der Durchsetzungsmechanismen nicht außer Acht gelassen werden. Je nach Mechanismus kann die Aussagekraft der gefundenen Kriterien divergieren, sodass nach Aufstellung des Kataloges im Rahmen der unterschiedlichen Mechanismen eine Einzelfallprüfung notwendig ist. Die schematische Anwendung aller Kriterien würde nicht zu aussagekräftigen Ergebnissen führen und wissenschaftlichem Anspruch nicht genügen.

Eine in ihren Ansätzen vergleichbare Vorgehensweise liegt dem Beitrag „Toward a Theory of Effective Supranational Adjudication" von *Laurence Helfer* und *Anne-Marie Slaughter* zugrunde.[381] Aus den von ihnen benannten

---

381 *Helfer/Slaughter*, Yale Law Journal 107 (1997), S. 273–391.

Erfolgen[382] des EuGH und des EGMR leiten sie Kriterien ab, die für den Erfolg dieser (von ihnen als supranational) bezeichneten Gerichtshöfe verantwortlich seien, um sie anschließend in einer Checkliste zusammenzustellen.[383] Diese Checkliste wenden sie anschließend zur Bewertung und Verbesserung der Effektivität auf das Human Rights Committee an.[384]

Trotz der ähnlich erscheinenden Vorgehensweise und einiger vergleichbarer Kriterien auf der Checkliste finden sich jedoch substantielle Unterschiede zu dem hier verfolgten Vorgehen. Die Kriterien, die im Rahmen der vorliegenden Studie untersucht werden, werden nicht aus dem Erfolg eines Durchsetzungsmechanismus destilliert, sondern allgemein und unabhängig gesucht. Des Weiteren werden die Kriterien auch durchaus kritisch betrachtet und diskutiert, während *Helfer* und *Slaughter* lediglich Kriterien für eine effektive supranationale Gerichtsbarkeit aufstellen. Auch beschränkt sich die vorliegende Studie nicht auf die gerichtliche Durchsetzung, sondern will vielmehr eine allgemeine Liste von Kriterien aufstellen, die auch auf nicht-gerichtliche Mechanismen angewendet werden soll (und angewendet werden wird).

Der Ansatz von *Helfer* und *Slaughter* erscheint ferner auch im Ergebnis zweifelhaft und erfordert daher eine kritische Auseinandersetzung. Zwar können EuGH und EGMR auf eine in Europa angesiedelte beeindruckende Erfolgsgeschichte zurückblicken. Beide Gerichtshöfe haben jedoch – trotz gelegentlicher Bezüge aufeinander und sich teilweise überschneidenden Mitgliedsstaaten – keine originäre gemeinsame Grundlage.[385] Im Gegenteil: Der Beitritt der EU zur EMRK ist auf Betreiben des EuGH vorerst gescheitert.[386] Auch die Entwicklung der Gerichtshöfe verlief unterschiedlich und beruht auf unterschiedlichen Rechtsgrundlagen. Dass sie von *Helfer* und *Slaughter* gemeinsam betrachtet werden, beruht darauf, dass beide als „supranationale“ Gerichtshöfe qualifiziert

---

382 *Helfer/Slaughter*, Yale Law Journal 107 (1997), S. 273 (276 ff.); dabei verweisen die Autoren beispielsweise auf die große Zustimmung, die diesen Gerichtshöfen widerfährt sowie die hohe Beteiligung.

383 *Helfer/Slaughter*, Yale Law Journal 107 (1997), S. 273 (278).

384 *Helfer/Slaughter*, Yale Law Journal 107 (1997), S. 273 (279–281).

385 Gemäß Art. 6 Abs. 3 EUV ist die EMRK allerdings allgemeiner Grundsatz des Unionsrechts, auch Art. 52 und 53 GRCh enthalten Bezüge zur EMRK. Nichtsdestotrotz basieren die Gerichtshöfe nicht auf der gleichen Rechtsgrundlage.

386 S. hierzu beispielsweise *Schmahl*, JZ 71 (2016), S. 921–928, wo auch Bedenken hinsichtlich eines Beitrittes behandelt werden; natürlich konnten die Autoren diese Entwicklung 1997 nicht voraussehen.

werden.[387] Diese Einordnung stößt jedoch auf erhebliche Bedenken. *Helfer* und *Slaughter* definieren Supranationalität insbesondere durch die Tatsache, dass Individuen beteiligt werden:[388] „*We define supranational adjudication, in its purest form, as adjudication by a tribunal that was established by a group of states or the entire international community and that exercises jurisdiction over cases directly involving private parties – whether between a private party and a foreign government, a private party and her own government, private parties themselves, or, in the criminal context, a private party and a prosecutor's office.*"[389] Dies ist zumindest keine gängige Definition der Supranationalität, wie sie insbesondere auf Internationale bzw. Supranationale Organisationen angewendet wird, sondern geht deutlich weiter.[390] Supranationalität betrifft die Tatsache, dass das Einstimmigkeitsprinzip zugunsten eines Mehrheitsprinzips aufgehoben wird, dass Staaten also überstimmt werden können, und dient damit als Abgrenzung zur intergouvernementalen Zusammenarbeit.[391] Im Rahmen Supranationaler Organisationen werden Hoheitsrechte übertragen; hieraus resultiert im EU-Recht der Anwendungsvorrang. Dies wurde durch den EuGH im Urteil Costa/ENEL festgestellt: „*Zum Unterschied von gewöhnlichen internationalen Verträgen hat der EWG-Vertrag eine eigene Rechtsordnung geschaffen, die bei seinem Inkrafttreten in die Rechtsordnungen der Mitgliedstaaten aufgenommen worden und von ihren Gerichten anzuwenden ist. Denn durch die Gründung einer Gemeinschaft für unbegrenzte Zeit, die mit eigenen Organen, mit der Rechts- und Geschäftsfähigkeit, mit internationaler Handlungsfähigkeit und insbesondere mit echten, aus der Beschränkung der Zuständigkeit der Mitgliedstaaten oder der Übertragung von Hoheitsrechten der Mitgliedstaaten auf die Gemeinschaft herrührenden Hoheitsrechten ausgestattet ist, haben die Mitgliedstaaten, wenn auch auf einem begrenzten Gebiet, ihre Souveränitätsrechte beschränkt und so einen Rechtskörper geschaffen, der für ihre Angehörigen und sie selbst verbindlich ist.*"[392] Von dieser Betrachtungsweise unterscheidet sich die Definition von *Helfer* und *Slaughter* erheblich. Hinzu kommt, dass seit Erscheinen des Aufsatzes eine nicht unerhebliche Zeitspanne vergangen ist. Durch Inkrafttreten des Vertrages von Lissabon

387 *Helfer/Slaughter*, Yale Law Journal 107 (1997), S. 273 (276 f.).

388 *Helfer/Slaughter*, Yale Law Journal 107 (1997), S. 273 (277).

389 *Helfer/Slaughter*, Yale Law Journal 107 (1997), S. 273 (289).

390 *Skordas/Spieker*, Supranational Law, MPEPIL, Rn. 7.

391 *Kau*, Der Staat und der Einzelne als Völkerrechtssubjekte, in: Vitzthum/Proelß, Völkerrecht, Rn. 169; *Schorkopf*, Der Europäische Weg, S. 44 f.

392 EuGH, Costa / E.N.E.L., Urteil vom 15. Juli 1964, C-6/64, ECLI:EU:C:1964:66, S. 1269.

ist die EU noch weiter zusammengewachsen. Auch deswegen kann die Untersuchung nicht kritikfrei übernommen werden. Aufgrund der grundsätzlichen Bedenken wird davon abgesehen, zusätzlich zu dieser allgemein gehaltenen Kritik jeden Punkt der Checkliste von *Helfer* und *Slaughter* zu diskutieren und gegebenenfalls abzulehnen.

Auch im schon erwähnten Werk von *Oran Young* werden Kriterien beziehungsweise Determinanten aufgestellt, die die Effektivität (allerdings von internationalen Governance-Systemen) bewerten sollen.[393] Schon aufgrund des Bezuges auf die Governance und nicht auf die Durchsetzung ist diese nicht unmittelbar übertragbar.

## 1) Befolgen der Entscheidungen (Compliance)

Als wichtiger Indikator für die Effektivität von Durchsetzung, speziell für die Effektivität von Gerichten, wird die Umsetzung oder Befolgung (Compliance) bzw. Befolgungsrate der Entscheidungen angeführt.[394] Die vorherrschende Prämisse scheint zu sein, dass ein Durchsetzungsmechanismus, der nicht befolgt wird, nicht effektiv sein kann. Dass diese Aussage in ihrer Einfachheit jedoch nicht bestehen kann, zeigen zahlreiche kritische Stimmen. Die Kritik bezieht sich in Teilen nicht auf die Compliance als Maßstab der Effektivität der Durchsetzung des Völkerrechts, sondern auf die Compliance als Maßstab der Effektivität des Völkerrechts an sich. Da die Überlegungen in der Grundannahme vergleichbar sind, werden sie zunächst ebenfalls aufgeführt und untersucht. Lediglich bei einzelfallbezogener Unübertragbarkeit werden die Ergebnisse ausgenommen.

*Yuval Shany* kritisiert die These, dass Compliance mit Effektivität gleichgesetzt oder als (einziger) Maßstab der Effektivität herangezogen wird.[395] Er legt seiner Kritik zugrunde, dass solche Aussagen nicht belastbar seien, solange ihnen keine Information über die Größe der Aufgabe des Gerichtes zugrunde lägen.[396] Compliance bezüglich sehr minimalistischer Urteile erhöhe zwar die Befolgungsrate,

393 *Young*, International Governance, S. 152–160.

394 *Shany*, Judgment-Compliance, in: Shany, Assessing the Effectiveness of International Courts, S. 117.

395 *Shany*, Introductory Remarks, ASIL Proceedings 2014, S. 113, Panel: Effectiveness of international adjudication: Assessing Functions and Performance; *Shany*, Judgment-Compliance, in: Shany, Assessing the Effectiveness of International Courts, S. 117 (118, 119, 135).

396 *Shany*, AJIL 106 (2012), S. 225 (228).

aber nicht notwendigerweise die Effektivität.[397] Auch die fehlende Abbildung des tatsächlichen Einflusses der Entscheidung auf globale Politik mache die Compliance zu einem unzuverlässigen Effektivitätsfaktor.[398] Um aus der Befolgungsrate tatsächlich einen Schluss ziehen zu können, müsse seiner Ansicht nach zunächst im Einzelfall untersucht werden, was den Staaten im Urteil aufgegeben worden und was der Beitrag der Compliance zum Erreichen der Ziele des Gerichtshofes sei.[399] Als Beispiel verweist er auf die zeitweise sehr hohe Compliance-Rate des EGMR, die er darauf zurückführt, dass lediglich eine Entschädigung in Geld an die Kläger zu zahlen gewesen sei.[400] Sobald der Gerichtshof anspruchsvollere Urteile erlassen habe, seien die Compliance-Raten gefallen.[401]

*Kal Raustiala* bewertet den Schluss von der Compliance auf die Effektivität des Völkerrechts kritisch.[402] Diese sage wenig aus über die Nützlichkeit und die Auswirkungen einer Verpflichtung. Wichtiger seien vielmehr die Umsetzung und die Effektivität.[403] Compliance könne auch zufällig eintreten (als Beispiel wird der wirtschaftliche Zusammenbruch der Sowjetunion genannt) oder dadurch, dass die Verpflichtung schon der existierenden Staatenpraxis entspreche.[404] Effektivität dagegen könne auch dann eintreten, wenn die Compliance sehr niedrig sei, wie sich am Beispiel des Tempolimits auf der Autobahn zeige.[405] Obwohl dieses regelmäßig nicht eingehalten werde, scheine es die Geschwindigkeit des Verkehrs zu reduzieren.[406] Gerade die Kausalität zwischen einer Regel und einem Verhalten werde durch die bloße Compliance nicht abgebildet, dies geschehe erst durch die Effektivität.[407] Diese Überlegung zur Effektivität

---

397 *Shany*, AJIL 106 (2012), S. 225 (228); *Shany*, Introduction, in: Shany, Assessing the Effectiveness of International Courts, S. 1 (5).

398 *Shany*, Judgment-Compliance, in: Shany, Assessing the Effectiveness of International Courts, S. 117 (135).

399 *Shany*, Judgment-Compliance, in: Shany, Assessing the Effectiveness of International Courts, S. 117 (118 f.).

400 *Shany*, Judgment-Compliance, in: Shany, Assessing the Effectiveness of International Courts, S. 117 (125).

401 *Shany*, Judgment-Compliance, in: Shany, Assessing the Effectiveness of International Courts, S. 117 (125 f.).

402 *Raustiala*, Case Western Reserve Journal of International Law 32 (2000), S. 387–440.

403 *Raustiala*, Case Western Reserve Journal of International Law 32 (2000), S. 387 (392).

404 *Raustiala*, Case Western Reserve Journal of International Law 32 (2000), S. 387 (392 f.); s. hierzu auch *Helfer/Slaughter*, California Law Review 93 (2005), S. 901 (918 f.).

405 *Raustiala*, Case Western Reserve Journal of International Law 32 (2000), S. 387 (395).

406 *Raustiala*, Case Western Reserve Journal of International Law 32 (2000), S. 387 (395).

407 *Raustiala*, Case Western Reserve Journal of International Law 32 (2000), S. 387 (398).

des Völkerrechts ist übertragbar auf die Effektivität der Durchsetzung. Zwar stellt *Raustiala* hier Compliance und Effektivität gegenüber und bewertet nicht unmittelbar Effektivität anhand von Compliance – seine Ausführungen sind als Kritik an der Konzentration auf die Compliance aber übertragbar. Durch die Gegenüberstellung wird deutlich, dass Effektivität über Compliance hinausgeht, dass diese Begrifflichkeiten nicht synonym verwendet werden sollten. Compliance kann – insbesondere ohne eine Untersuchung der Kausalität – nicht die Grundlage der Bewertung der Effektivität eines Mechanismus sein. Sie kann als Indiz herangezogen werden, muss aber in den richtigen Kontext eingeordnet werden.[408]

Die relevanten Kontextelemente können unter anderem die Modalitäten der Unterwerfung unter den Durchsetzungsmechanismus, also ob diese freiwillig oder unfreiwillig geschah, oder die Klageanträge sein.[409] Als Beispiel kann erneut das Verfahren Iran gegen USA vor dem IGH dienen,[410] bei welchem die USA aufgrund einer Streitbeilegungsklausel aus dem Freundschaftsvertrag von 1955 verklagt wurden. Hier war die Unterbreitung des Streitgegenstandes nicht einvernehmlich, was sich nach derzeitigem Stand auch auf die Compliance auswirken wird: Die USA haben bereits angekündigt, das Urteil ignorieren zu wollen.[411] Ein ähnliches Vorgehen der USA findet sich auch im Vorfeld und im Nachgang des *Nicaragua-Urteils*[412] des IGH.[413]

Bezüglich der Befolgung völkerrechtlicher Normen trennt auch *Anne van Aaken* zwischen Effektivität und Compliance.[414] Effektivität messe die Kausalität

---

408 *Victor/Raustiala/Skolnikoff*, Introduction and Overwiew, in: Victor/Raustiala/Skolnikoff, The Implementation and Effectiveness of International Environmental agreements, S. 7.

409 *Simma*, DRiZ 2006, S. 181 (184).

410 ICJ, Alleged Violations of the 1955 Treaty of Amity, Economic Relations, and Consular Rights (Islamic Republic of Iran v. United States of America).

411 S. z.B. *Somos/Sparks*, „The urgent, the plausible and the irreparable. The significance of lowering ICJ thresholds for provisional measures", Völkerrechtsblog, 5. October 2018, doi: 10.17176/20181005-164720-0.

412 ICJ, Military and Paramilitary Activities in and against Nicaragua (Nicaragua v. United States of America), Jurisdiction and Admissibility, Urteil vom 26. November 1984, ICJ Rep. 1984, S. 392; ICJ, Military and Paramilitary Activities in and against Nicaragua (Nicaragua v. United States of America), Merits, Urteil vom 27. Juni 1986, ICJ Rep. 1986, S. 14.

413 *Wengler*, NJW 1985, S. 1266; *Wengler*, NJW 1986, S. 2994.

414 *van Aaken*, RW 2013, S. 227 (231).

zwischen Norm und Verhalten, während die Befolgung lediglich eine Korrelation zwischen Norm und Verhalten abbilde.[415]

Eine weitere Kritik an der Festlegung auf die Compliance als Maßstab der Effektivität des Völkerrechts findet sich bei *Timothy Meyer*.[416] Auch er stellt darauf ab, dass die Compliance keinen Hinweis darauf gibt, ob das Verhalten durch das Recht beeinflusst wurde.[417] Im Gegensatz dazu müsse für die Bestimmung der Compliance der Norminhalt genauer festgestellt werden.[418] *Meyer* stellt die These auf, dass die Konzentration auf die Compliance dazu führen könne, dass die Effektivität abgeschwächt werde.[419] Zur Unterstützung seiner These führt er an, dass (1) Non-Compliance und Compliance ein wichtiges Mittel zur Schaffung und Interpretation von Normen seien und (2) Staaten Non-Compliance als Strategie nutzten, um die Effektivität des Völkerrechts zu erhöhen, indem sie beispielsweise Abkommen beiträten, um Unterstützung auf dem Weg zur Compliance zu erhalten.[420]

*Lisa L. Martin* betrachtet die Fokussierung auf die Compliance sowohl im rechtswissenschaftlichen als auch im politikwissenschaftlichen Bereich der International Relations kritisch.[421] Hierbei geht sie auf eine Vielzahl an Meinungen und Studien in der Literatur beider Bereiche ein. Als Grundthese vertritt sie, dass Compliance ungeeignet sei, das zentrale sozialwissenschaftliche Untersuchungsziel – die Identifikation und Messung kausaler Effekte – abzubilden.[422]

---

415 *van Aaken*, RW 2013, S. 227 (231).

416 *Meyer*, How Compliance Understates Effectiveness, ASIL Proceedings 2014, S. 168–172, Panel: Effectiveness of international adjudication: Assessing Functions and Performance.

417 *Meyer*, How Compliance Understates Effectiveness, ASIL Proceedings 2014, S. 168 (169), Panel: Effectiveness of international adjudication: Assessing Functions and Performance.

418 *Meyer*, How Compliance Understates Effectiveness, ASIL Proceedings 2014, S. 168 (169), Panel: Effectiveness of international adjudication: Assessing Functions and Performance.

419 *Meyer*, How Compliance Understates Effectiveness, ASIL Proceedings 2014, S. 168 (170), Panel: Effectiveness of international adjudication: Assessing Functions and Performance.

420 *Meyer*, How Compliance Understates Effectiveness, ASIL Proceedings 2014, S. 168 (170 f.), Panel: Effectiveness of international adjudication: Assessing Functions and Performance.

421 *Martin*, Against Compliance, in: Dunoff/Pollack, Interdisciplinary Perspectives on International Law and International Relations The State of the Art, S. 591–610.

422 *Martin*, Against Compliance, in: Dunoff/Pollack, Interdisciplinary Perspectives on International Law and International Relations The State of the Art, S. 591.

Vielmehr müsse danach gefragt werden, wie das Verhalten der Staaten in Abwesenheit der Institution gewesen sei.[423] Sie verweist auf Staaten, die sich schon vor dem Eintritt in Institutionen im Einklang mit den Anforderungen befunden hätten – diese würden statistisch als „*in Compliance*", also als regeltreue Staaten, erfasst, obwohl die Institution keinerlei Effekt gehabt habe.[424] Andererseits würden Staaten als nicht „*in Compliance*", also nicht regeltreu, erfasst, die aufgrund des Eintritts in eine Institution Veränderungen vorgenommen, die Anforderungen aber noch nicht erreicht hätten – dort seien aber Effekte der Institution zu verzeichnen.[425] Sie schließt mit dem Ergebnis, dass Untersuchungen zum Effekt von Institutionen Alternativen zur Compliance finden müssten, um die Ergebnisse (outcomes) zu messen.[426]

Bezüglich der Effektivität internationaler Gerichtshöfe verneint auch *Karen Alter* die Compliance als „*real effective test*".[427] *Laurence R. Helfer* bezweifelt nach einer Literaturanalyse ebenso die Tatsache, dass Compliance und Effektivität gleichzusetzen sind.[428] Dabei verweist auch er auf Kontextelemente, die bei einer Untersuchung zu beachten seien.[429] *Eric A. Posner* und *John C. Yoo* kritisieren an der Compliance als Maßstab der Effektivität unter anderem, dass Compliance mitunter Jahre später eintreten könne und so schwierig zu beobachten sei.[430] Allerdings nutzen *Posner* und *Yoo* die Compliance anschließend als eines von drei Indizien zur Bestimmung der Effektivität, sodass ihre Kritik nicht beinhalten kann, dass die Betrachtung der Compliance ein gänzlich ungeeignetes Kriterium zur Effektivitätsbestimmung ist. Ein weiterer Kritikpunkt an der Eignung der Compliance zur Bestimmung der Effektivität ist, dass die Messung von Compliance schwierig sein kann.[431]

---

423 *Martin*, Against Compliance, in: Dunoff/Pollack, Interdisciplinary Perspectives on International Law and International Relations The State of the Art, S. 591 (591, 605).
424 *Martin*, Against Compliance, in: Dunoff/Pollack, Interdisciplinary Perspectives on International Law and International Relations The State of the Art, S. 591 (605 f.).
425 *Martin*, Against Compliance, in: Dunoff/Pollack, Interdisciplinary Perspectives on International Law and International Relations The State of the Art, S. 591 (605 f.).
426 *Martin*, Against Compliance, in: Dunoff/Pollack, Interdisciplinary Perspectives on International Law and International Relations The State of the Art, S. 591 (607).
427 *Alter*, European Journal of International Relations 14 (2008), S. 33 (52).
428 *Helfer*, The Effectiveness of international Adjudicators, in: Romano/Alter/Shany, The Oxford Handbook of International Adjudication, S. 464 (468 ff.).
429 *Helfer*, The Effectiveness of international Adjudicators, in: Romano/Alter/Shany, The Oxford Handbook of International Adjudication, S. 464 (469 f.).
430 *Posner/Yoo*, California Law Review 93 (2005), S. 1 (28).
431 *Helfer/Slaughter*, California Law Review 93 (2005), S. 901 (918).

Insbesondere auf die Kritik von *Raustiala* beziehen sich *Darren Hawkins* und *Wade Jacoby* in ihrem Beitrag über Compliance bezüglich der Urteile des Inter-American Court of Human Rights (IACHR) und des EGMR.[432] Sie gelangen allerdings zu dem Schluss, dass die Compliance in einem Fall mit der Effektivität gleichgesetzt werden könne.[433] Dies sei der Fall bei Gerichtsentscheidungen gegen Staaten wegen Vertragsverletzungen.[434] Dort sei eine Verhaltensänderung der Staaten immer auf das Urteil zurückzuführen und nicht auf eine zufällige Vertragstreue der Staaten.[435] Daher könne jede Verhaltensänderung nach einem Urteil auf Effektivität hindeuten,[436] die Effektivität könne also objektiv anhand der State Compliance gemessen werden.[437]

*Christina Voigt* benennt dagegen die Compliance neben participation und ambition als Determinante der Effektivität.[438] Die Effektivität eines Abkommens hänge von der Tatsache ab, inwiefern die Parteien die Verpflichtungen befolgen.[439] Aus diesem Grund beinhalteten die meisten umweltvölkerrechtlichen Verträge Non-Compliance-Mechanismen.[440]

Aufgrund der Zweifel und Kritik wird deutlich, dass die Compliance als alleiniger Indikator der Effektivität nicht geeignet ist. Sie kann ein erster Anhaltspunkt sein, muss aber zwangsläufig in den Kontext des konkret in Rede stehenden Verhaltens eingeordnet werden. Insbesondere ist immer zu überprüfen, ob Kausalität oder Korrelation vorliegt, also ob das Urteil bzw. die Entscheidung des Durchsetzungsmechanismus tatsächlich ursächlich für eine Verhaltensänderung o.Ä. war. Nur in dieser Situation kann Compliance als Maßstab und Kriterium der Effektivität verwendet werden, da sie sich dann im Einklang mit der oben

---

432 *Hawkins/Jacoby*, Journal of International Law and International Relations 6 (2010), S. 35–85.

433 *Hawkins/Jacoby*, Journal of International Law and International Relations 6 (2010), S. 35 (39).

434 *Hawkins/Jacoby*, Journal of International Law and International Relations 6 (2010), S. 35 (39).

435 *Hawkins/Jacoby*, Journal of International Law and International Relations 6 (2010), S. 35 (40).

436 *Hawkins/Jacoby*, Journal of International Law and International Relations 6 (2010), S. 35 (40).

437 *Hawkins/Jacoby*, Journal of International Law and International Relations 6 (2010), S. 35 (40).

438 *Voigt*, RECIEL 25 (2016), S. 161.

439 *Voigt*, RECIEL 25 (2016), S. 161.

440 *Voigt*, RECIEL 25 (2016), S. 161 (162).

hergeleiteten Effektivitätsdefinition befindet. Bei einer kausalen Verursachung der Compliance hat der Durchsetzungsmechanismus zu einer Verhaltensänderung der Staaten geführt, weshalb auf einen effektiven Mechanismus geschlossen werden kann.

## 2) Nutzung bzw. Anzahl der Verfahren

Weiterhin sollen die Nutzung bzw. die Anzahl der Verfahren des Durchsetzungsmechanismus betrachtet werden. Als These wird hier aufgestellt, dass ein ineffektives Gericht von den Staaten nicht mehr genutzt werden wird.[441] So kann eine große Anzahl laufender und abgeschlossener Verfahren für eine erhöhte Effektivität sprechen. Die häufige Anrufung lässt auf eine hohe Wahrscheinlichkeit für eine gerechte Lösung von Streitigkeiten und das Vertrauen der Parteien auf diese schließen. Ein als effektiv angesehener Gerichtshof wird nach dieser Prämisse mehr Kläger anziehen.[442] Andererseits kann eine hohe Verfahrenszahl auch zu einer langen Verfahrensdauer und einer Überlastung des Gerichts führen. Dies kann dann Erfolg und Effektivität wieder beeinflussen – so können sich Streitpunkte durch Zeitablauf erledigt haben, möglich ist aber auch eine eingetretene Eskalation des Konflikts. Sichtbar ist hier eine Parallele zum grund- und menschenrechtlich geschützten Recht auf eine angemessene Verfahrensdauer im Rahmen des effektiven Rechtsschutzes.

Die Nutzungsraten internationaler Gerichte werden von *Posner* und *Yoo* als eines von drei Kriterien zur Bestimmung der Effektivität herangezogen.[443] *Alter, Helfer* und *Guerzovich* betonen ausdrücklich, dass Aktivität und Effektivität nicht gleichzusetzen seien, benennen aber am Beispiel des Andean Tribunal of Justice die Aktivität des Gerichts bzw. die Fallzahlen zumindest als Indiz für die Effektivität.[444] *Shany* zieht die Nutzungsraten als Effektivitätskriterium in Zweifel.[445] Dies zeigt, dass auch die Nutzung als Effektivitätskriterium nicht unumstritten ist.

Zu untersuchen sind nicht lediglich die absoluten Nutzungszahlen, sondern auch das Verhältnis zur Anzahl der Vertragsstaaten und zu jenen Staaten, die sich, falls nötig, der Gerichtsbarkeit unterworfen haben. Ist es offensichtlich, dass bestimmte Staaten einen Durchsetzungsmechanismus selbst bei Bedarf

441 *Posner/Yoo*, California Law Review 93 (2005), S. 1 (28).
442 *Helfer/Slaughter*, Yale Law Journal 107 (1997), S. 301.
443 *Posner/Yoo*, California Law Review 93 (2005), S. 1 (28 f.).
444 *Helfer/Alter/Guerzovich*, AJIL 103 (2009), S. 1 (2).
445 *Shany*, AJIL 106 (2012), S. 225 (228).

nicht nutzen, so wirkt sich das auf die Wahrnehmung des Mechanismus und dessen Effektivität aus.

Des Weiteren sollten nicht nur die Fallzahlen betrachtet werden, sondern ebenso die Anzahl der tatsächlich gelösten Streitigkeiten. Zieht man beispielsweise von den abgeschlossenen Verfahren des IGH diejenigen Urteile zu preliminary objections ab, und zählt man von verschiedenen Urteilen zu ein und demselben Konflikt nur jeweils ein Urteil, so reduziert sich die Anzahl der tatsächlich gelösten Streitigkeiten beträchtlich.[446] Dabei existieren genug gut funktionierende Streitbeilegungsmechanismen, die lediglich zu wenig genutzt werden.[447]

Möglich ist auch eine Beeinflussung der Nutzungshäufigkeit eines Durchsetzungsmechanismus durch politische Faktoren.[448] Des Weiteren kann die Bedeutung des von einem Gericht abgedeckten Rechtsgebietes die Nutzungshäufigkeit bestimmen.[449]

Bei Einbeziehung all dieser Einschränkungen bzw. Kritikpunkte kann die Nutzung des Mechanismus somit als Effektivitätskriterium dienen. Da die Gefahr der zu intensiven Nutzung unmittelbar mit dem Punkt der Verfahrenseinleitung zusammenhängt, wird dieses Problem dort behandelt werden.

## 3) Zwang oder Freiwilligkeit der Unterwerfung

Unterschiedliche Wege gehen Verträge und Internationale Organisationen auch hinsichtlich der Tatsache, ob die Unterwerfung unter einen dort enthaltenen (bestehenden oder zu gründenden) Durchsetzungsmechanismus zwingend ist oder auf der Freiwilligkeit der Staaten beruht. Dabei muss differenziert werden zwischen Vertragswerken, die lediglich die Durchsetzung bzw. einen Durchsetzungsmechanismus regulieren oder statuieren (Bsp.: Römisches Statut bezüglich des IStGH), und solchen, die einen durchsetzungsunabhängigen Regelungsgegenstand haben und in diesem Zuge auch zu dessen Durchsetzung Regelungen treffen (Bsp.: Paris Agreement mit einem Artikel zur Durchsetzung der Verpflichtungen, welcher durch die Vertragsstaaten weiter konkretisiert

---

446 *Watts*, Enhancing the Effectiveness of Procedures of International Dispute Settlement, in: Frowein/Wolfrum, Max Planck Yearbook of United Nations Law 2001, S. 21 (22).

447 *Watts*, Enhancing the Effectiveness of Procedures of International Dispute Settlement, in: Frowein/Wolfrum, Max Planck Yearbook of United Nations Law 2001, S. 21 (23).

448 Für eine Darstellung der unterschiedlichen Nutzungshäufigkeit des IGH s. *Brabandere*, Leiden Journal of International Law 31 (2018), S. 459 (462 ff.).

449 *Posner/Yoo*, California Law Review 93 (2005), S. 1 (28).

werden soll). Eine zwingende Unterwerfung unter Durchsetzungsmechanismen, die nicht im Rahmen eines anderen Vertrages, einer Organisation oder eines Regimes erschaffen sind, ist grundsätzlich nicht möglich (und auch nicht absehbar).[450] Es gibt keinen zwingenden „Weltgerichtshof". Der Beitritt zu solchen Verträgen bzw. Durchsetzungsmechanismen steht im Ermessen der Staaten. Insbesondere gerichtliche Streitbeilegung auf internationaler Ebene war und ist meist freiwillig.[451] Als Sonderfall können der ICTR und der ICTY angesehen werden, die aufgrund einer Kapitel VII-Resolution des UN-Sicherheitsrates eingerichtet wurden und so nicht die Zustimmung der Staaten der beklagten Personen benötigten.[452] Im Rahmen des anschließend geschaffenen IStGH gilt jedoch gerade nicht das Weltrechtsprinzip, das eine universelle Zuständigkeit statuieren würde.[453] In Abgrenzung zu diesen Verträgen sind Streitbeilegungsklauseln in durchsetzungsunabhängigen Verträgen nichts Ungewöhnliches und legen regelmäßig eine zwingende Gerichtsbarkeit fest.[454] Aber auch dort kann die Unterwerfung freiwillig sein. Zur Verdeutlichung sei auf einige Vertragswerke oder Internationale Organisationen verwiesen, deren primärer Regelungsgegenstand nicht die Durchsetzung ist. Im Rahmen des Europarates sind alle Mitgliedsstaaten auch Vertragspartei der EMRK und so dem EGMR unterworfen.[455] Dieser Gerichtshof wird gemeinhin als besonders effektiv angesehen.[456] Der Beitritt zur WTO ist nur in Gesamtheit und so unter Einbeziehung der Vorschriften zur Streitschlichtung möglich, auf welche bei Vertragsausarbeitung ein besonderes Augenmerk gelegt wurde.[457] Möglich ist auch, wie im Rahmen des IPbürgR, eine

450 *Anand*, Enhancing the Acceptability of Compulsory Procedures of International Dispute Settlement, in: Frowein/Wolfrum, Max Planck Yearbook of United Nations Law 2001, S. 1 (5).

451 *Watts*, Enhancing the Effectiveness of Procedures of International Dispute Settlement, in: Frowein/Wolfrum, Max Planck Yearbook of United Nations Law 2001, S. 21 (36).

452 *Stein/von Buttlar/Kotzur*, Völkerrecht, Rn. 922.

453 *Ambos*, Internationales Strafrecht, § 8 Rn. 5.

454 Zur Veranschaulichung wird erneut verwiesen auf das Verfahren ICJ, Alleged Violations of the 1955 Treaty of Amity, Economic Relations, and Consular Rights (Islamic Republic of Iran v. United States of America), das aufgrund einer Streitbeilegungsklausel in einem Freundschaftsvertrag von 1955 eingeleitet wurde. Diese Klausel statuiert die zwingende Gerichtsbarkeit des IGH bei Verletzung des Vertrages.

455 *Polakiewicz*, Council of Europe (COE), MPEPIL, Rn. 28.

456 S. hierzu z.B. *Helfer/Slaughter*, Yale Law Journal 107 (1997), S. 273–391.

457 *Kreuter-Kirchhof*, Wirtschaft und Kultur, in: Vitzthum/Proelß, Völkerrecht, Rn. 67, 75; *Schmalenbach*, Friedliche Streitbeilegung, in: Proelß, Internationales Umweltrecht, Rn. 45.

Modalität der Durchsetzung (dort die Staatenbeschwerde) direkt im Vertrag zu verankern und daneben eine weitere – konfliktträchtigere – Methode (dort die Individualbeschwerde) in einem zusätzlichen Fakultativprotokoll zu ergänzen, das gesondert ratifiziert werden muss.[458]

*Arthur Watts* zufolge kann ein Durchsetzungsmechanismus, der auf Freiwilligkeit beruht (und von ihm als *„add-on extra"* bezeichnet wird) lediglich innerhalb seiner Grenzen ein effektives Mittel internationaler Streitbeilegung sein.[459] Als weitaus effektiver sieht er die Lösung an, Streitbeilegungsklauseln in institutionelle Strukturen zu integrieren, wobei er als Beispiel die Europäische Union anführt, wo ein Beitritt zur Unterwerfung unter den EuGH führe.[460] Auch im Rahmen des UN-Seerechtsübereinkommens sei ein flexibles, aber zwingendes System der Streitbeilegung enthalten.[461] Dieses System der Inkorporation sei dabei aber kein System der zwingenden Gerichtsbarkeit – vielmehr beruhe es immer noch auf Freiwilligkeit, nämlich auf der Freiwilligkeit, dem System (durch Beitritt zum Übereinkommen) anzugehören oder nicht.[462]

Auf den ersten Blick mag eine automatische bzw. zwingende Unterwerfung eine effektive Methode der friedlichen Streitbeilegung sein. Andererseits kann ein zu „einengender" Streitbeilegungsmechanismus in einem Vertragswerk o.Ä. auch dazu führen, dass die Anzahl der unterzeichnenden Staaten (zu) gering bleibt. Komplette Freiwilligkeit wie die fallspezifische oder allgemeine Unterwerfung unter einen Gerichtshof kann zu einer höheren Akzeptanz der gerichtlichen Entscheidungen führen, begrenzt aber auch die Teilnehmeranzahl erheblich. Die höchste Wirksamkeit ist wahrscheinlich dann zu erwarten, wenn die Unterwerfung unter einen Vertrag freiwillig geschieht, dort aber ein Streitbeilegungsmechanismus existiert (der nicht zu einengend sein darf) oder, wie im Rahmen des UN-Seerechtsübereinkommens, eine Auswahl an Mechanismen

---

458 *Shelton*, Human Rights, Individual Communications/Complaints, MPEPIL, Rn. 11; *Stein/von Buttlar/Kotzur*, Völkerrecht, Rn. 1010–1013; *Tomuschat*, International Covenant on Civil and Political Rights (1966), MPEPIL, Rn. 5, 6.

459 *Watts*, Enhancing the Effectiveness of Procedures of International Dispute Settlement, in: Frowein/Wolfrum, Max Planck Yearbook of United Nations Law 2001, S. 21 (36).

460 *Watts*, Enhancing the Effectiveness of Procedures of International Dispute Settlement, in: Frowein/Wolfrum, Max Planck Yearbook of United Nations Law 2001, S. 21 (36 f.).

461 *Watts*, Enhancing the Effectiveness of Procedures of International Dispute Settlement, in: Frowein/Wolfrum, Max Planck Yearbook of United Nations Law 2001, S. 21 (37).

462 *Watts*, Enhancing the Effectiveness of Procedures of International Dispute Settlement, in: Frowein/Wolfrum, Max Planck Yearbook of United Nations Law 2001, S. 21 (37).

gegeben wird. Daher soll ein zwingend enthaltener, aber in sich flexibler Durchsetzungsmechanismus als Effektivitätskriterium gelten.

## 4) Verfahrenseinleitung und Klagebefugnis

Von Bedeutung für die Wirksamkeit bzw. Effektivität von Durchsetzungsmechanismen ist auch die Frage, wer Verfahren einleiten kann. Können dies nur (bestimmte) Staaten (die ggf. aus Gründen der Diplomatie oder anderen – politisch motivierten – Gründen davon absehen)[463] oder können auch Individuen oder NGOs ein Verfahren anstrengen? Von großer Relevanz kann diese Regelung vor Gerichten oder anderen Durchsetzungsmechanismen sein, da diese nicht selbst Verfahren einleiten bzw. Streitigkeiten an sich ziehen können.[464] Bezüglich der Verfahrenseinleitung existiert ein breites Spektrum an Möglichkeiten, das von der benötigten Einwilligung der beteiligten Staaten (insbesondere bei der Schiedsgerichtsbarkeit durch Vermittlung durch den Permanent Court of Arbitration) bis zu einer direkten Klagemöglichkeit von Individuen (im Bereich der Menschenrechte) viele Zwischenstufen abdeckt.[465] Insbesondere seit dem Ende des Zweiten Weltkrieges entstehen mehr und mehr Gerichte, vor welchen Individuen (unter bestimmten Voraussetzungen wie beispielsweise der innerstaatlichen Rechtswegerschöpfung) durch die zugrundeliegenden Verträge eine Klagemöglichkeit eingeräumt wird.[466] Eingegangen wird daher auf den Schutz der Menschenrechte und die Klagebefugnis der Staaten. Potentielle Auswirkungen werden am Beispiel des EuGH und des EGMR erklärt, wobei bei negativen Konsequenzen auch auf Möglichkeiten der Abhilfe zur Förderung der Effektivität eingegangen wird.

### *a) Internationaler und regionaler Menschenrechtsschutz*

Gerade im Rahmen des (internationalen und regionalen) Menschenrechtsschutzes ist eine Verfahrenseinleitung und -beteiligung von Individuen der Regelfall.[467] Speziell im regionalen Bereich ist ein „*Ausbau [der Individualbeschwerde] zu einem echten gerichtlichen Verfahren*" zu beobachten.[468] Trotzdem stellt diese

463 Auf dieses Problem in der interstate dispute resolution verweisen *Keohane/Moravcsik/Slaughter*, International Organization 54 (2000), S. 457 (473).

464 *Keohane/Moravcsik/Slaughter*, International Organization 54 (2000), S. 457 (462).

465 *Keohane/Moravcsik/Slaughter*, International Organization 54 (2000), S. 457 (464), wo dieses Spektrum anhand einer Tabelle abgebildet wird.

466 *Keohane/Moravcsik/Slaughter*, International Organization 54 (2000), S. 457 (465).

467 *van Aaken*, RW 2013, S. 227 (249 f.).

468 *Weiß*, AVR 42 (2004), S. 142 (144).

Klagemöglichkeit in völkerrechtlichen Verträgen generell eine Ausnahme dar.[469] Hier sei als Beispiel auf Art. 34 EMRK verwiesen, in welchem das Recht auf Individualbeschwerde statuiert ist, ohne dass die Staaten sich diesem Verfahren noch einmal gesondert unterwerfen müssten.[470] Dieser hatte insbesondere Vorbildfunktion für die Inter-Amerikanische Menschenrechtskonvention.[471] Auch das Fakultativprotokoll zum IPbürgR enthält eine Individualbeschwerde – dort ist allerdings eine separate Unterwerfung der Vertragsstaaten nötig.[472] Der positive Blick auf den Vorteil des erhöhten Verfahrensaufkommens, nämlich die Tatsache, dass bestimmte Sachverhalte überhaupt verhandelt werden, wird jedoch von der Gefahr getrübt, dass eine hohe Verfahrenszahl auch negative Auswirkungen auf die Effektivität haben kann. Hierauf wird im Folgenden noch eingegangen.

### *b) Klagebefugnis der Staaten (ius standi)*

Anders als im Menschenrechtsschutz ist die Praxis vor internationalen Gerichtshöfen. Hier dürfen im Grundsatz nur Staaten klagen und verklagt werden. Am restriktivsten hinsichtlich der Möglichkeit, einen anderen Staat zu verklagen ist die klassische Schiedsgerichtsbarkeit, da sie die Zustimmung aller beteiligten Staaten voraussetzt.[473] Aber auch in einem staatenzentrierten System gibt es Unterschiede hinsichtlich der Klagemöglichkeit(en). Dies betrifft vorrangig die Klagebefugnis (*ius standi*), also die Frage, ob eine bestimmte Rechtsverletzung geltend gemacht werden kann, insbesondere wenn der klagende Staat nicht der verletzte Staat ist.[474] Diskutiert wird diese Möglichkeit im Rahmen der Verpflichtungen erga omnes (aufgrund der Formulierung in Art. 48 Abs. 1 b) ASR, dass Verpflichtungen, die „*gegenüber der gesamten internationalen Gemeinschaft*“ bestehen, von anderen als dem verletzten Staat geltend gemacht werden können)[475] und des ius

469 Meyer-Ladewig/Nettesheim/von Raumer/*Meyer-Ladewig/Kulick*, EMRK, Art. 34 Rn. 1; *Weiß*, AVR 42 (2004), S. 142.

470 *Kau*, Der Staat und der Einzelne als Völkerrechtssubjekte, in: Vitzthum/Proelß, Völkerrecht, Rn. 262.

471 Meyer-Ladewig/Nettesheim/von Raumer/*Meyer-Ladewig/Kulick*, EMRK, Art. 34 Rn. 1.

472 *Weiß*, AVR 42 (2004), S. 142 (145).

473 *Keohane/Moravcsik/Slaughter*, International Organization 54 (2000), S. 457 (472).

474 *Schröder*, Verantwortlichkeit, Völkerstrafrecht, Streitbeilegung und Sanktionen, in: Vitzthum/Proelß, Völkerrecht, Rn. 95.

475 Auf die obligations erga omnes bezog sich der IGH im Fall ICJ, Barcelona Traction, Light and Power Company, Limited (Belgium v. Spain), Second Phase, Urteil vom

cogens.[476] Insbesondere ist unklar, welche Bedeutung das Recht aus Art. 48 Abs. 1 b) ASR hat, die Verletzung „*geltend zu machen*" („*to invoke*").[477] Bezüglich der Geltendmachung durch den verletzten Staat in Art. 42 ASR ist „*invoke*" so zu verstehen, dass formelle Maßnahmen getroffen werden sollen, wie beispielsweise eine Klage gegen einen Staat vorzubringen.[478] Fraglich ist aber die Übertragbarkeit auf Art. 48 ASR, der gerade nicht den verletzten Staat betrifft. Eine Präzisierung hinsichtlich der Tatsache, ob eine allgemeine Klagebefugnis besteht, brachte die Entscheidung des IGH im Fall *Questions relating to the Obligations to Prosecute or Extradite*.[479] Diese Entscheidung bezog sich auf die Anti-Folter-Konvention. Der IGH statuierte dort „*the entitlement of each State party to the Convention to make a claim concerning the cessation of an alleged breach by another State Party*".[480] Dies bezieht sich allerdings nicht auf jede allgemeine Verpflichtung im Rahmen des Völkerrechts, sondern nur auf sogenannte „obligations erga omnes partes", bei deren Verletzung jede Vertragspartei klagen kann.[481] Eine allgemeine Klagebefugnis entspricht (noch) nicht dem Völkergewohnheitsrecht.[482] Eine mögliche Bedeutung von Art. 48 Abs. 1 b) ASR könnte auch die Erlaubnis zu Gegenmaßnahmen sein.[483] Hierzu gibt es allerdings noch keine einheitliche Staatenpraxis, die für einen diesbezüglichen Konsens sprechen

---

5. Februar 1970, ICJ Rep. 1970, S. 3 (32), Rn. 33; diese Formulierung (towards "*the international community as a whole*") wird in Art. 48 Abs. 1 b) ASR und im Yearbook of the International Law Commission 2001, Volume II Part Three, Chapter I, Art. 48 § 8 *(Kommentar der ILC zu den Draft Articles on State Responsibility)* aufgegriffen.

476 *Tomuschat*, ZaöRV 2019, S. 579 (607).

477 *Tomuschat*, ZaöRV 2019, S. 579 (607).

478 Yearbook of the International Law Commission 2001, Volume II Part Three, Chapter I, Art. 42 § 2 *(Kommentar der ILC zu den Draft Articles on State Responsibility)*; *Crawford*, State Responsibility, S. 541.

479 ICJ, Questions relating to the Obligation to Prosecute or Extradite (Belgium v. Senegal), Urteil vom 20 Juli 2012, ICJ Rep. 2012, S. 422; *Tomuschat*, ZaöRV 2019, S. 579 (607).

480 ICJ, Questions relating to the Obligation to Prosecute or Extradite (Belgium v. Senegal), Urteil vom 20. Juli 2012, ICJ Rep. 2012, S. 422 (450), Rn. 69; *Gaja*, Standing: International Court of Justice (ICJ), MPEPIL, Rn. 24; *Tomuschat*, ZaöRV 2019, S. 579 (607).

481 ICJ, Questions relating to the Obligation to Prosecute or Extradite (Belgium v. Senegal), Urteil vom 20. Juli 2012, ICJ Rep. 2012, S. 422 (450), Rn. 69.

482 *Schröder*, Verantwortlichkeit, Völkerstrafrecht, Streitbeilegung und Sanktionen, in: Vitzthum/Proelß, Völkerrecht, Rn. 10.

483 *Tomuschat*, ZaöRV 2019, S. 579 (608).

würde.[484] Ebenfalls zur Diskussion steht die Existenz eines Weltrechtsprinzips (universal jurisdiction).[485] Im Bereich der Piraterie auf hoher See ist dieses Weltrechtsprinzip als Jurisdiktionsprinzip anerkannt, sodass jeder Staat die Verletzung verfolgen kann.[486] Ansonsten konnte es sich noch nicht durchsetzen.

### *c) Vergleich mit dem Recht der EU, Nichtigkeitsklage und Vorabentscheidung*

Zur Einordnung und zur Bewertung der Klagemöglichkeit als Effektivitätskriterium kann auf das (vermeintlich) rechtsschutzintensive und effektive Recht der Europäischen Union abgestellt werden, das als supranationales Recht zwar nicht mehr rein völkerrechtlich geprägt ist, aber im vorliegenden Zusammenhang dennoch als Beispiel dienen kann, insbesondere für den Rechtsschutz von Individualklägern. Im Rahmen des Rechts der EU stellt der EuGH hohe Anforderungen für den Rechtsschutz von Individuen innerhalb der Mitgliedsstaaten auf. Dies lässt auf den ersten Blick auf einen hohen Individualrechtsschutz schließen. Doch der zweite Blick auf den Rechtsschutz vor dem EuGH trübt dieses positive Bild. Zwar haben Individuen grundsätzlich im Falle einer unmittelbaren und individuellen Betroffenheit ein Klagerecht im Rahmen der Nichtigkeitsklage, Art. 263 Vertrag über die Arbeitsweise der Europäischen Union (AEUV).[487] Der EuGH hat die Hürden für diese jedoch so hoch angesetzt (Plaumann-Formel),[488] dass sie praktisch keine zulässige Klage erheben können.[489] Versuche des Europäischen Gerichts (EuG), diese Hürde abzusenken, blieben erfolglos.[490] Auch die Klagemöglichkeiten gegen „Rechtsakte mit

484 *Tomuschat*, ZaöRV 2019, S. 579 (608), welcher für seine Betrachtung nicht zwischen erga omnes und jus cogens unterscheidet, s. *Tomuschat*, ZaöRV 2019, S. 579 (606).

485 *Bantekas*, Criminal Jurisdiction of States under International Law, MPEPIL, Rn. 22.

486 *Oxman*, Jurisdiction of States, MPEPIL, Rn. 38.

487 ABl. 2016 C 202 S. 47, ber. ABl. C 400 S. 1.

488 S. hierzu EuGH, Firma Plaumann & Co./Kommission der EWG, Urteil vom 15. Juli 1963, C-25/62, ECLI:EU:C:1963:17.

489 Zum Rechtsschutz von Individuen bezüglich der EU-Grundrechte s. z.B. BVerfG, Beschluss vom 6. November 2019, BVerfGE 152, 216 (241), (Recht auf Vergessen II): *„Eine Möglichkeit Einzelner, die Verletzung von Unionsgrundrechten durch die mitgliedstaatlichen Fachgerichte unmittelbar vor dem Europäischen Gerichtshof geltend zu machen, besteht nicht.“*.

490 EuG, Jégo-Quéré et Cie SA/Kommission der Europäischen Gemeinschaften, Urteil vom 3. Mai 2002, T-177/01, ECLI:EU:T:2002:112; EuGH, Unión de Pequeños Agricultores/Rat, Urteil vom 25. Juli 2002, C-50/00, ECLI:EU:C:2002:462; Calliess/Ruffert/

Verordnungscharakter" sind durch die restriktive Auslegung des Begriffs durch EuG und EuGH sehr eingeschränkt.[491] Vielmehr verweist der EuGH auf das Zusammenwirken mit den Mitgliedsstaaten und deren Verpflichtung, nach Art. 19 Abs. 1 UA 2 Vertrag über die Europäische Union (EUV)[492], erforderliche Rechtsbehelfe zu schaffen.[493] So bleibt im Rahmen des EU-Rechts nur das Vorabentscheidungsverfahren (Art. 267 AEUV), welches zumindest mittelbaren Rechtsschutz für Individuen bietet.[494] Es wird jedoch in Frage gestellt, ob dies dem Gebot des effektiven Rechtsschutzes genügt.[495] Das Beispiel zeigt, dass auch Gerichte selbst die Hürden der Verfahrenseinleitung hoch ansetzen und so eigentlich klagebefugte Parteien faktisch von einer Klageerhebung ausschließen können. Andererseits führt diese Beschränkung durch den EuGH dazu, dass er nicht von Verfahren überlaufen wird, und dass die schon jetzt langen Verfahren zeitlich nicht noch weiter ausgedehnt werden müssen.

### *d) Ergebnis und Abhilfemöglichkeiten*

Wirksame bzw. effektive Durchsetzung sollte die Anzahl der klagebefugten Parteien zunächst möglich breit ansetzen, um eine Vielzahl möglicher Rechtsfragen entscheiden zu können und so zu Rechtstreue und Vertragserfüllung beizutragen. Andererseits muss sie aber auch die Kapazitäten besitzen, diese Verfahren zu bewältigen. Hier kann eine restriktive Auslegung der Klagebefugnis das Mittel der Wahl sein. Abhilfe schaffen des Weiteren Mechanismen, die einzelfallabhängig die Zulässigkeit von Klagen begrenzen oder mehrere Verfahren sammeln, die sich auf das gleiche tatsächliche oder rechtliche Problem beziehen. Zur Veranschaulichung sei hier auf das Pilot-Verfahren vor dem EGMR verwiesen, das vom EGMR entwickelt wurde und inzwischen auch in Rule 61

---

*Cremer*, EUV/AEUV, Art. 263 Rn. 50 f.; *Kottmann*, ZaöRV 2010, S. 547 (554); *Nettesheim*, JZ 57 (2002), S. 928 (929).

491 EuG, Inuit Tapiriit Kanatami mit Sitz in Ottawa [Kanada] u.a./Europäisches Parlament, Beschluss vom 6. September 2011, T-18/10, ECLI:EU:T:2011:419; EuGH, Inuit Tapiriit Kanatami u.a./Europäisches Parlament und Rat der EU, Urteil vom 3. Oktober 2013, C-583/11 P, ECLI:EU:C:2013:625; *Streinz*, EuZW 2014, S. 17 (18).

492 ABl. 2016 C 202 S. 13.

493 EuGH, Inuit Tapiriit Kanatami u.a./Europäisches Parlament und Rat der EU, Urteil vom 3. Oktober 2013, C-583/11 P, ECLI:EU:C:2013:625, Rn. 100; *Streinz*, EuZW 2014, S. 17 (21).

494 *Kottmann*, ZaöRV 2010, S. 547 (553 f.).

495 *Kottmann*, ZaöRV 2010, S. 547 (554).

der Verfahrensordnung des EGMR[496] geregelt ist:[497] Dieses Verfahren soll die Wirksamkeit des Rechtsschutzmechanismus sicherstellen[498] und wurde gemeinsam mit anderen Maßnahmen eingeführt, um der enormen Arbeitsbelastung und der überlangen Verfahrensdauern Herr zu werden.[499] Es gibt dem EGMR die Befugnis, ähnlich gelagerte Verfahren, die sich auf ein strukturelles Problem in einem Mitgliedsstaat beziehen, zu bündeln, indem er ein Verfahren zur Entscheidung annimmt und die anderen für die Dauer dieses Verfahrens aussetzt.[500] Anschließend wird dem betroffenen Staat die Möglichkeit gegeben, das strukturelle Problem zu beheben.[501] Hierbei soll der Staat die Ursache beseitigen, für alle Betroffenen einen Rechtsbehelf schaffen und auch alle anderen Opfer (also nicht nur den Beschwerdeführer) in die Maßnahmen einbeziehen.[502] Gegen Deutschland erging beispielsweise ein Piloturteil wegen überlanger Verfahrensdauer vor den Verwaltungsgerichten (*Rumpf gegen Deutschland*[503]).[504]

## 5) Weitere Verfahrensvoraussetzungen und -hindernisse

In nahezu jedem Verfahren sind neben Voraussetzungen bezüglich der Verfahrenseinleitung noch weitere Vorgaben bzw. Hindernisse zu beachten, die meist

---

496 Rules of Court vom 18.10.2021.

497 S. zu diesem Verfahren das Factsheet des EGMR zum Piloturteil-Verfahren, https://www.echr.coe.int/Documents/FS_Pilot_judgments_ENG.pdf (abgerufen am 19.4.2022).

498 EGMR (Große Kammer), Urteil vom 22. Juni 2004 – 31443/96 Broniowski/Polen (Rn. 190), NJW 2005, S. 2521 (2529), dieses Urteil war das erste im Pilot-Verfahren; EGMR (Große Kammer), Urteil vom 12. Oktober 2017 – 46852/13 ua Burmych ua/Ukraine (Rn. 159), NJW 2019, S. 27 (29).

499 S. zu diesen Maßnahmen *Bakırcı*, Case Management: European Court of Human Rights (ECtHR), MPEPIL; Factsheet des EGMR zum Piloturteil-Verfahren, abrufbar unter https://www.echr.coe.int/Documents/FS_Pilot_judgments_ENG.pdf (abgerufen am 19.4.2022), S. 1.

500 Factsheet des EGMR zum Piloturteil-Verfahren, abrufbar unter https://www.echr.coe.int/Documents/FS_Pilot_judgments_ENG.pdf (abgerufen am 19.4.2022), S. 1.

501 Factsheet des EGMR zum Piloturteil-Verfahren, abrufbar unter https://www.echr.coe.int/Documents/FS_Pilot_judgments_ENG.pdf (abgerufen am 19.4.2022), S. 1.

502 EGMR (Große Kammer), Urteil vom 12. Oktober 2017 – 46852/13 ua Burmych ua/Ukraine (Rn. 161), NJW 2019, S. 27 (30).

503 EGMR (V. Sektion), Urteil vom 2. September 2010 – 46344/06 Rumpf/Deutschland, NJW 2010, S. 3355–3359.

504 Factsheet des EGMR zum Piloturteil-Verfahren, abrufbar unter https://echr.coe.int/Documents/FS_Pilot_judgments_ENG.pdf (abgerufen am 19.4.2022), S. 7 f.

dazu dienen, den Zugang zu den Mechanismen zu erschweren. Diese Hindernisse können grundverschieden sein und an sämtlichen Punkten der Zulässigkeit einer Klage, Beschwerde etc. ansetzen. Wie im Rahmen der Verfahrenseinleitung ist erneut eine differenzierte Betrachtung bezüglich der Effektivität solcher Hürden nötig. Auch in diesem Kontext erscheint auf den ersten Blick der möglichst weite Zugang als am effektivsten, während zu hohe Voraussetzungen oder Hindernisse die Effektivität beeinträchtigen könnten. Dies wird im folgenden Abschnitt überprüft.

Zur Veranschaulichung sollen einige solcher Hürden aufgezählt werden. Erstes Beispiel ist die Immunität von Staaten oder Staatsoberhäuptern, die die Durchsetzung von Völkerrecht nicht unerheblich erschweren kann. Dies betrifft beispielsweise den Versuch der Nama und der Herero, Deutschland wegen des Völkermordes während der Kolonialzeit im damaligen Deutsch-Südwestafrika und heutigen Namibia vor einem Gericht in New York zu verklagen.[505] Deutschland stellte sich hier auf den Standpunkt, dass die Staatenimmunität ein solches Verfahren verhindere – diesem Standpunkt folgte auch das erstinstanzliche Gericht.[506] Die Staatenimmunität folgt aus der souveränen Gleichheit der Staaten: kein Staat darf über einen anderen zu Gericht sitzen (*par in parem non habet iurisdictionem*).[507] Konsequenz ist, dass Staaten selbst schwerste Menschenrechtsverletzungen oder Völkermord nicht selbst gegen einen anderen Staat verfolgen dürfen. Auch Staatsoberhäupter genießen Immunität, während der Amtszeit *ratione personae*, nach ihrer Amtszeit *ratione materiae*,[508] was die Strafverfolgung hemmt. Vor dem IStGH können sich allerdings selbst (amtierende) Staatsoberhäupter nicht auf ihre Immunität berufen (Art. 27 IStGH-Statut). Im Gegenzug ist vor dem IStGH die Komplementarität (Art. 17 IStGH-Statut) zu beachten, also der Grundsatz, dass Verbrechen nicht verfolgt werden können, wenn im zuständigen Staat ein Verfahren anhängig ist, ein Verfahren

---

505 S. hierzu z.B. *Jaspert*, „Setback for the descendants of the Nama and Ovaherero indigenous peoples. A New York Court declines jurisdiction in Rukoro et al. v. Germany", Völkerrechtsblog, 8 May 2019, doi: 10.17176/20190509-173956-0.

506 S. hierzu z.B. *Jaspert*, „Setback for the descendants of the Nama and Ovaherero indigenous peoples. A New York Court declines jurisdiction in Rukoro et al. v. Germany", Völkerrechtsblog, 8 May 2019, doi: 10.17176/20190509-173956-0.

507 *Kau*, Der Staat und der Einzelne als Völkerrechtssubjekte, in: Vitzthum/Proelß, Völkerrecht, Rn. 89.

508 *Kau*, Der Staat und der Einzelne als Völkerrechtssubjekte, in: Vitzthum/Proelß, Völkerrecht, Rn. 44–50b.

rechtskräftig abgeschlossen wurde oder wenn ein Verfahren eingestellt wurde.[509] Damit gilt ein Vorrang der nationalen Strafverfolgung. Als Ausnahmen von diesem Grundsatz statuiert Art. 17 IStGH-Statut die Unwilligkeit oder die Unfähigkeit der Staaten bezüglich einer effektiven Strafverfolgung.[510]

Ein weiteres Hindernis betrifft das Erfordernis der innerstaatlichen Rechtswegerschöpfung, gerade bei menschenrechtlichen Verfahren.[511] Um vor dem EGMR Klage erheben zu können, muss im Grundsatz der innerstaatliche Rechtsweg, der in Deutschland auch die Verfassungsbeschwerde beinhaltet, erfolglos bestritten worden sein (Art. 35 Abs. 1 EMRK). Auch das Verfahren vor dem Menschenrechtsausschuss im Rahmen des IPbürgR kennt das Erfordernis der Rechtswegerschöpfung (Art. 2 und 5b Fakultativprotokoll).[512] Kein Erfordernis der Rechtswegerschöpfung findet sich bei Verfahren vor dem Gerichtshof der Westafrikanischen Wirtschaftsgemeinschaft (ECOWAS) und dem East African Court of Justice (EACJ).[513] Gegen ein Erfordernis der Rechtswegerschöpfung spricht, dass bei Nichtvorliegen dieser Voraussetzung die Urteile überarbeiteter und ineffektiver Gerichtshöfe nicht abgewartet werden müssen, für die Rechtswegerschöpfung lässt sich das Vermeiden von Spannungen mit nationalen Richtern ins Feld führen.[514] Auch ist nach Durchführung nationaler Verfahren der Sachverhalt meist grundlegend geklärt, sodass diese Arbeiten nicht die ohnehin langen Verfahren vor internationalen Gerichten noch zusätzlich erschweren. Auch Fristen, wie beispielsweise die Sechs-Monats-Frist vor dem EGMR (Art. 35 Abs. 1 EMRK), können den Rechtsschutz erschweren. Im Gegenzug führen Fristen allerdings dazu, dass nach deren Ablauf Rechtssicherheit eintritt.

Anhand dieser Beispiele zeigt sich, dass auch in dieser Frage keine eindeutige Antwort gegeben werden kann. Zulässigkeitsvoraussetzungen sind wichtig, um einer Überlastung der Durchsetzungsmechanismen entgegenzuwirken.

---

509 *Schröder*, Verantwortlichkeit, Völkerstrafrecht, Streitbeilegung und Sanktionen, in: Vitzthum/Proelß, Völkerrecht, Rn. 49.

510 *Schröder*, Verantwortlichkeit, Völkerstrafrecht, Streitbeilegung und Sanktionen, in: Vitzthum/Proelß, Völkerrecht, Rn. 49.

511 S. hierzu z.B. *Weiß*, AVR 42 (2004), S. 142 (150).

512 *Kadelbach*, Rechtsschutz durch die Vereinten Nationen, insbesondere nach dem Internationalen Pakt über bürgerliche und politische Rechte, in: Ehlers/Schoch, Rechtsschutz im Öffentlichen Recht, Rn. 30.

513 *Helfer*, The Effectiveness of international Adjudicators, in: Romano/Alter/Shany, The Oxford Handbook of International Adjudication, S. 464 (476).

514 *Helfer*, The Effectiveness of international Adjudicators, in: Romano/Alter/Shany, The Oxford Handbook of International Adjudication, S. 464 (476).

Andererseits dürfen sie kein unüberwindbares Hindernis sein. In einigen Fällen – wie im Rahmen der Rechtswegerschöpfung – können sie durch vorbereitende Maßnahmen sogar die Effektivität internationaler Mechanismen erhöhen. Es ist also erneut anhand des Einzelfalles zu entscheiden – ist die Voraussetzung eine Verhinderung oder trägt sie zu einer schnellen und effektiven Durchsetzung bei?

## 6) Bindungswirkung

Unterschiede bestehen auch bezüglich der Frage, ob die Entscheidungen eines Durchsetzungsmechanismus die Parteien binden oder nicht, oder ob sie zumindest als bindend angesehen werden. Die Hypothese, die sich zunächst aufdrängt und bewiesen oder widerlegt werden muss, ist diejenige, dass bindende Entscheidungen effektiver sind als nicht bindende.

*Laurence R. Helfer* und *Anne-Marie Slaughter* gehen in ihrer Effektivitäts-Checkliste davon aus, dass bindende Gerichtsentscheidungen tatsächlich effektiver sind als nicht bindende.[515] *Kal Raustiala* erkennt hinsichtlich der Effektivität von Normen keinen Unterschied zwischen bindenden und nicht bindenden Vorschriften – auch nicht bindende Vorschriften könnten sehr effektiv sein.[516] Auch *Alexander Proelß* verneint den generellen Schluss von Rechtsverbindlichkeit auf höhere Effektivität.[517] Fraglich ist aber, ob sich diese Ansichten auf die Entscheidungen internationaler Gerichte übertragen lassen. Da sowohl Normen als auch Entscheidungen bei einer Bindungswirkung beachtet werden müssen, ist von einer Übertragbarkeit auszugehen. Damit stehen sich unterschiedliche Meinungen gegenüber.

Für eine größere Effektivität bindender Entscheidungen spricht zunächst der größere Druck oder auch der größere Zwang von außen auf die betroffenen Staaten. Der Reputationsverlust bei Nichtbefolgen einer bindenden Entscheidung kann ungleich höher sein als bei einer nicht bindenden Entscheidung und somit den Erfolg des Mechanismus fördern. Auch erlassen die allgemein als besonders effektiv angesehene Gerichtshöfe EuGH und EGMR bindende Entscheidungen, was für eine höhere Effektivität solcher Entscheidungen spricht.[518] Andererseits kann die Existenz von nicht bindenden Entscheidungen wiederum die Akzeptanz

515 *Helfer/Slaughter*, Yale Law Journal 107 (1997), S. 273 (307).

516 *Raustiala*, Case Western Reserve Journal of International Law 32 (2000), S. 387 (412).

517 *Proelß*, ZfU-Spezial 2016, S. 58 (64).

518 Zur Effektivität dieser Gerichte s. *Helfer/Slaughter*, Yale Law Journal 107 (1997), S. 273–391.

eines Mechanismus erhöhen und eine größere Beteiligung bewirken.[519] Des Weiteren kann auch eine Entscheidung ohne Bindungswirkung publik sein, die Nichtbeachtung wird registriert und kann so ebenfalls zu Reputationsverlust führen. Lediglich mögliche Rechtfertigungsversuche sind bei Berufen auf den fakultativen Charakter einer Entscheidung einfacher. Genauso wie die Nichtbefolgung wird auch das Einhalten einer Entscheidung in der Öffentlichkeit (positiv) registriert werden. Somit ist auch in diesem Rahmen bei Nichtbefolgung ein möglicher Reputationsverlust der Staaten möglich.

Es kann somit nicht eindeutig gesagt werden, ob eine bindende Entscheidung die Effektivität erhöht oder nicht. Wichtiger erscheint, dass Entscheidungen in der Öffentlichkeit registriert und die Befolgung (durch die Öffentlichkeit oder sogar ein dafür bestimmtes Organ) kritisch verfolgt wird. Dann können der mögliche Reputationsverlust bzw. die mögliche Anerkennung durch andere Staaten zu einer Verhaltensänderung der Staaten und somit zu einer erfolgreichen Durchsetzung beitragen. Dies führt unmittelbar zum nächsten Punkt der Liste möglicher Effektivitätskriterien.

### 7) Existenz eines (weiteren) Durchsetzungsmechanismus (Durchsetzung der Durchsetzung)

Auch die Möglichkeit, die Entscheidung eines Durchsetzungsmechanismus wiederum durchzusetzen oder die Einhaltung bzw. Befolgung zu beobachten, kann die Effektivität des betreffenden Mechanismus beeinflussen. Diese Fragestellung beinhaltet, ob das Nichtbefolgen einer Entscheidung Konsequenzen nach sich zieht oder nicht. Bei Betrachtung des nationalen Rechts wird deutlich, dass dort Verfahren existieren, um Urteile der Gerichte durchzusetzen. Im deutschen zivilrechtlichen Kontext gibt es beispielsweise die Möglichkeit, betitelte Forderungen mit der Hilfe eines Gerichtsvollziehers einzutreiben (§ 753 ZPO).

Möglich sind unterschiedliche Modelle. Die offizielle Beobachtung der Einhaltung (gegebenenfalls verbunden mit Berichtspflichten) führt bei Publikation der Beobachtungen zu öffentlichem Druck, bringt aber keine Nachteile finanzieller Art o.Ä. mit sich. Besteht dagegen ein Überwachungsgremium, das bei Bedarf auch Strafen verhängen darf (Beispiele sind finanzielle Sanktionen oder auch der Verlust der Stimmrechte in zugehörigen Gremien), wird die Nichtbeachtung spürbarer. Auch erhöht dies den Druck auf die säumigen Staaten.

---

519 Bezüglich Rechtsnormen s. zu diesem Problem *Proelß*, ZfU-Spezial 2016, S. 58 (64).

Die Durchführung der Entscheidungen des EGMR wird durch das Ministerkomitee überwacht, Art. 46 Abs. 2 EMRK. Ein Verfahren bei Nichtdurchführung bietet Art. 46 Abs. 4 EMRK, wonach das Ministerkomitee die Frage der Nichtbefolgung mit Zweidrittelmehrheit dem EGMR vorlegen kann. Für den Menschenrechtsausschuss wurde im Juli 1990 ein formalisiertes Nachverfolgungsverfahren (Follow-Up Mechanismus) eingerichtet, um die Durchführung der Urteile zu überwachen.[520] Der IACHR überwacht die Befolgung seiner Urteile selbst.[521]

Die Möglichkeit der Überwachung der Durchführung der Urteile sowie – falls vorhanden – die Möglichkeit einer Sanktionierung der beteiligten Staaten wird als Kriterium der Effektivität angesehen, soweit die Überwachung nicht durch das institutionelle Design des Mechanismus von vorneherein wirkungslos bleiben muss. Bei Vorliegen eines institutionalisierten Nachverfolgungsmechanismus kann daher von erhöhter Effektivität des Durchsetzungsmechanismus ausgegangen werden. Er hat (zumindest) eine disziplinierende Wirkung.[522] Die Gefahr einer (erneuten) Sanktionierung kann so zu einer Verhaltensänderung der Staaten in Richtung der Normcompliance führen, was nach der vertretenen Definition Effektivität verspricht.

## 8) Innerstaatliche Rezeption

Eine für die Erhöhung der Effektivität nicht unerhebliche Bedeutung kommt der innerstaatlichen Rezeption von Entscheidungen, Urteilen, Berichten etc. internationaler Durchsetzungsmechanismen zu. Dies bezieht sich beispielsweise auf die nationale oder internationale Festlegung, ob diese Entscheidungen Teil des innerstaatlichen Rechts werden, ob sie umgesetzt werden müssen, ob sie lediglich beachtet werden sollen oder gegebenenfalls keine innerstaatlichen Konsequenzen nach sich ziehen. Ein Messpunkt der Effektivität ist auch die Bereitschaft nationaler Autoritäten, sich auf internationale Entscheidungen zu stützen.[523] Kriterium ist somit die innerstaatliche Bindungswirkung internationaler Entscheidungen bzw. deren Einbettung. Verwiesen sei hier auf die von *Laurence R. Helfer* aufgestellte „*embeddedness effectiveness*“, die darauf abstellt,

520 *Weiß*, AVR 42 (2004), S. 142 (152).

521 *Huneeus*, Cornell International Law Journal 44 (2011), S. 493 (502).

522 *Weiß*, AVR 42 (2004), S. 142 (154).

523 *Polakiewicz*, International Law and Domestic (Municipal) Law, Law and Decisions of International Organizations and Courts, MPEPIL, Rn. 4.

ob vor innerstaatlichen Gerichten so abgeholfen wird, dass internationale Streitbeilegung vermieden werden kann.[524]

Hierzu gehört im weiten Sinne auch die nationale Entscheidung, ob internationale Normen unmittelbar vor nationalen Gerichten durchgesetzt werden können, also ob Kläger sich vor nationalen Gerichten auf diese berufen können. Durch die daraus resultierende innerstaatliche Beachtung der internationalen Rechtsprechung und Auslegung der Normen wird die Effektivität des Mechanismus ebenfalls erhöht. Da dies allerdings eine primär nationale Entscheidung ist, kann es zunächst nicht als Effektivitätskriterium eines Durchsetzungsmechanismus dienen. Anders verhält es sich, wenn die entsprechende Rechtsordnung selbst eine solche Wirkung des Rechts statuiert. Hier sei auf die unmittelbare Wirkung des Unionsrechts verwiesen.[525] Durch eine solche Wirkung erfolgt eine Beachtung und Rezeption der internationalen Rechtsprechung vor nationalen Gerichten, was die Effektivität des Mechanismus erhöht. Können die nationalen Gerichte selbst die völkerrechtlichen Bestimmungen anwenden, werden diese Gerichte unmittelbar zu Mechanismen der Durchsetzung internationaler Verpflichtungen. So erkennen die Niederlande internationale Verträge als gleich- oder höherwertig zum Verfassungsrecht an.[526] Hierdurch ist beispielsweise eine unmittelbare Durchsetzung der Rechte aus der Europäischen Menschenrechtskonvention vor innerstaatlichen Gerichten möglich. Ein Beispiel für die innerstaatliche Rechtsprechung ist das niederländische Urteil im Fall Urgenda: In der zweiten und dritten Instanz wurden die Rechte der EMRK angewendet.[527] Die innerstaatliche Rezeption in den Niederlanden stellt allerdings eine Ausnahme dar und findet sich nur in wenigen Rechtsordnungen.[528] Anders stellt sich die Situation etwa im deutschen Recht dar, was wiederum an der EMRK verdeutlicht werden soll. Die EMRK als völkerrechtlicher Vertrag ist nicht unmittelbar

---

524 *Helfer*, The Effectiveness of international Adjudicators, in: Romano/Alter/Shany, The Oxford Handbook of International Adjudication, S. 464 (474); s. hierzu unter Kapitel 2 I) 2) Bestehende Ansätze zur Definition von Effektivität.

525 EuGH, Van Gend en Loos/Administratie der Belastingen, Urteil vom 5. Februar 1963, C-26/62, ECLI:EU:C:1963:1, S. 25.

526 *Keohane/Moravcsik/Slaughter*, International Organization 54 (2000), S. 457 (468); *Polakiewicz*, International Law and Domestic (Municipal) Law, Law and Decisions of International Organizations and Courts, MPEPIL, Rn. 6.

527 Gerechtshof Den Haag, Urteil vom 9. Oktober 2018, ECLI:NL:GHDHA:2018:2610; Hoge Raad, Urteil vom 20. Dezember 2019, ECLI:NL:HR:2019:2007.

528 *Polakiewicz*, International Law and Domestic (Municipal) Law, Law and Decisions of International Organizations and Courts, MPEPIL, Rn. 7.

anwendbar, sondern in ihrer Form als völkerrechtlicher Vertrag lediglich Auslegungshilfe.[529] Über Art. 59 Abs. 2 GG hat die Konvention in Deutschland nur den Rang einfachen Gesetzesrechts.[530] Mit dieser Regelung bleibt Deutschland gegenüber anderen Verfassungen zurück.[531] Anders bei der Rezeption der Urteile des EGMR: Das BVerfG hat in seiner Görgülü-Entscheidung im Jahr 2004 festgelegt, dass die Nichtbeachtung der Urteile des EGMR einen Verstoß gegen Grundrechte in Verbindung mit dem Rechtsstaatsprinzip darstellen kann.[532] Hierdurch wurde zumindest die Pflicht, die Urteile zu berücksichtigen, justiziabel.[533]

Auch institutionelle Mechanismen können eine Rezeption und sogar einen Dialog zwischen den Gerichten einführen und so die Effektivität fördern. Vorreiter in diesem Bereich ist das Vorabentscheidungsverfahren vor dem EuGH, das auf einen direkten Dialog der Gerichte abzielt.[534] Der EuGH kann so unmittelbar auf die innerstaatliche Rechtsprechung einwirken und die Auslegung des Europarechts vorgeben. Das Vorabentscheidungsverfahren in seiner ganzen Konsequenz (z.B. Vorlagepflicht für letztinstanzliche Gerichte) ist Ausdruck des supranationalen Charakters der Europäischen Union und kann daher nicht in Gänze auf das Völkerrecht übertragen werden. Allerdings ist festzuhalten, dass es Möglichkeiten zur Kommunikation unter den nationalen und internationalen Gerichten (bzw. Mechanismen) gibt, die zu innerstaatlicher Umsetzung der internationalen Entscheidungen beitragen können. So wurde ein Verfahren zum Erhalt von advisory opinions durch den Gerichtshof auch im Protokoll Nr. 16 zur EMRK beschlossen. Antragsberechtigt sollen die *„highest courts and tribunals“* der Vertragsparteien sein (Art. 1 Abs. 1 Protokoll Nr. 16 zur EMRK).

Problematisch im Rahmen der innerstaatlichen Umsetzung ist die Tatsache, dass es in den internationalen Beziehungen kein Gewaltmonopol gibt, sodass die

529 *Voland*, NVwZ 2019, S. 114 (117).

530 *Kau*, Der Staat und der Einzelne als Völkerrechtssubjekte, in: Vitzthum/Proelß, Völkerrecht, Rn. 251.

531 *Nußberger*, § 209 Europäische Menschenrechtskonvention, in: Isensee/Kirchhof, Handbuch des Staatsrechts, Rn. 7.

532 BVerfG, Beschluss vom 14. Oktober 2004, BVerfGE 111, 307 (Ls. 1), (Görgülü-Beschluss); *Nußberger*, § 209 Europäische Menschenrechtskonvention, in: Isensee/Kirchhof, Handbuch des Staatsrechts, Rn. 12.

533 *Nußberger*, § 209 Europäische Menschenrechtskonvention, in: Isensee/Kirchhof, Handbuch des Staatsrechts, Rn. 12.

534 *Helfer*, The Effectiveness of international Adjudicators, in: Romano/Alter/Shany, The Oxford Handbook of International Adjudication, S. 464 (474).

Umsetzung der Urteile oder Entscheidungen allein vom Handeln der nationalen Exekutive, Legislative oder Judikative abhängt.[535] In diesem Bereich unterscheiden sich die Mechanismen anhand der ausgeübten Kontrolle über die Umsetzung.[536] Als strengste Version wird erneut auf das Recht der EU verwiesen, wo nationale Gerichte internationale Entscheidungen gegen die eigene Regierung umsetzen können.[537] Aber auch ohne solche Systeme ist eine Einbettung oder Umsetzung möglich, sie kann auch vom nationalen Recht ausgehen.[538]

Mit dem Problem der Umsetzung internationaler Gerichtsentscheidungen beschäftigt sich auch *Alexandra Huneeus* in ihrer Studie bezüglich des Inter-American Court of Human Rights.[539] Der IACHR verfügt über die Besonderheit, dass er nicht nur die Urteile inklusive der Abhilfemöglichkeiten erlässt, sondern auch selbst die Compliance bezüglich seiner Urteile überwacht.[540] Der Autorin zufolge führe dies dazu, dass Beziehungen zu nationalen Justizsystemen aufgebaut werden könnten.[541] Nach der Feststellung, dass die Urteile des Gerichtshofes regelmäßig nicht implementiert würden, stellt sie drei mögliche Lösungen für dieses Problem auf: (1) nichts tun, (2) eine Annäherung an das System des EGMR, das den Staaten mehr Spielraum lässt, oder – die von ihr favorisierte Variante – (3) engere Bindungen zu den relevanten staatlichen Institutionen aufbauen.[542] Gegen die erste Variante spreche vordringlich die Möglichkeit, dass durch nicht erfolgte Umsetzung die Legitimität des Gerichtshofes untergraben werden könne.[543] Gegen die Annäherung an das europäische Menschenrechtssystem bzw. die Urteile des EGMR sei einzuwenden, dass die behandelten Fälle zu unterschiedlich seien, obwohl auch der EGMR mehr und mehr mit massenhaften Verletzungen fundamentaler Rechte aufgrund staatlicher Politik zu kämpfen habe.[544] Daher sei entscheidend, dass der Gerichtshof sich selbst für lokale Akteure attraktiver machen müsse.[545] Zur Stärkung dieser

---

535 *Keohane/Moravcsik/Slaughter*, International Organization 54 (2000), S. 457 (466).
536 *Keohane/Moravcsik/Slaughter*, International Organization 54 (2000), S. 457 (467), wo die Mechanismen anhand einer Tabelle klassifiziert werden.
537 *Keohane/Moravcsik/Slaughter*, International Organization 54 (2000), S. 457 (467).
538 *Nußberger*, § 209 Europäische Menschenrechtskonvention, in: Isensee/Kirchhof, Handbuch des Staatsrechts, Rn. 12.
539 *Huneeus*, Cornell International Law Journal 44 (2011), S. 493–533.
540 *Huneeus*, Cornell International Law Journal 44 (2011), S. 493 (502).
541 *Huneeus*, Cornell International Law Journal 44 (2011), S. 493 (502).
542 *Huneeus*, Cornell International Law Journal 44 (2011), S. 493 (518).
543 *Huneeus*, Cornell International Law Journal 44 (2011), S. 493 (518).
544 *Huneeus*, Cornell International Law Journal 44 (2011), S. 493 (519 f.).
545 *Huneeus*, Cornell International Law Journal 44 (2011), S. 493 (520).

lokalen Partnerschaften nennt sie vier Komponenten: (1) das direkte Benennen der für die Umsetzung zuständigen Stellen, (2) größere Vorsicht bezüglich der Urteile gegen nationale High Courts, (3) das Fördern eines regionalen Dialoges, bezogen auf das Inter-American System for Human Rights, sowie (4) die Wichtigkeit eines sozialen Netzwerkes zwischen allen relevanten Akteuren.[546]

Je mehr Kommunikation zwischen nationalen Akteuren, insbesondere nationalen Gerichten, und internationalen Gerichten vorliegt, desto höher ist die Wahrscheinlichkeit für die Umsetzung oder Beachtung der Urteile. Gerade die Beachtung internationaler Gerichtsurteile durch nationale Gerichte fördert die Kommunikation. Institutionelle Strukturen im internationalen Bereich können dies fördern. Wird eine Entscheidung oder Auslegung eines Vertrages durch einen internationalen Mechanismus auch innerstaatlich beachtet und befolgt, so erhöht dies dessen Wirksamkeit. Des Weiteren führt es zu einer Verhaltensänderung der betroffenen Staaten und ihrer Organe. Daher ist die innerstaatliche Beachtung aufgrund institutioneller Struktur oder Autorität des Mechanismus als Effektivitätskriterium zu werten.

### 9) Komplexität des Mechanismus und des Verfahrens

Weiterhin zu beachten ist die Komplexität eines Mechanismus. Hier ist die Parallele zu den Verfahrenshindernissen und Hürden zu ziehen; die Untersuchung soll an diesem Punkt aber nicht stoppen. Konkret soll nicht nur die Einleitung des Verfahrens als Kriterium dienen, sondern auch die Komplexität des Verfahrens an sich. Ist die Ausgestaltung des Verfahrens (zu) komplex, so kann dies eine abschreckende Wirkung haben. Ist sie allerdings nicht strikt genug, besteht die Gefahr der fehlenden Vorhersehbarkeit und daher der fehlenden Rechtssicherheit, was potentielle Kläger von einem Verfahren abhalten kann. Daher muss auch hier erneut der konkrete Einzelfall betrachtet werden. Am effektivsten erscheint zunächst der „Mittelweg", also eine Balance aus Vorgaben und Einfachheit.

### 10) Möglichkeit von Vorbehalten

Die Möglichkeit, zu Streitbeilegungsklauseln Vorbehalte anzubringen und damit die Gerichtsbarkeit auszuhöhlen, ist im Völkerrecht weit verbreitet. Ein Vorbehalt nach der Wiener Vertragsrechtskonvention (WVK)[547] ist *„eine wie auch*

546 *Huneeus*, Cornell International Law Journal 44 (2011), S. 493 (520–530).
547 1155 UNTS 331.

*immer formulierte oder bezeichnete, von einem Staat bei der Unterzeichnung, Ratifikation, Annahme oder Genehmigung eines Vertrags oder bei dem Beitritt zu einem Vertrag abgegebene einseitige Erklärung, durch die der Staat bezweckt, die Rechtswirksamkeit einzelner Vertragsbestimmungen in der Anwendung auf diesen Staat auszuschließen oder zu ändern*“ (Art. 2 Abs. 1d) WVK). So können strategisch gewählte Vorbehalte dazu führen, dass die Gerichtsbarkeit im Grunde nicht mehr besteht. Auch können sie zu einer Zersplitterung der Rechtssituation führen. Wichtig ist auch die Reaktion des jeweiligen Mechanismus: Wird der Vorbehalt akzeptiert oder abgelehnt? Und besteht grundsätzlich die Möglichkeit, Vorbehalte abzulehnen? Vorbehalte bringen aber nicht nur Nachteile mit sich. Vielmehr können sie auch zu erhöhten Beitrittszahlen führen, da so kritische Themen ausgeschnitten werden können, die sonst gegebenenfalls einen Beitritt verhindert hätten. Sie eröffnen so eine „Wahlmöglichkeit“ bezüglich der Themenfelder, die Gegenstand von Durchsetzung sein können.

Dem Grunde nach sind Vorbehalte demnach kein Merkmal fehlender Effektivität. Vielmehr muss hier erneut auf den Einzelfall abgestellt werden: Kann die Zuständigkeit vollkommen beseitigt werden? Oder sind Vorbehalte nur in einem vernünftigen Maße notwendig, sodass sie die Akzeptanz der Streitbeilegung erhöhen können?

## 11) Unabhängigkeit

Auch die Abhängigkeit oder Unabhängigkeit eines Gerichtes bzw. Durchsetzungsmechanismus kann die Effektivität beeinträchtigen und so als Kriterium dienen. Mit dieser Frage beschäftigen sich *Eric A. Posner* und *John C. Yoo*[548] sowie *Laurence R. Helfer* und *Anne-Marie Slaughter*[549] in aufeinander reagierenden Beiträgen.

In ihrem Aufsatz „Judicial Independence in International Tribunals“ stellen *Posner* und *Yoo* die These auf, dass die erfolgreichsten Gerichte abhängig seien.[550] Diese Abhängigkeit wird von ihnen, bezogen auf die Richter und die Zusammensetzung des Gerichtes, folgendermaßen definiert: „*the judges are appointed by the state parties for the purpose of resolving a particular dispute*“.[551] Charakteristika dieser abhängigen Gerichte seien, dass sie nur für die Dauer des

548 *Posner/Yoo*, California Law Review 93 (2005), S. 1–74; *Posner/Yoo*, California Law Review 93 (2005), S. 957–973.

549 *Helfer/Slaughter*, California Law Review 93 (2005), S. 901–956.

550 *Posner/Yoo*, California Law Review 93 (2005), S. 1 (3).

551 *Posner/Yoo*, California Law Review 93 (2005), S. 1 (3).

Streits bestünden, ihre Gerichtsbarkeit sich nur auf einen Streit oder Vertrag beziehe, die Initiative zur Gerichtsbarkeit vom Opfer ausgehe, das Verfahren bilateral sei, die Zustimmung zur Gerichtsbarkeit erst nach Auftreten des Streits erfolge und die Mitglieder des Gerichts von den in Streit liegenden Parteien bestimmt würden.[552] Allerdings wirken ihre Thesen und Beweise oft regelrecht konstruiert. Zunächst legen sie unter anderem Compliance und Nutzungsraten (usage rates) als Maßstab ihrer Effektivitätsprüfung fest.[553] Diese werden von ihnen kritisiert,[554] aber dennoch im weiteren Verlauf als Maßstab der Effektivität herangezogen. Auch die eigentliche Effektivitätsbewertung der von ihnen bewerteten Mechanismen überzeugt nicht. So berechnen sie die Effektivität des General Agreement on Tariffs and Trade (GATT) (abhängig) und des neuen WTO-Systems (unabhängig) anhand von Nutzung und Compliance mehrmals auf unterschiedliche Weise, bis die Werte sich fast vollständig angenähert haben.[555] Des Weiteren nehmen sie sowohl den EuGH als auch den EGMR aus ihrer Wertung heraus.[556] Die Ausnahme bezüglich EuGH und EGMR überzeugt aber schon deswegen nicht, weil der Unterschied der Systeme (EuGH als Gericht der EU; EGMR als völkerrechtlicher Menschenrechtsgerichtshof) nicht herausgearbeitet, ja nicht einmal erwähnt wird.[557]

Eine (sehr) kritische Erwiderung auf diesen Beitrag von *Posner* und *Yoo* stammt von *Laurence R. Helfer* und *Anne-Marie Slaughter*.[558] *Helfer* und *Slaughter*, die Argumente aus ihrer vorigen Arbeit aufgreifen,[559] ist gerade bezüglich dieser vorigen Arbeit nicht in allen Punkten zuzustimmen.[560] Sie sprechen jedoch die wesentlichen schon genannten Kritikpunkte an der Arbeit von *Posner* und *Yoo* an. Sie benennen die empirischen Ergebnisse als inkonsistent mit der Grundannahme von *Posner* und *Yoo*, weil die effektivsten Gerichte diejenigen seien, die auch die größte Unabhängigkeit zu verzeichnen hätten (WTO, EuGH, EGMR).[561] Des Weiteren kritisieren sie, dass die von *Posner* und *Yoo* erfassten

---

552 *Posner/Yoo*, California Law Review 93 (2005), S. 1 (26 f.).
553 *Posner/Yoo*, California Law Review 93 (2005), S. 1 (28 f.).
554 *Posner/Yoo*, California Law Review 93 (2005), S. 1 (28 f.).
555 *Posner/Yoo*, California Law Review 93 (2005), S. 1 (46 f.).
556 *Posner/Yoo*, California Law Review 93 (2005), S. 1 (54).
557 *Posner/Yoo*, California Law Review 93 (2005), S. 1 (55 ff.).
558 *Helfer/Slaughter*, California Law Review 93 (2005), S. 901–956.
559 *Helfer/Slaughter*, Yale Law Journal 107 (1997), S. 273–391.
560 S. unter Kapitel 2 II) Effektivitätskriterien.
561 *Helfer/Slaughter*, California Law Review 93 (2005), S. 901 (903).

Daten nicht ausreichend bzw. nicht vollständig seien.[562] So seien insbesondere in den Jahren davor viele neue unabhängige internationale Gerichtshöfe entstanden, Staaten hätten die Gerichtsbarkeit von neuen und bestehenden unabhängigen Gerichtshöfen mehr und mehr akzeptiert, und die Fallzahlen dieser Gerichtshöfe seien gestiegen.[563] Auch kritisieren sie die Methode der Effektivitätsmessung, die sich allein auf Compliance, Nutzungsstatistiken und den Erfolg des Vertragsregimes konzentriere und daraus eine absolute und keine relative Messung der Effektivität herleite.[564] Ebenfalls als kritikwürdig eingestuft wird die Tatsache, dass der Erfolg von EuGH, EMRK und WTO Appellate Body zwar anerkannt, aus der Betrachtung aber ausgenommen werde, da diese Mechanismen in einem bestimmtem Umfeld entstanden seien und ihr Erfolg daher nicht duplizierbar sei.[565] *Helfer* und *Slaughter* stellen weiterhin bezüglich der Berechnungen der Statistiken von GATT und WTO die These auf, dass die betrachteten Zeitabschnitte allein deswegen ausgewählt worden seien, um die These von *Posner* und *Yoo* zu stützen.[566] Die Nichtberücksichtigung von Quasi-Judicial Review Bodies und supranationalen Gerichtshöfen wird ebenfalls kritisiert,[567] ebenso wie das Auslassen der Prüfung von Kontrollvariablen.[568] Infolge dieser Kritik benennen *Helfer* und *Slaughter* selbst Gründe, warum Staaten Autorität an unabhängige internationale Gerichte delegieren.[569] Zum Abschluss erarbeiten sie auch eine Theorie zum Zusammenhang von Unabhängigkeit und Effektivität, und zwar eine Theorie der „begrenzten Unabhängigkeit" (constrained independence).[570] Hierbei zeigen sie auf, wie vor und nach Gründung von internationalen Gerichtshöfen sowie durch die „*Global Community of law*" Einfluss auf diese genommen werden kann.[571]

Auf diese Kritik antworten im Anschluss erneut *Posner* und *Yoo*.[572] Sie verteidigen ihre Position, wobei deutlich wird, dass sie den Nutzen der internationalen

---

562 *Helfer/Slaughter*, California Law Review 93 (2005), S. 901 (909).
563 *Helfer/Slaughter*, California Law Review 93 (2005), S. 910–917.
564 *Helfer/Slaughter*, California Law Review 93 (2005), S. 901 (918).
565 *Helfer/Slaughter*, California Law Review 93 (2005), S. 901 (919).
566 *Helfer/Slaughter*, California Law Review 93 (2005), S. 901 (922).
567 *Helfer/Slaughter*, California Law Review 93 (2005), S. 901 (922–928).
568 *Helfer/Slaughter*, California Law Review 93 (2005), S. 901 (928).
569 *Helfer/Slaughter*, California Law Review 93 (2005), S. 901 (931–936).
570 *Helfer/Slaughter*, California Law Review 93 (2005), S. 901 (942).
571 *Helfer/Slaughter*, California Law Review 93 (2005), S. 901 (942–954).
572 *Posner/Yoo*, California Law Review 93 (2005), S. 957–973.

Gerichtsbarkeit generell in Zweifel ziehen.[573] Sie stellen die These auf, dass Staaten ihre internationalen Verpflichtungen lediglich aufgrund ihrer Reputation und der Angst vor Vergeltung erfüllen, nicht aber aufgrund der Existenz einer internationalen Gerichtsbarkeit.[574] Gerichtsbarkeit funktioniere nur, wenn Staaten schon vorher gewillt seien, sowohl die zugrunde liegende rechtliche Verpflichtung als auch für sie negative Entscheidungen zu befolgen.[575] Sie füge lediglich Information hinzu und stelle selbst keinen Grund für Compliance mit einer Verpflichtung dar.[576] Explizit kritisiert wird auch die Checkliste, die *Helfer* und *Slaughter* zur Feststellung der Effektivität von internationalen Gerichten aufgestellt haben.[577] Anschließend gehen *Posner* und *Yoo* auf die ihnen vorgeworfenen Fehler ein.[578] Sie verteidigen die Auswahl ihrer Variablen und der von ihnen betrachteten Gerichte. Dabei schließen sie ihre Erwiderung mit der These, dass das weitere Errichten von unabhängigen internationalen Gerichten ein Fehler der Staaten sei.[579] Um ihre Hypothesen zu testen, betrachten sie im Rahmen der Zusammenfassung den IGH, dem sie einen Niedergang bescheinigen.[580] Sowohl die Nutzung, insbesondere durch „*major states*", als auch die Anerkennung der zwingenden Gerichtsbarkeit und die Einräumung von Gerichtsbarkeit in Verträgen gingen zurück.[581] Daher kommen sie zu dem Schluss, dass der IGH ein Misserfolg gerade deswegen sei, weil die Richter sich zu weit von der ihnen durch die Staaten zugewiesenen Agenda entfernt hätten.[582] Sie führen diesen (vermeintlichen und noch zu überprüfenden) Misserfolg damit unmittelbar auf die Unabhängigkeit des Gerichtshofes und seiner Richter von den Staaten zurück.

---

573 Zu der Infragestellung internationaler Gerichtshöfe durch Posner s. auch *Alter*, European Journal of International Relations 14 (2008), S. 33 (55), wonach *Posner* zu einem Kreis konservativer Autoren gehöre, die die Legitimität, Nützlichkeit, Unparteilichkeit, Effektivität und Autorität internationaler Gerichtshöfe in Zweifel ziehen. Für die „Gegenbewegung" werden insbesondere *Helfer* und *Slaughter* zitiert.

574 *Posner/Yoo*, California Law Review 93 (2005), S. 957 (959).

575 *Posner/Yoo*, California Law Review 93 (2005), S. 957 (960).

576 *Posner/Yoo*, California Law Review 93 (2005), S. 957 (960).

577 *Posner/Yoo*, California Law Review 93 (2005), S. 957 (961); s. hierzu und zur Kritik an dieser Liste unter Kapitel 2 II) Effektivitätskriterien.

578 *Posner/Yoo*, California Law Review 93 (2005), S. 957 (961–969).

579 *Posner/Yoo*, California Law Review 93 (2005), S. 957 (969 f.)

580 *Posner/Yoo*, California Law Review 93 (2005), S. 957 (971 ff.).

581 *Posner/Yoo*, California Law Review 93 (2005), S. 957 (971 ff.).

582 *Posner/Yoo*, California Law Review 93 (2005), S. 957 (972).

Mit der Frage der Unabhängigkeit internationaler Gerichtshöfe, namentlich ob diese „*agents*“ oder „*trustees*“ sind, hat sich auch *Karen J. Alter* beschäftigt, auf deren (Vor-) Arbeit sich sowohl *Posner* und *Yoo* als auch *Helfer* und *Slaughter* beziehen.[583] Im Rahmen ihrer Untersuchung betrachtet sie einen Fall vor dem Streitbeilegungsmechanismus der WTO[584] sowie die Urteile des IGH in Bezug auf Nicaragua gegen die USA.[585] Beide Fälle ähnelten sich dahingehend, dass durch die internationalen Gerichtshöfe in einer Weise entschieden wurde, die den Interessen eines einflussreichen Beteiligten widersprach.[586] Dennoch sei keine formale Sanktionierung der Gerichte erfolgt.[587] Zwar argumentiere insbesondere *Posner*, dass der Rückzug der USA von der zwingenden Gerichtsbarkeit des IGH infolge des *Nicaragua-Urteils* eine explizite und die (angeblich) zurückgegangene Nutzung des IGH eine implizite Sanktionierung des IGH seien; dieser Ansicht wird von *Alter* jedoch nicht gefolgt, da *Posner* sich nur auf die relative Nutzung des IGH in Bezug auf die beteiligten Staaten und nicht auf die stetig wachsenden absoluten Fallzahlen beziehe, die Compliance bezüglich der Urteile größtenteils konstant sei und *Posner* die Legitimität nur hinsichtlich der „*great power usage*“ betrachte.[588] Insbesondere wird betont, dass die Effektivität des Gerichtshofes nicht an der Compliance zu messen sei, sondern an der Frage, was ohne den IGH geschehen sei.[589] Insgesamt kommt *Alter* zu dem Ergebnis, dass internationale Gerichte mehr seien als reine „*agents*“ der Vertragsstaaten, was auch durch die Versuche des konservativen Schrifttums (u.a. *Posner*), die Legitimität der Gerichtshöfe in Zweifel zu ziehen, bestätigt werde.[590]

Eine Definition von Unabhängigkeit internationaler Gerichte findet sich in einem Beitrag von *Robert O. Keohane*, *Andrew Moravcsik* und *Anne-Marie Slaughter* aus dem Jahr 2000.[591] Dieser Definition zufolge sei Unabhängigkeit zu verstehen als „*the extent to which formal legal arrangements ensure that adjudication can be rendered impartially with respect to concrete state interests*“[592] bzw.

---

583 *Alter*, European Journal of International Relations 14 (2008), S. 33–63; die genannten Autoren beziehen sich auf eine unveröffentlichte Version des Artikels von 2004.
584 *Alter*, European Journal of International Relations 14 (2008), S. 33 (48 ff.).
585 *Alter*, European Journal of International Relations 14 (2008), S. 33 (50 ff.).
586 *Alter*, European Journal of International Relations 14 (2008), S. 33 (52).
587 *Alter*, European Journal of International Relations 14 (2008), S. 33 (52).
588 *Alter*, European Journal of International Relations 14 (2008), S. 33 (52).
589 *Alter*, European Journal of International Relations 14 (2008), S. 33 (52).
590 *Alter*, European Journal of International Relations 14 (2008), S. 33 (54 ff.).
591 *Keohane/Moravcsik/Slaughter*, International Organization 54 (2000), S. 457–488.
592 *Keohane/Moravcsik/Slaughter*, International Organization 54 (2000), S. 457 (458).

ausführlicher als *„the extent to which adjudicators for an international authority charged with dispute resolution are able to deliberate and reach legal judgments independently of national governments"*.[593] Als Kriterien bzw. Indizien dieser Unabhängigkeit werden *„selection and tenure"*, *„legal discretion"* und die *„financial and human ressources"* genannt.[594]

Zur Bewertung der Frage, ob die Unabhängigkeit der Gerichte ein geeignetes Kriterium zur Bestimmung der Effektivität ist, muss somit auch und insbesondere auf die Kontroverse zwischen *Helfer* und *Slaughter* und *Posner* und *Yoo* eingegangen werden. Die Kritik an der ursprünglichen Theorie und der Checkliste von *Helfer* und *Slaughter* wurde schon erläutert,[595] ebenso wie die Kritik an der These von *Posner* und *Yoo*. Deren Sichtweise, dass nur abhängige Gerichte effektiv seien und internationale Gerichtsbarkeit an sich schon als Misserfolg zu verzeichnen sei, geht zudem sehr weit und scheint (auch) dazu zu dienen, die Existenzberechtigung dieser Gerichte grundsätzlich in Zweifel zu ziehen. Es klingt hier eine Fundamentalkritik am Völkerrecht selbst (als Rechtsordnung) an.[596] Daher – und aufgrund der offensichtlichen Mängel in ihrer Ausarbeitung – ist *Posner* und *Yoo* in ihrer Meinung nicht zuzustimmen. Aber auch der Erarbeitung der Checkliste von *Helfer* und *Slaughter* ist – wie bereits ausführlich dargestellt wurde – nicht zuzustimmen. Überzeugender erscheint ihre Theorie der „begrenzten Unabhängigkeit" (constrained independence). Hiermit eröffnen sie die Möglichkeit, dass unabhängige internationale Gerichtshöfe gegründet werden können, übersehen aber nicht die Notwendigkeit, auf diese vor oder nach der Gründung einzuwirken sowie die rein tatsächlichen Einschränkungen und Einwirkungen durch die „Global Community of Law". Eine solche Unabhängigkeit mit Einwirkungsmöglichkeit soll daher als Effektivitätskriterium dienen.

## 12) Verfahrensdauer

Schon im Rahmen des effektiven Rechtsschutzes im nationalen und regionalen Grund- und Menschenrechtsschutz sowie bei Untersuchung der Verfahrenseinleitung durch einen möglichst weit gefassten Kreis an klageberechtigten

593 *Keohane/Moravcsik/Slaughter*, International Organization 54 (2000), S. 457 (459 f.).

594 *Keohane/Moravcsik/Slaughter*, International Organization 54 (2000), S. 457 (460).

595 S. unter Kapitel 2 II) Effektivitätskriterien.

596 S. zu der Kritik von *Posner* (in Zusammenarbeit mit *Goldsmith*) an der Rechtsqualität des Völkerrechts auch Kapitel 1 I) 2) Rechtsqualität des Völkerrechts und Auswirkungen der Durchsetzungsschwäche.

Personen, Staaten und Vereinigungen wurde die Frage der Verfahrensdauer relevant. Insbesondere vor dem EGMR ist die Verfahrensdauer ein beherrschender Faktor der Rechtsprechung. Daraus lässt sich schließen, dass zumindest bei der Kontrolle nationaler Gerichte davon ausgegangen wird, dass ein langes Verfahren die Effektivität spürbar beeinträchtigen und den Rechtsschutz dementsprechend verkürzen kann. Verspätete Gerechtigkeit nähert sich sozusagen verweigerter Gerechtigkeit, die wiederum nicht als effektiv betrachtet werden kann, an.[597] Doch ist die Situation gerade im internationalen Kontext weitaus komplexer, als sie auf den ersten Blick scheint.[598] So ist eine lange Verfahrensdauer vor dem IGH beispielsweise unter anderem darauf zurückzuführen, dass den Staaten lange Zeitspannen für ihre Schriftsätze gewährt werden, welche auch voll ausgeschöpft werden.[599] Die Parteien sind somit auch selbst für die Dauer mitverantwortlich. Weitere Gründe für eine überlange Verfahrensdauer können auch räumliche Entfernungen und Übersetzungszeiten sein.[600] Diese Gründe sind dabei solche, die die Effektivität des Mechanismus wiederum fördern können – so kann die Tatsache, dass Schriftsätze und Urteile in die Landessprache übersetzt werden, dazu führen, dass das Verfahren einfacher und „besser" abläuft und die Akzeptanz der Urteile erhöhen. Auch bedeutet die Verweigerung der Streitbeilegung aufgrund erwarteter langer Verfahrensdauer, dass diese keine hohe Priorität im konkreten Fall haben kann.[601]

Auch das Kriterium der Verfahrensdauer ist somit nur auf den ersten Blick ein einfaches und eindeutiges Kriterium. Auf den zweiten Blick muss auch eine – vermeintlich – lange Verfahrensdauer in den Kontext des Geschehens und des Durchsetzungsmechanismus eingeordnet werden. Nur mithilfe dieses Kontextes kann erschlossen werden, ob die Verfahrensdauer die Effektivität hemmt oder durch notwendige Verfahrensschritte sogar fördert.

---

597 *Watts*, Enhancing the Effectiveness of Procedures of International Dispute Settlement, in: Frowein/Wolfrum, Max Planck Yearbook of United Nations Law 2001, S. 21 (32).

598 *Watts*, Enhancing the Effectiveness of Procedures of International Dispute Settlement, in: Frowein/Wolfrum, Max Planck Yearbook of United Nations Law 2001, S. 21 (32).

599 *Watts*, Enhancing the Effectiveness of Procedures of International Dispute Settlement, in: Frowein/Wolfrum, Max Planck Yearbook of United Nations Law 2001, S. 21 (32 f.).

600 *Watts*, Enhancing the Effectiveness of Procedures of International Dispute Settlement, in: Frowein/Wolfrum, Max Planck Yearbook of United Nations Law 2001, S. 21 (32 f.).

601 *McRae*, AJWH 3 (2008), S. 1 (3).

## 13) Zusammenfassung und Bewertung der Kriterien

Bei der Zusammenstellung von Effektivitätskriterien wird deutlich, dass es keine absolute und in sich geschlossene Liste dieser Kriterien geben kann. Auch die erfolgte Darstellung erhebt keinen Anspruch auf Vollständigkeit. Vielmehr ist sie eine Sammlung von Merkmalen, die bei (Nicht-) Vorliegen Indizien für oder gegen die Effektivität eines Durchsetzungsmechanismus geben können. Hierbei sind diese Kriterien vor allem Punkte, auf die bei der Bewertung geachtet werden sollte. Wie die einzelnen Merkmale jeweils betrachtet werden müssen und welche aussagekräftig sind, ist stets vom entsprechenden Mechanismus abhängig. Viele Merkmale liegen per se nicht bei jedem Mechanismus vor, so dass eine Bewertung dieser Kriterien dann nicht erfolgen kann. Diese Liste muss demnach bei jeder Bewertung in den Kontext eingebettet und einzelfallabhängig betrachtet werden. Allerdings ist sie deswegen nicht ohne Relevanz. Durch Verwenden der Liste kann ein Vergleich zwischen Mechanismen einfacher erfolgen, da sie trotz allem objektive Kriterien und einen Bewertungsrahmen schafft. Dies soll in den folgenden Kapiteln geschehen.

# Kapitel 3: Internationale Gerichtsbarkeit – Vorteile und Probleme am Beispiel des Internationalen Gerichtshofs

Auf der Grundlage des entwickelten Maßstabs soll nun der IGH bewertet werden. Als Hauptrechtsprechungsorgan der Vereinten Nationen hat er eine hervorgehobene Stellung und wurde daher für die vorliegende Untersuchung ausgewählt. Hierfür wird zunächst ein Überblick über den Gerichtshof gegeben, in welchem der geschichtliche Hintergrund, die Rechtsgrundlagen und Verfahrensarten sowie die Besetzung der Richterbank beschrieben werden. Anschließend erfolgt die Bewertung. Anders als in Kapitel 2 wird zunächst auf die Kriterien und erst im Anschluss auf die Definition abgestellt. Im Rahmen der Kriterien wird die Reihenfolge abgeändert, um Inzidenzprüfungen vorzubeugen: Die Möglichkeiten der Unterwerfung unter die Gerichtsbarkeit des IGH werden vorgezogen.

## I) Der Internationale Gerichtshof – Überblick

Abzugrenzen sind ständige internationale Gerichtshöfe von der schiedsgerichtlichen Beilegung von Streitigkeiten, die von den Staaten schon vor der Errichtung internationaler Gerichtshöfe genutzt wurde.[602] Bei Schiedsgerichten stehen Richter, Verfahren, anwendbares Recht und Zuständigkeit zur Disposition der Parteien, was zu erhöhter Flexibilität führt.[603] Ständige internationale Gerichtshöfe zeichnen sich durch gegensätzliche Merkmale aus. *Karen Alter* definiert sie unter Verweis auf das Project on International Courts and Tribunals folgendermaßen: „*(1) a permanent institution, (2) composed of independent judges, (3) that adjudicate disputes between two or more entities, one of which is a state or international organization, (4) working on the basis of predetermined rules of procedure and (5) rendering decisions that are binding.*"[604] Ähnlich definiert *Christian Tomuschat* internationale Gerichtshöfe als „*permanent judicial bodies made up*

602 S. hierzu auch schon Kapitel 1 der vorliegenden Untersuchung.

603 *Stein/von Buttlar/Kotzur*, Völkerrecht, Rn. 924; *Walter*, Rechtsschutz durch den Internationalen Gerichtshof, in: Ehlers/Schoch, Rechtsschutz im Öffentlichen Recht, Rn. 1 f.

604 *Alter*, European Journal of International Relations 14 (2008), S. 33; diese Definition wird beispielsweise auch aufgegriffen von *Birkenkötter*, APuZ 10–11/2016, S. 10 (15), die wiederum verweist auf *Romano*, N.Y.U. J. Int'l L. & Pol. 31 (1999), S. 709 (713 f.).

*of independent judges who are entrusted with adjudicating international disputes on the basis of international law according to a pre-determined set of rules of procedure and rendering decisions which are binding on the parties.*“[605] Der Einfluss der Parteien ist mithin deutlich geringer. Der IGH grenzt sich wiederum von anderen internationalen Gerichtshöfen durch seine generelle und universelle Zuständigkeit ab, in welcher er weder durch thematische noch örtliche Einschränkungen begrenzt ist.[606] Alle Mitglieder der Vereinten Nationen sind ohne weiteres Zutun auch Vertragsparteien des Statuts des IGH, Art. 93 UNCh.[607]

## 1) Geschichtlicher Hintergrund des IGH

Der Vorgänger des IGH, der Ständige Internationale Gerichtshof (StIGH), stellte 1940 aufgrund des Zweiten Weltkrieges seine Aktivitäten ein[608] und wurde 1946 aufgelöst.[609] Schon während des Krieges herrschte unter den Alliierten Einigkeit, erneut einen Gerichtshof zur Beilegung von Streitigkeiten zu errichten.[610] Die endgültige Entscheidung wurde 1945 auf der San Francisco Conference getroffen.[611] Das Statut des IGH wurde aufgrund dieser Festlegungen nach dem Vorbild des Statuts des StIGH entworfen und entspricht diesem nahezu vollständig.[612] Wichtigster Unterschied zwischen IGH und StIGH ist, dass der IGH nunmehr Hauptorgan der Vereinten Nationen ist, Art. 7 UNCh.[613] UN-Charta

---

605 *Tomuschat*, International Courts and Tribunals, MPEPIL, Rn. 1.

606 *Berger*, JuS 2017, S. 828 (831); *Giladi/Shany*, The International Court of Justice, in: Shany, Assessing the Effectiveness of International Courts, S. 161 mwN; *Simma*, DRiZ 2006, S. 181; *Tomuschat*, International Courts and Tribunals, MPEPIL, Rn. 11; *Vöneky*, JURA 2007, S. 488 (492); ICJ Annual Report 2020/2021, Rn. 6, 30.

607 Hierdurch sind sie allerdings noch nicht automatisch der Gerichtsbarkeit des IGH unterworfen, s. hierzu Kapitel 3 II) 1) a) Zwang oder Freiwilligkeit der Unterwerfung.

608 *Epping*, Die friedliche Streitbeilegung, in: Ipsen, Völkerrecht, Rn. 37; *Schröder*, Verantwortlichkeit, Völkerstrafrecht, Streitbeilegung und Sanktionen, in: Vitzthum/Proelß, Völkerrecht, Fn. 290; https://www.icj-cij.org/en/history (abgerufen am 19.4.2022).

609 https://www.icj-cij.org/en/pcij (abgerufen am 19.4.2022).

610 *Kolb*, The International Court of Justice, S. 52 f.

611 https://www.icj-cij.org/en/history (abgerufen am 19.4.2022).

612 *Kolb*, The Elgar Companion to The International Court of Justice, S. 25; *Rosenne*, International Court of Justice (ICJ), MPEPIL, Rn. 8; *Simma*, DRiZ 2006, S. 181; *Walter*, Rechtsschutz durch den Internationalen Gerichtshof, in: Ehlers/Schoch, Rechtsschutz im Öffentlichen Recht, Rn. 7.

613 *Epping*, Die friedliche Streitbeilegung, in: Ipsen, Völkerrecht, Rn. 41; *Jennings*, AJIL 89 (1995), S. 493; *Oellers-Frahm*, Souveräne Gleichheit der Staaten in der internationalen gerichtlichen Streitbeilegung?, in: Frowein/Scharioth/Winkelmann/Wolfrum,

und IGH-Statut sind am 24. Oktober 1945 in Kraft getreten.[614] Bei Personal und Rechtsprechung des IGH wurde der Fokus auf Kontinuität gelegt: So wurde der ehemalige Präsident des StIGH Präsident des IGH, und der IGH bezieht sich auf die Urteile des StIGH, als wären es seine eigenen.[615] Der Sitz der Gerichtshöfe, der Peace Palace in Den Haag, ist ebenfalls identisch und setzt so ein Zeichen der Kontinuität.[616] Des Weiteren enthält das Statut des IGH mit Art. 36 Abs. 5 (Weitergeltung der abgegebenen Zustimmungen zur obligatorischen Gerichtsbarkeit) und Art. 37 (Eintritt in die vertraglich geregelten Zuständigkeiten des IStGH) zwei Kontinuitätsklauseln.[617] Die erste Richterwahl erfolgte beim erstmaligen Zusammenkommen der Generalversammlung der Vereinten Nationen im Februar 1946;[618] die erste Sitzung des neuen Gerichtshofes folgte am 18. April 1946.[619] Im Jahr 1947 rief Großbritannien mit dem *Corfu Channel Case*[620] den IGH das erste Mal an.[621] Die Arbeitsbelastung des IGH variierte

---

Verhandeln für den Frieden, S. 169 (170); *Rosenne*, International Court of Justice (ICJ), MPEPIL, Rn. 8, 9; *Simma*, DRiZ 2006, S. 181.

614 *Jennings*, AJIL 89 (1995), S. 493; *Rosenne*, International Court of Justice (ICJ), MPEPIL, Rn. 8.

615 *Kolb*, The International Court of Justice, S. 53; so wird bei Urteilen, die die Interpretation eines vorangegangenen Urteils nach Art. 60 IGH-Statut betreffen, oft verwiesen auf PCIJ, Interpretation of Judgements Nos. 7 and 8 (The Chorzów Factory), Urteil vom 16. Dezember 1927, Series A No. 13, S. 12, s. hierfür z.B. ICJ, Request for Interpretation of the Judgement of 31 March 2004 in the Case concerning Avena and Other Mexican Nationals (Mexico v. United States of America), Urteil vom 19. Januar 2009, ICJ Rep. 2009, S. 3 (12 f.), Rn. 29 oder auch ICJ, Request for Interpretation of the Judgment of 11 June 1998 in the Case concerning the Land and Maritime Boundary between Cameroon and Nigeria (Cameroon v. Nigeria), Preliminary Objections (Nigeria v. Cameroon), Urteil vom 25. März 1999, ICJ Rep. 1999, S. 31 (35), Rn. 10.

616 *Kingsbury*, International courts: uneven judicialisation in global order, in: Crawford/Koskenniemi, The Cambridge Companion to International Law, S. 203 (207); *Thirlway*, The International Court of Justice, S. 6 f.

617 *Kolb*, The Elgar Companion to The International Court of Justice, S. 26 f.

618 *Rosenne*, International Court of Justice (ICJ), MPEPIL, Rn. 16; *Thirlway*, The International Court of Justice, in: Evans, International Law, S. 573 (574).

619 *Abraham*, Journal of International Dispute Settlement 7 (2016), S. 297; *Kolb*, The Elgar Companion to The International Court of Justice, S. 24; *Rosenne*, International Court of Justice (ICJ), MPEPIL, Rn. 18.

620 ICJ, The Corfu Channel Case (United Kingdom of Great Britain and Northern Ireland v. Albania), Urteil vom 9. April 1949, ICJ Rep. 1949, S. 4.

621 *Waibel*, Corfu Channel Case, MPEPIL, Rn. 1; *Rosenne*, International Court of Justice (ICJ), MPEPIL, Rn. 18.

über die Jahrzehnte – Phasen starker Arbeitsbelastung und eher ruhige Phasen wechselten sich ab.[622]

## 2) Rechtsgrundlagen und Verfahrensarten

Die Zusammensetzung des Gerichtshofes und sein Verfahren werden geregelt durch die UN-Charta (Art. 92–96), durch das IGH-Statut und die durch den Gerichtshof auf der Basis von Art. 30 IGH-Statut aufgestellten Rules of Court.[623] Die Zuständigkeit des Internationalen Gerichtshofes umfasst streitige Verfahren (Art. 39–64 IGH-Statut) und Gutachtenverfahren (Art. 96 UNCh; Art. 65–68 IGH-Statut).[624] Zahlenmäßig übersteigen die streitigen Verfahren die Gutachten beträchtlich.[625]

## 3) Besetzung der Richterbank

Die Richter werden von der Generalversammlung und dem Sicherheitsrat der Vereinten Nationen gewählt, Art. 4 Abs. 1 IGH-Statut.[626] Gemäß Art. 3 IGH-Statut besteht der IGH aus 15 Richtern, von welchen nicht mehr als eine Person Angehörige desselben Staates sein darf.[627] Die Amtszeit beträgt neun Jahre bei zulässiger Wiederwahl, Art. 13 Abs. 1 IGH-Statut.[628] Alle drei Jahre werden fünf der Richter neu gewählt.[629] Art. 2 IGH-Statut benennt die Voraussetzungen für die Richterwahl: „*The Court shall be composed of a body of independent judges, elected regardless of their nationality from among persons of high moral character, who possess the qualifications required in their respective countries for*

---

622 *Jennings*, AJIL 89 (1995), S. 493 (493 f.); s. hierzu auch unter Kapitel 3 II) c) Anzahl der Verfahren.

623 *Schröder*, Verantwortlichkeit, Völkerstrafrecht, Streitbeilegung und Sanktionen, in: Vitzthum/Proelß, Völkerrecht, Rn. 89; *Thirlway*, The International Court of Justice, S. 3.

624 *Simma*, DRiZ 2006, S. 181 (182).

625 S. die Aufstellung der Fälle auf der Homepage des IGH: https://www.icj-cij.org/en/contentious-cases https://www.icj-cij.org/en/advisory-proceedings (abgerufen am 19.4.2022).

626 *Pellet*, Judicial Settlement of International Disputes, MPEPIL, Rn. 58.

627 *Epping*, Die friedliche Streitbeilegung, in: Ipsen, Völkerrecht, Rn. 47; *Kolb*, The Elgar Companion to The International Court of Justice, S. 100; *Rosenne*, International Court of Justice (ICJ), MPEPIL, Rn. 21.

628 *Kolb*, The Elgar Companion to The International Court of Justice, S. 101; *Merrills*, International Dispute Settlement, S. 143; *Stein/von Buttlar/Kotzur*, Völkerrecht, Rn. 951.

629 *Thirlway*, The International Court of Justice, in: Evans, International Law, S. 573 (575).

*appointment to the highest judicial offices, or are jurisconsults of recognized competence in international law.*" Eine weitere Präzisierung enthält Art. 9 IGH-Statut, der nicht nur fordert, dass die Richter die erforderlichen Fähigkeiten besitzen, sondern auch, dass sie in ihrer Gesamtheit eine Vertretung der großen Kulturkreise und der hauptsächlichen Rechtssysteme der Welt gewährleisten.[630] Da die Erwähnung der großen Kulturkreise (*main forms of civilization of the world*) so nicht mehr zeitgemäß ist und auf das 19. Jahrhundert zurückgeht, wird in diese Formulierung heute die Notwendigkeit einer ausgeglichenen geographischen Verteilung hineingelesen.[631] Diese wird durch die Verteilung der Richter auf die UN-Regionalgruppen gewährleistet. Daneben war es herrschende Praxis, dass jedes ständige Mitglied des Sicherheitsrates durch einen Richter auf der Richterbank vertreten war.[632] Allerdings stellt Großbritannien seit der Wahl von 2017 keinen Richter mehr,[633] sodass erstmals ein Bruch mit dieser Praxis eingetreten ist.[634] Durch diese Wahl wurde auch die sonstige übliche geographische Verteilung zum Teil verschoben:[635] Die Gruppe der asiatischen Staaten wird aufgrund der Wahl des indischen Richters Bhandari durch vier statt drei Richter repräsentiert. Die Richterwahl 2020 führte zu keiner Änderung, da lediglich der deutsche Richter Georg Nolte an die Stelle des italienischen (und damit aus der gleichen

630 *Kolb*, The Elgar Companion to The International Court of Justice, S. 104; *Rosenne*, International Court of Justice (ICJ), MPEPIL, Rn. 21.

631 Zimmermann/Tams/*Fassbender*, The Statute of the International Court of Justice, Art. 9, Rn. 36; *Rosenne*, International Court of Justice (ICJ), MPEPIL, Rn. 21.

632 *Kolb*, The Elgar Companion to The International Court of Justice, S. 105; *Merrills*, International Dispute Settlement, S. 144; *Simma*, DRiZ 2006, S. 181; *Thirlway*, The International Court of Justice, S. 4; die sämtlich auf die (zum Zeitpunkt des Erscheinens der jeweiligen Publikation) bestehende Praxis verweisen. Für die geänderte Praxis s. Zimmermann/Tams/*Fassbender*, The Statute of the International Court of Justice, Art. 9, Rn. 20; *Walter*, Rechtsschutz durch den Internationalen Gerichtshof, in: Ehlers/Schoch, Rechtsschutz im Öffentlichen Recht, Rn. 21 erläutert die näheren Umstände der Wahl 2017.

633 *Dören*, „Wind Of Change in New York? Die diesjährigen Richterwahlen zum IGH und die Implikationen für das Machtgefüge der Vereinten Nationen", Völkerrechtsblog, 24. November 2017, doi: 10.17176/20171124-161145; *Epping*, Die friedliche Streitbeilegung, in: Ipsen, Völkerrecht, Rn. 47; *Polonskaya*, Leiden Journal of International Law 33 (2020), S. 409 (426).

634 *Polonskaya*, Leiden Journal of International Law 33 (2020), S. 409 (426).

635 Zimmermann/Tams/*Fassbender*, The Statute of the International Court of Justice, Art. 9, Rn. 23.

regionalen Gruppe stammenden) Richters Giorgio Gaja trat und die anderen vier Richter wiedergewählt wurden.

Die Beschränkung auf 15 Richter bedingt, dass nicht jeder Mitgliedsstaat einen Richter nach Den Haag entsenden kann. Hierdurch besteht eine hohe Wahrscheinlichkeit, dass nur eine Partei oder keine der Parteien in einem Verfahren einen Richter ihrer Nationalität auf der Richterbank vorfinden.[636] Richter, die Staatsangehörige einer der Parteien sind, sind von den Verhandlungen nicht ausgeschlossen, Art. 31 Abs. 1 IGH-Statut.[637] So kann der Eindruck einer Parteilichkeit oder Ungleichbehandlung entstehen. Für diese Problematik wurde die Möglichkeit der Benennung eines ad hoc Richters geschaffen: Art. 31 Abs. 2 und 3 IGH-Statut ermächtigen die Vertragsparteien, deren Nationalität nicht auf der Richterbank vertreten ist, jeweils einen ad hoc Richter zu bestimmen, der an der Verhandlung teilnimmt.[638] Er kann auch eine andere Nationalität als die der benennenden Partei besitzen.[639]

Diese Möglichkeit wurde und wird von den Staaten angenommen. So wird in den Annual Reports des IGH für die Periode 2019/2020 auf 28 Benennungen von ad hoc Richtern verwiesen, 2020/2021 auf 14.[640] Vorteile sind unter anderem die höhere Akzeptanz des Gerichtshofes, die Chancengleichheit der Parteien, aber auch die lokale oder spezielle Kenntnis der nationalen Richter bezüglich der Streitpartei.[641] So kann ein Richter, der sowohl länderspezifische Besonderheiten als auch das jeweilige nationale Rechtssystem kennt, zur umfassenderen Würdigung eines Falles beitragen. Das durch die ad hoc Richter eingebrachte schiedsrichterliche Element im Verfahren der Richterbenennung wird allerdings hinterfragt, da die ad hoc Richter ganz überwiegend für die benennende Partei stimmen.[642] Dieselben Bedenken treffen allerdings die regulären

---

636 *Thirlway*, The International Court of Justice, S. 14.

637 *Thirlway*, The International Court of Justice, S. 13.

638 https://www.icj-cij.org/en/judges-ad-hoc (abgerufen am 19.4.2022); *Simma/Ortgies*, Ad Hoc Judge, MPEPIL, Rn. 15; *Verdross/Simma*, Universelles Völkerrecht, § 190.

639 *Simma*, DRiZ 2006, S. 181 (182); *Verdross/Simma*, Universelles Völkerrecht, § 190.

640 ICJ Annual Report 2019/2020, Rn. 63; ICJ Annual Report 2020/2021, Rn. 44; für eine Übersicht über alle ad hoc Richter bis Ende 2019 s. den Anhang zu *Brower/Lando*, Leiden Journal of International Law 33 (2020), S. 467 (483 ff.).

641 *Kolb*, The Elgar Companion to The International Court of Justice, S. 111; *Simma/Ortgies*, Ad Hoc Judge, MPEPIL, Rn. 116–126.

642 *Simma*, DRiZ 2006, S. 181 (182); *Thirlway*, The International Court of Justice, S. 14; *Warioba*, Monitoring Compliance with and Enforcement of Binding Decisions of International Courts, in: Frowein/Wolfrum, Max Planck Yearbook of United Nations Law 2001, S. 41 (46).

Richter bezüglich der Verfahren mit Beteiligung ihrer Heimatstaaten, da das Stimmverhalten der ad hoc Richter und dieser Richter nahezu identisch ist.[643] Daher kann das Stimmverhalten insgesamt als Argument gegen die Beteiligung von Richtern, die über die Staatsangehörigkeit einer der Streitparteien verfügen, angesehen werden.[644]

Grundsätzlich verhandelt der IGH im Plenum; es ist aber auch möglich, Verfahren an Kammern zu verweisen.[645] Nach Art. 26 Abs. 1 IGH-Statut können themenspezifische ständige Kammern errichtet werden. Die gemäß dieser Vorschrift gegründete Kammer für umweltrechtliche Streitigkeiten wurde allerdings nie angerufen und deswegen 2006 nicht neu besetzt und so aufgelöst.[646] Umweltrechtliche Streitigkeiten wurden und werden weiterhin im Plenum verhandelt.[647] Daneben können Staaten auch eine Kammer für einen einzelnen Streitfall einrichten lassen, worüber sie einen begrenzten Einfluss auf die Besetzung der Richterbank erlangen. In einem solchen Fall können sie die Anzahl der Richter festlegen, und in der Praxis wählt der Gerichtshof nur diejenigen Richter, die von den Staaten akzeptiert werden, in die Kammer.[648] Dies resultiert insbesondere aus der Tatsache, dass die Staaten bei Nichtbeachtung ihrer Richtervorschläge frei sind, die Klage zurückzuziehen und sie beispielsweise einem Schiedsgericht zu unterbreiten.[649] Im Kammerverfahren muss bei Besetzung der Richterbank keine ausgeglichene geographische Verteilung beachtet werden.[650] Es besteht ebenfalls die Möglichkeit, ad hoc Richter zu bestimmen.[651] Die Kammern vereinen so die Vorteile des IGH mit denen eines Schiedsgerichtes.[652]

---

643 Zimmermann/Tams/*Kooijmans/Bordin*, The Statute of the International Court of Justice, Art. 31, Rn. 8 mwN; *Simma/Ortgies*, Ad Hoc Judge, MPEPIL, Rn. 131; anders: *Thirlway*, The International Court of Justice, S. 14.

644 *Simma/Ortgies*, Ad Hoc Judge, MPEPIL, Rn. 132.

645 *Thirlway*, The International Court of Justice, in: Evans, International Law, S. 573 (576).

646 Zimmermann/Tams/*Jennings/Higgins/Tomka*, The Statute of the International Court of Justice, General Introduction, Rn. 42; *Merrills*, International Dispute Settlement, S. 146 f.

647 Zimmermann/Tams/*Jennings/Higgins/Tomka*, The Statute of the International Court of Justice, General Introduction, Rn. 42 mwN.

648 *Thirlway*, The International Court of Justice, in: Evans, International Law, S. 573 (576).

649 *Merrills*, International Dispute Settlement, S. 147; *Thirlway*, BYIL 72 (2001), S. 37 (50).

650 *Merrills*, International Dispute Settlement, S. 149.

651 *Merrills*, International Dispute Settlement, S. 147.

652 *Merrills*, International Dispute Settlement, S. 148.

## II) Effektivitätsbewertung

Die Effektivitätsbewertung erfolgt zunächst anhand der im zweiten Kapitel ausgearbeiteten Kriterien. Anschließend wird auf die Effektivitätsdefinition eingegangen. Hierbei sollen die ausgearbeiteten Kriterien eine erste Einschätzung liefern, die daraufhin anhand der Definition überprüft und verfeinert werden soll. In Kapitel 2 wurde zunächst eine Definition erarbeitet, für welche anschließend Kriterien entwickelt wurden. In der Anwendung dieser Prüfung wird die Reihenfolge umgekehrt: Die ausgearbeiteten Kriterien werden als erstes untersucht, sodass anschließend anhand der Definition die Effektivität umfassend bewertet werden kann. Bei Untersuchung der Kriterien wird die Prüfungsreihenfolge in einem Punkt abgeändert, um Inzidenzprüfungen zu vermeiden: Die Möglichkeiten der Unterwerfungen unter die Gerichtsbarkeit des IGH werden vorgezogen, da diese im Rahmen der Compliance-Prüfung von Bedeutung sind. Im Laufe der Untersuchung wird dabei auch auf das Gutachtenverfahren vor dem IGH eingegangen. Dies fällt mangels sich gegenüberstehender Parteien streng genommen nicht unter die Streitbeilegung. Allerdings ist es Teil der Verfahrensstruktur vor dem IGH. Für eine umfassende Effektivitätsbewertung werden die Besonderheiten des Gutachtenverfahrens daher auch betrachtet.

### 1) Bewertung anhand der Effektivitätskriterien

Um die Effektivität des IGH mithilfe der in Kapitel 2 aufgestellten Kriterien bewerten zu können, wird bei jedem Kriterium zunächst beschrieben, wie es im Rahmen des IGH ausgestaltet ist. Anschließend wird diese Ausgestaltung hinsichtlich ihrer Effektivität bewertet.

#### *a) Zwang oder Freiwilligkeit der Unterwerfung*

Obwohl alle Vertragsparteien der UNCh auch Vertragsparteien des IGH-Statutes sind, sind sie nicht automatisch der Gerichtsbarkeit des IGH unterworfen, sondern müssen dieser ausdrücklich oder konkludent zustimmen.[653] Da die Gerichtsbarkeit des IGH unklar sein kann, insbesondere wenn ein Fall dem

653 *Bernhardt*, ZaöRV 1987, S. 17 (19); *Schröder*, Verantwortlichkeit, Völkerstrafrecht, Streitbeilegung und Sanktionen, in: Vitzthum/Proelß, Völkerrecht, Rn. 91; *Simma*, DRiZ 2006, S. 181 (183); *Warioba*, Monitoring Compliance with and Enforcement of Binding Decisions of International Courts, in: Frowein/Wolfrum, Max Planck Yearbook of United Nations Law 2001, S. 41 (43); zu Beispielen aus der Rechtsprechung, s. *Pellet*, Judicial Settlement of International Disputes, MPEPIL, Rn. 10.

Gerichtshof nicht von den Parteien gemeinsam unterbreitet wird, wird sie regelmäßig bestritten. Der IGH entscheidet selbst über seine Kompetenz (*compétence de la compétence*, Art. 36 Abs. 6 IGH-Statut).[654] Diese Entscheidungsbefugnis ist ein allgemein anerkanntes Prinzip des Völkerrechts.[655] Auch wenn die Gerichtsbarkeit nicht bestritten wird, muss sie durch den IGH von Amts wegen geprüft werden.[656]

Art. 36 IGH-Statut zählt drei Möglichkeiten der Unterwerfung auf.[657] Die erste Möglichkeit besteht darin, dem IGH einen konkreten Streit zu unterbreiten.[658] In einem sogenannten compromis bzw. special agreement wird die Zuständigkeit des Gerichtshofes begründet.[659] Der Streit wird so in der Regel von beiden Parteien gemeinsam vorgelegt, wohingegen er bei den anderen Modalitäten unilateral unterbreitet wird.[660] Allerdings kann gemäß Art. 39 der Rules of Court auch ein einzelner Staat den IGH aufgrund des compromis anrufen.[661] Vorteil der Unterwerfung durch compromis ist, dass die Umstände und damit auch die Risiken des Verfahrens beiden Parteien im Vorhinein bekannt sind, so dass keine

654 *Charney*, Disputes Implicating the Institutional Credibility of the Court: Problems of Non-Appearance, Non-Participation, and Non-Performance, in: Fisler Damrosch, The International Court of Justice at a Crossroads, S. 288 (289 f.); *Merrills*, International Dispute Settlement, S. 127; *Thirlway*, The International Court of Justice, S. 39.

655 ICJ, Nottebohm Case (Liechtenstein v. Guatemala), Preliminary Objection, Urteil vom 18. November 1953, ICJ Rep. 1953, S. 111 (119); *Thirlway*, The International Court of Justice, S. 38.

656 ICJ, Appeal Relating to the Jurisdiction of the ICAO Council (India v. Pakistan), Urteil vom 18. August 1972, ICJ Rep. 1972, S. 46 (52), Rn. 13; ICJ, Jurisdictional Immunities of the State (Germany v. Italy, Greece intervening), Urteil vom 3. Februar 2012, ICJ Rep. 2012, S. 99 (117 f.), Rn. 40.

657 *Charney*, Disputes Implicating the Institutional Credibility of the Court: Problems of Non-Appearance, Non-Participation, and Non-Performance, in: Fisler Damrosch, The International Court of Justice at a Crossroads, S. 288 (289); *Schröder*, Verantwortlichkeit, Völkerstrafrecht, Streitbeilegung und Sanktionen, in: Vitzthum/Proelß, Völkerrecht, Rn. 91.

658 *Thirlway*, The International Court of Justice, in: Evans, International Law, S. 573 (581).

659 *Merrills*, International Dispute Settlement, S. 126; *Rosenne*, International Court of Justice (ICJ), MPEPIL, Rn. 63; *Thirlway*, The International Court of Justice, S. 43; *Thirlway*, The International Court of Justice, in: Evans, International Law, S. 573 (581).

660 *Thirlway*, The International Court of Justice, in: Evans, International Law, S. 573 (581).

661 *Kolb*, The International Court of Justice, S. 163; *Walter*, Rechtsschutz durch den Internationalen Gerichtshof, in: Ehlers/Schoch, Rechtsschutz im Öffentlichen Recht, Rn. 37.

Überraschungen zu erwarten sind.[662] Dass indes insbesondere die politisch sehr umstrittenen Fälle wie beispielsweise der *Nicaragua-Fall*[663] oder auch der *Teheran Hostage-Fall*[664] nicht durch compromis vorgelegt wurden, zeigt die Notwendigkeit weiterer Unterwerfungsmöglichkeiten auf.[665]

Die zweite Möglichkeit der Zuständigkeitsbegründung zugunsten des IGH ist eine Streitbeilegungsklausel (compromissory clause) in einem völkerrechtlichen Vertrag.[666] Dies kann ein Vertrag sein, der lediglich die Streitbeilegung zwischen den Parteien regelt, oder eine Klausel, wonach beispielsweise für alle Streitigkeiten über die Auslegung und Anwendung des entsprechenden Vertrages die Zuständigkeit des Gerichtshofes oder eines anderen Streitbeilegungsmechanismus gegeben ist.[667] Eine solche Klausel kann auch in einem Anhang oder Optional Protocol zum Vertrag eingefügt sein.[668] Derzeit sehen über 300 internationale Verträge eine Zuständigkeit des IGH vor.[669]

Die dritte Möglichkeit der Unterwerfung findet sich in Art. 36 Abs. 2 IGH-Statut: die Fakultativklausel.[670] Sie eröffnet die Unterwerfung für alle zukünftigen Rechtsstreitigkeiten durch eine Erklärung, sofern der jeweils andere Staat

---

662 Zimmermann/Tams/*Tomuschat*, The Statute of the International Court of Justice, Art. 36, Rn. 42.

663 S. zu diesem Verfahren und der Verfahrenseinleitung sogleich.

664 ICJ, United States Diplomatic and Consular Staff in Tehran (United States of America v. Iran), Urteil vom 24. Mai 1980, ICJ Rep. 1980, S. 3.

665 Zimmermann/Tams/*Tomuschat*, The Statute of the International Court of Justice, Art. 36, Rn. 43.

666 *Thirlway*, The International Court of Justice, S. 44.

667 *Merrills*, International Dispute Settlement, S. 125; *Papadaki*, Journal of International Dispute Settlement 5 (2014), S. 560 (563); *Rosenne*, International Courts and Tribunals, Jurisdiction and Admissibility of Inter-State Applications, MPEPIL, Rn. 13; *Walter*, Rechtsschutz durch den Internationalen Gerichtshof, in: Ehlers/Schoch, Rechtsschutz im Öffentlichen Recht, Rn. 38. Ein Vertrag, der ausschließlich die Streitbeilegung regelt, ist das Europäische Übereinkommen zur friedlichen Streitbeilegung von 1957 (320 UNTS 243), s. *Simma*, DRiZ 2006, S. 181 (182). Der Pact of Bogotá regelt ebenfalls die friedliche Streitbeilegung (30 UNTS 55).

668 *Rosenne*, International Courts and Tribunals, Jurisdiction and Admissibility of Inter-State Applications, MPEPIL, Rn. 13.

669 ICJ Annual Report 2020/2021, Rn. 34: für eine ausführliche Liste s. https://www.icj-cij.org/en/treaties (abgerufen am 19.4.2022).

670 *Rosenne*, International Court of Justice (ICJ), MPEPIL, Rn. 68; *Simma*, DRiZ 2006, S. 181 (183).

diese Erklärung ebenfalls abgegeben hat.[671] Dabei beruht die Abgabe der Erklärung vollständig auf Freiwilligkeit.[672] Die Effektivität hängt demnach davon ab, wie viele Staaten diese Erklärung abgegeben haben.[673] Aufgrund der sich unterscheidenden Einschränkungen durch Vorbehalte finden nur die deckungsgleichen Passagen bzw. der kleinste gemeinsame Nenner Anwendung.[674] Der Staat mit der sachlich weiteren Erklärung kann sich auch auf die Einschränkungen der sachlich engeren Erklärung des anderen Staates berufen.[675] Die Erklärungen müssen zum Zeitpunkt der Klageerhebung vorliegen.[676]

Neben diesen in Art. 36 IGH-Statut genannten Unterwerfungsmodalitäten besteht für die Staaten auch stets die Möglichkeit, sich auf eine Klage trotz fehlender vorheriger Unterwerfung bewusst einzulassen oder die Gerichtsbarkeit nicht zu bestreiten (jurisdiction by *forum prorogatum*).[677] Dergleichen Einlassungen müssen „*voluntary and indisputable*" erfolgen und „*an unequivocal indication*" des Willens des Staates zum Ausdruck bringen, der gerichtlichen Streitbeilegung zuzustimmen.[678] Eine Einschränkung erfolgt durch die Regelung

---

671 *Rosenne*, International Court of Justice (ICJ), MPEPIL, Rn. 68; *Schröder*, Verantwortlichkeit, Völkerstrafrecht, Streitbeilegung und Sanktionen, in: Vitzthum/Proelß, Völkerrecht, Rn. 92.

672 *Fitzmaurice*, International Court of Justice, Optional Clause, MPEPIL, Rn. 5.

673 *Merrills*, International Dispute Settlement, S. 126.

674 ICJ, Case of Certain Norwegian Loans (France v. Norway), Urteil vom 6. Juli 1957, ICJ Rep. 1957, S. 9 (23 f.); *Oellers-Frahm*, ZaöRV 1987, S. 243 (252); *Schröder*, Verantwortlichkeit, Völkerstrafrecht, Streitbeilegung und Sanktionen, in: Vitzthum/Proelß, Völkerrecht, Rn. 92; *Thirlway*, The International Court of Justice, S. 50; Zimmermann/Tams/*Tomuschat*, The Statute of the International Court of Justice, Art. 36, Rn. 29; zu den Vorbehalten s. Kapitel 3 II) j) Möglichkeit von Vorbehalten.

675 ICJ, Interhandel Case (Switzerland v. United States of America), Preliminary Objections, Urteil vom 21. März 1959, ICJ Rep. 1959, S. 6 (23); *Fitzmaurice*, International Court of Justice, Optional Clause, MPEPIL, Rn. 9; *Thirlway*, The International Court of Justice, S. 49.

676 *Schröder*, Verantwortlichkeit, Völkerstrafrecht, Streitbeilegung und Sanktionen, in: Vitzthum/Proelß, Völkerrecht, Rn. 92.

677 *Merrills*, International Dispute Settlement, S. 126 f.; *Simma*, DRiZ 2006, S. 181 (183); *Thirlway*, The International Court of Justice, S. 36 f., 51 ff.; Zimmermann/Tams/*Tomuschat*, The Statute of the International Court of Justice, Art. 36, Rn. 30; *Walter*, Rechtsschutz durch den Internationalen Gerichtshof, in: Ehlers/Schoch, Rechtsschutz im Öffentlichen Recht, Rn. 39.

678 ICJ, Case Concerning Armed Activities on the Territory of the Congo (New Application: 2002) (Democratic Republic of the Congo v. Rwanda), Jurisdiction and

in Art. 38 Abs. 5 S. 2 der Rules of Court: das Verfahren wird ohne ausdrückliche oder konkludente Zustimmung des beklagten Staates nicht begonnen, um Missbrauch zu vermeiden.[679] Vor Einführung dieser Bestimmung konnten Klageanträge gegen Staaten eingebracht werden, von denen eine Zustimmung nicht zu erwarten war, nur um den Streit öffentlich zu machen.[680] Dass die Verfahrenseinleitung und Unterwerfung über die forum prorogatum-Regel durchaus möglich ist, zeigen indes die Verfahren *Certain Criminal Proceedings in France*[681] sowie *Certain Questions of Mutual Assistance in Criminal Matters*[682] , auf die Frankreich sich einließ.[683]

Stand April 2022 haben 73 Staaten eine Erklärung nach Art. 36 Abs. 2 des Statuts abgegeben, darunter auch Deutschland. Von den fünf ständigen Mitgliedern des Sicherheitsrates liegt lediglich eine Erklärung von Großbritannien aus dem Jahr 2017 vor.[684] Frankreich und die USA haben ihre Erklärungen nach verlorenen Verfahren zurückgezogen, Russland und China haben nie eine Erklärung abgegeben.[685] Im Verlauf der Jahrzehnte ist der prozentuale Anteil der

---

Admissibility, Urteil vom 3. Februar 2006, ICJ Rep. 2006, S. 6 (18 f.), Rn. 19–22; *Thirlway*, The International Court of Justice, in: Evans, International Law, S. 573 (582).

679 *Oda*, International & Comparative Law Quarterly 49 (2000), S. 251 (256); *Thirlway*, The International Court of Justice, S. 52.

680 *Rosenne*, International Court of Justice (ICJ), MPEPIL, Rn. 71; *Thirlway*, The International Court of Justice, S. 52; *Thirlway*, The International Court of Justice, in: Evans, International Law, S. 573 (583); *Thirlway*, NILR 2010, S. 347 (359); allerdings wird die Klageerhebung in den Annual Reports veröffentlicht, s. beispielsweise Annual Report 2014/2015, Rn. 5–7 bezüglich einer Klage von Argentinien gegen die USA.

681 ICJ, Certain Criminal Proceedings in France (Republic of the Congo v. France); das Verfahren endete ohne Urteil.

682 ICJ, Certain Questions of Mutual Assistance in Criminal Matters (Djibouti v. France), Urteil vom 4. Juni 2008, ICJ Rep. 2008, S. 177.

683 *Kolb*, The International Court of Justice, S. 160; Zimmermann/Tams/*Jennings/Higgins/Tomka*, The Statute of the International Court of Justice, General Introduction, Rn. 19; *Thirlway*, NILR 2010, S. 347 (357 ff.); nicht akzeptiert wurden dagegen sechs Klagen der Marshallinseln im Jahr 2014, eingeleitet gegen China, Nordkorea, Frankreich, Israel, Russland sowie die USA, s. hierzu ICJ Annual Report 2013/2014, Rn. 4.

684 https://www.icj-cij.org/en/declarations (abgerufen am 19.4.2022); Zimmermann/Tams/*Tomuschat*, The Statute of the International Court of Justice, Art. 36, Rn. 71 f.; *Watts*, Enhancing the Effectiveness of Procedures of International Dispute Settlement, in: Frowein/Wolfrum, Max Planck Yearbook of United Nations Law 2001, S. 21 (36).

685 *Kolb*, The International Court of Justice, S. 453 f.; Zimmermann/Tams/*Tomuschat*, The Statute of the International Court of Justice, Art. 36, Rn. 71.

Mitgliedsstaaten, die eine Erklärung abgegeben haben, stetig gesunken.[686] Die deutsche Erklärung stammt aus dem Jahr 2008 und erfolgte somit über 30 Jahre nach dem Beitritt Deutschlands zu den Vereinten Nationen.[687]

Von besonderer Bedeutung waren Abgabe, Änderung und Rücknahme von Unterwerfungserklärungen im *Nicaragua-Verfahren*[688].[689] Bei diesem Verfahren berief sich Nicaragua zur Begründung der Gerichtsbarkeit auf die Erklärung nach Art. 36 Abs. 2 IGH-Statut sowie auf einen zwischen den Parteien bestehenden Freundschafts-, Schifffahrts- und Handelsvertrag aus dem Jahr 1956.[690] Kurz vor Eingang der Klage versuchten die USA, ihre Unterwerfungserklärung so einzuschränken, dass Streitigkeiten mit zentralamerikanischen Staaten nicht mehr erfasst sein sollten.[691] Die Behandlung dieser Einschränkung war zunächst unklar. Doch auch bezüglich der Erklärung Nicaraguas bestanden Wirksamkeitszweifel. Nicaragua hatte 1929, also noch zu Zeiten des StIGH, eine Erklärung bei Unterzeichnung des Statuts abgegeben.[692] Nach Art. 36 Abs. 5 des IGH-Statutes haben solche Erklärungen bezüglich des StIGH auch für den IGH Bestand.[693] Allerdings fehlte die erforderliche Ratifikation des „Protocol of Signature of the Statute of the Permanent Court" durch Nicaragua.[694] Die Unterwerfungserklärung war daher nie wirksam geworden, Nicaragua der Gerichtsbarkeit des

686 *Giladi/Shany*, The International Court of Justice, in: Shany, Assessing the Effectiveness of International Courts, S. 161 (170 f.); s. hierzu auch die Aufstellung im Handbook, ICJ Handbook, S. 41.

687 *Eick*, ZaöRV 2008, S. 763.

688 ICJ, Military and Paramilitary Activities in and against Nicaragua (Nicaragua v. United States of America), Jurisdiction and Admissibility, Urteil vom 26. November 1984, ICJ Rep. 1984, S. 392.

689 Auf die diesbezüglich ebenfalls problematischen Vorbehalte zu den Erklärungen wird unter Kapitel 3 II) j) Möglichkeit von Vorbehalten eingegangen.

690 *Crawford*, Military and Paramilitary Activities in and against Nicaragua Case (Nicaragua v. United States of America), MPEPIL, Rn. 6; *Wengler*, NJW 1985, S. 1266.

691 *Crawford*, Military and Paramilitary Activities in and against Nicaragua Case (Nicaragua v. United States of America), MPEPIL, Rn. 2.

692 *Merrills*, International Dispute Settlement, S. 130.

693 *Merrills*, International Dispute Settlement, S. 129 f.

694 ICJ, Military and Paramilitary Activities in and against Nicaragua (Nicaragua v. United States of America), Jurisdiction and Admissibility, Urteil vom 26. November 1984, ICJ Rep. 1984, S. 392 (404), Rn. 26; *Crawford*, Military and Paramilitary Activities in and against Nicaragua Case (Nicaragua v. United States of America), MPEPIL, Rn. 7; *Merrills*, International Dispute Settlement, S. 130.

StIGH nie unterworfen gewesen.[695] Fraglich war daher, ob die Ratifikation des IGH-Statuts in Verbindung mit dessen Art. 36 Abs. 5 zu einer wirksamen Unterwerfungserklärung führen konnte.[696] Diese Prüfung fußte insbesondere auf den Unterschieden in der französischen und der englischen Fassung des IGH-Statuts.[697] Der IGH erklärte die Erklärung für wirksam, da der potentielle Effekt der zeitlich unbefristeten Erklärung von 1929 durch Art. 36 Abs. 5 IGH-Statut aktuell geworden sei.[698] Auch war Nicaragua im ICJ Yearbook und in den Publikationen der Vereinten Nationen stets als durch die Fakultativklausel gebunden aufgezählt worden.[699] Diese Aufzählung wurde von Nicaragua nie bestritten.[700] Anschließend musste der Effekt der Änderungserklärung der USA betrachtet werden. Zwar hatten die USA in ihrer Erklärung eine Frist von sechs Monaten für Änderungen vorgesehen; sie beriefen sich aber unter anderem unter Verweis auf die Reziprozität darauf, dass in der Erklärung Nicaraguas eine solche Einschränkung nicht vorhanden sei.[701] Das Gericht wies diesen Einwand mit der Begründung zurück, dass auch Nicaragua die Erklärung nur innerhalb einer

695 ICJ, Military and Paramilitary Activities in and against Nicaragua (Nicaragua v. United States of America), Jurisdiction and Admissibility, Urteil vom 26. November 1984, ICJ Rep. 1984, S. 392 (404), Rn. 26; *Oellers-Frahm*, ZaöRV 1987, S. 243 (245).

696 *Crawford*, Military and Paramilitary Activities in and against Nicaragua Case (Nicaragua v. United States of America), MPEPIL, Rn. 7.

697 ICJ, Military and Paramilitary Activities in and against Nicaragua (Nicaragua v. United States of America), Jurisdiction and Admissibility, Urteil vom 26. November 1984, ICJ Rep. 1984, S. 392 (405 ff.), Rn. 28–31; s. hierzu auch *Oellers-Frahm*, ZaöRV 1987, S. 243 (245 f.).

698 ICJ, Military and Paramilitary Activities in and against Nicaragua (Nicaragua v. United States of America), Jurisdiction and Admissibility, Urteil vom 26. November 1984, ICJ Rep. 1984, S. 392 (404), Rn. 27; *Crawford*, Military and Paramilitary Activities in and against Nicaragua Case (Nicaragua v. United States of America), MPEPIL, Rn. 8.

699 ICJ, Military and Paramilitary Activities in and against Nicaragua (Nicaragua v. United States of America), Jurisdiction and Admissibility, Urteil vom 26 November 1984, ICJ Rep. 1984, S. 392 (408 f.), Rn. 36; *Wengler*, NJW 1985, S. 1266.

700 ICJ, Military and Paramilitary Activities in and against Nicaragua (Nicaragua v. United States of America), Jurisdiction and Admissibility, Urteil vom 26. November 1984, ICJ Rep. 1984, S. 392 (408 f.), Rn. 46, 109.

701 *Crawford*, Military and Paramilitary Activities in and against Nicaragua Case (Nicaragua v. United States of America), MPEPIL, Rn. 10; Merrills, International Dispute Settlement, S. 129; *Wengler*, NJW 1985, S. 1266.

angemessenen Frist hätte zurücknehmen können.[702] Die Frist der amerikanischen Rücknahme (drei Tage) sahen die Richter nicht als angemessen an.[703] Der IGH sprach sich in diesem Fall somit in beiden streitigen Gesichtspunkten für eine existierende Unterwerfung aus und konkretisierte die Voraussetzungen der Rücknahme von Erklärungen. Hierbei legte er den Fokus auf das Vertrauen in eine bestehende Erklärung, zu dessen Schutz eine Rücknahme nicht unmittelbar wirksam ist. *Wilhelm Wengler* warnte anschließend, dass das Erfordernis einer angemessenen Frist die Auswirkung haben könne, dass Staaten ihre Erklärungen hinsichtlich einer Frist überarbeiten.[704] Auch könne die sehr extensive Auslegung dahingehend, dass eine Unterwerfung vorliege, zu einem Rückgang der Unterwerfungserklärungen und somit *„zum Tod dieser Institution zur Begründung der obligatorischen Gerichtsbarkeit"* führen.[705] Die stetig steigende Anzahl der Erklärungen auch nach diesem Urteil stützt diese These indes nicht.[706] *James R. Crawford* verweist darauf, dass gerade hinsichtlich der Unterwerfungserklärung von Nicaragua viele Richter eine abweichende Meinung geäußert hätten und stimmt diesen zu.[707] Kritisch äußert sich auch *Karin Oellers-Frahm*, die anführt, dass die Rechtsprechung des IGH zumindest problematisch hinsichtlich des Zustimmungserfordernisses sei.[708] Schon diese Meinungen zeigen auf, wie umstritten das Urteil des IGH war und ist und welche Relevanz der Entscheidung, ob eine wirksame Unterwerfung vorliegt oder nicht, zukommt. Dass der IGH hier im Zweifel für eine Unterwerfung gestimmt hat, obwohl mit

702 ICJ, Military and Paramilitary Activities in and against Nicaragua (Nicaragua v. United States of America), Jurisdiction and Admissibility, Urteil vom 26. November 1984, ICJ Rep. 1984, S. 392 (419 f.), Rn. 63; *Wengler*, NJW 1985, S. 1266 (1266 f.).

703 ICJ, Military and Paramilitary Activities in and against Nicaragua (Nicaragua v. United States of America), Jurisdiction and Admissibility, Urteil vom 26. November 1984, ICJ Rep. 1984, S. 392 (419 f.), Rn. 63; *Crawford*, Military and Paramilitary Activities in and against Nicaragua Case (Nicaragua v. United States of America), MPEPIL, Rn. 11; *Gross*, Compulsory Jurisdiction under the Optional Clause: History and Practice, in: Fisler Damrosch, The International Court of Justice at a Crossroads, S. 19 (30).

704 *Wengler*, NJW 1985, S. 1266 (1267).

705 *Wengler*, NJW 1985, S. 1266 (1267).

706 ICJ Handbook, S. 41; zu den Auswirkungen auf die Anzahl der Verfahren und das Vertrauen in den IGH s. unter Kapitel 3 II) 1) c) Anzahl der Verfahren.

707 *Crawford*, Military and Paramilitary Activities in and against Nicaragua Case (Nicaragua v. United States of America), MPEPIL, Rn. 9.

708 *Oellers-Frahm*, ZaöRV 1987, S. 243 (247 f.).

weitreichenden Konsequenzen zu rechnen war, ist bezüglich der Effektivität positiv zu bewerten.

Insgesamt ist der IGH weit entfernt von einer allgemeinen obligatorischen Gerichtsbarkeit, obwohl diese sowohl bei Entwurf des Statuts des StIGH als auch des IGH diskutiert wurde.[709] Seine Gerichtsbarkeit muss stets auf einer Unterwerfung basieren und die Unterwerfungserklärungen, die Abhilfe schaffen könnten, sind zahlenmäßig zu wenige, um eine obligatorische Gerichtsbarkeit schaffen zu können. Allerdings gibt es viele Streitbeilegungsklauseln in Verträgen, die zumindest partiell eine obligatorische Gerichtsbarkeit für den von ihnen bestimmten Bereich festlegen. Dies ist indes kein Mechanismus des IGH selbst, sondern des jeweiligen Vertrages, und kann daher nicht unmittelbar die Effektivität des IGH beeinflussen. Der IGH ist hier lediglich das gewählte Mittel der friedlichen Streitbeilegung. Auch führt die Existenz vieler solcher Klauseln dazu, dass die Unterwerfungen nach Art. 36 Abs. 2 IGH-Statut zurückgehen, da durch die Klauseln schon eine nahezu umfassende Überprüfbarkeit gewährleistet ist.[710] Dies könnte negativ gesehen werden, da eine Unterwerfungserklärung aller Staaten wünschenswert wäre. Die Existenz der Klauseln ist jedoch zu begrüßen, da deutlich mehr Verfahren aufgrund einer vertraglichen Streitbeilegungsklausel eingeleitet werden als aufgrund von Art. 36 Abs. 2 IGH-Statut.[711] Auch ist die Bereitschaft zur allgemeinen Unterwerfung nach Art. 36 Abs. 2 IGH-Statut wie bereits dargelegt zu gering. Streitbeilegungsklauseln eröffnen demnach einen oft genutzten Weg zum IGH.[712] Die Fakultativklausel selbst erfüllt auf den ersten Blick die Erfordernisse der Effektivität. Sie bietet die Möglichkeit der obligatorischen Gerichtsbarkeit allerdings aufgrund einer gesonderten Erklärung und führt demnach nicht dazu, dass Staaten nicht Mitglied der Vereinten Nationen (und so Vertragsparteien des IGH-Statuts) werden. Indes wird die Wirksamkeit dieser Klausel durch mangelnde Beteiligung und auch durch Vorbehalte stark

---

709 *Cançado Trindade*, Dissenting Opinion zu ICJ, Application of the International Convention on the Elimination of All Forms of Racial Discrimination (Georgia v. Russian Federation), Preliminary Objections, Urteil vom 1. April 2011, ICJ Rep. 2011, S. 239 (240 ff.), Rn. 1–36.

710 Für das Beispiel Deutschland vor dessen Unterwerfung s. *Eick*, ZaöRV 2008, S. 763 (765).

711 *Abraham*, Journal of International Dispute Settlement 7 (2016), S. 297 (299); *Jennings*, AJIL 89 (1995), S. 493 (495); ICJ Handbook, S. 44 verweist dagegen auf eine gleichmäßige Verteilung auf die unterschiedlichen Möglichkeiten der Verfahrenseinleitung.

712 So wurden zwischen 2010 und 2020 allein sechs Verfahren aufgrund von Art. XXXI des Pact of Bogotà eingeleitet.

eingeschränkt. Hier greift jedoch das Zusammenspiel mit den anderen Möglichkeiten der Unterwerfung. Wäre die Fakultativklausel die einzige Möglichkeit der Unterwerfung, so müsste diese aufgrund der Staatenpraxis als nicht sehr effektiv gewertet werden. Durch die Vielzahl der Möglichkeiten wird die Effektivität aber gesteigert. Daher wird im Rahmen der Unterwerfung eine positive Effektivitätsbilanz gezogen.

### *b) Befolgen der Entscheidungen (Compliance)*

Dass die Befolgungsrate allein keine verbindliche Aussage über die Effektivität eines Streitbeilegungsmechanismus treffen kann, wurde bereits beleuchtet. Allerdings kann sie als Indiz dienen, insbesondere im Zusammenspiel mit anderen Kriterien. Betrachtet werden daher die Compliance sowie die Auswirkung der Unterwerfung unter die Gerichtsbarkeit des IGH auf diese.

#### *(1) Compliance-Rate des IGH*

Die Urteile des StIGH wurden alle befolgt.[713] Zu untersuchen ist, ob der IGH eine ähnlich gute Compliance-Rate vorzuweisen hat. Dabei darf nicht außer Acht gelassen werden, dass einige Entscheidungen des Gerichtshofs *self-executing* waren und daher keiner Handlung der Staaten bedurften.[714] Dies waren beispielsweise Entscheidungen, bei welchen das Begehren abgelehnt wurde oder die das Vorliegen der Gerichtsbarkeit, einen Rechtsbruch oder Rechtskonformität lediglich feststellten.[715] Andere stellten die Staaten vor nicht unerhebliche Herausforderungen. Als Beispiel sind hier Grenzstreitigkeiten zu nennen, beispielsweise wenn ein von einem Staat besetztes Gebiet einem anderen Staat zugesprochen wird.[716] In diesen Fällen hat das Urteil des IGH erhebliche

---

713 *Kolb*, The International Court of Justice, S. 53; *Tomuschat*, International Courts and Tribunals, MPEPIL, Rn. 3; *Warioba*, Monitoring Compliance with and Enforcement of Binding Decisions of International Courts, in: Frowein/Wolfrum, Max Planck Yearbook of United Nations Law 2001, S. 41 (48).

714 *Guillaume*, SZIER 1997, S. 431 (434).

715 *Guillaume*, SZIER 1997, S. 431 (434); *Jennings*, ZaöRV 1987, S. 3 (4); *Jennings* verweist hier auf ICJ, Fisheries Case (United Kingdom v. Norway), Urteil vom 18. Dezember 1951, ICJ Rep. 1951, S. 116, in dem festgestellt wurde, dass keine Völkerrechtsverletzung von Norwegen vorlag. Im Rahmen der *Legality of the Use of Force*-Fälle wurde bei den Verfahren gegen Spanien und die USA die Gerichtsbarkeit verneint. Auch diese Urteile erforderten keine weiteren Handlungen.

716 *Guillaume*, SZIER 1997, S. 431 (434 f.).

praktische Konsequenzen für den Staat und die in dem betroffenen Gebiet lebende Bevölkerung. Der unterlegene Staat muss das Gebiet räumen, die Bevölkerung ihre Heimat verlassen oder eine neue Staatsangehörigkeit akzeptieren. Solche Verfahren sind vor internationalen Gerichtshöfen nicht selten,[717] da insbesondere Probleme auftreten wegen der langen Geschichte solcher Streitigkeiten, verbunden mit Souveränitätsdenken sowie wegen der Umsetzung der neuen Grenzziehung.[718]

Am Beispiel des *Nicaragua-Verfahrens* zeichnete *Jonathan I. Charney* im Jahr 1987 ein eher negatives Bild der Compliance-Rate des IGH.[719] Zwar würden die Mehrzahl der Urteile zumindest teilweise befolgt bzw. seien der Auslöser für eine friedliche Konfliktlösung.[720] Allerdings habe die Weigerung von Staaten, vor dem Gerichtshof zu erscheinen oder das Urteil auszuführen, Einfluss auf dessen Effektivität.[721]

Eine eingehende Untersuchung der Staatenpraxis wurde von *Constanze Schulte* im Jahr 2003 veröffentlicht.[722] Sie betrachtet darin nicht lediglich die

---

717 *Merrills*, Leiden Journal of International Law 13 (2000), S. 873.

718 *Merrills*, Leiden Journal of International Law 13 (2000), S. 873 (898), der hier unter anderem auf ICJ, Case concerning the Temple of Preah Vihear (Cambodia v. Thailand), Merits, Urteil vom 15. Juni 1962, ICJ Rep. 1962, S. 6 verweist, bei dem die Grenzziehung durch die Staaten akzeptiert worden sei. *Schulte*, Compliance with Decisions of the International Court of Justice, S. 136 verweist dagegen auf Schwierigkeiten bei der Umsetzung. Gerade dieser Fall zeigt auf, dass Schwierigkeiten bei der Umsetzung auch noch Jahre nach dem Urteil erfolgen können. Im Jahr 2011 bat Kambodscha um eine Interpretation des Urteils durch den IGH sowie um provisional measures, da es im Zuge der Eintragung des Tempels als Weltkulturerbe zu bewaffneten Zwischenfällen auf dem Gebiet gekommen war, s. ICJ, Request for Interpretation of the Judgment of 15 June 1962 in the Case concerning the Temple of Preah Vihear (Cambodia v. Thailand) (Cambodia v. Thailand), Urteil vom 11. November 2013, ICJ Rep. 2013, S. 281.

719 *Charney*, Disputes Implicating the Institutional Credibility of the Court: Problems of Non-Appearance, Non-Participation, and Non-Performance, in: Fisler Damrosch, The International Court of Justice at a Crossroads, S. 288–319.

720 *Charney*, Disputes Implicating the Institutional Credibility of the Court: Problems of Non-Appearance, Non-Participation, and Non-Performance, in: Fisler Damrosch, The International Court of Justice at a Crossroads, S. 288 (300 f.).

721 *Charney*, Disputes Implicating the Institutional Credibility of the Court: Problems of Non-Appearance, Non-Participation, and Non-Performance, in: Fisler Damrosch, The International Court of Justice at a Crossroads, S. 288 (302 f.).

722 *Schulte*, Compliance with Decisions of the International Court of Justice.

Fälle von Non-Compliance, sondern alle bis dahin vom IGH entschiedenen Fälle, und zwar sowohl finale Entscheidungen als auch provisional measures.[723] Insgesamt bewertet sie die Compliance mit den Urteilen als gut, diejenige mit den provisional measures jedoch als problematisch.[724]

*Tom Ginsburg* und *Richard H. McAdams* errechneten im Jahr 2004 eine Compliance-Rate von 68 %.[725] Hierbei legten die Autoren den Fokus auf Fälle von Non-Compliance, da Compliance schwieriger zu zählen sei.[726] Zu diesen Fällen der Non-Compliance zählten sie alle Verfahren, hinsichtlich derer ein Jahr nach Verfahrensbeendigung noch keine Umsetzung erfolgt war.[727] Auch bei Grenzstreitigkeiten zogen sie eine zeitliche Grenze von einem Jahr, um festzustellen, ob es noch Feindseligkeiten zwischen den Streitparteien gab oder ob eine Streitpartei nach wie vor den Verlauf der Grenze bestritt.[728] Daneben wurde auch das Zurückziehen der Unterwerfungserklärung nach Verfahrensende als Nichtbefolgen der Entscheidung gezählt.[729] Die Nichtbeachtung von provisional measures wurde ebenfalls mit einberechnet.[730] Den Autoren zufolge war die Compliance besonders gering in Fällen, die Gewaltanwendung beinhalteten.[731]

*Colter Paulson* untersuchte 14 Urteile des IGH, die im Zeitraum 1987 bis 2004 ergangen waren, hinsichtlich ihrer Befolgung durch die Streitparteien.[732] Bei fünf dieser Urteile wurde geringere Compliance als bei den anderen festgestellt, auch wenn kein Staat vollständig unwillig war, ein gegen ihn ergangenes Urteil zu befolgen.[733] Zwar sei der prozentuale Anteil an befolgten Urteilen seit der Studie von *Charney* auf den ersten Blick gesunken.[734] Indes führe die Tatsache,

---

723 *Schulte*, Compliance with Decisions of the International Court of Justice, S. 6 ff.

724 *Schulte*, Compliance with Decisions of the International Court of Justice, S. 403.

725 *Ginsburg/McAdams*, William and Mary Law Review 45 (2004), S. 1229 (1310 f.).

726 *Ginsburg/McAdams*, William and Mary Law Review 45 (2004), S. 1229 (1310).

727 *Ginsburg/McAdams*, William and Mary Law Review 45 (2004), S. 1229 (1310).

728 *Ginsburg/McAdams*, William and Mary Law Review 45 (2004), S. 1229 (1310).

729 *Ginsburg/McAdams*, William and Mary Law Review 45 (2004), S. 1229 (1310).

730 *Ginsburg/McAdams*, William and Mary Law Review 45 (2004), S. 1229 (1310).

731 *Ginsburg/McAdams*, William and Mary Law Review 45 (2004), S. 1229 (1327); den Autoren zufolge sind beispielsweise sowohl der *Corfu Channel Case* als auch das *Nicaragua-Verfahren* solche Fälle der Nichtbefolgung bei Gewaltanwendung, s. Appendix, *Ginsburg/McAdams*, William and Mary Law Review 45 (2004), S. 1229 (1331 ff.).

732 *Paulson*, AJIL 98 (2004), S. 434–461.

733 *Paulson*, AJIL 98 (2004), S. 434 (436 f.).

734 *Paulson*, AJIL 98 (2004), S. 434 (460).

dass die Fälle, bei denen nur eine teilweise Umsetzung erkennbar war, nahe der vollständigen Erfüllung stünden, dazu, dass insgesamt die Compliance gleich geblieben oder sogar gestiegen sei.[735] Insgesamt bewertet er die Compliance damit als durchaus positiv.

*Hugh Thirlway* zieht ebenfalls ein positives Fazit bezüglich der Compliance,[736] ebenso wie schon *Bruno Simma*[737] und *Gilbert Guillaume*[738] vor ihm. Derselben Meinung ist auch *Karin Oellers-Frahm*, die noch darauf verweist, dass die Umsetzung auch „*auf anderem Wege und nicht unmittelbar nach Erlaß des Urteils*" erfolge, beispielsweise aufgrund des Drucks durch die Öffentlichkeit oder nach weitergehenden diplomatischen Verfahren.[739]

Insgesamt kann die Compliance daher als zufriedenstellend betrachtet und somit als positiver Faktor im Rahmen der Effektivitätsbewertung verbucht werden.

### *(2) Einflussfaktor: Unterwerfung?*

Ob ein Urteil befolgt wird oder nicht, kann von unterschiedlichen Faktoren abhängen. So kann neben Unwillen auch Unfähigkeit eine Ursache für Non-Compliance sein.[740] Diese Faktoren wurden im Laufe der Studie bereits beleuchtet.[741] Daher soll hier lediglich auf den Faktor der Unterwerfung unter die Gerichtsbarkeit eingegangen werden. So ist die These, dass bei Verfahren vor dem IGH die Art der Unterwerfung ein ausschlaggebendes Kriterium sei, weit verbreitet.[742] Dies betrifft insbesondere die Frage, ob bei zwingender Gerichtsbarkeit, also bei Unterwerfungserklärungen nach Art. 36 Abs. 2 IGH-Statut, mit geringerer Compliance zu rechnen ist. So wird vertreten, dass die Entscheidung über die Befolgung letztlich schon im Zeitpunkt der Unterwerfung getroffen werde.[743] Bei Widerstand des Beklagten gegen das Verfahren sei keine

---

735 *Paulson*, AJIL 98 (2004), S. 434 (460).

736 *Thirlway*, NILR 2010, S. 347 (350).

737 *Simma*, DRiZ 2006, S. 181 (184).

738 *Guillaume*, SZIER 1997, S. 431 (437).

739 *Oellers-Frahm*, Souveräne Gleichheit der Staaten in der internationalen gerichtlichen Streitbeilegung?, in: Frowein/Scharioth/Winkelmann/Wolfrum, Verhandeln für den Frieden, S. 169 (190).

740 Zu den Compliance-Theorien s. Kapitel 1 I) 1) Definition Durchsetzung und Durchsetzungsschwäche.

741 S. Kapitel 1 II) Ursachen der Durchsetzungsschwäche.

742 Zu den genauen Unterwerfungsmöglichkeiten s. Kapitel 3 II) 1) a); für Beispiele s. *Tomuschat*, International Courts and Tribunals, MPEPIL, Rn. 68.

743 *Simma*, DRiZ 2006, S. 181 (184).

Compliance zu erwarten.[744] So sei insbesondere im *Nicaragua-Verfahren* vorhersehbar gewesen, dass die USA das Urteil des IGH nicht befolgen würden.[745]

In seiner Untersuchung der Durchführung der IGH-Urteile benennt *Gilbert Guillaume* genau diese Verbindung: Die Zustimmung zur Gerichtsbarkeit bedinge die Akzeptanz des Urteils.[746] Von einem Zusammenhang geht auch *Shigeru Oda* in einer Untersuchung zur zwingenden Gerichtsbarkeit aus.[747] Die zwingende Gerichtsbarkeit bringe keinen Vorteil, wenn kein Wille zur Konfliktlösung bestehe.[748] *Shabtai Rosenne* zufolge könne nur ein einziger Fall von Non-Compliance (der *Corfu Channel Case*) auf eine einvernehmliche Unterbreitung zurückgeführt werden.[749] *Colter Paulson* dagegen verneint, dass die Unterwerfung Auswirkung auf die Compliance habe.[750] Auch *Constanze Schulte* kommt zu dem Ergebnis, dass Probleme mit Non-Compliance sowohl bei zwingender Gerichtsbarkeit als auch bei gemeinsamer Unterbreitung des Falls auftreten würden.[751]

*Aloysius P. Llamzon* untersuchte den Zusammenhang zwischen der zwingenden Gerichtsbarkeit des IGH und der Compliance.[752] Bezüglich dieses Zusammenhanges sei stets davon ausgegangen worden, dass die Verfahrenseinleitung über die obligatorische Gerichtsbarkeit zu Einbußen im Rahmen der Compliance führe.[753] Jedoch bestünden erhebliche Lücken in der Forschung.[754] Die von *Llamzon* betrachteten Entscheidungen konnten einen Zusammenhang nicht stützen.[755] *Tom Ginsburg* und *Richard H. McAdams* dagegen sehen einen Zusammenhang zwischen dem Nichtbestreiten der Gerichtsbarkeit des IGH und der Compliance-Rate.[756]

---

744 *Oellers-Frahm*, ZaöRV 1987, S. 243 (262).
745 *Oellers-Frahm*, ZaöRV 1987, S. 243.
746 *Guillaume*, SZIER 1997, S. 431 (447).
747 *Oda*, International & Comparative Law Quarterly 49 (2000), S. 251 (264); s. hierzu zusammenfassend auch *Llamzon*, EJIL 18 (2007), S. 815 (819 f.).
748 *Oda*, International & Comparative Law Quarterly 49 (2000), S. 251 (264).
749 *Rosenne/Shaw*, Rosenne's Law and Practice of the International Court, Volume I, S. 199.
750 *Paulson*, AJIL 98 (2004), S. 434 (457).
751 *Schulte*, Compliance with Decisions of the International Court of Justice, S. 406.
752 *Llamzon*, EJIL 18 (2007), S. 815–852.
753 *Llamzon*, EJIL 18 (2007), S. 815 (819).
754 *Llamzon*, EJIL 18 (2007), S. 815 (819).
755 *Llamzon*, EJIL 18 (2007), S. 815 (845).
756 *Ginsburg/McAdams*, William and Mary Law Review 45 (2004), S. 1229 (1313).

Schon diese Meinungen machen deutlich, dass das Gesamtbild uneinheitlich ist. Gute Gründe sprechen dafür, dass der Befolgungswille bei zwingender Gerichtsbarkeit geringer sein könnte, da die Gerichtsbarkeit des IGH immer noch stark auf dem Konsensprinzip basiert. Andererseits sind die Erklärungen nach Art. 36 Abs. 2 IGH-Statut mit dem Wissen um mögliche Klagen abgegeben worden. Gleiches gilt für Streitbeilegungsklauseln in Verträgen. Auch scheinen die zitierten Untersuchungen die These, dass ein Zusammenhang besteht, nicht vollends zu stützen. Daher ist hier von keinem zwingenden, die Effektivität beeinträchtigenden, Zusammenhang auszugehen.

### c) *Anzahl der Verfahren*

Die Anzahl der anhängigen Verfahren vor dem IGH war in den 76 Jahren seit seiner Gründung erheblichen Schwankungen unterworfen. Dies wird bei einem Blick auf die Liste der ergangenen Urteile[757] sowie in die Annual Reports des IGH deutlich.[758] Während in den 1950er Jahren meist mehrere Urteile pro Jahr gelistet sind, nimmt diese Zahl in den 1960er und 1970er Jahren stark ab. Die Abnahme kann auf das *South West Africa-Urteil*[759] und eine auf diesem Urteil basierende „Feindlichkeit" gegenüber dem Gerichtshof zurückzuführen sein.[760] Während dies insbesondere die Staaten des globalen Südens betraf, kehrte sich die Entwicklung nach dem *Nicaragua-Urteil* um: Der IGH gewann bei diesen Staaten Vertrauen zurück, allerdings auf Kosten des Vertrauens der großen Mächte.[761] Erst zu Beginn der 1990er Jahre stieg die Fallzahl wieder (stark) an. Der Anstieg wird in den Annual Reports des IGH beschrieben: In den 1970er Jahren waren meist lediglich ein oder zwei Verfahren anhängig, zwischen

757 https://www.icj-cij.org/en/contentious-cases (abgerufen am 19.4.2022).

758 https://www.icj-cij.org/en/annual-reports (abgerufen am 19.4.2022).

759 ICJ, South West Africa Cases (Ethiopia v. South Africa; Liberia v. South Africa), Urteil vom 18. Juli 1966, ICJ Rep. 1966, S. 6.

760 *Anand*, Enhancing the Acceptability of Compulsory Procedures of International Dispute Settlement, in: Frowein/Wolfrum, Max Planck Yearbook of United Nations Law 2001, S. 1 (9); *Warioba*, Monitoring Compliance with and Enforcement of Binding Decisions of International Courts, in: Frowein/Wolfrum, Max Planck Yearbook of United Nations Law 2001, S. 41 (44); Zimmermann/Tams/*Jennings/Higgins/Tomka*, The Statute of the International Court of Justice, General Introduction, Rn. 81.

761 *Anand*, Enhancing the Acceptability of Compulsory Procedures of International Dispute Settlement, in: Frowein/Wolfrum, Max Planck Yearbook of United Nations Law 2001, S. 1 (11) mwN.

1990 und 1997 zwischen neun und 13 und nach 1997 20 Verfahren und mehr.[762] Viele hiervon betrafen den Konflikt in Jugoslawien.[763] Doch auch danach sank die Zahl nicht.[764] In den Jahren 2011 bis 2021 (Annual Reports 2011/2012 bis 2020/2021) findet sich kein Jahr, in dem die Anzahl kleiner zehn war. Die letzten drei der genannten Annual Reports verzeichnen 16 (31.7.2019), 15 (31.7.2020) und 14 (31.7.2021) anhängige Verfahren.[765] Demgegenüber steht die Anzahl der Entscheidungen des IGH für diesen Zeitraum: er entschied im Schnitt 3,2 Fälle pro Jahr. Diese Zahl entspricht ungefähr der der vorhergehenden Jahre: In der Periode von 2006 bis 2016 standen im Schnitt drei Urteile der Zahl von durchschnittlich 13 anhängigen Verfahren gegenüber.[766] Mithin muss davon ausgegangen werden, dass die „Kapazitätsgrenze" des IGH in seiner derzeitigen Ausgestaltung erreicht ist. Auch der IGH verweist in seinen Annual Reports stets auf die gesteigerte Arbeitsbelastung.[767]

Die gestiegene Anzahl der Verfahren kann ein erhöhtes Vertrauen in den IGH widerspiegeln;[768] es ist daher davon auszugehen, dass die Streitparteien auf eine effektive Streitbeilegung vertrauen. Indes muss zwischen den klagenden und den verklagten oder unterlegenen Staaten unterschieden werden. So werden oft verklagte Staaten das Vertrauen eher verlieren. Das zeigt sich beispielsweise dann, wenn Staaten als Reaktion auf ein einzelnes Urteil oder Verfahren ihre Unterwerfungserklärung zurückziehen (Bsp.: USA nach dem *Nicaragua-Urteil*;[769] Frankreich nach den *Nukleartest-Fällen*[770]).[771] Gerade bezüglich der USA kann

---

762 ICJ Annual Report 2004/2005, Rn. 9, *Thirlway*, NILR 2010, S. 347 (349).

763 ICJ Annual Report 2004/2005, Rn. 14.

764 *Walter*, Rechtsschutz durch den Internationalen Gerichtshof, in: Ehlers/Schoch, Rechtsschutz im Öffentlichen Recht, Rn. 68.

765 ICJ Annual Reports ab 2011/2012; in diesen Zahlen sind die jeweils anhängigen Gutachtenverfahren enthalten.

766 *Abraham*, Journal of International Dispute Settlement 7 (2016), S. 297 (300); ebenfalls drei Urteile pro Jahr im Schnitt zählt *Thirlway*, NILR 2010, S. 347 (392).

767 S. z.B. ICJ Annual Report 2017/2018, Rn. 9: „*Over the last 20 years, the Court's workload has grown considerably*".

768 So begrüßte der IGH ausdrücklich das wieder erstarkte Vertrauen, s. Annual Report 2019/2020, Rn. 15.

769 *Berger*, JuS 2017, S. 828 (831).

770 Zimmermann/Tams/*Jennings/Higgins/Tomka*, The Statute of the International Court of Justice, General Introduction, Rn. 94 f.

771 *Charney*, Disputes Implicating the Institutional Credibility of the Court: Problems of Non-Appearance, Non-Participation, and Non-Performance, in: Fisler Damrosch, The International Court of Justice at a Crossroads, S. 288 (300).

aus der Statistik kein gesteigertes Vertrauen in den Gerichtshof herausgelesen werden: Zwar führen sie mit 25 Fällen die Statistik der Fälle pro Staat zahlenmäßig an, darunter sind jedoch nur neun Verfahren, in denen die USA die klagende Partei waren.[772]

Daneben ist eine Folge der Verfahrenszahl, dass die Dauer der Verfahren bzw. die Zeit bis zu einer Entscheidung zu lang wird. Dies kann sich dadurch zeigen, dass der Streit sich inzwischen außergerichtlich erledigt hat (und deswegen ohne Urteil enden kann) oder der Konflikt zwischenzeitlich eskaliert ist. Der IGH kann in beiden Fällen seine Rolle als Streitbeilegungsorgan nicht adäquat wahrnehmen, was im zweiten Fall schwerwiegender ist als im ersten. Die Verfahrensdauer wird noch genauer untersucht werden.

*Rotem Giladi* und *Yuval Shany* setzen in ihrer Untersuchung zum IGH die Zahl der Verfahren vor dem IGH ins Verhältnis zu der Zahl der Vertragsparteien des Statuts.[773] Auch wenn die Anzahl der Verfahren in den letzten Jahren stetig angestiegen sei, so sei sie doch gering im Vergleich zur Anzahl der Vertragsparteien.[774] Für ihre Darstellung errechnen *Giladi* und *Shany* die *„usage rates"* des IGH über die Jahrzehnte.[775] So sei die Anzahl der streitigen Verfahren pro Mitgliedsstaat gesunken: Von 0,25 Verfahren in den Jahren 1946–1955 auf 0,125 Verfahren pro Staat in den Jahren 1996–2005.[776] Die *„usage rate"* (Nutzungsrate) sei demnach gesunken.[777] Auch repräsentierten die Verfahren vor dem IGH lediglich einen kleinen Teil der tatsächlich in den Jahren seines Bestehens aufgetretenen Streitigkeiten.[778] Potentiell wären demnach deutlich mehr Verfahren möglich, woraus geschlossen werden kann, dass die gesteigerte Nutzung zwar gesteigertes Vertrauen widerspiegelt, dieses Potential aber noch nicht voll ausgeschöpft ist. Allerdings ist solch eine Aussage kritisch zu bewerten. Die Staaten

---

772 https://www.icj-cij.org/en/cases-by-country (abgerufen am 19.4.2022).

773 *Giladi/Shany*, The International Court of Justice, in: Shany, Assessing the Effectiveness of International Courts, S. 161 (175–177).

774 *Giladi/Shany*, The International Court of Justice, in: Shany, Assessing the Effectiveness of International Courts, S. 161 (175 f.).

775 *Giladi/Shany*, The International Court of Justice, in: Shany, Assessing the Effectiveness of International Courts, S. 161 (175).

776 *Giladi/Shany*, The International Court of Justice, in: Shany, Assessing the Effectiveness of International Courts, S. 161 (175).

777 *Giladi/Shany*, The International Court of Justice, in: Shany, Assessing the Effectiveness of International Courts, S. 161 (176).

778 *Giladi/Shany*, The International Court of Justice, in: Shany, Assessing the Effectiveness of International Courts, S. 161 (184).

entscheiden sich nicht aktiv dafür, Vertragspartei des IGH-Statuts zu werden. Vielmehr werden sie automatisch durch die Mitgliedschaft bei den Vereinten Nationen auch Vertragspartei des IGH-Statuts. Es ist demnach keine bewusste Entscheidung dafür, Streitigkeiten nur noch vor einem bestimmten Streitbeilegungsorgan lösen zu lassen, sondern eröffnet eine zusätzliche Möglichkeit der friedlichen Streitbeilegung. Dieser Ausschluss einer „Exklusivität" der Streitbeilegung wird auch im Handbook des IGH betont: *„In considering whether or not sufficient use has been made of the PCIJ and the ICJ, it is worth recalling that the two Courts were not created in order to resolve all international conflicts, but only certain disputes of a legal nature. While the United Nations Charter requires States to settle their differences by peaceful means, it expressly leaves the choice of means to them (see Articles 33 and 95).*"[779] Aussagekräftiger könnte es daher sein, auf die Anzahl der Unterwerfungserklärungen abzustellen, da diese eine bewusste Entscheidung für eine generelle Zuständigkeit darstellen. Indes hat die Entscheidung, ob eine Unterwerfungserklärung abgegeben wird oder nicht oder, ob sie zurückgezogen wird, einen hochgradig politischen Charakter und kann von Einzelfällen abhängen.[780] Daher ist ihre Anzahl ebenfalls nicht aussagekräftig genug, um „Nutzungsraten" zu errechnen. Hinzu kommen die anderen Möglichkeiten, dem IGH einen Streit zu unterbreiten, die bei einer solchen Berechnung außen vor bleiben würden. Der IGH besitzt keine Spezialzuständigkeit für die Durchsetzung eines bestimmten, abgegrenzten Themenbereiches oder eines Vertragswerkes (wo anhand der Vertragsparteien oder Konfliktfälle tatsächlich „Nutzungsraten" errechnet werden könnten, die das Vertrauen in das Streitbeilegungsorgan widerspiegeln), sondern vielmehr eine generelle und umfassende Zuständigkeit. Daher muss die Tatsache, dass ein Streit nicht dem IGH, sondern einem speziell zuständigen Gremium oder einem Schiedsgericht unterbreitet wird, kein Zeichen mangelnden Vertrauens in den IGH darstellen. Es kann bedeuten, dass für einen Fall spezielle Kompetenzen der Richter oder die Vorteile der Schiedsgerichtsbarkeit (wie beispielsweise die Auswahl der Richter oder Verhandlungen unter Ausschluss der Öffentlichkeit) gewünscht sind.

In Kapitel 2 wurden des Weiteren die tatsächlich gelösten Streitigkeiten als Merkmal der Effektivität genannt. Dort wurde bereits darauf hingewiesen, dass die Bilanz des IGH in dieser Hinsicht nicht umfassend positiv ausfällt.[781]

---

779 The International Court of Justice: Handbook, S. 44.

780 S. z.B. die zurückgezogenen Erklärungen von den USA und Frankreich.

781 S. Kapitel 2; *Watts*, Enhancing the Effectiveness of Procedures of International Dispute Settlement, in: Frowein/Wolfrum, Max Planck Yearbook of United Nations Law 2001, S. 21 (22).

Insgesamt ist der stetige Anstieg der Verfahrenszahlen seit der kritischen Phase in den 1960er und 1970er Jahren positiv in der Effektivitätsbewertung zu vermerken. Die Auswirkung (in Form von langen Verfahrensdauern) wird noch betrachtet werden. Ohne der Analyse der Verfahrensdauer vorzugreifen, lässt sich indes festhalten, dass aufgrund der gesteigerten Anzahl der Verfahren Reformbedarf bei der Zusammensetzung und im Rahmen des Verfahrensablaufs entstanden ist, um dieser Herr zu werden. Da trotz dieses seit einigen Jahren (oder Jahrzehnten) bestehenden Problems die Anzahl der Verfahren nicht ab-, sondern zugenommen hat, scheint es noch keine unmittelbaren negativen Auswirkungen zu geben. Die Anzahl der Verfahren ist demnach positiv zu bewerten.

### *d) Verfahrenseinleitung und Klagebefugnis*

Bei der Verfahrenseinleitung im streitigen Verfahren bleibt der IGH traditionellen Werten und Vorstellungen treu: Nur souveräne Staaten dürfen vor dem Gerichtshof klagen und verklagt werden, Art. 34 Abs. 1 IGH-Statut.[782] NGOs und Individuen besitzen dieses Recht nicht.[783] Selbst die Vereinten Nationen, deren Hauptrechtsprechungsorgan der IGH ist, sind nicht parteifähig.[784] Klagen von Nicht-Staaten werden unmittelbar abgewiesen und erscheinen nicht auf der Liste der Fälle.[785] Für entsprechend berechtigte Organisationen, die sich im Streit mit einem Staat befinden, besteht lediglich die Möglichkeit, ein Gutachten anzufordern (Art. 96 Abs. 1 UN-Charta, Art. 65 IGH-Statut), welches dann von den Parteien als bindend angesehen werden kann.[786] So wird das grundsätzlich nicht rechtsverbindliche Gutachten letztlich doch bindend. Die Bindungswirkung entstammt in diesem Fall nicht dem Gutachten an sich, sondern der entsprechenden multilateralen Vereinbarung oder dem unilateralen Versprechen

---

782 *Jennings*, AJIL 89 (1995), S. 493 (497); *Gaja*, Standing: International Court of Justice (ICJ), MPEPIL, Rn. 8; *Pellet*, Judicial Settlement of International Disputes, MPEPIL, Rn. 67; *Simma*, DRiZ 2006, S. 181 (182); *Tomuschat*, International Courts and Tribunals, MPEPIL, Rn. 3, 54.

783 *Kolb*, The Elgar Companion to The International Court of Justice, S. 178; *Thirlway*, The International Court of Justice, S. 83.

784 *Anand*, Enhancing the Acceptability of Compulsory Procedures of International Dispute Settlement, in: Frowein/Wolfrum, Max Planck Yearbook of United Nations Law 2001, S. 1 (19); *Walter*, Rechtsschutz durch den Internationalen Gerichtshof, in: Ehlers/Schoch, Rechtsschutz im Öffentlichen Recht, Rn. 30.

785 *Gaja*, Standing: International Court of Justice (ICJ), MPEPIL, Rn. 9.

786 Zimmermann/Tams/*Dupuy/Hoss*, The Statute of the International Court of Justice, Art. 34, Rn. 28; *Gaja*, Standing: International Court of Justice (ICJ), MPEPIL, Rn. 12.

eines Staates.[787] In diesen Verfahren müssen allerdings erhebliche Abstriche bezüglich der Mitwirkungsbefugnisse und Gleichheit der „Beteiligten" gemacht werden,[788] da es im Gutachtenverfahren gerade keine Parteien gibt.[789] So enthalten Art. 44–72 der Rules of Court detaillierte Regelungen zu den Rechten der Parteien im streitigen Verfahren, zum Beispiel zu Schriftstücken, Beweiserhebung und den Parteivorträgen. Im Gutachtenverfahren können Staaten, die vor dem Gerichtshof auftreten können, und Organisationen, die nach Ansicht des Gerichtshofes Auskunft geben können, lediglich schriftliche oder mündliche Darstellungen abgeben, Art. 66 Abs. 2 IGH-Statut. Es gibt kein vorgeschriebenes Verfahren, bei dem auf Schriftstücke der „Gegenseite" reagiert werden kann. Auch können die „Beteiligten" beispielsweise keine Beweise einbringen.[790] Somit kann in einem als verbindlich angesehenen Gutachtenverfahren zwar der IGH befragt werden, die Einflussnahme der „Beteiligten" bleibt dabei jedoch gering.

Eine weitere Einschränkung hinsichtlich der Parteien enthält Art. 35 Abs. 1 IGH-Statut, wonach grundsätzlich nur Vertragsparteien des Statuts parteifähig sind.[791] Da alle Mitglieder der Vereinten Nationen auch Vertragsparteien des IGH-Statuts (Art. 93 Abs. 1 UN-Charta) und inzwischen nahezu alle Staaten auch Mitglied der Vereinten Nationen sind, sind Ausnahmeregelungen wie Art. 93 Abs. 2 UN-Charta und Art. 35 Abs. 2 IGH-Statut weitgehend obsolet geworden.[792]

Die Fragestellung, ob das Verfahren von einem Staat eingeleitet wurde und ob dieser Partei des Statuts war, wurde allerdings akut in den *Legality of Use of Force-Fällen* aus dem Jahr 2004.[793] Dort verneinte der IGH die UN-Mitgliedschaft von Serbien und Montenegro bei Klageerhebung.[794] Die Klagen wurden von der Federal Republic of Yugoslavia (FRY) im Jahr 1999 erhoben.[795] Gemäß

787 *Kolb*, The International Court of Justice, S. 1100, der auf den folgenden Seiten einige Verträge aufzählt.

788 *Gaja*, Standing: International Court of Justice (ICJ), MPEPIL, Rn. 12.

789 *Thirlway*, The International Court of Justice, S. 109.

790 *Gaja*, Standing: International Court of Justice (ICJ), MPEPIL, Rn. 12.

791 *Thirlway*, The International Court of Justice, in: Evans, International Law, S. 573 (580).

792 *Thirlway*, The International Court of Justice, S. 41.

793 Zur Vereinfachung wird hier aus dem Urteil gegen Belgien zitiert: ICJ, Legality of Use of Force (Serbia and Montenegro v. Belgium), Urteil vom 15. Dezember 2004, ICJ Rep. 2004, S. 279; *Gaja*, Standing: International Court of Justice (ICJ), MPEPIL, Rn. 13.

794 ICJ, Legality of Use of Force (Serbia and Montenegro v. Belgium), Urteil vom 15. Dezember 2004, ICJ Rep. 2004, S. 279 (314 f.), Rn. 91.

795 ICJ, Legality of Use of Force (Serbia and Montenegro v. Belgium), Urteil vom 15. Dezember 2004, ICJ Rep. 2004, S. 279 (292), Rn. 28.

Resolution des UN-Sicherheitsrates[796] die durch die Generalversammlung auf dessen Empfehlung hin bestätigt wurde[797], war Jugoslawien allerdings durch Dismembration untergangen, sodass die FRY nicht automatisch den Platz Jugoslawiens bei den Vereinten Nationen einnehmen konnte.[798] Erst am 1. November 2000 wurde die Bundesrepublik Jugoslawien, die 2003 wiederum zu Serbien und Montenegro wurde, Mitglied der Vereinten Nationen.[799] Daher fehlte bei Klageerhebung diese Eigenschaft, und auch die Ausnahme nach Art. 35 Abs. 2 griff nicht ein.[800] Bezüglich der Ausnahme in Art. 35 Abs. 2 legte der IGH die Voraussetzung „*special provisions contained in treaties in force*" so aus, dass hiervon nur solche Verträge erfasst seien, die bei Inkrafttreten des Statuts schon in Kraft waren, so dass die Genocide Convention hiervon nicht erfasst sein konnte.[801]

Der IGH wird insbesondere durch den Ausschluss von Individuen von vielen aktuellen Fragen des Völkerrechts isoliert.[802] Allerdings könnte eine Ausweitung (sollte sie politisch gewollt sein) zu einer nicht beherrschbaren Arbeitsbelastung führen.[803] So müssen Individuen auf andere Gerichtshöfe verwiesen werden.[804]

Zu betrachten ist auch, welche Streitigkeiten bzw. Probleme von einem Staat vorgebracht werden dürfen, also ob hinsichtlich der Rechtsverletzung o.Ä. eine Beschränkung besteht.[805] Dabei verweisen weder das Statut noch die Rules of Court auf das Erfordernis einer Klagebefugnis.[806] Grundsätzlich können Staaten nur eigene Rechtsverletzungen geltend machen, bei welchen die Klagebefugnis

796 S/Res/777 (1992).
797 A/RES/47/1.
798 *Thienel/Zimmermann*, Yugoslavia, Cases and Proceedings before the ICJ, MPEPIL, Rn. 2.
799 ICJ, Legality of Use of Force (Serbia and Montenegro v. Belgium), Urteil vom 15. Dezember 2004, ICJ Rep. 2004, S. 279 (291), Rn. 25; *Thienel/Zimmermann*, Yugoslavia, Cases and Proceedings before the ICJ, MPEPIL, Rn. 18.
800 ICJ, Legality of Use of Force (Serbia and Montenegro v. Belgium), Urteil vom 15. Dezember 2004, ICJ Rep. 2004, S. 279 (327 f.), Rn. 127.
801 ICJ, Legality of Use of Force (Serbia and Montenegro v. Belgium), Urteil vom 15. Dezember 2004, ICJ Rep. 2004, S. 279 (323 f.), Rn. 113 f.; *Thienel/Zimmermann*, Yugoslavia, Cases and Proceedings before the ICJ, MPEPIL, Rn. 20.
802 *Jennings*, AJIL 89 (1995), S. 493 (504).
803 *Jennings*, AJIL 89 (1995), S. 493 (504); *Kolb*, The Elgar Companion to The International Court of Justice, S. 178 f.
804 *Kolb*, The Elgar Companion to The International Court of Justice, S. 178.
805 *Gaja*, Standing: International Court of Justice (ICJ), MPEPIL, Rn. 1.
806 *Gaja*, Standing: International Court of Justice (ICJ), MPEPIL, Rn. 2.

(ius standi) ohne Weiteres gegeben ist.[807] Das Problem bezüglich der Geltendmachung von Verpflichtungen erga omnes oder erga omnes partes wurde bereits diskutiert.[808] Dies zeigt die restriktive Praxis der Geltendmachung fremder Rechte auf. Allerdings scheint es Sache der Staaten zu sein, den Mangel der Klagebefugnis vorzubringen.[809] So bestritt Japan die Klagebefugnis im Fall *Whaling in the Antarctic*[810] nicht, woraufhin der Gerichtshof nicht auf diesen Punkt einging.[811] Unter anderem aufgrund dieses Falles wird vertreten, dass der IGH somit die Möglichkeit einer actio popularis zugelassen habe.[812]

Im Rahmen des Gutachtenverfahrens ist der Kreis der möglichen Antragsteller ebenfalls begrenzt. Staaten sind nicht berechtigt, ein Gutachten zu beantragen.[813] Art. 96 Abs. 1 UN-Charta berechtigt die Generalversammlung und den Sicherheitsrat, eine Gutachtenfrage zu stellen.[814] Nach Art. 96 Abs. 2 UN-Charta wiederum können „*andere Organe der Vereinten Nationen und Sonderorganisationen [...] mit jeweiliger Ermächtigung durch die Generalversammlung ebenfalls Gutachten des Gerichtshofs über Rechtsfragen anfordern, die sich in ihrem Tätigkeitsbereich stellen*“. Diese Organisationen sind im Annual Report des IGH aufgeführt. 2020/2021 waren es drei Organe (Economic and Social Council, Trusteeship Council, Interim Committee of the Assembly) sowie 16 Organisationen (z.B. die International Labour Organisation und die World Health Organization).[815] Mit Abstand die meisten Gutachtenfragen stammen von der Generalversammlung.[816] Wie in der Charta genannt, sind diese Organisationen bei Gutachtenfragen auf ihren Tätigkeitsbereich beschränkt. So konnte

807 *Schröder*, Verantwortlichkeit, Völkerstrafrecht, Streitbeilegung und Sanktionen, in: Vitzthum/Proelß, Völkerrecht, Rn. 95.

808 S. Kapitel 2 II) 4 b) Klagebefugnis der Staaten (ius standi).

809 *Gaja*, Standing: International Court of Justice (ICJ), MPEPIL, Rn. 29.

810 ICJ, Whaling in the Antarctic (Australia v. Japan; New Zealand intervening), Urteil vom 31. März 2014, ICJ Rep. 2014, S. 226.

811 *Gaja*, Standing: International Court of Justice (ICJ), MPEPIL, Rn. 29.

812 *Merrills*, International Dispute Settlement, S. 132.

813 *Thirlway*, The International Court of Justice, S. 63.

814 *Thirlway*, The International Court of Justice, S. 63.

815 ICJ Annual Report 2020/2021, Rn. 35; https://www.icj-cij.org/en/organs-agencies-authorized (abgerufen am 19.4.2022).

816 https://www.icj-cij.org/en/organs-agencies-authorized (abgerufen am 19.4.2022).

beispielsweise die World Health Organization keine Gutachtenfrage zur Rechtmäßigkeit des Einsatzes von Atomwaffen stellen.[817]

Auf den ersten Blick erscheint die Effektivität bezüglich der Verfahrenseinleitung negativ. Lediglich Staaten können – zusätzlich eingeschränkt durch die Klagebefugnis – Verfahren initiieren.[818] Der Ausschluss von Individuen beschränkt die zu behandelnden Themenfelder beträchtlich. Andererseits würde eine breite Öffnung für Individuen und Organisationen die Anzahl der Verfahren wahrscheinlich so erhöhen, dass die Verfahrensdauer auf ein nicht mehr effektives Maß steigen würde. Ohne wirksamen „Filter" oder eine Erhöhung der Richteranzahl kann der Zugang zum IGH nicht weiter geöffnet werden. In Anbetracht der derzeit vorliegenden Voraussetzungen steigert die Beschränkung daher die Effektivität. Daneben ist anzumerken, dass der IGH auch als rein zwischenstaatliches Gericht konzipiert ist. Rechte von Individuen werden vor anderen Gerichten verhandelt, der IGH ist auf diese nicht ausgelegt. Eine Erweiterung würde daher zu einer Verschiebung in der internationalen Rechtsordnung führen. In vielen Bereichen ist das Völkerrecht immer noch vorrangig zwischenstaatliches Recht, die Staaten sind die primären Völkerrechtssubjekte. Individuen als Völkerrechtssubjekte sind bis jetzt insbesondere im Bereich der Menschenrechte sowie des Völkerstrafrechts präsent. Würde man den IGH, das Hauptrechtsprechungsorgan der Vereinten Nationen, für Individuen öffnen, so würde zumindest in diesem Bereich der zwischenstaatliche Charakter endgültig aufgegeben. Individuen würden in dieser Hinsicht den Staaten gleichberechtigt gegenüberstehen und könnten sie jederzeit verklagen. Gegebenenfalls würden Staaten den IGH dann seltener anrufen, da er nicht mehr alleine für die Durchsetzung ihrer Rechte zuständig wäre. Auch das Unterwerfungssystem müsste überarbeitet werden: Würde die Unterwerfung sich auch auf Klagen von Individuen beziehen, könnte die Bereitschaft zur Unterwerfung zurückgehen. Aufgrund all dieser Bedenken ist der Verfahrenseinleitung in ihrer derzeitigen Ausgestaltung Effektivität zu attestieren.

---

817 ICJ, Legality of the Use by a State of Nuclear Weapons in Armed Conflict, Gutachten vom 8. Juli 1996, ICJ Rep. 1996, S. 66 (79 ff.), Rn. 26; *Thirlway*, The International Court of Justice, S. 64; *Thirlway*, Advisory Opinions, MPEPIL, Rn. 12.

818 S. zu einer möglichen Beteiligung von Individuen und Argumenten dafür und dagegen auch *Orrego Vicuña*, Individuals and Non-State Entities before International Courts and Tribunals, in: Frowein/Wolfrum, Max Planck Yearbook of United Nations Law 2001, S. 53 (56 ff.).

### e) Weitere Verfahrensvoraussetzungen und -hindernisse

Neben den schon genannten Voraussetzungen bezüglich Unterwerfung und Einleitung des Verfahrens müssen vor dem IGH noch weitere erfüllt bzw. beachtet werden. Dabei ist zwischen dem streitigen Verfahren und dem Gutachtenverfahren zu unterscheiden.

#### (1) Streitiges Verfahren

Das streitige Verfahren kennt eine Vielzahl an Voraussetzungen, von welchen einige explizit durch das IGH-Statut oder die Rules of Court aufgestellt werden, während andere durch den IGH selbst etabliert bzw. aus dem allgemeinen Völkerrecht erschlossen wurden.[819] Des Weiteren sei darauf verwiesen, dass die Aufzählung nicht abschließend ist. Da die einzelnen Voraussetzungen stets vom konkreten Fall abhängen, können regelmäßig neue Erfordernisse entstehen und entschieden werden.[820]

Das Erfordernis einer Rechtsstreitigkeit wird in Art. 36 Abs. 2 IGH-Statut explizit aufgeführt.[821] Es bezieht sich allerdings auch auf die in Art. 36 Abs. 1 IGH-Statut genannten Fälle.[822] Die von StIGH und IGH aufgestellten Kriterien zum Vorliegen eines Streits wurden schon beleuchtet.[823] Daher soll hier nur auf das Merkmal der *Rechts*streitigkeit eingegangen werden. Nicht entschieden werden Streitigkeiten, die lediglich politischer Natur sind.[824] Es müssen Konsequenzen für das Rechtsverhältnis zwischen den Parteien entstehen, sodass

---

819 Zur oft genannten Unterscheidung zwischen *jurisdiction* und *admissibility* s. *Kolb*, The International Court of Justice, S. 200 ff.; diese Unterscheidung wird nicht immer und nicht immer nach den gleichen Kriterien getroffen. Andere Ansichten werden von *Robert Kolb* selbst aufgezählt, s. *Kolb*, The International Court of Justice, S. 204 ff. Da die Unterscheidung auf den weiteren Verlauf der Untersuchung keinen Einfluss hat, wird auf eine Darstellung der verschiedenen Ansichten verzichtet.

820 S. z.B. *Kolb*, The International Court of Justice, S. 219, der darauf verweist, dass es keinen Numerus Clausus bezüglich der Gründe der inadmissibility gibt.

821 *Thirlway*, The International Court of Justice, S. 53.

822 *Kolb*, The International Court of Justice, S. 320.

823 S. Kapitel 1 und beispielsweise ICJ, East Timor (Portugal v. Australia), Urteil vom 30. Juni 1995, ICJ Rep. 1995, S. 90 (99 f.), Rn. 22; ICJ, Questions relating to the Obligation to Prosecute or Extradite (Belgium v. Senegal), Urteil vom 20. Juli 2012, ICJ Rep. 2012, S. 422 (442), Rn. 46 mwN; s. für einen Überblick auch *Thirlway*, The International Court of Justice, S. 53 ff.

824 *Kolb*, The International Court of Justice, S. 298.

die Ungewissheit bezüglich ihrer rechtlichen Beziehungen beseitigt wird.[825] Kann der Streit nicht durch die Anwendung rechtlicher Kriterien gelöst werden, so ist der IGH nicht zuständig.[826] Ist der Streit jedoch nur teilweise politischer und ansonsten rechtlicher Natur, verneint der IGH die Zuständigkeit nicht, da die rechtlichen Probleme meist in einem politischen Kontext entstehen.[827] Hier verhindert der politische Hintergrund nicht die Streitentscheidung.[828] Wenn die Streitigkeit dem IGH von den Staaten gemeinsam unterbreitet wird, entsteht meist keine Uneinigkeit über die rechtliche Natur des Streits.[829] Dieses Problem stellt sich daher insbesondere im Rahmen einer einseitigen Anrufung des Gerichts.[830] Das Erfordernis eines Streits wird durch den IGH weit interpretiert und wurde bisher nur einmal in den *Marshall Islands Cases*[831] abgelehnt.[832] Welches Recht durch den IGH angewendet werden kann, legt Art. 38 IGH-Statut fest:[833] Internationale Übereinkünfte, das internationale Gewohnheitsrecht, allgemeine Rechtsgrundsätze sowie als Rechtserkenntnisquellen richterliche

---

825 ICJ, Case concerning the Northern Cameroons (Cameroon v. United Kingdom), Preliminary Objections, Urteil vom 2. Dezember 1963, ICJ Rep. 1963, S. 15 (33 f.); *Stein/von Buttlar/Kotzur*, Völkerrecht, Rn. 966.

826 *Merrills*, International Dispute Settlement, S. 163.

827 ICJ, United States Diplomatic and Consular Staff in Tehran (United States of America v. Iran), Urteil vom 24. Mai 1980, ICJ Rep. 1980, S. 3 (20), Rn. 37; *Gowlland-Debbas*, AJIL 88 (1994), S. 643 (651); *Merrills*, International Dispute Settlement, S. 164; Zimmermann/Tams/*Tomuschat*, The Statute of the International Court of Justice, Art. 36, Rn. 14.

828 *Merrills*, International Dispute Settlement, S. 163.

829 *Merrills*, International Dispute Settlement, S. 165.

830 *Merrills*, International Dispute Settlement, S. 165.

831 ICJ, Obligations concerning Negotiations relating to Cessation of the Nuclear Arms Race and to Nuclear Disarmament (Marshall Islands v. Pakistan), Jurisdiction and Admissibility, Urteil vom 5. Oktober 2016, ICJ Rep. 2016, S. 552; ICJ, Obligations concerning Negotiations relating to Cessation of the Nuclear Arms Race and to Nuclear Disarmament (Marshall Islands v. India), Jurisdiction and Admissibility, Urteil vom 5. Oktober 2016, ICJ Rep. 2016, S. 255; ICJ, Obligations concerning Negotiations relating to Cessation of the Nuclear Arms Race and to Nuclear Disarmament (Marshall Islands v. United Kingdom), Preliminary Objections, Urteil vom 5. Oktober 2016, ICJ Rep. 2016, S. 833.

832 *Epping*, Die friedliche Streitbeilegung, in: Ipsen, Völkerrecht, Rn. 65; Zimmermann/Tams/*Tomuschat*, The Statute of the International Court of Justice, Art. 36, Rn. 9.

833 *Graf Vitzthum*, Begriff, Geschichte und Rechtsquellen des Völkerrechts, in: Vitzthum/Proelß, Völkerrecht, Rn. 113; *Rosenne*, International Court of Justice (ICJ), MPEPIL, Rn. 102.

Entscheidungen und die Lehrmeinung der fähigsten Völkerrechtler.[834] Diese Aufzählung ist nicht abschließend. So fehlen beispielsweise die einseitigen Erklärungen der Staaten oder Entscheidungen von Organen von Internationalen Organisationen.[835] Gemäß Art. 38 Abs. 2 IGH-Statut darf der Gerichtshof mit Zustimmung der Parteien auch ex aeqo et bono entscheiden.[836]

Von Relevanz ist weiterhin, ob die Interessen eines dritten Staates betroffen sind. Dies entspringt unmittelbar dem Konsensprinzip.[837] Im Fall *Monetary Gold removed from Rome*[838] entschied der IGH, dass über einen Staat nicht ohne seine Zustimmung geurteilt werden darf.[839] In diesem Fall sollte der IGH darüber entscheiden, ob durch Nazi-Deutschland aus Rom entferntes Gold an Italien und nicht an Albanien zurückgegeben werden sollte und ob die italienische Forderung Vorrang gegenüber der britischen Forderung aus dem *Corfu Channel Case* habe.[840] Da der IGH hierfür über die völkerrechtliche Verantwortlichkeit von Albanien gegenüber Italien hätte entscheiden müssen und Albanien nicht Partei des Verfahrens war, verneinte der IGH seine Gerichtsbarkeit bezüglich des gesamten Falles.[841] Deckt der Konsens der Parteien demnach nicht

---

834 *Rosenne*, International Court of Justice (ICJ), MPEPIL, Rn. 102.

835 The International Court of Justice: Handbook, S. 96.

836 *Rosenne*, International Court of Justice (ICJ), MPEPIL, Rn. 103.

837 *Bonafé*, Indispensable Party, MPEPIL, Rn. 33, 35; *Shany*, Jurisdiction and Admissibility, in: Romano/Alter/Shany, The Oxford Handbook of International Adjudication, S. 779 (797 f.); *Walter*, Rechtsschutz durch den Internationalen Gerichtshof, in: Ehlers/Schoch, Rechtsschutz im Öffentlichen Recht, Rn. 32; bei dieser Voraussetzung zeigt sich erneut, dass die Unterscheidung zwischen *jurisdiction* und *admissibility* nicht immer feststeht oder festzustellen ist, s. *Bonafé*, Indispensable Party, MPEPIL, Rn. 36 ff.

838 ICJ, Case of the monetary gold removed from Rome in 1943 (Italy v. France, United Kingdom of Great Britain and Northern Ireland and United States of America), Preliminary Question, Urteil vom 1. Juni 1954, ICJ Rep. 1954, S. 19.

839 ICJ, Case of the monetary gold removed from Rome in 1943 (Italy v. France, United Kingdom of Great Britain and Northern Ireland and United States of America), Preliminary Question, Urteil vom 1. Juni 1954, ICJ Rep. 1954, S. 19 (32, 34); *Grotto*, Monetary Gold Arbitration and Case, MPEPIL, Rn. 1; *Merrills*, International Dispute Settlement, S. 131; ablehnend *Mollengarden/Zamir*, AJIL 115 (2021), S. 41–77, die sich zur Begründung, warum das Prinzip verfehlt sei, insbesondere auf Art. 36 Abs. 1, Art. 62, Art. 59 und Art. 38 Abs. 1 IGH-Statut stützen.

840 *Bonafé*, Indispensable Party, MPEPIL, Rn. 10.

841 ICJ, Case of the monetary gold removed from Rome in 1943 (Italy v. France, United Kingdom of Great Britain and Northern Ireland and United States of America),

den kompletten Streit ab, so kann der Gerichtshof nicht entscheiden.[842] Hierbei unterscheidet der IGH allerdings, ob die den dritten Staat betreffende Fragestellung „*the very subject matter*" der Entscheidung oder ob dieser lediglich „*affected*" sei. Im zweitgenannten Fall könne der Gerichtshof entscheiden, auch wenn der Staat sich entschließe, nicht Teil des Verfahrens zu werden.[843] Auch im *East Timor-Fall*[844] aus dem Jahr 1995, in dem sich Portugal und Australien gegenüberstanden, verhinderte die Tatsache, dass Hauptgegenstand des Verfahrens die Rechtmäßigkeit der indonesischen Besatzung Ost-Timors und Indonesien nicht Partei des Verfahrens war, eine Entscheidung des IGH.[845]

In Kapitel 2 wurde auf das beispielsweise vor dem EGMR bestehende Erfordernis der Rechtswegerschöpfung hingewiesen. Dies ist mangels internationalem Rechtsweg vor dem IGH nicht erforderlich.[846] Diskutiert werden kann jedoch, ob die Staaten vor Anrufung des IGH generell versucht haben müssen, den Streit mit diplomatischen Mitteln zu lösen, also ob es ein „Vorverfahren" gibt.[847] Dies wurde vom IGH verneint.[848] Allerdings kann sich eine solche Pflicht aus der Rechtsgrundlage der Zuständigkeit des IGH ergeben, beispielsweise aus einer Streitbeilegungsklausel in einem Vertrag.[849] Doch selbst

---

Preliminary Question, Urteil vom 1. Juni 1954, ICJ Rep. 1954, S. 19 (32); *Bonafé*, Indispensable Party, MPEPIL, Rn. 10 f.

842 *Bonafé*, Indispensable Party, MPEPIL, Rn. 32.

843 ICJ, Case of the monetary gold removed from Rome in 1943 (Italy v. France, United Kingdom of Great Britain and Northern Ireland and United States of America), Preliminary Question, Urteil vom 1. Juni 1954, ICJ Rep. 1954, S. 19 (32); ICJ, Military and Paramilitary Activities in and against Nicaragua (Nicaragua v. United States of America), Jurisdiction and Admissibility, Urteil vom 26. November 1984, ICJ Rep. 1984, S. 392 (431), Rn. 88; *Merrills*, International Dispute Settlement, S. 131; *Thirlway*, The International Court of Justice, S. 56.

844 ICJ, East Timor (Portugal v. Australia), Urteil vom 30. Juni 1995, ICJ Rep. 1995, S. 90.

845 ICJ, East Timor (Portugal v. Australia), Urteil vom 30. Juni 1995, ICJ Rep. 1995, S. 90 (101 f.), Rn. 26 ff.; *von Arnauld*, Völkerrecht, Rn. 480.

846 Zum Erfordernis der Rechtswegerschöpfung im Rahmen des diplomatischen Schutzes s. sogleich.

847 *Kolb*, The International Court of Justice, S. 312 mwN.

848 ICJ, Land and Maritime Boundary between Cameron and Nigeria (Cameroon v. Nigeria), Preliminary Objections, Urteil vom 11. Juni 1998, ICJ Rep. 1998, S. 275 (302 f.), Rn. 56; *Kolb*, The International Court of Justice, S. 312; Zimmermann/Tams/*Tomuschat*, The Statute of the International Court of Justice, Art. 36, Rn. 128 mwN.

849 *Kolb*, The International Court of Justice, S. 314 mwN; Zimmermann/Tams/*Tomuschat*, The Statute of the International Court of Justice, Art. 36, Rn. 128 mwN; ein Beispiel

dann sind die Anforderungen, die der IGH an diese Verhandlungen stellt, gering.[850]

Sachlich ist der IGH in seiner Zuständigkeit unbeschränkt.[851] Damit ist er der einzige Gerichtshof, der in dieser Hinsicht grundsätzlich keiner Beschränkung unterliegt.[852] Eine geografische Beschränkung besteht ebenfalls nicht.[853] Auch bezüglich der zeitlichen Dimension der Verfahren ist er unbeschränkt, allerdings enthalten die Vorbehalte der Staaten zu Art. 36 Abs. 2 IGH-Statut oft diesbezügliche Regelungen.[854]

Problematisch werden kann das Verhältnis zu anderen UN-Organen, namentlich dem UN-Sicherheitsrat. Jedoch kann der IGH auch bei paralleler Befassung des Sicherheitsrates tätig werden, da eine dem Art. 12 UNCh entsprechende Norm bezüglich des Gerichtshofes fehlt.[855]

Gegebenenfalls müssen auch die Voraussetzungen des diplomatischen Schutzes vorliegen, wenn der Staat die Verletzung der Rechte eines Individuums

---

für ein solches Vorverfahren ist in Art. 30 Abs. 1 der UN-Antifolterkonvention zu finden, wonach der IGH erst nach erfolglosen Verhandlungen und dem Versuch der Einrichtung eines Schiedsgerichtes angerufen werden kann. Auch das internationale Übereinkommen zur Beseitigung jeder Form von Rassendiskriminierung enthält in Art. 22 die Voraussetzung, dass vor einer Anrufung des IGH Verhandlungen und die anderen in dieser Konvention vorgesehenen Verfahren gescheitert sein müssen. Für eine ausführliche Analyse bezüglich dieser Voraussetzungen und zu Vorverfahren generell s. ICJ, Application of the International Convention on the Elimination of All Forms of Racial Discrimination (Georgia v. Russian Federation), Preliminary Objections, Urteil vom 1. April 2011, ICJ Rep. 2011, S. 70 (120 ff.), ab Rn. 115.

850 Zimmermann/Tams/*Tomuschat*, The Statute of the International Court of Justice, Art. 36, Rn. 128 mwN.

851 *Simma*, DRiZ 2006, S. 181.

852 *Shany*, Jurisdiction and Admissibility, in: Romano/Alter/Shany, The Oxford Handbook of International Adjudication, S. 779 (791); eine Beschränkung ist möglich, wenn die Zuständigkeit sich aus anderen Verträgen ergibt.

853 *Shany*, Jurisdiction and Admissibility, in: Romano/Alter/Shany, The Oxford Handbook of International Adjudication, S. 779 (790 f., 792 f.).

854 *Shany*, Jurisdiction and Admissibility, in: Romano/Alter/Shany, The Oxford Handbook of International Adjudication, S. 779 (792).

855 ICJ, United States Diplomatic and Consular Staff in Tehran (United States of America v. Iran), Urteil vom 24. Mai 1980, ICJ Rep. 1980, S. 3 (21), Rn. 40; ICJ, Military and Paramilitary Activities in and against Nicaragua (Nicaragua v. United States of America), Jurisdiction and Admissibility, Urteil vom 26. November 1984, ICJ Rep. 1984, S. 392 (433 f.), Rn. 93; *Epping*, Die friedliche Streitbeilegung, in: Ipsen, Völkerrecht, Rn. 65.

geltend machen möchte. Erforderlich ist zunächst, dass die betroffene Person die Nationalität des klagenden Staates besitzt sowie das Bestehen eines *genuine link*/einer *genuine connection* zwischen Staat und Person.[856] Daneben muss die verletzte Person den innerstaatlichen Rechtsweg erschöpft haben.[857]

Art. 40 IGH-Statut benennt die formalen Voraussetzungen der Klageerhebung: Sie erfolgt durch Notifizierung des Schiedsvertrages oder durch eine Klageschrift, die an den Kanzler zu richten sind.[858] Streitgegenstand und Parteien sind stets anzugeben. Präzisiert wird dies durch Art. 38 Abs. 2 der Rules of Court: „*The application shall specify as far as possible the legal grounds upon which the jurisdiction of the Court is said to be based; it shall also specify the precise nature of the claim, together with a succinct statement of the facts and grounds on which the claim is based.*“[859] Bei der Beurteilung des Vorliegens der Voraussetzungen geht der IGH großzügig vor.[860]

Eine Frist ist nicht einzuhalten, lediglich die Möglichkeit der Verwirkung ist zu beachten.[861] Allerdings konnte sich noch kein Staat erfolgreich auf die seit dem Ereignis verstrichene Zeit berufen.[862] Für den Einwand des Prozessmissbrauchs wurden durch den IGH hohe Anforderungen aufgestellt: lediglich außergewöhnliche Umstände („*exceptional circumstances*“) führen dazu, dass

856 Zum Erfordernis der Staatsangehörigkeit s. beispielsweise PCIJ, The Panevezys-Saldukis Railway Case, Urteil vom 28. Februar 1939, Series A/B Nr. 76, S. 4 (16); das Erfordernis der *genuine connection* wurde im Nottebohm-Fall aufgestellt, s. ICJ, Nottebohm Case (Liechtenstein v. Guatemala), Second Phase, Urteil vom 6. April 1955, ICJ Rep. 1955, S. 4 (23); Zimmermann/Tams/*Tomuschat*, The Statute of the International Court of Justice, Art. 36, Rn. 125 mwN.

857 ICJ, Interhandel Case (Switzerland v. United States of America), Preliminary Objections, Urteil vom 21. März 1959, ICJ Rep. 1959, S. 6 (27); Zimmermann/Tams/*Tomuschat*, The Statute of the International Court of Justice, Art. 36, Rn. 126 mit Verweis auf weitere Beispiele aus der Rechtsprechung.

858 *Epping*, Die friedliche Streitbeilegung, in: Ipsen, Völkerrecht, Rn. 67.

859 Zimmermann/Tams/*Tomuschat*, The Statute of the International Court of Justice, Art. 36, Rn. 127.

860 Zimmermann/Tams/*Tomuschat*, The Statute of the International Court of Justice, Art. 36, Rn. 127.

861 ICJ, Certain Phosphate Lands in Nauru (Nauru v. Australia), Preliminary Objections, Urteil vom 26. Juni 1992, ICJ Rep. 1992, S. 240 (253 f.), Rn. 32; *von Arnauld*, Völkerrecht, Rn. 481.

862 Zimmermann/Tams/*Tomuschat*, The Statute of the International Court of Justice, Art. 36, Rn. 130.

die Zulässigkeit an diesem Argument scheitert.[863] Dementsprechend wurde auch dieser Einwand durch den IGH noch nicht akzeptiert.[864]

#### *(2) Gutachtenverfahren*

Im Rahmen des Gutachtenverfahrens sind durch die Antragsteller andere Voraussetzungen zu beachten. Wie bereits bei der Verfahrenseinleitung erläutert wurde, unterscheiden sich Generalversammlung und Sicherheitsrat von den anderen Antragsberechtigten dergestalt, dass die Frage sachlich nicht in ihrem Tätigkeitsbereich angesiedelt sein muss.[865] Sie können daher eine Frage bezüglich jeder Rechtsfrage („*any legal question*") stellen.[866]

Die Gutachtenfrage muss sich demnach aber auf eine Rechtsfrage (legal question) beziehen, Art. 65 IGH-Statut sowie Art. 96 UNCh.[867] Abzugrenzen sind diese von faktischen oder politischen Fragen oder von solchen, bei welchen zunächst eine die Kompetenzgrenzen des IGH überschreitende Sachverhaltsermittlung erfolgen müsste.[868] Das Erfordernis der Rechtsfrage unterscheidet das Statut des IGH von dem des StIGH: In dessen Art. 14 war das Gutachtenverfahren offen für „*any dispute oder question*".[869] Nicht hinderlich ist es, wenn

---

863 ICJ, Immunities and Criminal Proceedings (Equatorial Guinea v. France), Preliminary Objections, Urteil vom 6. Juni 2018, ICJ Rep 2018, S. 292 (336), Rn. 150; ICJ, Certain Iranian Assets (Islamic Republic of Iran v. United States of America), Preliminary Objections, Urteil vom 13. Februar 2019, ICJ Rep. 2019, S. 7 (42 f.), Rn. 113; ICJ, Jadhav (India v. Pakistan), Urteil vom 17. Juli 2019, ICJ Rep. 2019, S. 418 (433), Rn. 49; ICJ, Alleged violations of the 1955 Treaty of Amity, Economic Relations, and Consular Rights (Islamic Republic of Iran v. United States of America), Preliminary Objections, Urteil vom 3. Februar 2021, Rn. 93.

864 Zimmermann/Tams/*Tomuschat*, The Statute of the International Court of Justice, Art. 36, Rn. 131.

865 Zimmermann/Tams/*d'Argent*, The Statute of the International Court of Justice, Art. 65, Rn. 21.

866 Zimmermann/Tams/*d'Argent*, The Statute of the International Court of Justice, Art. 65, Rn. 21.

867 Thirlway, The International Court of Justice, S. 66; *Thirlway*, Advisory Opinions, MPEPIL, Rn. 18.

868 PCIJ, Status of Eastern Carelia, Gutachten vom 23. Juli 1923, Series B Nr. 5, S. 7 (29); *Thirlway*, The International Court of Justice, S. 66.

869 Zimmermann/Tams/*d'Argent*, The Statute of the International Court of Justice, Art. 65, Rn. 21; *Keith*, Advisory Proceedings: International Court of Justice (ICJ), MPEPIL, Rn. 21.

die Rechtsfrage in einem politischen Kontext entstanden ist.[870] Auch wenn sie einen Streit zwischen Staaten betrifft, ist deren Zustimmung zum Gutachten nicht erforderlich.[871] Nach Art. 65 Abs. 2 IGH-Statut muss der Antrag schriftlich unter genauer Darstellung der Frage erfolgen sowie alle Urkunden enthalten, die zur Klärung der Frage dienen können.[872]

In der Formulierung des Art. 65 Abs. 1 IGH-Statut, dass der Gerichtshof ein Gutachten erstatten *kann* (*may give*/*peut donner* in der englischen und französischen Sprachfassung), kommt sein Ermessen bezüglich der Beantwortung der Gutachtenfrage zum Ausdruck.[873] Dies unterscheidet das Gutachtenverfahren vom streitigen Verfahren, wo der Gerichtshof prinzipiell gezwungen ist, den Fall zu entscheiden.[874] Zwingende Gründe („*compelling reasons*") können dazu führen, dass der Gerichtshof es ablehnt, ein Gutachten zu erstatten.[875] Die

---

870 ICJ, Conditions of Admission of a State to the United Nations (Charter, Art. 4), Gutachten vom 28. Mai 1948, ICJ Rep 1948, S. 57 (61); ICJ, Legality of the Treath or Use of Nuclear Weapons, Gutachten vom 8. Juli 1996, ICJ Rep. 1996, S. 226 (234), Rn. 13 mwN; *Thirlway*, Advisory Opinions, MPEPIL, Rn. 19.

871 ICJ, Interpretation of Peace Treaties with Bulgaria, Hungary and Romania, Gutachten vom 30. März 1950 (first phase), ICJ Rep. 1950, S. 65 (71); Zimmermann/Tams/*d'Argent*, The Statute of the International Court of Justice, Art. 65, Rn. 28; zum Konsensprinzip s. sogleich.

872 Zimmermann/Tams/*d'Argent*, The Statute of the International Court of Justice, Art. 65, Rn. 36.

873 ICJ, Legality of the Treath or Use of Nuclear Weapons, Gutachten vom 8. Juli 1996, ICJ Rep. 1996, S. 226 (234 ff.), Rn. 14; ICJ, Legal Consequences of the Construction of a Wall in the Occupied Palestinian Territory, Gutachten vom 9. Juli 2004, ICJ Rep. 2004, S. 136 (156), Rn. 44; ICJ, Accordance with International Law of the Unilateral Declaration of Independence in Respect of Kosovo, Gutachten vom 22. Juli 2010, ICJ Rep. 2010, S. 403 (415 f.), Rn. 29; ICJ, Legal Consequences of the Separation of the Chagos Archipelago from Mauritius in 1965, Gutachten vom 25. Februar 2019, ICJ Rep. 2019, S. 95 (113), Rn. 63; *Thirlway*, Advisory Opinions, MPEPIL, Rn. 13; das IGH-Statut korrigiert hiermit die Unterschiede in den authentischen Sprachfassungen, die im Statut des StIGH bestanden (*may* (…) give/*donnera*), wodurch unsicher war, ob ein Ermessen des Gerichtshofes bestand, s. Zimmermann/Tams/*d'Argent*, The Statute of the International Court of Justice, Art. 96 UNCh, Rn. 6.

874 *Thirlway*, The International Court of Justice, S. 67; Ausnahmen von dieser Pflicht bestehen beispielsweise hinsichtlich der Interessenwahrung dritter Staaten.

875 ICJ, Judgments of the Administrative Tribunal of the I.L.O. upon complaints made against the U.N.E.S.C.O., Gutachten vom 23. Oktober 1956, ICJ Rep. 1956, S. 77 (86); ICJ, Certain Expenses of the United Nations (Article 17, paragraph 2 of the Charter), Gutachten vom 20. Juli 1962, ICJ Rep. 1962, S. 151 (155); ICJ, Legal Consequences of the Construction of a Wall in the Occupied Palestinian Territory, Gutachten vom

Ausübung des Ermessens soll insbesondere dazu dienen, dass das Konsensprinzip in der Streitbeilegung nicht durch eine Gutachtenanfrage umgangen wird.[876] Allerdings hat der IGH bis heute noch keine Gutachtenanfrage aufgrund des Ermessens abgelehnt.[877]

#### *(3) Bewertung*

Die formalen Voraussetzungen im streitigen Verfahren werden durch den IGH eher großzügig gehandhabt.[878] Da die Hürde, ein Verfahren generell vor ein internationales Gericht zu bringen (insbesondere aufgrund des Konsensprinzips), schon hoch angesetzt ist, sollen die Verfahren nicht vorschnell wegen formaler Fehler abgewiesen werden.[879] Fast alle Fehler können durch Tätigwerden der Parteien behoben werden.[880] Keine der erforderlichen Voraussetzungen dient dazu, effektive Streitbeilegung zu verhindern oder unnötig zu erschweren. Vielmehr sollen sie sicherstellen, dass die höchste Hürde in Gestalt des Zustimmungserfordernisses nicht umgangen wird. Hierauf zielt ebenfalls das Ermessen im Gutachtenverfahren, auch wenn dieses weit ausgelegt wird. Die Verfahrensvoraussetzungen sind demnach zwar nicht dazu geeignet, eine Überlastung des Gerichts zu verhindern, da sie eine zu geringe filternde Wirkung haben. Andererseits eröffnen sie einen weiten Zugang zum Gerichtshof. Auch ist

---

9. Juli 2004, ICJ Rep. 2004, S. 136 (156), Rn. 44; ICJ, Accordance with International Law of the Unilateral Declaration of Independence in Respect of Kosovo, Gutachten vom 22. Juli 2010, ICJ Rep. 2010, S. 403 (416), Rn. 30; ICJ, Legal Consequences of the Separation of the Chagos Archipelago from Mauritius in 1965, Gutachten vom 25. Februar 2019, ICJ Rep. 2019, S. 95 (113), Rn. 65.

876 ICJ, Western Sahara, Gutachten vom 16. Oktober 1975, ICJ Rep. 1975, S. 12 (25), Rn. 33; ICJ, Legal Consequences of the Separation of the Chagos Archipelago from Mauritius in 1965, Gutachten vom 25. Februar 2019, ICJ Rep. 2019, S. 95 (117), Rn. 85; *Thirlway*, Advisory Opinions, MPEPIL, Rn. 13, 15.

877 Zimmermann/Tams/*d'Argent*, The Statute of the International Court of Justice, Art. 65, Rn. 43 mit Verweis auf ICJ, Legal Consequences of the Construction of a Wall in the Occupied Palestinian Territory, Gutachten vom 9. Juli 2004, ICJ Rep. 2004, S. 136 (156), Rn. 44; *Thirlway*, Advisory Opinions, MPEPIL, Rn. 14; der StIGH dagegen hat eine Gutachtenanfrage abgelehnt: PCIJ, Status of Eastern Carelia, Gutachten vom 23. Juli 1923, Series B Nr. 5, S. 7 (27 ff.); s. hierzu auch ICJ, Western Sahara, Gutachten vom 16. Oktober 1975, ICJ Rep. 1975, S. 12 (23 f.), Rn. 30; Zimmermann/Tams/*d'Argent*, The Statute of the International Court of Justice, Art. 65, Rn. 43.

878 *Kolb*, The International Court of Justice, S. 165 f.

879 *Kolb*, The International Court of Justice, S. 166.

880 *Kolb*, The International Court of Justice, S. 171.

der tatsächliche Filter vorher im Rahmen der Unterwerfung angesiedelt. Daher ist bezüglich der Verfahrensvoraussetzungen ein positives Effektivitätsurteil zu fällen.

### *f) Bindungswirkung*

Vor dem IGH sind die unterschiedlichen Verfahren und Maßnahmen hinsichtlich ihrer Bindungswirkung zu unterscheiden.

Urteile sind gemäß Art. 94 UNCh rechtsverbindlich und wirken inter partes (Art. 59 IGH-Statut).[881] Dieser bindende und finale Charakter wurde auch vom IGH unter ausdrücklicher Bezugnahme auf Art. 59 des Statuts betont:[882] „*Article 59 of the Statute, notwithstanding its negative wording, has at its core the positive statement that the parties are bound by the decision of the Court in respect of the particular case. Article 60 of the Statute provides that the judgment is final and without appeal; Article 61 places close limits of time and substance on the ability of the parties to seek the revision of the judgment.*“[883] Der IGH ist allerdings in zeitlich nachfolgenden Fällen nicht an seine vorherigen Aussagen gebunden.[884] Auf völkerrechtlicher Ebene ist die *stare decisis*-Doktrin nicht anerkannt.[885] Unabhängig davon beruft sich der IGH regelmäßig auf seine vorherigen Entscheidungen.[886] Auf diese Weise schafft er Transparenz und Berechenbarkeit, was zur Rechtssicherheit beiträgt.

---

881 *Schulte*, Compliance with Decisions of the International Court of Justice, S. 29 f.

882 ICJ, Application of the Convention on the Prevention and Punishment of the Crime of Genocide (Bosnia and Herzegovina v. Serbia and Montenegro), Urteil vom 26. Februar 2007, ICJ Rep. 2007, S. 43 (90), Rn. 115; *Thirlway*, Judgments of International Courts and Tribunals, MPEPIL, Rn. 15.

883 ICJ, Application of the Convention on the Prevention and Punishment of the Crime of Genocide (Bosnia and Herzegovina v. Serbia and Montenegro), Urteil vom 26. Februar 2007, ICJ Rep. 2007, S. 43 (90), Rn. 115.

884 *Thirlway*, Judgments of International Courts and Tribunals, MPEPIL, Rn. 20.

885 ICJ Handbook S. 77 bezüglich des IGH; Zimmermann/Tams/*Brown*, The Statute of the International Court of Justice, Art. 59, Rn. 71; *Oellers-Frahm*, Multiplication of International Courts and Tribunals and Conflicting Jurisdiction – Problems and Possible Solutions, in: Frowein/Wolfrum, Max Planck Yearbook of United Nations Law 2001, S. 67 (76 f.).

886 Zimmermann/Tams/*Brown*, The Statute of the International Court of Justice, Art. 59, Rn. 81.

Gutachten sind dagegen nicht rechtsverbindlich.[887] Daher sind sie nicht über Art. 94 Abs. 2 IGH-Statut durchsetzbar.[888] Sie haben allerdings tatsächliches Gewicht.[889] Hierbei ist wesentlich, dass sie von der Autorität und dem Prestige des IGH profitieren.[890] Auch unterstützen sie die Weiterentwicklung des Völkerrechts, da die durch den Gerichtshof geklärten Rechtsfragen Teil seiner Rechtsprechung werden.[891] Nach Art. 38 IGH-Statut ist diese Rechtsprechung Rechtserkenntnisquelle. Des Weiteren müssen die UN-Organe die Ansicht des Hauptrechtsprechungsorgans der Vereinten Nationen angemessen berücksichtigen.[892] Wie bereits angesprochen[893] können Gutachten indes unter der Prämisse eingeholt werden, dass sie von den „beteiligten" Staaten oder Organen als bindend angesehen werden.[894]

Bezüglich der Bindungswirkung der durch den IGH angeordneten provisional measures (vorsorgliche Maßnahmen) herrschten aufgrund der Tatsache, dass das IGH-Statut keine eindeutige Aussage beinhaltet, lange Zeit Unsicherheiten.[895] Zum Teil wurden sie überwiegend als nicht bindend angesehen.[896] Dies ging insbesondere auf die ungenaue Formulierung in Art. 41 IGH-Statut zurück.[897] Die französische und die englische Sprachfassung weichen voneinander ab (*doivent* être prises/*ought* to be taken).[898] Gegen eine Bindungswirkung

887 *Simma*, DRiZ 2006, S. 181 (184); Zimmermann/Tams/*d'Argent*, The Statute of the International Court of Justice, Art. 65, Rn. 48.

888 Zimmermann/Tams/*d'Argent*, The Statute of the International Court of Justice, Art. 65, Rn. 49; zu dieser Durchsetzung s. sogleich unter Kapitel 3 II) 1) g) Existenz eines (weiteren) Durchsetzungsmechanismus (Durchsetzung der Durchsetzung).

889 *Simma*, DRiZ 2006, S. 181 (184).

890 Zimmermann/Tams/*d'Argent*, The Statute of the International Court of Justice, Art. 65, Rn. 49.

891 Zimmermann/Tams/*d'Argent*, The Statute of the International Court of Justice, Art. 65, Rn. 49.

892 *Kolb*, The International Court of Justice, S. 1097.

893 S. unter Kapitel 3 II) 1) d) Verfahrenseinleitung und Klagebefugnis.

894 *Kolb*, The International Court of Justice, S. 1100; Zimmermann/Tams/*d'Argent*, The Statute of the International Court of Justice, Art. 65, Rn. 51.

895 ICJ, LaGrand (Germany v. United States of America), Urteil vom 27. Juni 2001, ICJ Rep. 2001, S. 466 (501), Rn. 99; *Thirlway*, NILR 2010, S. 347 (380); Zimmermann/Tams/*Oellers-Frahm/Zimmermann*, The Statute of the International Court of Justice, Art. 41, Rn. 93.

896 *Thirlway*, Judgments of International Courts and Tribunals, MPEPIL, Rn. 19.

897 *Thirlway*, The International Court of Justice, in: Evans, International Law, S. 573 (587).

898 ICJ, LaGrand (Germany v. United States of America), Urteil vom 27. Juni 2001, ICJ Rep. 2001, S. 466 (501 f.), Rn. 100 f.; *Thirlway*, NILR 2010, S. 347 (380); Zimmermann/

sprach, dass aufgrund der prima facie-Prüfung der Zuständigkeit des IGH vorläufige Maßnahmen auch in Fällen ergehen können, bei denen der Gerichtshof anschließend nach ausführlicher Prüfung die Zuständigkeit verneint.[899] Für eine Bindungswirkung sprach, dass nur dadurch die Rechte der Verfahrensbeteiligten wirksam geschützt werden können.[900] Dies brachte Deutschland in dem diese Frage behandelnden *LaGrand-Verfahren*[901] vor, indem der Staat sich auf das *„principle of institutional effectiveness"* berief.[902] Der IGH stellte in dem Urteil fest, dass provisional measures verbindlich sind.[903] Dies hatte und hat jedoch nicht zur Folge, dass diese Maßnahmen immer befolgt werden.[904]

Im Rahmen der Identifikation der Effektivitätskriterien wurde festgehalten, dass neben einer eventuellen Bindungswirkung auch das Bewusstsein der Öffentlichkeit für die Entscheidungen von Relevanz ist. Diese ist bezüglich des IGH gegeben. Da der IGH im Laufe eines Jahres nur wenige Entscheidungen

---

Tams/*Oellers-Frahm/Zimmermann*, The Statute of the International Court of Justice, Art. 41, Rn. 103.

899 Zimmermann/Tams/*Oellers-Frahm/Zimmermann*, The Statute of the International Court of Justice, Art. 41, Rn. 93.

900 *Schulte*, Compliance with Decisions of the International Court of Justice, S. 11, die sich allerdings auf das schon erlassene Urteil bezieht und diesem zustimmt; *Tams*, JuS 2002, S. 324 (328).

901 ICJ, LaGrand (Germany v. United States of America), Urteil vom 27. Juni 2001, ICJ Rep. 2001, S. 466.

902 Memorial of the Federal Republic of Germany vom 16. September 1999, Rn. 4.125 ff.; ICJ, LaGrand (Germany v. United States of America), Urteil vom 27. Juni 2001, ICJ Rep. 2001, S. 466 (498 f.), Rn. 93.

903 ICJ, LaGrand (Germany v. United States of America), Urteil vom 27. Juni 2001, ICJ Rep. 2001, S. 466 (506), Rn. 109; *Dupuy/Hoss*, LaGrand Case (Germany v. United States of America), MPEPIL, Rn. 1; *Paulson*, AJIL 98 (2004), S. 434 (443 f.); *Simma*, DRiZ 2006, S. 181 (184).

904 So stellte der IGH im *Bosnian Genocide-Fall* eine Nichtbeachtung der provisional measures fest, s. ICJ, Application of the Convention on the Prevention and Punishment of the Crime of Genocide (Bosnia and Herzegovina v. Serbia and Montenegro), Urteil vom 26. Februar 2007, ICJ Rep. 2007, S. 43 (230 ff.), Rn. 451 ff. sowie Rn. 474 Abs. 7, wobei er ausdrücklich darauf verweist, dass es keinen Einfluss auf die Bindungswirkung habe, dass die provisional measures vor dem *LaGrand-Urteil* ergangen seien, da der Gerichtshof die schon immer geltende Bindungswirkung lediglich festgestellt habe, zitiert von Zimmermann/Tams/*Oellers-Frahm/Zimmermann*, The Statute of the International Court of Justice, Art. 41, Rn. 113; *Thirlway*, The International Court of Justice, in: Evans, International Law, S. 573 (587); *Thirlway*, NILR 2010, S. 347 (382).

erlässt, werden diese in der Öffentlichkeit wahrgenommen und rezipiert. So wurde beispielsweise das Gutachten des IGH zum Chagos-Archipel[905] in den Medien besprochen.[906] Dies zeigt, dass auch die nicht bindenden Gutachten Aufmerksamkeit erfahren. Neben dieser Öffentlichkeit zeugt aber auch die generelle Bindungswirkung der Urteile des IGH von Effektivität. Insbesondere die bindende Wirkung der provisional measures ist hervorzuheben. Hierdurch können und sollen irreparable Schäden vermieden werden.

Wie schon in Kapitel 2 kann die Bindungswirkung nur gemeinsam mit der Durchsetzbarkeit der Entscheidungen betrachtet werden. Dies leitet somit zum folgenden Prüfungspunkt über.

### *g) Existenz eines (weiteren) Durchsetzungsmechanismus (Durchsetzung der Durchsetzung)*

Von besonderer Relevanz für die Frage der Effektivität sind auch die Konsequenzen der Nichtbefolgung eines Urteils, also ob das Urteil des IGH wiederum durchgesetzt werden kann. Art. 94 Abs. 1 UNCh statuiert die Pflicht der Mitglieder der Vereinten Nationen, die Parteien einer Streitigkeit vor dem IGH sind, die Entscheidung (Tenor und tragende Gründe) des Gerichtshofes zu befolgen.[907] Da diese Befolgung nicht alleine den unterlegenen Staaten überlassen werden sollte, wurde in Art. 94 Abs. 2 UNCh ein Durchsetzungsmechanismus eingerichtet: „*If any party to a case fails to perform the obligations incumbent upon it under a judgment rendered by the Court, the other party may have recourse to the Security Council, which may, if it deems necessary, make recommendations or decide upon measures to be taken to give effect to the judgment.*“[908] Somit steht diese Durchsetzung nicht dem Gerichtshof selbst zu. Möglich ist lediglich ein Vorgehen des Sicherheitsrates.[909] Diese Trennung wird auch dadurch deutlich,

905 ICJ, Legal Consequences of the Separation of the Chagos Archipelago from Mauritius in 1965, Gutachten vom 25. Februar 2019, ICJ Rep. 2019, S. 95.

906 S. z.B. https://www.spiegel.de/politik/ausland/chagos-inseln-grossbritannien-soll-archipel-laut-uno-raeumen-a-1255060.html (abgerufen am 19.4.2022).

907 *Begoore*, The Law and Practice of International Courts and Tribunals 17 (2018), S. 335 (337 f.); *Walter*, Rechtsschutz durch den Internationalen Gerichtshof, in: Ehlers/Schoch, Rechtsschutz im Öffentlichen Recht, Rn. 61 mwN.

908 *Begoore*, The Law and Practice of International Courts and Tribunals 17 (2018), S. 335 (337); *Walter*, Rechtsschutz durch den Internationalen Gerichtshof, in: Ehlers/Schoch, Rechtsschutz im Öffentlichen Recht, Rn. 61.

909 Im Rahmen der San Francisco Conference wurde ein obligatorisches Tätigwerden des Sicherheitsrates diskutiert, aber abgelehnt, s. *Reisman*, AJIL 63 (1969), S. 1 (14).

dass das Verfahren in der UN-Charta und nicht im IGH-Statut geregelt ist.[910] Das Handeln des Sicherheitsrates steht in dessen Ermessen.[911] Hierbei bezieht sich das Ermessen sowohl darauf, ob er sich mit dem Fall überhaupt befasst, als auch darauf, wie er den Fall behandelt und z.B. Empfehlungen abgibt oder Maßnahmen beschließt.[912] Insbesondere eine Blockade durch die Veto-Mächte ist möglich, selbst wenn der blockierende Staat (unterlegene) Partei im IGH-Verfahren war.[913] Der Sicherheitsrat kann nur von Staaten, die Partei des Verfahrens vor dem IGH waren und sich der Nichtbefolgung des Urteils durch die andere Partei gegenüber sehen, angerufen werden.[914] Dritte Staaten oder der Sicherheitsrat können hingegen nicht auf eigene Initiative tätig werden.[915] Konnten unter Art. 13 Abs. 4 der Völkerbund-Satzung neben Urteilen des StIGH noch Schiedssprüche durchgesetzt werden, so beschränkt sich die Nachfolgeregelung in der UN-Charta auf den IGH.[916] Im Gegensatz zu Absatz 1 („*Entscheidungen*“)

---

910 *Llamzon*, EJIL 18 (2007), S. 815 (821); *Schulte*, Compliance with Decisions of the International Court of Justice, S. 19; *Stein/von Buttlar/Kotzur*, Völkerrecht, Rn. 981.

911 *Begoore*, The Law and Practice of International Courts and Tribunals 17 (2018), S. 335 (336); *Guillaume*, SZIER 1997, S. 431 (441); *Oellers-Frahm*, ZaöRV 1976, S. 654 (663) im Vergleich mit der Vorgängerregelung des Völkerbundes, welcher die Pflicht hatte Maßnahmen vorzuschlagen.

912 Zimmermann/Tams/*Tams*, The Statute of the International Court of Justice, Art. 94 UN Charter, Rn. 58 mit Verweis auf die Gegenmeinung von Lauterpacht in der Fußnote.

913 *Guillaume*, SZIER 1997, S. 431 (442) am Beispiel der USA; *Oellers-Frahm*, ZaöRV 1976, S. 654 (664); *Schachter*, AJIL 54 (1960), S. 1 (23); *Schulte*, Compliance with Decisions of the International Court of Justice, S. 54 ff.; Zimmermann/Tams/*Tams*, The Statute of the International Court of Justice, Art. 94 UN Charter, Rn. 64 ff. und 67 f. zur Gegenmeinung, die aber abgelehnt wird; *Thirlway*, Judgments of International Courts and Tribunals, MPEPIL, Rn. 26, der ebenfalls auf das Vorgehen der USA nach dem *Nicaragua-Urteil* verweist.

914 *Guillaume*, SZIER 1997, S. 431 (441); *Llamzon*, EJIL 18 (2007), S. 815 (822); *Oellers-Frahm*, ZaöRV 1976, S. 654 (663); *Schachter*, AJIL 54 (1960), S. 1 (18); *Schulte*, Compliance with Decisions of the International Court of Justice, S. 52; Zimmermann/Tams/*Tams*, The Statute of the International Court of Justice, Art. 94 UN Charter, Rn. 54.

915 *Guillaume*, SZIER 1997, S. 431 (441); *Llamzon*, EJIL 18 (2007), S. 815 (822); *Schachter*, AJIL 54 (1960), S. 1 (18); Zimmermann/Tams/*Tams*, The Statute of the International Court of Justice, Art. 94 UN Charter, Rn. 54.

916 *Oellers-Frahm*, ZaöRV 1976, S. 654 (661 f.); *Schachter*, AJIL 54 (1960), S. 1 (18); *Schulte*, Compliance with Decisions of the International Court of Justice, S. 19 f.

werden von Art. 94 Abs. 2 nur „*Urteile*" des Gerichtshofs erfasst.[917] Gutachten sind auch aufgrund fehlender Bindungswirkung nicht von einer Durchsetzungsbefugnis erfasst.[918] Fraglich ist die Durchsetzungsbefugnis bei provisional measures.[919] Im *Anglo-Iranian Oil Company Case*[920] wurde der Sicherheitsrat zur Durchsetzung solcher Maßnahmen aufgerufen.[921] Da er seine Entscheidung bis zur Zuständigkeitsentscheidung des IGH vertagte und dieser sich als nicht zuständig erklärte, blieb die Frage ungeklärt.[922] Die Anrufung des Sicherheitsrates im *Application of the Genocide Convention Case*[923] brachte ebenfalls keine Klärung des Problems.[924] Der Wortlaut spricht gegen eine Einbeziehung von provisional measures, Sinn und Zweck der Vorschrift allerdings dafür.[925] Insbesondere nach der *LaGrand-Entscheidung* des IGH, welche die bindende Wirkung der provisional measures feststellte, spricht einiges für deren Durchsetzbarkeit.[926] Dennoch setzt der Wortlaut der Auslegung Grenzen.[927] Allerdings hat der Gerichtshof auf diese Situation reagiert. 2020 wurde eingeführt, dass bei provisonal measures ein ad hoc-Komitee aus drei Richtern gebildet werden soll, das die Durchführung der Maßnahmen überwacht und an den Gerichtshof berichtet.[928] Dieses Verfahren kann zu einer besseren Durchführung der provisional measures beitragen.

---

917 *Llamzon*, EJIL 18 (2007), S. 815 (822); Zimmermann/Tams/*Tams*, The Statute of the International Court of Justice, Art. 94 UN Charter, Rn. 52 mit Verweis auf aA *Kolb*, The International Court of Justice, S. 847 f.; *Tanzi*, EJIL 6 (1995), S. 539 (563 f.).

918 *Merrills*, Leiden Journal of International Law 13 (2000), S. 873 (900).

919 *Guillaume*, SZIER 1997, S. 431 (441).

920 ICJ, Anglo-Iranian Oil Co. Case (United Kingdom v. Iran), Preliminary Objections, Urteil vom 22. Juli 1952, ICJ Rep. 1952, S. 93.

921 *Tanzi*, EJIL 6 (1995), S. 539 (564).

922 *Oellers-Frahm*, ZaöRV 1976, S. 654 (662); *Schachter*, AJIL 54 (1960), S. 1 (23); *Tanzi*, EJIL 6 (1995), S. 539 (565).

923 ICJ, Application of the Convention on the Prevention and Punishment of the Crime of Genocide (Bosnia and Herzegovina v. Serbia and Montenegro), Urteil vom 26. Februar 2007, ICJ Rep. 2007, S. 43.

924 *Tanzi*, EJIL 6 (1995), S. 539 (565 f.).

925 *Oellers-Frahm*, ZaöRV 1976, S. 654 (662).

926 *Kolb*, The International Court of Justice, S. 847 f.

927 *Schulte*, Compliance with Decisions of the International Court of Justice, S. 62 mwN.

928 Resolution concerning the Internal Judicial Practice of the Court, Article 11; ICJ Annual Report 2020/2021, Rn. 11.

Bei Unklarheiten im Urteil darf der Sicherheitsrat dieses nicht selbst abändern; er kann lediglich ein entsprechendes Gutachten des IGH diesbezüglich anfordern.[929] Der Sicherheitsrat ist mithin keine Revisionsinstanz.[930]

Seit Bestehen des IGH wurde das Durchsetzungsverfahren nur vereinzelt genutzt.[931] Dabei hat der Sicherheitsrat nie die ihm gegebenen Befugnisse eingesetzt.[932] Der erste Anwendungsfall war der schon erwähnte *Anglo-Iranian Oil Company Case*, in welchem Großbritannien den Sicherheitsrat bezüglich der Durchsetzung von provisional measures anrief.[933] Der zweite Fall einer Anrufung des Sicherheitsrates war das *Nicaragua-Verfahren*.[934] Hier verhinderte das Veto der Vereinigten Staaten, die im Verfahren unterlegen waren, eine Durchsetzung durch den Sicherheitsrat.[935] Nicaragua wandte sich daraufhin an die Generalversammlung, die jedoch auf Basis von Art. 10 und 11 UNCh lediglich Empfehlungen aussprechen konnte.[936] Auch im *Application of the Genocide Convention Case* blieb der Sicherheitsrat untätig, was allerdings auch auf eine schon laufende Peacekeeping-Operation (UNPROFOR) aufgrund einer Sicherheitsratsresolution zurückzuführen war.[937] Die entsprechende Resolution

929 *Oellers-Frahm*, ZaöRV 1976, S. 654 (666).

930 *Oellers-Frahm*, ZaöRV 1976, S. 654 (666); *Schachter*, AJIL 54 (1960), S. 1 (21); *Schulte*, Compliance with Decisions of the International Court of Justice, S. 48 ff.

931 *Begoore*, The Law and Practice of International Courts and Tribunals 17 (2018), S. 335 (338); *Llamzon*, EJIL 18 (2007), S. 815 (847); *Tanzi*, EJIL 6 (1995), S. 539 (540).

932 *Begoore*, The Law and Practice of International Courts and Tribunals 17 (2018), S. 335 (338); *Llamzon*, EJIL 18 (2007), S. 815 (847); Zimmermann/Tams/*Tams*, The Statute of the International Court of Justice, Art. 94 UN Charter, Rn. 43.

933 *Begoore*, The Law and Practice of International Courts and Tribunals 17 (2018), S. 335 (339); *Oellers-Frahm*, ZaöRV 1987, S. 243 (Fn. 1); *Tanzi*, EJIL 6 (1995), S. 539 (543).

934 *Begoore*, The Law and Practice of International Courts and Tribunals 17 (2018), S. 335 (340); *Tanzi*, EJIL 6 (1995), S. 539 (544).

935 *Begoore*, The Law and Practice of International Courts and Tribunals 17 (2018), S. 335 (341); *Guillaume*, SZIER 1997, S. 431 (442); *Oellers-Frahm*, ZaöRV 1987, S. 243, die vor der Anrufung diese Entwicklung voraussah; *Wengler*, NJW 1986, S. 2994 (2995).

936 A/RES/41/31; *Begoore*, The Law and Practice of International Courts and Tribunals 17 (2018), S. 335 (341); *Guillaume*, SZIER 1997, S. 431 (442); *Oellers-Frahm*, Souveräne Gleichheit der Staaten in der internationalen gerichtlichen Streitbeilegung?, in: Frowein/Scharioth/Winkelmann/Wolfrum, Verhandeln für den Frieden, S. 169 (178); *Tanzi*, EJIL 6 (1995), S. 539 (546).

937 S/RES/713 (1991) (Friedensbedrohung) sowie S/RES/743 (1992) (Einrichtung United Nations Protection Force); *Begoore*, The Law and Practice of International Courts and Tribunals 17 (2018), S. 335 (340).

wurde auf Kapitel VII der UN-Charta und nicht auf Art. 94 Abs. 2 UNCh gestützt.[938]

Aufgrund der mangelnden Nutzung des Mechanismus liegt der Schluss auf dessen Ineffektivität nahe. Für eine solche Beurteilung müssen aber zunächst die Gründe für die Zurückhaltung der Staaten betrachtet werden. Grundsätzlich ist festzuhalten, dass die Compliance-Rate vor dem IGH hoch ist, sodass ein Rekurs auf den Durchsetzungsmechanismus regelmäßig nicht nötig ist.[939] Bei nur teilweiser Umsetzung wird vermehrt auf kooperative Mittel gesetzt.[940] Auch sind viele Entscheidungen *self-enforcing*, wie beispielsweise die Feststellung der Gerichtsbarkeit oder auch die Feststellung eines Rechtsbruchs.[941] Ein weiterer Grund ist im Abstimmungsverfahren im Sicherheitsrat zu sehen: Ist eine Veto-Macht der vor dem IGH unterlegene Staat oder hat eine Veto-Macht kein Interesse an der Durchsetzung, so kann nicht mit einer positiven Entscheidung gerechnet werden. In diesen Fällen wird das Durchsetzungsverfahren bedeutungslos.[942] Die Gefahr der Willkür durch das sehr weite Ermessen des Sicherheitsrates kann ebenfalls eine Rolle spielen.[943] Auch kann in einigen Fällen schon die Drohung der Anrufung des Sicherheitsrates zur Urteilsdurchführung führen, was eine tatsächliche Anrufung überflüssig macht.[944] Dies ist insbesondere dann der Fall, wenn der unterlegene Staat keine Veto-Macht im Sicherheitsrat ist.[945] Weiterhin ist das Verhältnis zwischen den Befugnissen des Sicherheitsrates in Art. 94

---

938 In Resolution 819 (1993) werden die angeordneten provisional measures zwar erwähnt, die Resolution regelt aber nicht ihre Durchsetzung sondern stützt sich auf Kapitel VII der UN-Charta; Zimmermann/Tams/*Tams*, The Statute of the International Court of Justice, Art. 94 UN Charter, Rn. 53; *Tanzi*, EJIL 6 (1995), S. 539 (566).

939 Zimmermann/Tams/*Tams*, The Statute of the International Court of Justice, Art. 94 UN Charter, Rn. 55.

940 Zimmermann/Tams/*Tams*, The Statute of the International Court of Justice, Art. 94 UN Charter, Rn. 55.

941 *Jennings*, ZaöRV 1987, S. 3 (4); *Oellers-Frahm*, ZaöRV 1976, S. 654 (656); *Oellers-Frahm*, Souveräne Gleichheit der Staaten in der internationalen gerichtlichen Streitbeilegung?, in: Frowein/Scharioth/Winkelmann/Wolfrum, Verhandeln für den Frieden, S. 169 (173); s. dazu auch schon unter Kapitel 3 II) 1) b) Befolgen der Entscheidungen (Compliance).

942 Zimmermann/Tams/*Brown*, The Statute of the International Court of Justice, Art. 59, Rn. 78.

943 *Llamzon*, EJIL 18 (2007), S. 815 (847).

944 So war im *Land, Island and Maritime Frontier Dispute* ein Brief von Honduras an den Generalsekretär ausreichend, s. *Llamzon*, EJIL 18 (2007), S. 815 (848).

945 *Llamzon*, EJIL 18 (2007), S. 815 (848).

Abs. 2 UNCh und seinen generellen Befugnissen unklar.[946] Manche Staaten können auch auf regionale oder sektorale Foren zur Durchsetzung zurückgreifen.[947] Wenig erfolgsversprechend ist ein Verfahren vor dem Sicherheitsrat, wenn die Staaten innerstaatlich tätig werden müssen und dort gegebenenfalls konstitutionelle Hürden bestehen.[948] Diese Gründe können auch kumuliert auftreten.[949]

Neben der sehr geringen Nutzung kann das weite Ermessen des Sicherheitsrates selbst als Merkmal mangelnder Effektivität angesehen werden.[950] Allerdings kann der Sicherheitsrat im Rahmen des Art. 94 Abs. 2 UNCh auch tätig werden, wenn Frieden und Sicherheit nicht gefährdet sind.[951] Seine Befugnisse sind somit weiter als ohne Gerichtsurteil auf Grundlage von Kapitel VII UNCh. Neben der Durchsetzung durch den Sicherheitsrat können Staaten auf die allgemeinen Mittel des Völkerrechts zurückgreifen, um einem Urteil des IGH zur Wirkung zu verhelfen.[952] Hier bietet das Prinzip der Selbsthilfe einige Maßnahmen, um gegen den unterlegenen Staat vorzugehen.[953] Die Handlungen der Selbsthilfe reichen grundsätzlich von der Retorsion als nicht völkerrechtswidrigem Akt über die Gegenmaßnahme, die eine völkerrechtswidrige, aber durch das Vorverhalten des anderen Staates gerechtfertigte Maßnahme darstellt, bis zur bewaffneten Selbsthilfe im Rahmen der Selbstverteidigung.[954] Aufgrund des allgemeinen Gewaltverbots und der strengen Voraussetzungen der Selbstverteidigung kommt diese als Reaktion auf die Nichtbeachtung eines Urteils

946 *Llamzon*, EJIL 18 (2007), S. 815 (848) mit Verweis auf *Reisman*, AJIL 63 (1969), S. 1 (14 f.).

947 Zimmermann/Tams/*Tams*, The Statute of the International Court of Justice, Art. 94 UN Charter, Rn. 55.

948 Zimmermann/Tams/*Tams*, The Statute of the International Court of Justice, Art. 94 UN Charter, Rn. 55.

949 Zimmermann/Tams/*Tams*, The Statute of the International Court of Justice, Art. 94 UN Charter, Rn. 56.

950 *Begoore*, The Law and Practice of International Courts and Tribunals 17 (2018), S. 335 (348).

951 *Oellers-Frahm*, ZaöRV 1976, S. 654 (677); *Schulte*, Compliance with Decisions of the International Court of Justice, S. 40; *Tanzi*, EJIL 6 (1995), S. 539 (554 f.).

952 *Berger*, JuS 2017, S. 828 (830); *Schröder*, Verantwortlichkeit, Völkerstrafrecht, Streitbeilegung und Sanktionen, in: Vitzthum/Proelß, Völkerrecht, Rn. 106; *Schulte*, Compliance with Decisions of the International Court of Justice, S. 72; Zimmermann/Tams/*Tams*, The Statute of the International Court of Justice, Art. 94 UN Charter, Rn. 46.

953 *Oellers-Frahm*, ZaöRV 1976, S. 654 (656 ff.).

954 *Joyner*, Coercion, MPEPIL, Rn. 2.

wahrscheinlich nicht in Betracht. Vielmehr sind die Staaten auf die Retorsion und die Gegenmaßnahmen verwiesen.[955]

Insgesamt fällt das Effektivitätsurteil für den Durchsetzungsmechanismus negativ aus. Die fehlende Nutzung sowie das Abstimmungsverfahren im Sicherheitsrat sprechen für sich. Der positive Aspekt, dass ein Durchsetzungsmechanismus existiert, wird durch die Ausgestaltung wieder relativiert. Als einzig positiver Punkt ist zu vermerken, dass die Entscheidungen des Sicherheitsrates verbindlich und nicht lediglich empfehlend ausgestaltet sind. Käme es demnach zu Maßnahmen, würden diese eher effektiv als ineffektiv sein. Allerdings müssen bis zu diesen Maßnahmen zu viele Parteien tätig werden: Ohne Initiative des obsiegenden Staates und ohne Beschluss des Sicherheitsrats ist Durchsetzung nicht möglich. Es gibt keinen institutionalisierten Nachverfolgungsmechanismus. *Yateesch Begoore* diskutiert daher die Nutzbarmachung der *Uniting für Peace Resolution*[956] der Generalversammlung aus dem Jahr 1950, in der sich die Generalversammlung selbst die Kompetenz für die Aufrechterhaltung von Frieden und Sicherheit gibt, um bei einer Blockadesituation im Sicherheitsrat tätig zu werden.[957] Dies böte den Vorteil bindender Maßnahmen der Generalversammlung (in Abgrenzung zu ihrer eigentlich Kompetenz, Empfehlungen abzugeben) und verlangt keine Änderung der UN-Charta.[958] Eine Änderung des Statuts und der Rules of Court war von *W. M. Reisman* noch befürwortet worden.[959] Die Einrichtung eines speziellen Durchsetzungskörpers oder automatisches Monitoring durch den Sicherheitsrat wurden ebenfalls bereits diskutiert.[960] Ein spezieller Durchsetzungskörper wurde die Vetorechte der ständigen Mitglieder im Sicherheitsrat beschneiden, so dass deren Zustimmung zu einem derartigen Mechanismus nicht zu erwarten ist.[961] Und ein Automatismus würde

955 Übliche Mittel der Retorsion sind beispielsweise der Abbruch der diplomatischen Beziehungen oder ökonomische Mittel wie Embargos, s. *Joyner*, Coercion, MPEPIL, Rn. 3 ff. Gegenmaßnahmen können z.B. das Einfrieren finanzieller Mittel oder auch die Nichterfüllung von Verträgen sein und müssen gewaltfrei sein s. *Joyner*, Coercion, MPEPIL, Rn. 7.

956 A/RES/377 (V) (1950).

957 *Begoore*, The Law and Practice of International Courts and Tribunals 17 (2018), S. 335 (342 ff.).

958 *Begoore*, The Law and Practice of International Courts and Tribunals 17 (2018), S. 335 (348).

959 *Reisman*, AJIL 63 (1969), S. 1 (23 f.).

960 *Schulte*, Compliance with Decisions of the International Court of Justice, S. 59 f.

961 *Schulte*, Compliance with Decisions of the International Court of Justice, S. 59.

dem Recht des obsiegenden Staates, selbst zu entscheiden, ob die Durchsetzung erfolgt, zuwiderlaufen.[962]

### h) *Innerstaatliche Rezeption*

Der IGH ist auf zwischenstaatliche Streitigkeiten beschränkt. Es gibt keine unmittelbare innerstaatliche Wirkung der Entscheidungen, wie beispielsweise eine Berücksichtigungspflicht durch die nationalen Gerichte. Die Verfahren verbleiben auf der zwischenstaatlichen Ebene. Auch können das Völkerrecht und die Entscheidungen des IGH nicht über von Individuen eingeklagte Rechte auf die innerstaatliche Rechtsordnung Einfluss nehmen, wie dies beispielsweise bei menschenrechtlichen Gerichtshöfen der Fall ist. Wenn eine innerstaatliche Rezeption stattfinden soll, muss diese auf anderem Wege geschehen. Aufgrund fehlender Durchsetzung durch eine internationale Exekutive bedürfen internationale Urteile der Umsetzung in nationale Rechtsordnungen.[963]

Zunächst ist festzuhalten, dass vor dem IGH kein Vorabentscheidungsverfahren wie vor dem EuGH existiert. Es entsteht somit kein unmittelbarer Dialog zwischen den nationalen Gerichten und dem IGH. Eine unmittelbare Wirkung, vergleichbar der des Unionsrechts, kennen die Entscheidungen des IGH nicht.

Der eigentliche innerstaatliche Effekt ist abhängig von der jeweiligen nationalen Rechtsordnung.[964] Dies soll hier anhand der deutschen Rechtslage und Rechtsprechung verdeutlich werden. In Deutschland wurde durch das BVerfG die Pflicht zur Berücksichtigung der IGH-Rechtsprechung statuiert.[965] Dies bezog sich nicht nur auf die für oder gegen Deutschland ergangenen Urteile; vielmehr ergebe sich eine Orientierungswirkung auch dann gegenüber Deutschland, wenn es nicht verfahrensbeteiligt sei, und zwar aus der Stellung des IGH als Hauptrechtsprechungsorgan der Vereinten Nationen.[966] Den Entscheidungen

---

962 *Schulte*, Compliance with Decisions of the International Court of Justice, S. 59 f.

963 *Payandeh*, AVR 45 (2007), S. 244 (245).

964 *Thirlway*, Judgments of International Courts and Tribunals, MPEPIL, Rn. 23.

965 BVerfG, Urteil vom 19. September 2006 – 2 BvR 2115/01, 2 BvR 2132/01, 2 BvR 348/03, Rn. 49 (zitiert nach juris), NJW 2007, S. 499 (500); *Payandeh*, AVR 45 (2007), S. 244 (247); *Walter*, Rechtsschutz durch den Internationalen Gerichtshof, in: Ehlers/Schoch, Rechtsschutz im Öffentlichen Recht, Rn. 62.

966 BVerfG, Urteil vom 19. September 2006 – 2 BvR 2115/01, 2 BvR 2132/01, 2 BvR 348/03, Rn. 62 (zitiert nach juris), NJW 2007, S. 499 (502); *Payandeh*, AVR 45 (2007), S. 244 (247 f.).

komme daher eine normative Leitfunktion zu.[967] Allerdings müsse Deutschland Partei des behandelten völkerrechtlichen Vertrages sein und der Gerichtsbarkeit des IGH unterworfen.[968] Diese Voraussetzungen führten im Jahr des Urteils (2006) lediglich zu einer begrenzten Wirkung, da nur wenige Verträge eine obligatorische Streitbeilegung vorsehen.[969] Die Wirkung könnte sich indes im Lichte der Unterwerfungserklärung Deutschlands unter die obligatorische Gerichtsbarkeit des IGH aus dem Jahr 2008 inzwischen geändert haben. Das BVerfG geht damit über die im IGH-Statut festgelegte Bindungswirkung inter partes hinaus.[970]

Die Beachtung der Entscheidungen des IGH im deutschen Recht erhöht demnach deren Wirksamkeit. Dies kann jedoch nicht herangezogen werden, um die Effektivität des IGH allgemein zu beurteilen, da es sich um eine innerstaatliche Entscheidung handelt. Dabei könnte eine Unterstützung durch eine Vielzahl innerstaatlicher Gerichte auch zu erhöhter Compliance führen.[971] Es ist festzuhalten, dass der IGH (im Gegensatz z.B. zum EuGH) nicht auf eine Kommunikation mit innerstaatlichen Gerichten ausgelegt ist. Daher gibt es keine Mechanismen, die die innerstaatliche Rezeption fordern oder fördern. Dies fällt negativ ins Gewicht.

### *i) Komplexität des Mechanismus und des Verfahrens*

Bezüglich der Komplexität des Verfahrens wurde in Kapitel 2 auf die Umstände des Einzelfalls abgestellt, wobei eine Balance aus strikten Vorgaben und Einfachheit als am effektivsten angesehen wurde. Um dies für den IGH beurteilen zu können, muss zunächst das Verfahren überblicksartig betrachtet werden. Dieses ist im IGH-Statut und in den Rules of Court geregelt.[972] Die Verfahrenseinleitung und ggf. vorliegende Hürden wurden bereits beschrieben.

Im Anschluss an die Verfahrenseinleitung folgen ein schriftliches und ein mündliches Verfahren, wobei die Dauer des schriftlichen Verfahrens die des

967 BVerfG, Urteil vom 19. September 2006 – 2 BvR 2115/01, 2 BvR 2132/01, 2 BvR 348/03, Rn. 63 (zitiert nach juris), NJW 2007, S. 499 (502).

968 BVerfG, Urteil vom 19. September 2006 – 2 BvR 2115/01, 2 BvR 2132/01, 2 BvR 348/03, Rn. 63 (zitiert nach juris) NJW 2007, S. 499 (502); *Payandeh*, AVR 45 (2007), S. 244 (248).

969 *Payandeh*, AVR 45 (2007), S. 244 (251).

970 *Payandeh*, AVR 45 (2007), S. 244 (250).

971 *Schulte*, Compliance with Decisions of the International Court of Justice, S. 79.

972 *Rosenne*, International Court of Justice (ICJ), MPEPIL, Rn. 74.

mündlichen deutlich übersteigt.[973] Verfahrenssprachen sind Englisch oder Französisch.[974] Gemäß Art. 43 Abs. 2 IGH-Statut umfasst das schriftliche Verfahren die Übermittlung aller Dokumente (Schriftsätze, Gegenschriftsätze, ggf. Repliken und Schriftstücke und Urkunden zur Unterstützung).[975] Zunächst werden Schriftsätze eingereicht, welche die unterschiedlichen Rechtsauffassungen aufzeigen.[976] Diese Dokumente sind innerhalb einer vom Gerichtshof festgesetzten Frist einzureichen.[977] Das schriftliche Verfahren endet, wenn der letzte Schriftsatz eingereicht wurde oder die Frist für dessen Einreichung verstrichen ist.[978] Nach diesem Zeitpunkt können weitere Schriftstücke nur mit Zustimmung der anderen Partei berücksichtigt werden.[979] Auf das schriftliche Verfahren folgt das mündliche Verfahren, das mehrere Tage oder Wochen dauern kann.[980] Es besteht aus der Anhörung von Zeugen, Sachverständigen, Bevollmächtigten, Beiständen und Anwälten, Art. 43 Abs. 5 IGH-Statut.[981] In der Regel erfolgt es öffentlich.[982] Hierbei beginnt der Kläger mit seinem Vortrag, worauf der beklagte Staat antwortet.[983] Die sich anschließende zweite Runde ist deutlich kürzer ausgestaltet.[984] Darauf folgt die Beratung der Richter, die im Schnitt bis zu sechs Monate dauern kann.[985] Das Verfahren endet meist mit einem Urteil, entweder bezüglich der *preliminary objections* (Prozessurteil) oder der *merits* (Sachurteil).[986]

---

973 The International Court of Justice: Handbook, S. 51.

974 *Epping*, Die friedliche Streitbeilegung, in: Ipsen, Völkerrecht, Rn. 67; *Rosenne*, International Court of Justice (ICJ), MPEPIL, Rn. 78.

975 *Epping*, Die friedliche Streitbeilegung, in: Ipsen, Völkerrecht, Rn. 68.

976 The International Court of Justice: Handbook, S. 51.

977 *Thirlway*, The International Court of Justice, S. 92.

978 *Rosenne*, International Court of Justice (ICJ), MPEPIL, Rn. 82; *Thirlway*, The International Court of Justice, S. 93.

979 *Koroma*, International Court of Justice, Rules and Practice Directions, MPEPIL, Rn. 18.

980 *Simma*, DRiZ 2006, S. 181 (183); *Thirlway*, The International Court of Justice, S. 97.

981 *Rosenne*, International Court of Justice (ICJ), MPEPIL, Rn. 83.

982 The International Court of Justice: Handbook, S. 54.

983 The International Court of Justice: Handbook, S. 54; *Rosenne*, International Court of Justice (ICJ), MPEPIL, Rn. 82; *Thirlway*, The International Court of Justice, S. 97; wurde der Fall durch Special Agreement eingeleitet, bestimmt der Gerichtshof die Reihenfolge der Vorträge, s. *Thirlway*, The International Court of Justice, S. 98.

984 *Thirlway*, The International Court of Justice, S. 97.

985 Annual Report 2020/2021, Rn. 13.

986 *Epping*, Die friedliche Streitbeilegung, in: Ipsen, Völkerrecht, Rn. 71; *Thirlway*, The International Court of Justice, S. 103.

Möglich ist auch, dass kein Urteil ergeht (*discontinuance*).[987] Art. 55 IGH-Statut bestimmt, dass das Urteil mit Stimmenmehrheit der anwesenden Richter gefällt wird, wobei bei Stimmengleichheit die Stimme des Präsidenten oder des ihn vertretenden Richters den Ausschlag gibt.[988] Gemäß Art. 57 IGH-Statut sind Sondervoten erlaubt.[989]

Das Verfahren vor dem IGH ist demnach in Grundzügen streng geregelt, kann aber auf die Wünsche der Parteien eingehen, beispielsweise hinsichtlich Fristverlängerungen. Es erfüllt daher die Anforderungen der Effektivität bezüglich Rechtssicherheit (Vorhersehbarkeit) sowie Flexibilität.

### *j) Möglichkeit von Vorbehalten*

Als Kriterium der Effektivität wurde auch das mögliche Anbringen von Vorbehalten beleuchtet. Dabei soll der Fokus auf den Vorbehalten zu Unterwerfungserklärungen liegen, da die Zulässigkeit und Reichweite von Vorbehalten zu Streitbeilegungsklauseln in Verträgen von den jeweiligen Verträgen abhängen. Es ist insbesondere auf Ziel und Zweck des Vertrages abzustellen, wie es auch in Art. 19 c) WVK niedergelegt ist.[990] Vor dem IGH besteht für die Staaten grundsätzlich die Möglichkeit, ihre Unterwerfungserklärung mit Vorbehalten zu versehen. Dies ist in Art. 36 Abs. 3 IGH-Statut ausdrücklich vorgesehen.[991] Insbesondere können Geschehnisse ausgeschlossen werden, deren Rechtmäßigkeit zweifelhaft ist.[992] Von der Möglichkeit, ihre Unterwerfung einzuschränken, machen die Staaten regelmäßig Gebrauch.[993] Deutschland verweist in der Erklärung aus dem Jahr 2008 zunächst auf das Prinzip der Gegenseitigkeit.[994] Die zeitliche Wirkung wird auf Geschehnisse nach der Unterwerfung bis zur Rücknahme der Erklärung, die unmittelbare Geltung besitzt, beschränkt. Hier sollen insbesondere Geschehnisse aus dem Zweiten Weltkrieg ausgeklammert werden.[995]

---

987 *Thirlway*, The International Court of Justice, S. 103 f.

988 *Rosenne*, International Court of Justice (ICJ), MPEPIL, Rn. 96; *Simma*, DRiZ 2006, S. 181 (183).

989 *Epping*, Die friedliche Streitbeilegung, in: Ipsen, Völkerrecht, Rn. 72.

990 *Thirlway*, NILR 2010, S. 347 (369).

991 *Eick*, ZaöRV 2008, S. 763 (768); Zimmermann/Tams/*Tomuschat*, The Statute of the International Court of Justice, Art. 36, Rn. 85.

992 *Thirlway*, The International Court of Justice, in: Evans, International Law, S. 573 (584).

993 *Jennings*, AJIL 89 (1995), S. 493 (495); *Kolb*, The International Court of Justice, S. 462.

994 2515 UNTS 255.

995 *Eick*, ZaöRV 2008, S. 763 (769).

Ausgeschlossen werden Streitigkeiten, bei denen ein Konsens bezüglich einer anderen Methode der friedlichen Streitbeilegung besteht. Auch Geschehnisse, die den Auslandseinsatz der Streitkräfte sowie die Verwendung des Staatsgebiets für militärische Zwecke betreffen, sind durch den Vorbehalt der Gerichtsbarkeit des IGH entzogen. Des Weiteren schließt Deutschland diejenigen Klagen aus, bei denen die Unterwerfungserklärung nur für die konkrete Streitigkeit erfolgte oder weniger als 12 Monate alt ist (anti-ambush-clause[996]).

Da die Vorbehalte der Staaten hinsichtlich der Zuständigkeit des IGH unterschiedlich und zahlreich sind, können hier nur einige überblicksartig dargestellt werden. Aufgrund des Erfordernisses der Gegenseitigkeit findet regelmäßig zwischen den Staaten nur der kleinste gemeinsame Nenner der mit Vorbehalten versehenen Erklärungen Anwendung.[997] Obwohl dies schon durch Art. 36 IGH-Statut festgelegt wird, wiederholen viele Staaten das Erfordernis der Gegenseitigkeit in ihrer Vorbehaltserklärung.[998] Aufgrund des Prinzips der Gegenseitigkeit kann sich jeder Staat auch auf die Vorbehalte seines Gegners berufen.[999] Der wohl häufigste Vorbehalt betrifft die Vereinbarung einer anderen Methode der Streitbeilegung, die dann die Gerichtsbarkeit des IGH ausschließt.[1000] Auch zeitliche Vorgaben werden häufig gemacht. So kann die Erklärung an sich befristet werden, es können ein zeitlicher oder tatsächlicher Startzeitpunkt festgelegt werden sowie Rücknahmefristen.[1001] Insbesondere die Festlegung des Beginns der

---

996 *Eick*, ZaöRV 2008, S. 763 (772).

997 S. Kapitel 3 II) 1) a) Zwang oder Freiwilligkeit der Unterwerfung; *Thirlway*, The International Court of Justice, in: Evans, International Law, S. 573 (583).

998 So wiederholen die Erklärungen entweder den Wortlaut von Art. 36 Abs. 2 („*in relation to any other state accepting the same obligation*") (dies ist beispielsweise der Fall in der deutschen Erklärung), verweisen explizit auf die Gegenseitigkeit (Bsp.: Indien) oder kombinieren diese Möglichkeiten (Bsp.: Mexiko). Von den 73 Erklärungen enthalten lediglich fünf keinen Verweis auf das Erfordernis der Gegenseitigkeit, und zwar die Erklärungen von Dominica, Haiti, den Niederlanden, Nicaragua sowie Osttimor; zur Gegenseitigkeit s. auch Zimmermann/Tams/*Tomuschat*, The Statute of the International Court of Justice, Art. 36, Rn. 86.

999 *Gross*, Compulsory Jurisdiction under the Optional Clause: History and Practice, in: Fisler Damrosch, The International Court of Justice at a Crossroads, S. 19 (28).

1000 *Kolb*, The International Court of Justice, S. 464. 43 der 73 abgegebenen Erklärungen enthalten einen solchen Vorbehalt. Daneben schließen insbesondere die Staaten des Commonwealth Streitigkeiten innerhalb desselben aus.

1001 Zimmermann/Tams/*Tomuschat*, The Statute of the International Court of Justice, Art. 36, Rn. 88. So enthalten beispielsweise die Erklärungen von Österreich, Neuseeland und Mexiko eine Befristung auf fünf Jahre sowie für danach eine

Wirkung der Erklärung und somit der Ausschluss der Rückwirkung sind von besonderer Bedeutung.[1002] Mit der Vorgabe, dass auch der gegnerische Staat die Gerichtsbarkeit schon eine gewisse Zeit akzeptiert haben muss, sollen überraschende Verfahren bzw. Unterwerfungen, die nur das Ziel haben, ein bestimmtes Verfahren anzustrengen, vermieden werden.[1003] Viele Erklärungen beinhalten einen Ausschluss von Tatsachen, die der „*domestic jurisdiction*" des betreffenden Staates unterfallen.[1004] Ein solcher Vorbehalt ist lediglich deklaratorisch zu verstehen, da der Gerichtshof seine Zuständigkeit nach Art. 38 IGH-Statut auf das Völkerrecht beschränkt und so innere Angelegenheiten per se ausgeschlossen sind.[1005]

Erweitert wurde die Einschränkung allerdings durch den *Conally-Vorbehalt* der USA, mit dem die USA selbst festlegen wollten, welche Geschehnisse in ihre „*domestic jurisdiction*" fallen.[1006] Durch diesen Vorbehalt sollte es den USA ermöglicht werden, bei jedem gegen sie eingeleiteten Verfahren die Gerichtsbarkeit noch nach Einleitung des Verfahrens zu bestreiten.[1007] Hierdurch können sich allerdings Probleme mit Art. 36 Abs. 6 IGH-Statut ergeben, der die Entscheidungsbefugnis über die Gerichtsbarkeit allein dem IGH selbst

stillschweigende Verlängerung bis zur Kündigung; Norwegen und Finnland verlängern ihre Erklärungen immer stillschweigend um weitere fünf Jahre.

1002 *Lamm*, Compulsory Jurisdiction in International Law, S. 118 f.; Zimmermann/Tams/*Tomuschat*, The Statute of the International Court of Justice, Art. 36, Rn. 91. Meist fällt der Beginn der Wirkung auf das Datum der Unterwerfungserklärung. Anders ist dies beispielsweise in der Erklärung der Niederlande, die den Beginn der Wirkung dynamisch auf den Zeitpunkt 100 Jahre vor der Klage legt oder in der Erklärung von Nigeria, deren Wirkungsbeginn die Unabhängigkeit des Staates ist.

1003 *Lamm*, Compulsory Jurisdiction in International Law, S. 129 ff.; in der Mehrzahl der Fälle werden hier das Erfordernis von 12 Monaten Unterwerfung sowie dass der Staat sich nicht für einen konkreten Streit unterworfen haben darf, kombiniert.

1004 *Lamm*, Compulsory Jurisdiction in International Law, S. 166; Zimmermann/Tams/*Tomuschat*, The Statute of the International Court of Justice, Art. 36, Rn. 97. S. z.B. die Erklärungen von Kanada und Indien.

1005 *Epping*, Die friedliche Streitbeilegung, in: Ipsen, Völkerrecht, Rn. 58.

1006 *Thirlway*, The International Court of Justice, in: Evans, International Law, S. 573 (584); Zimmermann/Tams/*Tomuschat*, The Statute of the International Court of Justice, Art. 36, Rn. 98. Die USA haben ihre Unterwerfungserklärung inzwischen zurückgezogen. Ähnliche Vorbehalte finden sich noch in den Erklärungen von Malawi, Sudan, Liberia, Mexiko und den Philippinen.

1007 *Thirlway*, The International Court of Justice, in: Evans, International Law, S. 573 (584).

unterstellt.[1008] Auch Frankreich hatte einen ähnlichen Vorbehalt, der von Norwegen (aufgrund des Prinzips der Gegenseitigkeit) im *Norwegian Loans-Fall*[1009] vorgebracht wurde.[1010] Der IGH akzeptierte den Vorbehalt und die Tatsache, dass er über das Prinzip der Gegenseitigkeit eingebracht wurde.[1011] Allerdings wurde die Wirksamkeit des Vorbehalts von den Streitparteien nicht bestritten, sodass der IGH keine rechtliche Bewertung des Vorbehalts vornahm.[1012] Für den Staat mit einem solchen Vorbehalt besteht demnach immer die Gefahr, dass er ihm selbst entgegengehalten wird.[1013]

Ebenfalls von den USA wurde der *Vandenberg-Vorbehalt* vorgebracht.[1014] Dieser nahm von der Gerichtsbarkeit des IGH aus: „*disputes arising under a multilateral treaty, unless (1) all parties to the treaty affected by the decision are also parties to the case before the Court or (2) the United States of America specially agrees to jurisdiction*".[1015] Im *Nicaragua-Verfahren* akzeptierte der IGH den Vorbehalt bezüglich der UN-Charta, wendete aber inhaltsgleiches Völkergewohnheitsrecht an.[1016]

---

1008 *Schröder*, Verantwortlichkeit, Völkerstrafrecht, Streitbeilegung und Sanktionen, in: Vitzthum/Proelß, Völkerrecht, Rn. 92; *Thirlway*, The International Court of Justice, in: Evans, International Law, S. 573 (584).

1009 ICJ, Case of Certain Norwegian Loans (France v. Norway), Urteil vom 6. Juli 1957, ICJ Rep. 1957, S. 9.

1010 *Herbst*, Norwegian Loans Case, MPEPIL, Rn. 3; *Merrills*, International Dispute Settlement, S. 128; Zimmermann/Tams/*Tomuschat*, The Statute of the International Court of Justice, Art. 36, Rn. 98.

1011 ICJ, Case of Certain Norwegian Loans (France v. Norway), Urteil vom 6. Juli 1957, ICJ Rep. 1957, S. 9 (26 f.); *Herbst*, Norwegian Loans Case, MPEPIL, Rn. 3; Zimmermann/Tams/*Jennings/Higgins/Tomka*, The Statute of the International Court of Justice, General Introduction, Rn. 67; Zimmermann/Tams/*Tomuschat*, The Statute of the International Court of Justice, Art. 36, Rn. 98.

1012 ICJ, Case of Certain Norwegian Loans (France v. Norway), Urteil vom 6. Juli 1957, ICJ Rep. 1957, S. 9 (27).

1013 Zimmermann/Tams/*Tomuschat*, The Statute of the International Court of Justice, Art. 36, Rn. 98; *Epping*, Die friedliche Streitbeilegung, in: Ipsen, Völkerrecht, Rn. 58.

1014 Zimmermann/Tams/*Tomuschat*, The Statute of the International Court of Justice, Art. 36, Rn. 99. Heute findet sich dieser Vorbehalt (oder ein ähnlicher) noch bei Pakistan, den Philippinen, Djibouti und Malta.

1015 1 UNTS 9 (der Wortlaut des Vorbehalts findet sich auf S. 10 f.); *Epping*, Die friedliche Streitbeilegung, in: Ipsen, Völkerrecht, Rn. 59; *Oellers-Frahm*, ZaöRV 1987, S. 243 (254).

1016 *Kolb*, The International Court of Justice, S. 468; *Oellers-Frahm*, ZaöRV 1987, S. 243 (255); Zimmermann/Tams/*Tomuschat*, The Statute of the International Court of

Der Gerichtshof hat noch keinen Vorbehalt als ungültig zurückgewiesen.[1017] Die Mehrzahl der Erklärungen beinhaltet Vorbehalte, die die Gerichtsbarkeit des IGH zum Teil erheblich einschränken.[1018] Wie bereits festgestellt wurde, ist die Möglichkeit, Vorbehalte anzubringen, kein Merkmal von Ineffektivität. Vielmehr kann sie zu einer erhöhten Anzahl von Erklärungen nach Art. 36 Abs. 2 IGH-Statut führen. Viele Staaten werden eine solche nur abgeben, wenn sie gleichzeitig besonders sensible Themen ausschließen können.[1019] Problematisch wird dies lediglich, wenn die Gerichtsbarkeit des IGH (fast) vollständig ausgehöhlt wird. Dann kann eine hohe Anzahl von Unterwerfungserklärungen eine Effektivität vorspiegeln, die tatsächlich nicht gegeben ist. Insbesondere Vorbehalte wie der *Conally-Vorbehalt* (oder inhaltsgleiche Vorbehalte), die die Feststellung der Gerichtsbarkeit wieder an den Staat zurückgeben, sodass der IGH nicht mehr die Kompetenz besitzt, seine Zuständigkeit festzustellen, sind eine Gefahr für die Effektivität. Bedingt durch die Tatsache, dass grundsätzlich zunächst alle Vorbehalte möglich sind und ein solcher Vorbehalt schon einmal vom IGH bestätigt wurde, kann das Effektivitätsurteil bezüglich der Vorbehalte nicht umfassend positiv ausfallen.

### *k) Unabhängigkeit*

Die Frage, ob nur abhängige oder nur unabhängige Gerichtshöfe effektiv sein können, wurde in Kapitel 2 intensiv untersucht. Der Streit wurde dahingehend entschieden, dass eine Unabhängigkeit mit Einwirkungsmöglichkeit als Effektivitätskriterium dienen soll. Angesprochen wurde auch bereits, dass *Eric A. Posner* und *John C. Yoo* dem IGH eine zu große Unabhängigkeit bescheinigten, die verantwortlich für seinen angeblichen Misserfolg sei. In den oben aufgeführten Definitionen der internationalen Gerichtsbarkeit wurde das Merkmal der Unabhängigkeit stets genannt. Auch zählt der IGH zu denjenigen Gerichtshöfen, die diese Definition erfüllen. Daher soll hier nur knapp auf die Unabhängigkeit eingegangen werden.

---

Justice, Art. 36, Rn. 99; *Wengler*, NJW 1986, S. 2994 (2995); gegen diese Entscheidung: *Crawford*, Military and Paramilitary Activities in and against Nicaragua Case (Nicaragua v. United States of America), MPEPIL, Rn. 13 ff.

1017 Zimmermann/Tams/*Tomuschat*, The Statute of the International Court of Justice, Art. 36, Rn. 101.

1018 *Kolb*, The International Court of Justice, S. 460.

1019 *Kolb*, The International Court of Justice, S. 460.

Als Kriterium einer möglichen Abhängigkeit oder Unabhängigkeit ist die Besetzung der Richterbank zu nennen. Sie erfolgt durch die Generalversammlung und den Sicherheitsrat (Art. 4 IGH-Statut). In Art. 2 IGH-Statut wird die Unabhängigkeit der Richter explizit gefordert. Diese beinhaltet, dass Richter ihre Fälle frei nur aufgrund der Fakten und des Rechts entscheiden und vor jeglichem Druck geschützt werden sollen.[1020] Die Richter sollen unabhängig von ihrer Nationalität gewählt werden und dürfen auch an Verfahren bezüglich ihres Heimatstaates teilnehmen.[1021] Allerdings dürfen nicht zwei Richter dieselbe Nationalität haben (ausgenommen sind hiervon die ad hoc Richter).[1022] Sollte dies nach der Wahl der Fall sein, bestimmt Art. 10 Abs. 3 IGH-Statut, dass der älteste als gewählt angesehen werden soll. Durch die im IGH-Statut vorgegebene Struktur kontrollieren die Staaten nicht die Richter, können aber versuchen, durch die Besetzung die gerichtliche Perspektive zu beeinflussen.[1023] Staaten, die ihren Streit dem IGH unterbreiten, finden demnach eine schon vor dem Streit existierende Richterbank vor. Sie können die Zusammensetzung im Grundsatz nicht beeinflussen, was ein Merkmal der Unabhängigkeit des Gerichts ist. Ebenso ist die Tatsache, dass die Richter frei entscheiden sollen, ein solches Merkmal. Indes können die Staaten über die ad hoc Richter oder die Wahl einer Kammer die Richterbank zumindest teilweise auswählen, da sie entweder einen eigenen Richter wählen oder sich auf die Zusammensetzung der Kammer verständigen können. Damit erfüllt der IGH alle Merkmale des Effektivitätskriteriums und ist zumindest in dieser Hinsicht als effektiv anzusehen.[1024]

### *l) Verfahrensdauer*

Die Anzahl der anhängigen Verfahren vor dem IGH steigt bei gleichbleibenden „Erledigungszahlen" pro Jahr.[1025] Dies hat Einfluss auf die Verfahrensdauer.

---

1020 Zimmermann/Tams/*Aznar/Methymaki*, The Statute of the International Court of Justice, Art. 2, Rn. 9.

1021 Zimmermann/Tams/*Aznar/Methymaki*, The Statute of the International Court of Justice, Art. 2, Rn. 10 f. mwN.

1022 Zimmermann/Tams/*Aznar/Boos*, The Statute of the International Court of Justice, Art. 3, Rn. 5 mwN.

1023 *Giladi/Shany*, The International Court of Justice, in: Shany, Assessing the Effectiveness of International Courts, S. 161 (173).

1024 Zu diesem Ergebnis kommen auch *Giladi/Shany*, The International Court of Justice, in: Shany, Assessing the Effectiveness of International Courts, S. 161 (173).

1025 S. Kapitel 3 II) 1) c) Anzahl der Verfahren.

Auch die Verfahrensregeln beeinflussen die Dauer. So wurde in Kapitel 2 aufgezeigt, dass die zeitlichen Vorgaben für die Schriftsätze der Parteien lang sind und damit das Verfahren ebenfalls strecken.[1026] Auch Fristverlängerungen werden regelmäßig gewährt.[1027] Des Weiteren können die geographische Entfernung zwischen Staaten und ihren Anwälten sowie die notwendige Übersetzungszeit der Dokumente die Dauer beeinflussen.[1028] Ebenfalls zu beachten ist die Relativität der Dauer aufgrund der unterschiedlichen Fälle.[1029]

Zwischen 2006 und 2016 lagen durchschnittlich dreieinhalb Jahre zwischen Verfahrenseinleitung und Urteil.[1030] Der IGH selbst gibt in seinem Handbook eine durchschnittliche Dauer von vier Jahren an.[1031] Bei Betrachtung der Jahre 2010 bis 2020 ergibt sich, wenn nur auf das Start- und Enddatum der Verfahren abgestellt wird, zunächst eine Durchschnittsdauer von 4,2 Jahren.[1032] Eingerechnet sind auch Verfahren, die nicht mit einem Urteil endeten, sondern (zum Teil nach erheblicher Dauer, zum Teil recht schnell) von der Liste entfernt wurden. Nimmt man diese Verfahren aus, ergibt sich eine Durchschnittsdauer von 4,7 Jahren. Bei genauerer Betrachtung ist jedoch auffällig, dass überdurchschnittlich lange Verfahrensdauern von teilweise über zehn Jahren meist dann

1026 S. Kapitel 2 II) 12) Verfahrensdauer; *Watts*, Enhancing the Effectiveness of Procedures of International Dispute Settlement, in: Frowein/Wolfrum, Max Planck Yearbook of United Nations Law 2001, S. 21 (32 f.).

1027 *Watts*, Enhancing the Effectiveness of Procedures of International Dispute Settlement, in: Frowein/Wolfrum, Max Planck Yearbook of United Nations Law 2001, S. 21 (33); s. hierzu auch The International Court of Justice: Handbook, S. 52, in welchem darauf verwiesen wird, dass durch Fristverlängerungen Zeitlimits schon verdoppelt wurden.

1028 *Watts*, Enhancing the Effectiveness of Procedures of International Dispute Settlement, in: Frowein/Wolfrum, Max Planck Yearbook of United Nations Law 2001, S. 21 (33 f.).

1029 *Watts*, Enhancing the Effectiveness of Procedures of International Dispute Settlement, in: Frowein/Wolfrum, Max Planck Yearbook of United Nations Law 2001, S. 21 (35).

1030 *Abraham*, Journal of International Dispute Settlement 7 (2016), S. 297 (300 f.), der diese Dauer als Balance zwischen dem Wunsch nach Geschwindigkeit und nach Flexibilität und damit als angemessen ansieht.

1031 The International Court of Justice: Handbook, S. 50; *de Paor*, Journal of International Dispute Settlement 8 (2017), S. 179 (202) mit Verweis auf eine frühere Version des Handbooks.

1032 S. hierzu diese Liste: https://www.icj-cij.org/en/contentious-cases (abgerufen am 19.4.2022).

auftreten, wenn der Gerichtshof zunächst über provisional measures und/oder preliminary objections zu entscheiden hat. Allerdings existieren auch Verfahren, bei welchen die Dauer trotz dieser „Zwischenstufe“ unter drei Jahren blieb. Das Bild ist demnach uneinheitlich.

Wird der Gerichtshof für provisional measures angerufen, kann er schnell (genug) reagieren.[1033] Die Anträge auf Erlass von provisional measures sind in den letzten Jahren stark angestiegen.[1034] Auch wenn dies vor allem der Feststellung der Bindungswirkung durch den IGH und den Besonderheiten der Fälle im Einzelfall geschuldet ist,[1035] kann davon ausgegangen werden, dass die (erwartete) Verfahrensdauer ebenfalls eine Rolle in dieser Entwicklung gespielt hat und die Staaten irreparable Schäden vermeiden wollen.

Zuletzt hat der IGH auf die lange Verfahrensdauer reagiert. So wurde 2021 die Practice Direction III des Gerichtshofes so geändert, dass der Anhang der „*written pleadings*“ der Staaten nicht mehr als 750 Seiten umfassen darf.[1036] Daneben verweist er auf seinen anspruchsvollen Zeitplan, um mehrere Verfahren zeitgleich behandeln zu können.[1037]

Das Effektivitätsurteil kann daher auch im Rahmen der Verfahrensdauer nicht uneingeschränkt positiv ausfallen. Die Dauer der Verfahren hat sich in den letzten Jahren verlängert. Durch die umfassende Würdigung der Parteivorträge und die langen Einreichungsfristen kann die Effektivität gesteigert werden. Für dringende Fallgestaltungen bietet der Gerichtshof die Möglichkeit bindender einstweiliger Maßnahmen. Für die Zukunft wird jedoch – insbesondere mit Blick auf die stetig ansteigende Zahl der Verfahren – ein „Beschleunigungsmechanismus“ bzw. eine Änderung des Verfahrens oder der Besetzung der Richterbank benötigt.

### *m) Gesamtfazit bezüglich der Kriterien*

Nachdem die einzelnen Kriterien betrachtet und bewertet wurden, ist nun ein Fazit zu ziehen. Möglich wäre es, positiv und negativ bewertete Kriterien zu zählen und dem mengenmäßig Stärkeren den Vorzug zu geben. Dies ginge jedoch an der komplexen Struktur des IGH und des internationalen Systems vorbei. So

1033 *Abraham*, Journal of International Dispute Settlement 7 (2016), S. 297 (300).

1034 *Abraham*, Journal of International Dispute Settlement 7 (2016), S. 297 (300).

1035 *Abraham*, Journal of International Dispute Settlement 7 (2016), S. 297 (300).

1036 Practice Direction III, geändert am 20. Januar 2021; ICJ Annual Report 2020/2021, Rn. 11.

1037 ICJ Annual Report 2020/2021, Rn. 12.

würden Kriterien, auf die der IGH selbst keinen oder nur wenig Einfluss hat, das gleiche Gewicht haben wie von ihm beeinflussbare Kriterien. Trotzdem muss natürlich erwähnt werden, dass in der vorliegenden Untersuchung zahlenmäßig mehr Kriterien positiv bewertet wurden. Negativ bewertet wurden lediglich die folgenden Punkte: die weitere Durchsetzung der Urteile, die innerstaatliche Rezeption sowie die Verfahrensdauer. Bezüglich der anderen Punkte wurde ein (überwiegend) positives Fazit gezogen.

Auf den ersten Blick besonders schwer wiegt das „Quasi-Fehlen" einer weiteren Durchsetzung, insbesondere durch den Einfluss der Veto-Mächte im Sicherheitsrat. Es wurde jedoch dargelegt, dass diese in vielen Fällen nicht nötig ist. Auch hat der IGH selbst auf dieses Kriterium keinen Einfluss, das Verfahren ist in der UN-Charta festgelegt. Es bedürfte also einer Änderung der UN-Charta, die nur durch die Staaten, nicht aber durch den Gerichtshof erfolgen kann. Die ebenfalls negativ gewichtete innerstaatliche Rezeption liegt ebenso außerhalb der Einflusssphäre des Gerichtshofes. Weder kann er eine innerstaatliche Durchgriffswirkung anordnen noch das Verhalten der Staaten aktiv beeinflussen. Auch die Verfahrensdauer ist nicht durch den Gerichtshof selbst, sondern durch die Anzahl der Verfahren sowie das Verhalten der Staaten im Verfahren (Fristverlängerung etc.) bedingt. Die Anzahl der Verfahren als wesentlicher Einflussfaktor der Dauer ist wiederum positiv gewichtet worden. Besonders hervorzuheben ist die positive Bewertung der Unterwerfung, der Compliance, der Anzahl der Verfahren sowie der Bindungswirkung. Diese Kriterien bescheinigen dem Gerichtshof eine hohe Effektivität. Da dessen Einfluss auf die negativ gewichteten Kriterien wie gerade hervorgehoben gering ist, ist bezüglich der Kriterien insgesamt ein positives Fazit zu ziehen.

## 2) Bewertung anhand der Effektivitätsdefinition

Nachdem die einzelnen Effektivitätskriterien betrachtet wurden und diesbezüglich ein Gesamtfazit gezogen wurde, soll der IGH nun an der hier vertretenen Definition der Effektivität gemessen werden. Um begutachten zu können, ob es sich beim Gerichtshof um eine effektive Streitbeilegungsinstitution handelt, muss wiederum beurteilt werden, ob der IGH das Verhalten der Staaten in dem Sinne beeinflusst hat, dass er seinem Ziel bzw. seiner Rolle ggf. nähergekommen ist.

Dafür ist zunächst die Zielsetzung bzw. die beabsichtigte Rolle zu bestimmen, mit der der IGH (und bereits der StIGH) gegründet wurde. Gemäß Art. 1 IGH-Statut und Art. 92 UNCh ist der IGH „*the principal judicial organ of the United Nations*". Daneben ist die friedliche Streitbelegung von Streitigkeiten Ziel der Vereinten Nationen, Art. 2 Nr. 3 UNCh. Gerichte als deren Mittel sind in Art. 33 UNCh explizit aufgeführt.

Zielsetzung und Zweck der Errichtung des IGH sind allerdings weder in der UN-Charta noch im IGH-Statut explizit aufgeführt.[1038] Aus seiner Rolle als Hauptrechtsprechungsorgan ergibt sich indes, dass er unmittelbarer Teil der friedlichen Streitbeilegung und der Friedenssicherung im Rahmen der Vereinten Nationen ist.[1039] Seine Rolle ist damit in der Beilegung von Streitigkeiten zwischen den Staaten in Übereinstimmung mit dem Völkerrecht zu sehen.[1040] Die Nichtbenennung der Zielsetzung kann darauf zurückzuführen sein, dass diese den Verfassern der Normen als evident erschien.[1041] Die Rolle als Forum der friedlichen Streitbeilegung wird auch in Art. 36 Abs. 3 IGH-Statut deutlich, wenn es dort heißt, „*dass Rechtsstreitigkeiten im allgemeinen von den Parteien dem Internationalen Gerichtshof im Einklang mit dessen Statut zu unterbreiten sind.*“[1042]

Der IGH dient demnach dazu, das Ziel aus Art. 1 Nr. 1 UNCh zu unterstützen: „*The Purposes of the United Nations are: 1. To maintain international peace and security, and to that end: to take effective collective measures for the prevention and removal of threats to the peace, and for the suppression of acts of aggression or other breaches of the peace, and to bring about by peaceful means, and in conformity with the principles of justice and international law, adjustment or settlement of international disputes or situations which might lead to a breach of the peace*“.

Zu untersuchen ist demnach, ob er zu einer Verhaltensänderung der Staaten geführt hat, die dieses Ziel zumindest fördert. Seit Inkrafttreten der UN-Charta ist die Anwendung (militärischer) Gewalt ein rechtfertigungsbedürftiger Bruch des Völkerrechts. Dies führt nicht dazu, dass es keine Gewaltanwendung mehr gäbe, aber dazu, dass die Anwendung von Gewalt stets mit einer Rechtfertigung (oder einem Rechtfertigungsversuch) der Staaten einhergeht. Insoweit ist also grundsätzlich eine Verhaltensänderung der Staaten bezüglich der Gewaltanwendung eingetreten, wobei die Einflüsse verschiedene sein können. Gleichzeitig ist

1038 *Giladi/Shany*, The International Court of Justice, in: Shany, Assessing the Effectiveness of International Courts, S. 161 (164).

1039 *Rosenne/Shaw*, Rosenne's Law and Practice of the International Court, Volume I, S. 3.

1040 ICJ Handbook, S. 5.

1041 *Giladi/Shany*, The International Court of Justice, in: Shany, Assessing the Effectiveness of International Courts, S. 161 (165).

1042 S. hierzu auch *Schröder*, Verantwortlichkeit, Völkerstrafrecht, Streitbeilegung und Sanktionen, in: Vitzthum/Proelß, Völkerrecht, Rn. 87 mwN.

die Arbeitsbelastung des IGH immens angestiegen. Er ist als Forum der friedlichen Streitbeilegung etabliert. Natürlich ist nicht endgültig feststellbar, wie viele der von ihm gelösten Konflikte ansonsten in Gewaltanwendung gemündet wären. Indes bescheinigt die Tatsache, dass er zur Lösung von Grenzstreitigkeiten herangezogen wird, dass durch den IGH durchaus Konflikte gelöst werden können bzw. sollen, für die der Einsatz militärischer Gewalt prädestiniert wäre.

Auch wenn der exakte Einfluss des IGH auf die verringerte Anwendung (militärischer) Gewalt nicht feststellbar ist, so ist er doch ein unverzichtbarer Teil des gesamten Systems. Er hat demnach das Verhalten der Staaten (mit-)beeinflusst. Demnach ist er nach der hier vertretenen Definition von Effektivität als effektiv anzusehen.

### 3) Gesamtbewertung der Effektivität

Sowohl die Prüfung der Effektivitätskriterien als auch die der Definition bescheinigen dem IGH Effektivität. Er ist demnach – im Rahmen seiner oben aufgezeigten Grenzen – ein effektiver Durchsetzungsmechanismus. Die aufgezeigten negativen Gesichtspunkte sind im System angelegt; eine Veränderung ist wenig wahrscheinlich. An dem insgesamt positiven Effektivitätsurteil ändert dies aber nichts.

# Kapitel 4: Erfüllungskontrolle im Umweltvölkerrecht am Beispiel des Klimaschutzrechts

Nach der Würdigung des IGH wird nun die Bewertung der Compliance-Mechanismen im Umweltvölkerrecht am Beispiel des Klimaschutzrechts, speziell des Paris Agreement, erfolgen. Hierfür wird zunächst dargestellt, wie Compliance-Mechanismen ausgestaltet sind. Dies erfolgt zum besseren Verständnis nach einem kurzen allgemeinen Überblick anhand konkreter Beispiele aus der Vertragspraxis, die auch im Rahmen der Effektivitätsbewertung benötigt werden. Anschließend werden die Verträge und Entwicklungen des Klimaschutzrechts beschrieben. Die Beschreibungen der Verträge und Mechanismen werden in diesem Kapitel vor der Bewertung und nicht wie in Kapitel 3 vorrangig bei den einzelnen Kriterien vorgenommen. Dies rechtfertigt sich durch die Tatsache, dass vorliegend mehrere Verträge und Mechanismen beschrieben und zur Bewertung des Paris Agreement herangezogen werden. Würde die Beschreibung im Rahmen der Kriterien erfolgen, würde dies die Verständlichkeit und Übersichtlichkeit beeinträchtigen. Im letzten Schritt wird der Compliance-Mechanismus des Paris Agreement anhand der in Kapitel 2 ausgearbeiteten Kriterien und der Definition der Effektivität bewertet. Im Rahmen der Kriterien sind Anpassungen nötig, da für das Paris Agreement in vielen Teilen lediglich Prognosen aufgestellt werden können. Diese werden unter anderem mithilfe von Vergleichen mit den im Überblick beschriebenen Verfahren und dem Verfahren des Kyoto-Protokolls ausgearbeitet.

## I) Die Compliance-Mechanismen im Umweltvölkerrecht

### 1) Überblick

In dem nun folgenden Überblick werden zunächst Gemeinsamkeiten von Compliance-Mechanismen betrachtet.[1043]

1043 Für einen tabellarischen Überblick zu einigen Merkmalen s. UNEP, Compliance Mechanisms under selected Multilateral Environmental Agreements, S. 104, 108, 112, 115 f., 117 f., 120.

### a) Allgemeines zu den Compliance-Mechanismen

Im Umweltvölkerrecht werden von den Staaten konsensorientierte Methoden der Streitbeilegung den konfrontativen Verfahren vorgezogen.[1044] Die daher vorherrschenden Compliance-Mechanismen fußen darauf, dass die klassischen Methoden der Streitbeilegung und Rechtsdurchsetzung im Umweltvölkerrecht regelmäßig nicht erfolgreich sind.[1045] Gründe hierfür sind die Zurückhaltung der Staaten aufgrund der stigmatisierenden Wirkung sowie der repressive Charakter der Verfahren. Auch bedingt der multilaterale Charakter der Verpflichtungen, dass eine Rechtsverletzung nicht im bilateralen Verhältnis geschieht und somit nicht in diesem Verhältnis durchgesetzt werden kann.[1046] Auf eine Rechtsverletzung in einem multilateralen System muss konsequenterweise auch gemeinschaftlich reagiert werden (können).[1047] Daneben zielen Compliance-Verfahren auf eine Rückkehr zur Compliance ab und nicht auf eine nachträgliche Reparation.[1048] Zudem lassen umweltvölkerrechtliche Verträge den Staaten oft einen weiten Ermessensspielraum bezüglich der Art und Weise, wie das festgelegte Ziel erreicht werden kann, sodass die Feststellung von Compliance erhebliche Schwierigkeiten aufweisen kann.[1049] Die Zurückhaltung bezüglich der klassischen Methoden der Streitbeilegung wird am Beispiel der Kammer für umweltrechtliche Streitigkeiten vor dem IGH deutlich: Nachdem diese nie genutzt wurde, wurde sie 2006 bei der Richterwahl nicht neu besetzt und somit aufgelöst.[1050] Eine Überwachung durch die Vertragsstaatenkonferenz (verbunden mit

---

1044 *Brunnée*, ZaöRV 2003, S. 255 (264) mit Verweis auf das Montreal Protocol; *Ehrmann*, Erfüllungskontrolle im Umweltvölkerrecht, S. 26; *Beyerlin/Grote Stoutenburg*, Environment, International Protection, MPEPIL, Rn. 89; *Schmalenbach*, Friedliche Streitbeilegung, in: Proelß, Internationales Umweltrecht, Rn. 5; *Wolfrum*, RdC 272 (1998), S. 9 (96).

1045 *Brunnée*, ZaöRV 2003, S. 255 (263); *Ehrmann*, Erfüllungskontrolle im Umweltvölkerrecht, S. 26; *Marauhn*, ZaöRV 1996, S. 696 (697 f.) mwN; *Schmalenbach*, Friedliche Streitbeilegung, in: Proelß, Internationales Umweltrecht, Rn. 7; *Wang/Wiser*, RECIEL 11 (2002), S. 181 (181 f.).

1046 *Ehrmann*, Erfüllungskontrolle im Umweltvölkerrecht, S. 62 f.; *Meguro*, Leiden Journal of International Law 33 (2020), S. 933 (936).

1047 *Ehrmann*, Erfüllungskontrolle im Umweltvölkerrecht, S. 63.

1048 *Tabau*, Climate Change Compliance Procedures, MPEPIL, Rn. 4.

1049 *Wolfrum*, RdC 272 (1998), S. 9 (32).

1050 *Beyerlin/Grote Stoutenburg*, Environment, International Protection, MPEPIL, Rn. 96; *Boyle*, Environmental Dispute Settlement, MPEPIL, Rn. 9; *Merrills*, International Dispute Settlement, S. 146 f.; Zimmermann/Tams/*Jennings/Higgins/Tomka*, The Statute of the International Court of Justice, General Introduction, Rn. 42.

einem Compliance-Verfahren) ist meist besser geeignet zur Lösung von Streitigkeiten.[1051] Auch in der verwendeten Begrifflichkeit der einschlägigen Vertragstexte wird der Rekurs auf Konfrontation vermieden: Bei Ausformulierung der Verfahren wurde teilweise auf die Begriffe „Vertragsbruch" oder „Vertragsverletzung" zugunsten des Begriffs der „Nichteinhaltung" (Non-Compliance) verzichtet, um die stigmatisierende Wirkung dieser Begriffe zu umgehen.[1052] Indes kann auch der Begriff der „Non-Compliance" vorwurfsbehaftet sein, sodass teilweise positiver nur von „Compliance" gesprochen wird.[1053] In der Klimarahmenkonvention wurde sodann der Begriff der „Compliance" vermieden und der Begriff der „Durchführung" (implementation) verwendet, um deutlich zu machen, dass ein Prozess vorliegt und keine Momentaufnahme.[1054] Allerdings verschärfte das Kyoto-Protokoll die Begriffe wieder, da statt „Durchführungsausschuss" der Begriff „Einhaltungsausschuss" (Compliance Committee) verwendet wird, was prägend für nachfolgende Vertragswerke war.[1055]

Regelmäßig werden die Compliance-Verfahren nicht unmittelbar im Vertrag verankert, sondern durch das entsprechend befugte Organ ausgearbeitet.[1056] Dabei wirken die Mechanismen meist nicht strafend, sondern beinhalten Anreize zur Vertragserfüllung. Unterschieden werden nicht-konfrontative bzw. konfliktvermeidende Mittel (Assistenz und Anreiz) und konfrontative Mittel (Rechtsdurchsetzung), wobei diese Verfahren auch kombiniert werden können.[1057] Die Verfahren schaffen Transparenz, die sowohl das Vertrauen in den Vertrag stärkt als auch Druck generiert, den Vertrag zu erfüllen.[1058] Die Mehrzahl der Verfahren orientiert sich am Non-Compliance-Verfahren des Montreal Protocol, das das erste dieser Art war.[1059]

---

1051 *Boyle*, Environmental Dispute Settlement, MPEPIL, Rn. 4.

1052 *Ehrmann*, Erfüllungskontrolle im Umweltvölkerrecht, S. 394; *Koskenniemi*, Yearbook of International Environmental Law 3 (1992), S. 123 (128).

1053 *Ehrmann*, Erfüllungskontrolle im Umweltvölkerrecht, S. 394.

1054 *Ehrmann*, Erfüllungskontrolle im Umweltvölkerrecht, S. 395.

1055 *Holtwisch*, Das Nichteinhaltungsverfahren des Kyoto-Protokolls, S. 122 f.

1056 *Schmalenbach*, Friedliche Streitbeilegung, in: Proelß, Internationales Umweltrecht, Rn. 10; diese Möglichkeit wird von den UNEP Guidelines on Compliance with and Enforcement of Multilateral Environmental Agreements in Nummer 16 auch ausdrücklich vorgesehen.

1057 *Fitzmaurice*, Environmental Compliance Control, MPEPIL, Rn. 22; *Schmalenbach*, Friedliche Streitbeilegung, in: Proelß, Internationales Umweltrecht, Rn. 8.

1058 *Beyerlin/Marauhn*, International Environmental Law, S. 320.

1059 *Beyerlin/Grote Stoutenburg*, Environment, International Protection, MPEPIL, Rn. 89; *Fitzmaurice*, Environmental Compliance Control, MPEPIL, Rn. 56; *Viñuales*, The

Trotz der Compliance-Verfahren wird auf die klassischen Mittel der Streitbeilegung nicht gänzlich verzichtet, sodass sie neben die Compliance-Mechanismen treten.[1060] Die meisten umweltvölkerrechtlichen Verträge weisen Streitbeilegungsklauseln auf.[1061] Viele solcher Klauseln beinhalten Verhandlungen (Negotiations) als das (primäre) Mittel der Wahl sowie die Überweisung an „third party mechanisms", wobei der erfolglose Verlauf der Verhandlungen Voraussetzung für eine solche Überweisung sein kann.[1062]

### *b) Verfahrensablauf*

Im Folgenden soll der in den meisten Verfahren übliche Verfahrensablauf dargestellt werden. Hierbei ist zu beachten, dass die einzelnen Verfahren durchaus von diesem Modell abweichen bzw. Besonderheiten aufweisen. Das hier dargestellte Muster erhebt daher keinen Anspruch auf Allgemeingültigkeit, sondern soll einen Überblick über die häufigsten Verfahrensschritte geben. Die Verfahren sind meist mehrstufig aufgebaut: Auf eine durchgehende und kontrollierte Berichtspflicht der Staaten folgen bei Nichterfüllung zunächst positive Anreize in Form von Assistenz oder Anreiz und erst bei Misserfolg dieser präventiven Maßnahmen werden Sanktionen verhängt (negative Anreize).[1063] Die einzelnen Schritte können auch dahingehend unterschieden werden, dass Berichtspflichten *„Routineprozeduren"* und die anderen bzw. nachfolgenden Schritte *„ad hoc-Prozeduren"* sind.[1064]

#### *(1) Berichtspflicht*

Die Berichtspflicht dient dazu, dass Daten über die Umsetzung gesammelt werden und die Staaten offenlegen müssen, welche Maßnahmen sie zur Vertragserfüllung ergriffen haben.[1065] Sie ermöglicht somit, Informationen zu sammeln, um Aktivitäten oder Fakten transparent zu machen.[1066] Nur mithilfe dieser Daten

---

Paris Agreement: An Initial Examination (Part III of III), EJIL-Talk 8.2.2016; *Zeitner*, EurUP 2019, S. 159 (161) mwN.

1060 *Ehrmann*, Erfüllungskontrolle im Umweltvölkerrecht, S. 63; *Tabau*, Climate Change Compliance Procedures, MPEPIL, Rn. 41.

1061 *Wolfrum*, RdC 272 (1998), S. 9 (96).

1062 *Wolfrum*, RdC 272 (1998), S. 9 (96).

1063 *Schmalenbach*, Friedliche Streitbeilegung, in: Proelß, Internationales Umweltrecht, Rn. 9.

1064 *Beyerlin/Marauhn*, International Environmental Law, S. 325.

1065 *Fitzmaurice*, Environmental Compliance Control, MPEPIL, Rn. 28.

1066 *Wolfrum*, RdC 272 (1998), S. 9 (36).

kann festgestellt werden, ob Erfüllung vorliegt oder nicht; sie dienen somit als Basis der Erfüllungskontrolle.[1067] Eine Berichtspflicht als Form der institutionalisierten Erfüllungskontrolle ist fast allen Compliance-Verfahren gemein.[1068] Sie schafft Bewusstsein für (Nicht-)Erfüllung sowohl auf nationaler wie auf internationaler Ebene.[1069] Daher beinhalten die vom UN Environment Programme (UNEP) veröffentlichten „UNEP-Guidelines on Compliance with and Enforcement of Multilateral Environmental Agreements" den Vorschlag, die Staaten zu regelmäßigen Berichten über die Compliance aufzufordern.[1070] In Kombination mit einem Prozess aus Monitoring und Verification könne diese Pflicht dazu beitragen, die Compliance zu verbessern, unter anderem durch die öffentliche Wahrnehmung.[1071] Allerdings unterziehen nicht alle umweltvölkerrechtlichen Verträge die eingereichten Berichte einem Monitoring- und Verification-Prozess.[1072] Um die Wirksamkeit und die Vergleichbarkeit der Berichte zu erhöhen, werden stets Vorgaben bezüglich der Zeitrahmen, in denen ein Bericht vorgelegt werden soll, und zum Inhalt gemacht.[1073] Daher sind die formellen Berichtspflichten von einem reinen Informationsaustausch und anderen Methoden des Informationsgewinns zu unterscheiden.[1074] Erfüllt ein Staat seine Berichtspflicht nicht oder nur unzureichend, so kann dies sowohl auf fehlende (z.B. finanzielle) Mittel als auch auf politischen Unwillen zurückzuführen sein.[1075] Um die so entstehenden Informationslücken zu füllen, kann auf andere Methoden der

---

1067 *Ehrmann*, Erfüllungskontrolle im Umweltvölkerrecht, S. 402 f.

1068 *Schmalenbach*, Friedliche Streitbeilegung, in: Proelß, Internationales Umweltrecht, Rn. 11 verortet diese sogar in allen Verfahren; für fast alle s. UNEP, Compliance Mechanisms under selected Multilateral Environmental Agreements, S. 10; *Wang/Wiser*, RECIEL 11 (2002), S. 181 (183).

1069 *Ehrmann*, Erfüllungskontrolle im Umweltvölkerrecht, S. 404 f.; *Fitzmaurice*, Environmental Compliance Control, MPEPIL, Rn. 28.

1070 UNEP-Guidelines on Compliance with and Enforcement of Multilateral Environmental Agreements, Guideline 14 c) i), s. hierzu und zum folgenden auch *Fitzmaurice*, Environmental Compliance Control, MPEPIL, Rn. 24.

1071 UNEP-Guidelines on Compliance with and Enforcement of Multilateral Environmental Agreements, Guideline 14 c).

1072 *Fitzmaurice*, Environmental Compliance Control, MPEPIL, Rn. 30.

1073 *Ehrmann*, Erfüllungskontrolle im Umweltvölkerrecht, S. 409.

1074 *Kiss*, Reporting Obligations and Assessment of Reports, in: Beyerlin/Stoll/Wolfrum, Ensuring Compliance with Multilateral Environmental Agreements, S. 229 (230).

1075 *Ehrmann*, Erfüllungskontrolle im Umweltvölkerrecht, S. 409 ff.

Datenbeschaffung zurückgegriffen werden.[1076] Auch im Rahmen des Verification-Prozesses, also der Überprüfung der Berichte (sofern ein solcher vorgesehen ist), ist es von Bedeutung, wie sich das zuständige Organ weitergehende Informationen beschaffen kann.[1077] Die Informationen können beispielsweise durch andere Vertragsstaaten oder durch NGOs eingebracht werden.[1078] Während des Verfahrens wird nicht auf einen konkreten Umweltschaden oder die Kausalität für diesen, sondern allein auf die Schwierigkeiten des Staates, den Vertrag zu erfüllen, abgestellt, um die Nichterfüllung festzustellen.[1079]

### *(2) Institutionelle Verankerung des Verfahrens*

Institutionell ist das Verfahren meist in Compliance- oder Implementation-Committees verankert. So wird in Guideline 14 d) ii) der UNEP-Guidelines empfohlen, ein Vertragsorgan (z.B. ein Compliance Committee) zu schaffen, um frühzeitig auf Non-Compliance reagieren zu können.

### *(3) Verfahrenseinleitung*

Damit das zuständige Organ im Nichterfüllungsverfahren tätig werden kann, muss das Verfahren von den hierzu vorgesehenen Stellen eingeleitet werden.[1080] Dies kann unter anderem durch eine Staatenbeschwerde, eine Selbstanzeige oder durch das Compliance Committee selbst aufgrund der Staatenberichte erfolgen.[1081] Denkbar ist auch eine Verfahrenseinleitung durch die Vertragsstaatenkonferenz sowie durch die Öffentlichkeit, beispielsweise durch NGOs.

### *(4) Maßnahmen/Rechtsfolgen*

Ausgangspunkt für weitere Maßnahmen ist stets die Feststellung der Nichterfüllung durch das zuständige Organ.[1082] Anschließend werden die notwendigen

---

1076 *Ehrmann*, Erfüllungskontrolle im Umweltvölkerrecht, S. 411; *Beyerlin/Grote Stoutenburg*, Environment, International Protection, MPEPIL, Rn. 90.

1077 *Beyerlin/Marauhn*, International Environmental Law, S. 328.

1078 *Beyerlin/Marauhn*, International Environmental Law, S. 328.

1079 *Schmalenbach*, Friedliche Streitbeilegung, in: Proelß, Internationales Umweltrecht, Rn. 13.

1080 *Ehrmann*, Erfüllungskontrolle im Umweltvölkerrecht, S. 419.

1081 *Ehrmann*, Erfüllungskontrolle im Umweltvölkerrecht, S. 419 ff.

1082 *Schmalenbach*, Friedliche Streitbeilegung, in: Proelß, Internationales Umweltrecht, Rn. 14.

Maßnahmen beschlossen, die meist zunächst Anreize beinhalten.[1083] Die Maßnahmen, die ergriffen werden können, sind in der Regel vorher nicht in einem Katalog festgehalten und stark abhängig vom Einzelfall.[1084] Daher können die Ursachen der Nichterfüllung mit in die Entscheidungsfindung einbezogen und so behoben werden.[1085]

Mögliche Rechtsfolgen sind positive und negative Anreize. Positive Anreize sind dabei häufig Informations- und Technologietransfer sowie finanzielle und technische Unterstützung.[1086] Die Möglichkeit, durch das Compliance-Verfahren Unterstützung bei der Vertragsdurchführung zu erhalten, stellt einen Anreiz für Selbstanzeigen dar.[1087] Negative Anreize können beispielsweise sein: Publikmachen der Nichterfüllung (*naming and shaming*), Entzug oder Aussetzen von Rechten aus dem Vertrag oder Handelssanktionen.[1088] Anreize und Sanktionen können auch verbunden werden.[1089] Das Verhältnis der Maßnahmen - insbesondere, ob ein Stufenverhältnis vorliegt - muss dabei durch Vertragsauslegung bestimmt werden.[1090]

Die rechtliche Verbindlichkeit der Entscheidungen ist ebenfalls einzelfallabhängig, in der Mehrheit aber wohl zu verneinen.[1091] Allerdings führen die Verfahrenseinleitung durch Selbstanzeige und das auf Dialog angelegte Verfahren dazu, dass diese in den meisten Fällen beachtet werden.[1092] Nach Erlass der

1083 Dies kann durch die Vertragsstaatenkonferenz oder durch das Compliance Committee geschehen; *Schmalenbach*, Friedliche Streitbeilegung, in: Proelß, Internationales Umweltrecht, Rn. 14 verweist auf die Vertragsstaatenkonferenz, *Milano*, The Outcomes of the Procedure and their legal effects, in: Treves/Pineschi/Tanzi/Pitea/Ragni/Romanin Jacur, Non-Compliance Procedures and Mechanisms and the Effectiveness of International Environmental Agreements, S. 407 (411) dagegen auf die Unterschiede je nach Vertrag.

1084 *Ehrmann*, Erfüllungskontrolle im Umweltvölkerrecht, S. 427 f.

1085 *Ehrmann*, Erfüllungskontrolle im Umweltvölkerrecht, S. 429.

1086 *Savaşan*, Paris Climate Agreement: A Deal for Better Compliance?, S. 85; *Schmalenbach*, Friedliche Streitbeilegung, in: Proelß, Internationales Umweltrecht, Rn. 14.

1087 *Ehrmann*, Erfüllungskontrolle im Umweltvölkerrecht, S. 428.

1088 *Fitzmaurice*, Environmental Compliance Control, MPEPIL, Rn. 38 ff.; *Schmalenbach*, Friedliche Streitbeilegung, in: Proelß, Internationales Umweltrecht, Rn. 15.

1089 *Beyerlin/Grote Stoutenburg*, Environment, International Protection, MPEPIL, Rn. 92.

1090 *Schmalenbach*, Friedliche Streitbeilegung, in: Proelß, Internationales Umweltrecht, Rn. 16.

1091 *Ehrmann*, Erfüllungskontrolle im Umweltvölkerrecht, S. 430 f.

1092 *Ehrmann*, Erfüllungskontrolle im Umweltvölkerrecht, S. 431.

Maßnahmen ist eine Überwachung der Durchführung durch das jeweils befugte Organ möglich.[1093]

*(5) Verhältnis zur „klassischen" Streitbeilegung*

Wie bereits dargestellt schließen Compliance-Verfahren die klassische Streitbeilegung nicht aus; im Gegenteil enthalten viele Verträge explizite Streitbeilegungsklauseln.[1094] Von Relevanz für die Streitbeilegung ist sodann, ob die Compliance-Verfahren Vorrang vor diesen haben, und/oder ob die Ergebnisse des Compliance-Verfahrens für ein sich anschließendes Verfahren bindend sind.[1095]

## 2) Montreal Protocol

Das erste Nichteinhaltungsverfahren[1096] entstand im Rahmen des Montreal Protocol (Montrealer Protokoll über Stoffe, die zum Abbau der Ozonschicht führen vom 16. September 1987).[1097] Das Montreal Protocol (MP) ist ein Protokoll zum Wiener Übereinkommen zum Schutz der Ozonschicht vom 22. März 1985.[1098] Im Gegensatz zu diesem Rahmenübereinkommen enthält es konkrete Reduktionsverpflichtungen sowie Regelungen zu technischer und finanzieller Hilfe.[1099] Ziel des Protokolls war der Verzicht auf ozonschädigende Stoffe. Die letzte Änderung, die 2016 in Kigali beschlossen wurde, erweiterte das Protokoll bezüglich teilflourierter Kohlenwasserstoffe (HFKW), die als Ersatzstoffe für die untersagten Stoffe eingesetzt werden. Diese tragen zwar nicht zur Zerstörung der Ozonschicht, aber als Treibhausgase zum Klimawandel bei.[1100] Mit dieser Änderung wird das MP ein Übereinkommen zum Schutz des Klimas.[1101] Das Wiener Übereinkommen und das Protokoll waren die ersten Verträge, die universelle

---

1093 *Ehrmann*, Erfüllungskontrolle im Umweltvölkerrecht, S. 431 ff.

1094 S. z.B. Art. 16 der Aarhus-Kovention; Art. 11 Wiener Übereinkommen zum Schutz der Ozonschicht; Art. 14 UNFCCC; *Beyerlin/Grote Stoutenburg*, Environment, International Protection, MPEPIL, Rn. 94.

1095 *Beyerlin/Grote Stoutenburg*, Environment, International Protection, MPEPIL, Rn. 94.

1096 *Ehrmann*, Erfüllungskontrolle im Umweltvölkerrecht, S. 142.

1097 1522 UNTS 3; BGBl. 1988 II, 1014.

1098 1513 UNTS 293; BGBl. 1988 II, 902; 26 ILM 1529 (1987).

1099 *Koskenniemi*, Yearbook of International Environmental Law 3 (1992), S. 123 (128).

1100 https://ozone.unep.org/treaties/montreal-protocol (abgerufen am 19.4.2022); *Minnerop*, Climate Protection Agreements, MPEPIL, Rn. 7 f., 17.

1101 *Minnerop*, Climate Protection Agreements, MPEPIL, Rn. 38.

Geltung erlangten.[1102] Das Nichteinhaltungsverfahren hatte Vorbildwirkung für die nachfolgenden Verfahren.[1103] Es ist nicht im Protokoll selbst geregelt, dessen Art. 8 lediglich bestimmt: „*The Parties, at their first meeting, shall consider and approve procedures and institutional mechanisms for determining non-compliance with the provisions of this Protocol and for treatment of Parties found to be in non-compliance.*"

Zunächst wurde ein vorläufiges Verfahren eingerichtet.[1104] Das finale Non-Compliance-Verfahren wurde 1992 auf der vierten Vertragsstaatenkonferenz in Kopenhagen beschlossen.[1105] Eine Änderung erfolgte auf der zehnten Vertragsstaatenkonferenz 1998 in Kairo.[1106]

Basis des Verfahrens ist die in Art. 7 MP geregelte Berichtspflicht der Staaten.[1107] Die Staaten müssen spätestens drei Monate nach Ratifikation und anschließend jährlich über Produktion, Einfuhren und Ausfuhren der geregelten

1102 *Beyerlin/Marauhn*, International Environmental Law, S. 155; *Birkner*, Spezifische Regelungen des Umweltvölkerrechts, in: Ipsen, Völkerrecht, Rn. 47.

1103 *Wang/Wiser*, RECIEL 11 (2002), S. 181 (183).

1104 Decision II/5, dort enthalten in Annex III, s. *Madhava Sarma*, Compliance with the Multilateral Environmental Agreements to Protect the Ozone Layer, in: Beyerlin/Stoll/Wolfrum, Ensuring Compliance with Multilateral Environmental Agreements, S. 25 (28); *Romanin Jacur*, The Non-Compliance Procedure of the 1987 Montreal Protocol to the 1985 Vienna Convention on Substances that Deplete the Ozone Layer, in: Treves/Pineschi/Tanzi/Pitea/Ragni/Romanin Jacur, Non-Compliance Procedures and Mechanisms and the Effectiveness of International Environmental Agreements, S. 11 (13).

1105 Decision IV/5, UNEP/OzL.Pro.4/15, S. 16; das Verfahren findet sich in Annex IV, UNEP/OzL.Pro.4/15, S. 52 f.; *Victor*, The Operation and Effectiveness of the Montreal Protocol's Non-Compliance Procedure, in: Victor/Raustiala/Skolnikoff, The Implementation and Effectiveness of International Environmental agreements, S. 137 (140).

1106 Decision X/10, UNEP/OzL.Pro.10/9, S. 23 f., die konsolidierte Fassung des Verfahrens findet sich in Annex II, UNEP/OzL.Pro.10/9, S. 47 ff. und wird in dieser Untersuchung zugrunde gelegt.

1107 *Andersen/Zaelke/Taddonio/Ferris/Sherman*, Ozone Layer, International Protection, MPEPIL, Rn. 33; *Madhava Sarma*, Compliance with the Multilateral Environmental Agreements to Protect the Ozone Layer, in: Beyerlin/Stoll/Wolfrum, Ensuring Compliance with Multilateral Environmental Agreements, S. 25 (29); *Raustiala*, Case Western Reserve Journal of International Law 32 (2000), S. 387 (417).

Stoffe berichten.[1108] Daneben hat die Vertragsstaatenkonferenz mehrfach Staaten aufgefordert, zusätzliche Daten mitzuteilen, um die Compliance beurteilen zu können.[1109] Die Staaten berichten an das Sekretariat, das die Daten auf innere Konsistenz prüft, Klarstellungen einfordert und einen Bericht zusammenstellt, der durch das Implementation Committee geprüft wird.[1110] Dabei darf das Sekretariat die übermittelten Daten nicht zurückweisen.[1111]

Das Compliance-Verfahren besteht aus zwei Komponenten: regelmäßigen regulären Treffen des Implementation Committee sowie Eingaben an das Implementation Committee.[1112] Es vereint damit eine Routineprozedur mit einer ad-hoc-Prozedur.[1113] Im Text des Verfahrens (konsolidierte Fassung 1998) wird zunächst betont, dass die in Art. 11 des Wiener Übereinkommens geregelte Streitbeilegung von diesem unberührt bleibt.[1114] Anschließend wird die Einleitung des Verfahrens geregelt. Möglich ist, dass ein Staat oder mehrere Staaten die potentielle Non-Compliance eines anderen Staates rügen (Rn. 1), dass das Sekretariat selbst auf eine solche aufmerksam wird (Rn. 3), oder dass ein Staat seine eigene Non-Compliance anzeigt (Rn. 4). Bei einer Anzeige durch einen anderen Staat erhält der betroffene Staat die Möglichkeit zur Stellungnahme (Rn. 2).

---

1108 *Madhava Sarma*, Compliance with the Multilateral Environmental Agreements to Protect the Ozone Layer, in: Beyerlin/Stoll/Wolfrum, Ensuring Compliance with Multilateral Environmental Agreements, S. 25 (31).

1109 *Madhava Sarma*, Compliance with the Multilateral Environmental Agreements to Protect the Ozone Layer, in: Beyerlin/Stoll/Wolfrum, Ensuring Compliance with Multilateral Environmental Agreements, S. 25 (31).

1110 *Madhava Sarma*, Compliance with the Multilateral Environmental Agreements to Protect the Ozone Layer, in: Beyerlin/Stoll/Wolfrum, Ensuring Compliance with Multilateral Environmental Agreements, S. 25 (32).

1111 *Madhava Sarma*, Compliance with the Multilateral Environmental Agreements to Protect the Ozone Layer, in: Beyerlin/Stoll/Wolfrum, Ensuring Compliance with Multilateral Environmental Agreements, S. 25 (32).

1112 *Victor*, The Operation and Effectiveness of the Montreal Protocol's Non-Compliance Procedure, in: Victor/Raustiala/Skolnikoff, The Implementation and Effectiveness of International Environmental agreements, S. 137 (141).

1113 S. Kapitel 4 I) 1) b) Verfahrensablauf; *Raustiala*, Case Western Reserve Journal of International Law 32 (2000), S. 387 (418 f.) mit Verweis auf *Victor*, The Operation and Effectiveness of the Montreal Protocol's Non-Compliance Procedure, in: Victor/Raustiala/Skolnikoff, The Implementation and Effectiveness of International Environmental agreements, S. 137 (137 f.).

1114 *Andersen/Zaelke/Taddonio/Ferris/Sherman*, Ozone Layer, International Protection, MPEPIL, Rn. 34.

Durch dieses Vorverfahren wird dem betroffenen Staat „*rechtliches Gehör*" gewährt und der nicht-konfrontative Charakter des Verfahrens betont: Die Staaten stehen sich nicht unmittelbar gegenüber, sondern haben das Sekretariat als Mittler zwischen sich.[1115] Auch bei der Sekretariatsvorlage (bei der das Einschreiten des Sekretariats in dessen Ermessen steht) kann der betroffene Staat sich äußern; daneben ist eine Erledigung durch Verwaltungsmaßnahmen oder durch diplomatische Kontakte vorrangig (Rn. 3). Die Sekretariatsvorlage führt dazu, dass aus einer ständigen Kontrolle der Einhaltung ein Einzelfall herausgelöst wird.[1116]

Anschließend wird die Einrichtung eines Implementation Committee beschlossen (Rn. 5). Dieses soll aus zehn Parteien bestehen, die von der Vertragsstaatenkonferenz gewählt werden, basierend auf einer ausgeglichenen regionalen Repräsentation. Die Mitglieder des Implementation Committee sind Vertreter ihrer Staaten; sie sind daher keine weisungsunabhängigen und aufgrund ihrer persönlichen Kompetenz ausgewählten Experten.[1117] Das Implementation Committee soll zweimal jährlich zusammentreten (Rn. 6). Seine Aufgabe ist es, die Eingaben der Staaten oder des Sekretariats zu prüfen sowie weitere Informationen zu sammeln (Rn. 7). Hierbei soll es „*with a view to securing an amicable solution of the matter on the basis of respect for the provisions of the Protocol*" arbeiten (Rn. 8), was den kooperativen Fokus des Verfahrens verdeutlicht.[1118] Das Implementation Committee hat allerdings keine Entscheidungskompetenz, sondern berichtet seine Empfehlungen lediglich der Vertragsstaatenkonferenz (Rn. 8). Die Empfehlungen sind nicht bindend.[1119] Die Vertragsstaatenkonferenz entscheidet anschließend über die zu ergreifenden Maßnahmen: „*After receiving a report by the Committee the Parties may, taking into consideration the circumstances of the matter, decide upon and call for steps to bring about full compliance with the Protocol, including measures to assist the Parties' compliance with the Protocol, and to further the Protocol's objectives* (Rn. 9)." Umstritten ist dabei, ob die beschlossenen Maßnahmen Bindungswirkung besitzen oder nicht.[1120]

---

1115 *Ehrmann*, Erfüllungskontrolle im Umweltvölkerrecht, S. 156 f.

1116 *Ehrmann*, Erfüllungskontrolle im Umweltvölkerrecht, S. 160.

1117 *Ehrmann*, Erfüllungskontrolle im Umweltvölkerrecht, S. 163; *Wolfrum*, RdC 272 (1998), S. 9 (118).

1118 *Ehrmann*, Erfüllungskontrolle im Umweltvölkerrecht, S. 167.

1119 *Wolfrum*, RdC 272 (1998), S. 9 (119).

1120 *Savaşan*, Paris Climate Agreement: A Deal for Better Compliance?, S. 110 verweist auf die unklare Lage bezüglich dieser Frage unter Verweis auf den ersten und dritten Ad Hoc Working Group Meeting-Report. *Ehrmann*, Erfüllungskontrolle im

In Annex V zum Bericht der Vertragsstaatenkonferenz von 1992 findet sich eine indikative Liste von Maßnahmen, die von der Vertragsstaatenkonferenz ergriffen werden können.[1121] Diese reichen von Hilfestellungen (A) über Verwarnungen (B) bis hin zum (befristeten oder unbefristeten) Aussetzen von Rechten und Pflichten unter dem Protokoll (C). Mit diesen Maßnahmen wurden erstmals Strafen als Antwort auf Non-Compliance bezüglich eines Multilateral Environmental Agreement aufgenommen.[1122] Es wurde kontrovers diskutiert, ob die Maßnahmen in der genannten Reihenfolge ergehen müssen, oder ob die Vertragsstaatenkonferenz diesbezüglich ein Ermessen besitzt.[1123] Russland brachte die Ermessensansicht in einem Verfahren vor, da unmittelbar Handelssanktionen beschlossen wurden, als der Staat seine Non-Compliance meldete.[1124] Nach *Rüdiger Wolfrum* stützen weder der Wortlaut noch die Entstehungsgeschichte diese Sichtweise.[1125] Allerdings solle zunächst eine gütliche Lösung gesucht werden; diese Voraussetzung sei indes schon gegeben, wenn der Fall im Implementation Committee besprochen worden sei.[1126] Von einem Stufenverhältnis gehen hingegen *Stephen O. Andersen, Durwood Zaelke, Kristen N. Taddonio, Richard „Tad" Ferris* und *Nancy J. Sherman* aus.[1127] Gemäß ihren Ausführungen folgten Warnungen, wenn Hilfe fehlgeschlagen sei; das Aussetzen von Rechten und Pflichten sei die finale Antwort auf die Nichtbefolgung.[1128]

---

Umweltvölkerrecht, S. 170 plädiert für einen empfehlenden Charakter unter Verweis auf den ersten Meeting-Report dieser Expertengruppe.

1121 *Fitzmaurice*, Environmental Compliance Control, MPEPIL, Rn. 63; *Madhava Sarma*, Compliance with the Multilateral Environmental Agreements to Protect the Ozone Layer, in: Beyerlin/Stoll/Wolfrum, Ensuring Compliance with Multilateral Environmental Agreements, S. 25 (30).

1122 UNEP, Compliance Mechanisms under selected Multilateral Environmental Agreements S. 76.

1123 *Romanin Jacur*, The Non-Compliance Procedure of the 1987 Montreal Protocol to the 1985 Vienna Convention on Substances that Deplete the Ozone Layer, in: Treves/Pineschi/Tanzi/Pitea/Ragni/Romanin Jacur, Non-Compliance Procedures and Mechanisms and the Effectiveness of International Environmental Agreements, S. 11 (18); *Wolfrum*, RdC 272 (1998), S. 9 (120).

1124 *Wolfrum*, RdC 272 (1998), S. 9 (120).

1125 *Wolfrum*, RdC 272 (1998), S. 9 (120).

1126 *Wolfrum*, RdC 272 (1998), S. 9 (120 f.) mwN.

1127 *Andersen/Zaelke/Taddonio/Ferris/Sherman*, Ozone Layer, International Protection, MPEPIL, Rn. 35.

1128 *Andersen/Zaelke/Taddonio/Ferris/Sherman*, Ozone Layer, International Protection, MPEPIL, Rn. 35.

*Malgosia Fitzmaurice* bewertete das Verfahren hinsichtlich seiner Effektivität.[1129] So sei die Hauptursache für Non-Compliance der Bedarf nach Capacity-building.[1130] Auch sei deutlich geworden, dass Assistenz und Warnungen effektiver seien als strafende Maßnahmen wie die Aussetzung von Rechten.[1131] Nach *Stephen O. Andersen, Durwood Zaelke, Kristen N. Taddonio, Richard „Tad" Ferris* und *Nancy J. Sherman* wird das MP als der effektivste umweltvölkerrechtliche Vertrag angesehen.[1132] Daneben bewerten sie das MP (Stand 2009) als den erfolgreichsten Vertrag zur Minderung des Klimawandels, insbesondere im Vergleich zum Kyoto-Protokoll.[1133]

## 3) Aarhus-Konvention

Werden die Erfolgsgeschichten der Compliance-Mechanismen benannt, so wird regelmäßig auf das im Rahmen der Aarhus-Konvention (Übereinkommen über den Zugang zu Informationen, die Öffentlichkeitsbeteiligung an Entscheidungsverfahren und den Zugang zu Gerichten in Umweltangelegenheiten)[1134] vom 25. Juni 1998 geschaffene Verfahren verwiesen. Zunächst wird ein Überblick über das Verfahren gegeben, anschließend werden einzelne Punkte im Detail betrachtet.

### *a) Überblick*

Auch im Rahmen der Aarhus-Konvention (AK) ist den Staaten eine Berichtspflicht auferlegt.[1135] Für die Überprüfung der Compliance ordnet Art. 15 Aarhus-Konvention (Überprüfung der Einhaltung der Bestimmungen des Übereinkommens) an, „*Regelungen über eine freiwillige, nichtstreitig angelegte, außergerichtliche und auf Konsultationen beruhende Überprüfung der Einhaltung der Bestimmungen dieses Übereinkommens*" aufzustellen.[1136] Hierbei soll nach Satz 2

1129 *Fitzmaurice*, Environmental Compliance Control, MPEPIL, Rn. 65.

1130 *Fitzmaurice*, Environmental Compliance Control, MPEPIL, Rn. 65.

1131 *Fitzmaurice*, Environmental Compliance Control, MPEPIL, Rn. 65.

1132 *Andersen/Zaelke/Taddonio/Ferris/Sherman*, Ozone Layer, International Protection, MPEPIL, Rn. 47.

1133 *Andersen/Zaelke/Taddonio/Ferris/Sherman*, Ozone Layer, International Protection, MPEPIL, Rn. 48.

1134 2161 UNTS 447.

1135 S. Art. 10 Abs. 2 AK; Decision I/8, ECE/MP.PP/2/Add.9; Decision II/10, ECE/MP.PP/2005/2/Add.14; Decision IV/4 ECE/MP.PP/2011/CRP.2; Decision VI/7, ECE/MP.PP/2017/2/Add.1, S. 30.

1136 *Jendroska*, JEEPL 8 (2011), S. 301 (303); *Lutz/Sauer*, EurUP 2018, S. 118 (119).

gewährleistet werden, dass die Öffentlichkeit angemessen einbezogen wird. Diesem Auftrag wurde mit der Einrichtung des Compliance Committee durch Decision I/7 auf der ersten Vertragsstaatenkonferenz in Lucca entsprochen.[1137] Das Compliance Committee ist eine gerichtsähnliche Einrichtung.[1138] Es sollte ursprünglich aus acht Mitgliedern bestehen, die von der Vertragsstaatenkonferenz aufgrund persönlicher Eignung vorzugsweise im Konsensverfahren (und nur bei Scheitern des Konsenses in geheimer Wahl) gewählt werden (Decision I/7, Rn. 1, 2, 7).[1139] Allerdings beschloss die zweite Vertragsstaatenkonferenz, die Anzahl der Mitglieder auf neun zu erhöhen (Decision II/5, Rn. 12).[1140] Die einmalige Wiederwahl ist zulässig (Decision I/7, Rn. 9[1141]).[1142] Wie auch beim IGH darf jede Nationalität nur einmal vertreten sein, wobei auf die geographische Verteilung sowie auf Diversität der bisherigen Erfahrungen geachtet werden soll (Rn. 3, 8).[1143] Die Mitglieder sind keine Vertreter ihrer Staaten.[1144] Die reguläre Amtszeit der Mitglieder des Compliance Committee beginnt bei einer regulären Vertragsstaatenkonferenz und endet nach der übernächsten regulären Konferenz (Rn. 9).[1145] Aufgrund des dreijährigen Konferenzrhythmus beträgt die Dauer einer Amtszeit somit sechs Jahre.[1146] Das Compliance Committee soll mindestens einmal jährlich zusammentreten (Rn. 12). Seine Funktionen sind in Rn. 13 und 14 beschrieben:

13. „The Committee shall:

*(a) Consider any submission, referral or communication made in accordance with paragraphs 15 to 24 below;*

*(b) Prepare, at the request of the Meeting of the Parties, a report on compliance with or implementation of the provisions of the Convention; and*

---

1137 *Epiney/Diezig/Pirker/Reitemeyer*, Aarhus-Konvention, Art. 15 Rn. 1; Guide to the Aarhus Convention Compliance Committee Rn. 2; *Jendroska*, JEEPL 8 (2011), S. 301 (304).

1138 *Hey*, Compliance Procedure: Aarhus Convention, MPEPIL, Rn. 3.

1139 *Jendroska*, JEEPL 8 (2011), S. 301 (306).

1140 Guide to the Aarhus Convention Compliance Committee Rn. 56, 61; *Jendroska*, JEEPL 8 (2011), S. 301 (305).

1141 Die folgenden Randnummer-Zitate im Rahmen der AK beziehen sich ebenfalls auf Decision I/7, ECE/MP.PP/2/Add.8.

1142 *Jendroska*, JEEPL 8 (2011), S. 301 (306).

1143 *Jendroska*, JEEPL 8 (2011), S. 301 (307).

1144 *Fitzmaurice*, Environmental Compliance Control, MPEPIL, Rn. 75.

1145 *Jendroska*, JEEPL 8 (2011), S. 301 (306).

1146 *Hey*, Compliance Procedure: Aarhus Convention, MPEPIL, Rn. 7.

*(c) Monitor, assess and facilitate the implementation of and compliance with the reporting requirements under article 10, paragraph 2, of the Convention;*

*and act pursuant to paragraphs 36 and 37.*

14. *The Committee may examine compliance issues and make recommendations if and as appropriate.*"

Die Aktivitäten des Compliance Committee können durch unterschiedliche Stellen eingeleitet werden, wobei die Besonderheit besteht, dass Fälle der Non-Compliance durch die Öffentlichkeit unterbreitet werden können (Rn. 18).[1147] Dies ist die logische Konsequenz aus dem in Art. 9 AK eingeräumten Klagerechts von NGOs und Individuen.[1148]

Vor jeder Vertragsstaatenkonferenz soll das Compliance Committee über seine Aktivitäten berichten und Vorschläge machen, wobei der Bericht nach Möglichkeit im Konsensverfahren beschlossen werden und ansonsten die Ansichten aller Mitglieder widerspiegeln soll (Rn. 35).[1149] Diese Berichte und Empfehlungen sind die primäre Aufgabe des Compliance Committee.[1150] Anschließend entscheidet die Vertragsstaatenkonferenz über angemessene Maßnahmen (Rn. 37).

### *b) Das Verfahren vor dem Compliance Committee im Einzelnen*

Es gibt fünf verschiedene Wege, das Verfahren vor dem Compliance Committee einzuleiten: Durch die Öffentlichkeit, die Mitteilung einer Vertragspartei bezüglich eigener oder fremder Nichterfüllung oder durch das Sekretariat (diese Wege sind in Decision I/7 ausdrücklich aufgeführt) sowie durch die Vertragsstaatenkonferenz (dies folgt aus der allgemeinen Entscheidungsbefugnis der Konferenz).[1151] Die Mehrheit der Eingaben erfolgt durch die Öffentlichkeit.[1152]

Diese Eingaben der Öffentlichkeit (*Communications*) sind an das Komitee zu richten (Rn. 19).[1153] Die Öffentlichkeit wird in Art. 2 Abs. 4 AK definiert als

1147 Guide to the Aarhus Convention Compliance Committee Rn. 6; *Hey*, Compliance Procedure: Aarhus Convention, MPEPIL, Rn. 3; *Zeitner*, EurUP 2019, S. 159 (163).

1148 *Zeitner*, EurUP 2019, S. 159 (163).

1149 *Koester*, JEEPL 2 (2005), S. 31 (38).

1150 *Jendroska*, JEEPL 8 (2011), S. 301 (304).

1151 Guide to the Aarhus Convention Compliance Committee Rn. 83.

1152 Guide to the Aarhus Convention Compliance Committee Rn. 84; *Hey*, Compliance Procedure: Aarhus Convention, MPEPIL, Rn. 9; *Jendroska*, JEEPL 8 (2011), S. 301 (302, 311).

1153 *Pitea*, Procedures and Mechanisms for Review of Compliance under the 1998 Aarhus Convention on Access to Information, Public Participation and Access to Justice

*„one or more natural or legal persons, and, in accordance with national legislation or practice, their associations, organizations or groups"*.[1154] Das Compliance Committee befasst sich mit allen Eingaben, außer sie sind anonym, rechtsmissbräuchlich, offensichtlich unzumutbar oder unvereinbar mit den Bestimmungen von Decision I/7 oder der Konvention (Rn. 20).[1155] Eingaben der Öffentlichkeit sind erst nach 12 Monaten „Gnadenfrist" nach Inkrafttreten von Decision I/7 oder der Konvention für die entsprechende Partei möglich; daneben können die Staaten für vier Jahre erklären, dass sie keine Eingaben der Öffentlichkeit akzeptieren (Rn. 18).[1156] Bei der Beurteilung der Eingabe soll das Committee stets die Möglichkeit, Rechtsschutz über innerstaatliche Rechtswege zu erlangen in seine Beurteilung einbeziehen, außer dies würde zu einer unzumutbaren Verlängerung führen oder diese sind offensichtlich kein effektives Mittel (Rn. 21). Es steht dabei im Ermessen des Compliance Committee, ob die Communication aufgrund dieser Vorschrift unzulässig ist.[1157] Die betroffene Vertragspartei soll dem Compliance Committee anschließend so schnell wie möglich schriftliche Erklärungen oder Statements zur Klärung der Sache unterbreiten, wobei die zeitliche Obergrenze von fünf Monaten nicht überschritten werden darf (Rn. 23).[1158]

Die Eingaben der Vertragsstaaten (*Submission*), die die Nichterfüllung der anderen Staaten betreffen, sind an das Sekretariat zu richten (Rn. 15). Der betroffenen Partei wird die Möglichkeit zur Stellungnahme gegeben.[1159] Selbiges gilt, wenn Staaten Eingaben sie selbst betreffend machen (Rn. 16).[1160] Daneben kann das Sekretariat selbständig Fälle der Nichterfüllung an das Compliance Committee übermitteln (*Referral*), insbesondere wenn diese in den regelmäßigen Berichten der Staaten deutlich werden (Rn. 17). Auch hier wird dem

---

in Environmental Matters, in: Treves/Pineschi/Tanzi/Pitea/Ragni/Romanin Jacur, Non-Compliance Procedures and Mechanisms and the Effectiveness of International Environmental Agreements, S. 221 (232).

1154 *Hey*, Compliance Procedure: Aarhus Convention, MPEPIL, Rn. 11.

1155 *Jendroska*, JEEPL 8 (2011), S. 301 (311).

1156 *Pitea*, Procedures and Mechanisms for Review of Compliance under the 1998 Aarhus Convention on Access to Information, Public Participation and Access to Justice in Environmental Matters, in: Treves/Pineschi/Tanzi/Pitea/Ragni/Romanin Jacur, Non-Compliance Procedures and Mechanisms and the Effectiveness of International Environmental Agreements, S. 221 (228).

1157 Guide to the Aarhus Convention Compliance Committee Rn. 116.

1158 *Koester*, JEEPL 2 (2005), S. 31 (39).

1159 Guide to the Aarhus Convention Compliance Committee Rn. 142 ff.

1160 Guide to the Aarhus Convention Compliance Committee Rn. 148.

betroffenen Staat zunächst die Möglichkeit zur Stellungnahme gegeben (Rn. 17). Nicht ausdrücklich in Decision I/7 geregelt ist die Möglichkeit der Vertragsstaatenkonferenz, das Compliance Committee zu bitten, eine Nichterfüllung zu untersuchen.[1161]

Gemeinsam ist allen Verfahren, dass das Compliance Committee zunächst Informationen zu der relevanten Nichterfüllung sammeln muss (Rn. 25). Hierfür kann es die betroffenen Parteien anhören (Rn. 24). Am Ende des Verfahrens nimmt das Compliance Committee seine Ergebnisse oder Empfehlungen an.[1162] Dabei ist zu beachten, dass das Compliance Committee kein Gerichtshof ist und seine Entscheidungen keine Bindungswirkung haben.[1163] Seine Rolle wird durch die Streitbeilegungsklausel in Art. 16 AK bestätigt.[1164] Diese eröffnet bei Streitigkeiten den Weg zum IGH oder einem Schiedsverfahren, sofern diese Verfahren als obligatorisch anerkannt wurden (Art. 16 Abs. 2 AK).

Vor der Entscheidung der Vertragsstaatenkonferenz kann das Compliance Committee, mit Einverständnis des betroffenen Staates, Hilfestellungen leisten und Empfehlungen abgeben, wie Compliance erreicht werden kann.[1165] Dies soll insbesondere dazu dienen, die lange Zeit zwischen den Vertragsstaatenkonferenzen (die nur alle drei Jahre stattfinden) nicht ungenutzt verstreichen zu lassen.[1166] Dabei muss der Staat Berichte über seinen Fortschritt abgeben, auf deren Basis der Bericht für die Vertragsstaatenkonferenz erstellt wird.[1167] Kommt das Compliance Committee zu dem Schluss, dass Compliance eingetreten ist, so wird die Vertragsstaatenkonferenz aufgefordert, dies zu bestätigen.[1168] Stellt es dagegen Nichterfüllung fest, bereitet es einen entsprechenden Beschluss für die Vertragsstaatenkonferenz vor.[1169] Stimmt der Staat diesem Vorverfahren nicht zu, oder ist die Zeit vor der nächsten Vertragsstaatenkonferenz zu knapp, sendet das Compliance Committee seinen Bericht unmittelbar an die Vertragsstaatenkonferenz.[1170]

---

1161 Guide to the Aarhus Convention Compliance Committee Rn. 162.
1162 Guide to the Aarhus Convention Compliance Committee Rn. 202.
1163 *Epiney/Diezig/Pirker/Reitemeyer*, Aarhus-Konvention, Einführung, Rn. 34; *Jendroska*, JEEPL 8 (2011), S. 301 (313).
1164 *Epiney/Diezig/Pirker/Reitemeyer*, Aarhus-Konvention, Einführung, Rn. 34.
1165 Guide to the Aarhus Convention Compliance Committee Rn. 204.
1166 *Hey*, Compliance Procedure: Aarhus Convention, MPEPIL, Rn. 17.
1167 Guide to the Aarhus Convention Compliance Committee Rn. 205 f.
1168 Guide to the Aarhus Convention Compliance Committee Rn. 207.
1169 Guide to the Aarhus Convention Compliance Committee Rn. 207.
1170 Guide to the Aarhus Convention Compliance Committee Rn. 208.

Anschließend entscheidet die Vertragsstaatenkonferenz gemäß Rn. 37 von Decision I/7 darüber, welche Maßnahmen angemessen sind, um das Ziel der Vertragserfüllung zu erreichen:[1171]

„*The Meeting of the Parties may, upon consideration of a report and any recommendations of the Committee, decide upon appropriate measures to bring about full compliance with the Convention. The Meeting of the Parties may, depending on the particular question before it and taking into account the cause, degree and frequency of the non-compliance, decide upon one or more of the following measures:*

*(a) Provide advice and facilitate assistance to individual Parties regarding the implementation of the Convention;*

*(b) Make recommendations to the Party concerned;*

*(c) Request the Party concerned to submit a strategy, including a time schedule, to the Compliance Committee regarding the achievement of compliance with the Convention and to report on the implementation of this strategy;*

*(d) In cases of communications from the public, make recommendations to the Party concerned on specific measures to address the matter raised by the member of the public;*

*(e) Issue declarations of non-compliance;*

*(f) Issue cautions;*

*(g) Suspend, in accordance with the applicable rules of international law concerning the suspension of the operation of a treaty, the special rights and privileges accorded to the Party concerned under the Convention;*

*(h) Take such other non-confrontational, non-judicial and consultative measures as may be appropriate.*“

Diese Maßnahmen machen deutlich, dass der Fokus primär auf Hilfestellungen und nicht-konfrontativen Mitteln liegt, die die Nichtbefolgung der Konvention öffentlich machen sollen. Hierbei sollen auch der Grund, der Grad und die Häufigkeit der Nichterfüllung mit einbezogen werden. Lediglich Buchst. g bietet die Möglichkeit, Rechte und Privilegien aus dem Vertrag zu suspendieren.[1172] Diese Möglichkeit wurde allerdings bisher noch nie genutzt.[1173]

Nach der Entscheidung der Vertragsstaatenkonferenz erstellt das Compliance Committee Fortschrittsberichte bezüglich deren Erfüllung (follow-up).[1174] Über

---

1171 Guide to the Aarhus Convention Compliance Committee Rn. 210; *Hey*, Compliance Procedure: Aarhus Convention, MPEPIL, Rn. 16; *Jendroska*, JEEPL 8 (2011), S. 301 (313).

1172 *Koester*, JEEPL 2 (2005), S. 31 (38).

1173 *Hey*, Compliance Procedure: Aarhus Convention, MPEPIL, Rn. 16.

1174 Guide to the Aarhus Convention Compliance Committee Rn. 211.

die Umsetzung der Entscheidungen unterrichtet es die Vertragsstaatenkonferenz vor deren Konferenzen und empfiehlt, wie auf Non-Compliance reagiert werden soll.[1175]

## II) Darstellung der Entwicklungen im Klimaschutzrecht

Eines der drängendsten, wenn nicht sogar das drängendste Umweltproblem der heutigen Zeit ist der anthropogene Klimawandel.[1176] Daher wurden auf internationaler Ebene Verträge geschlossen, um diesen zu begrenzen und abzuschwächen. Diese Verträge werden im Folgenden erläutert, um eine Basis für die anschließende Effektivitätsbewertung, die sich insbesondere auf das Nichteinhaltungsverfahren des aktuellsten dieser Abkommen, das Paris Agreement, bezieht, zu schaffen. Hierbei wird nicht nur auf die Compliance-Mechanismen der Verträge, sondern auch auf den Inhalt der Verträge eingegangen. Dies soll die Entwicklung der Verträge und damit die Bereitschaft der internationalen Gemeinschaft, den Klimawandel aktiv zu bekämpfen, aufzeigen. Auch verdeutlichen die inhaltlichen Unterschiede die jeweilige Ausgestaltung des Compliance-Mechanismus. Die Benennung der Ziele der Übereinkommen sowie die Einführung von Begrifflichkeiten werden des Weiteren für die abschließende Bewertung anhand von Effektivitätskriterien und -definition benötigt.

### 1) UN-Klimarahmenkonvention

Mit der Resolution 45/212 beschloss die Generalversammlung der Vereinten Nationen im Jahr 1990, einen „*intergovernmental negotiating process*" zu etablieren, der zur Vorbereitung einer Rahmenkonvention zum Klimaschutzrecht (Framework Convention on Climate Change) führen sollte.[1177]

---

1175 Guide to the Aarhus Convention Compliance Committee Rn. 216.

1176 S. hierzu beispielsweise die Präambel von Decision 1/CP.21, FCCC/CP/2015/10/Add.1: „*Recognizing that climate change represents an urgent and potentially irreversible threat to human societies and the planet and thus requires the widest possible cooperation by all countries, and their participation in an effective and appropriate international response, with a view to accelerating the reduction of global greenhouse gas emissions*" und den „IPCC special report on the impacts of global warming of 1.5 °C above pre-industrial levels and related global greenhouse gas emission pathways, in the context of strengthening the global response to the threat of climate change, sustainable development, and efforts to eradicate poverty" vom 8.10.2018.

1177 *Carlarne/Gray/Tarasofsky*, International Climate Change Law: Mapping the Field, in: Carlarne/Gray/Tarasofsky, The Oxford Handbook of International Climate

Die UN-Klimarahmenkonvention (United Nations Framework Convention on Climate Change; UNFCCC)[1178] wurde auf der Rio-Konferenz 1992 verabschiedet und konnte 1994 nach Erreichen der erforderlichen Ratifikationen in Kraft treten.[1179] Heute hat das Abkommen mit 197 Mitgliedern quasi-universelle Geltung.[1180] Die Klimarahmenkonvention setzt einen rechtlich verbindlichen Rahmen, der insbesondere die industrialisierten Staaten zur Handlung verpflichtet.[1181] Dieser Rahmen ist jedoch nur der „kleinste gemeinsame Nenner", auf den sich die Staaten aufgrund der unterschiedlichen Interessenlagen einigen konnten.[1182] Daher sind die materiellen Pflichten der Konvention eher schwach.[1183] Die Verpflichtungen wurden auf einen späteren Zeitpunkt verschoben.[1184] Um ihre volle Wirksamkeit zu entfalten, benötigte die Konvention jedoch ein rechtlich bindendes Umsetzungsprotokoll.[1185] Umsetzungsprotokolle sollen in solchen Rahmenkonventions- und Protokoll-Situationen den Rahmen substantiell und konkret ausfüllen.[1186]

Schon in der Präambel erklärt die Klimarahmenkonvention den Klimawandel und dessen Effekte zum *„common concern of humankind"*.[1187] Ziel des

---

Change Law, S. 3 (4); *Birkner,* Spezifische Regelungen des Umweltvölkerrechts, in: Ipsen, Völkerrecht, Rn. 48.

1178 1771 UNTS 107.

1179 *Beyerlin/Marauhn*, International Environmental Law, S. 147; *Minnerop*, Climate Protection Agreements, MPEPIL, Rn. 2.

1180 https://unfccc.int/process-and-meetings/the-convention/status-of-ratification/status-of-ratification-of-the-convention (abgerufen am 19.4.2022); *Birkner*, Spezifische Regelungen des Umweltvölkerrechts, in: Ipsen, Völkerrecht, Rn. 48; *Minnerop*, Climate Protection Agreements, MPEPIL, Rn. 2; universelle Geltung wurde auch schon von *Ehrmann*, Erfüllungskontrolle im Umweltvölkerrecht, S. 272 angenommen, der Stand 1999 auf 180 Ratifikationen und die der EG verweist; so auch *Sands/Millar*, Climate, International Protection, MPEPIL, Rn. 6, die noch auf 191 Mitglieder und die EU (Stand 2011) verweisen.

1181 *Beyerlin/Marauhn*, International Environmental Law, S. 147.

1182 *Birkner*, Spezifische Regelungen des Umweltvölkerrechts, in: Ipsen, Völkerrecht, Rn. 48.

1183 *Ehrmann*, Erfüllungskontrolle im Umweltvölkerrecht, S. 275.

1184 *Bothe*, ZaöRV 63 (2003), S. 239 (240).

1185 *Beyerlin/Marauhn*, International Environmental Law, S. 147; *Sands/Millar*, Climate, International Protection, MPEPIL, Rn. 3.

1186 *Holtwisch*, Das Nichteinhaltungsverfahren des Kyoto-Protokolls, S. 39.

1187 Präambel der UNFCCC; *Beyerlin/Marauhn*, International Environmental Law, S. 149; *Ehrmann*, Erfüllungskontrolle im Umweltvölkerrecht, S. 275; *Markus*, ZaöRV 2016, S. 715 (732).

Abkommens ist gemäß Art. 2 UNFCCC „*die Stabilisierung der Treibhausgaskonzentrationen in der Atmosphäre auf einem Niveau zu erreichen, auf dem eine gefährliche anthropogene Störung des Klimasystems verhindert wird.*“[1188] Verlangt wird demnach nur die Stabilisierung, nicht die Umkehrung, ohne das geforderte Level und die vorgegebene Zeit zu konkretisieren.[1189]

In Art. 3 UNFCCC sind die sie leitenden Prinzipien aufgeführt: Gerechtigkeit; Lastentragung unter Berücksichtigung der Bedürfnisse der Entwicklungsländer; Vorsorge; nachhaltige Entwicklung; offenes internationales Wirtschaftssystem.[1190] Art. 3 Abs. 1 UNFCCC verweist dabei auf die gemeinsamen, aber unterschiedlichen Verantwortlichkeiten der Staaten (*common but differentiated responsibilities*). Die UNFCCC begründet mithilfe dieses Prinzips erstmals unterschiedliche Verpflichtungen für entwickelte Länder und Entwicklungsländer.[1191]

Die Verpflichtungen der Parteien werden in Art. 4 UNFCCC aufgezählt. Hier wird erneut auf die gemeinsamen, aber unterschiedlichen Verantwortlichkeiten verwiesen. Daher wird unterschieden zwischen Pflichten von Annex I-Staaten, Annex II-Staaten und Entwicklungsländern, wobei den Annex-Staaten strengere Pflichten auferlegt werden.[1192] Annex I-Staaten sind die OECD-Staaten und die sogenannten economies in transition.[1193] In Annex II finden sich lediglich die OECD-Staaten.[1194] Die Pflichten aus Art. 4 Abs. 1 UNFCCC betreffen, unter Berücksichtigung der jeweiligen Situation der Staaten, alle Staaten. Sie beinhalten die Aufstellung nationaler Verzeichnisse der Emissionen (Art. 4 Abs. 1 a) UNFCCC) sowie die Pflicht, Programme zu erarbeiten, die Maßnahmen zur

---

1188 *Beyerlin/Grote Stoutenburg*, Environment, International Protection, MPEPIL, Rn. 36; *Sands/Millar*, Climate, International Protection, MPEPIL, Rn. 7; *Stoll/Krüger*, Klimawandel, in: Proelß, Internationales Umweltrecht, Rn. 9.

1189 *Birkner*, Spezifische Regelungen des Umweltvölkerrechts, in: Ipsen, Völkerrecht, Rn. 49; *Birnie/Boyle/Redgwell*, International Law and the Environment, S. 357; *Freestone*, The United Nations Framework Convention on Climate Change – The Basis for the Climate Regime, in: Carlarne/Gray/Tarasofsky, The Oxford Handbook of International Climate Change Law, S. 97 (100).

1190 *Ehrmann*, Erfüllungskontrolle im Umweltvölkerrecht, S. 276; *Holtwisch*, Das Nichteinhaltungsverfahren des Kyoto-Protokolls, S. 40; *Stoll/Krüger*, Klimawandel, in: Proelß, Internationales Umweltrecht, Rn. 16.

1191 *Birnie/Boyle/Redgwell*, International Law and the Environment, S. 357; *Bothe*, ZaöRV 63 (2003), S. 239 (240).

1192 *Stoll/Krüger*, Klimawandel, in: Proelß, Internationales Umweltrecht, Rn. 21.

1193 *Holtwisch*, Das Nichteinhaltungsverfahren des Kyoto-Protokolls, S. 40 f.; *Stoll/Krüger*, Klimawandel, in: Proelß, Internationales Umweltrecht, Rn. 31.

1194 *Stoll/Krüger*, Klimawandel, in: Proelß, Internationales Umweltrecht, Rn. 35.

Abschwächung der Klimaänderungen enthalten (Art. 4 Abs. 1 b) UNFCCC). Daneben enthält Art. 4 Abs. 1 UNFCCC Regelungen zur technologischen Entwicklung und Weitergabe der Technologien (Buchst. c), zu Senken und Speichern (Buchst. d), zur Anpassung an den Klimawandel (Buchst. e), zur Einbeziehung von Klimaänderungen in die innerstaatlichen Politiken (Buchst. f), zur Förderung der Forschung und dahingehende Zusammenarbeit (Buchst. g), zum Informationsaustausch (Buchst. h) sowie zur Bildung im Bereich des Klimawandels (Buchst. i). Art. 4 Abs. 1 j) UNFCCC verpflichtet schließlich dazu, der Konferenz der Vertragsparteien Informationen über die Durchführung des Übereinkommens zuzuleiten.

Art. 4 Abs. 2 UNFCCC benennt die Pflichten der Staaten aus Annex I.[1195] Diese beinhalten die Abschwächung des Klimawandels durch Begrenzung der Emissionen und das Erweitern und den Schutz von Senken und Speichern.[1196] Gemäß Buchst. b berichten die Staaten über die ergriffenen Maßnahmen. Allerdings sind keine rechtlich verbindlichen Reduktionsziele der Staaten enthalten – lediglich das „Gesamtziel" der Emissionssenkung auf das Niveau von 1990 lässt sich herauslesen, Art. 4 Abs. 2 a) S. 2 mit Art. 4 Abs. 2 b) S. 1 UNFCCC.[1197] Buchst. c bis g enthalten verfahrensrechtliche Fragen sowie Überprüfungen der Pflichten durch die Vertragsstaatenkonferenz. Die Pflichten aus Art. 4 Abs. 3 UNFCCC betreffen nur Annex II-Staaten. Sie tragen eine höhere finanzielle Last als die anderen Staaten, da sie Mittel bereitstellen müssen, damit die Entwicklungsländer ihre Pflichten erfüllen können. In Absatz 4 und 5 werden sie weiterhin zur Unterstützung bei Anpassungsmaßnahmen der Entwicklungsländer sowie zum Technologietransfer verpflichtet. Für die Entwicklungsländer wird darauf hingewiesen, dass ihre Erfüllung der Verpflichtungen von diesen finanziellen Mitteln und dem Technologietransfer abhängig ist. Des Weiteren steht für die Entwicklungsländer nicht der Klimaschutz, sondern „*die wirtschaftliche und soziale Entwicklung sowie die Beseitigung der Armut*" im Vordergrund, Art. 4 Abs. 7 UNFCCC. Hiermit statuiert die Klimarahmenkonvention einen Erfüllungseinwand bzw. eine Vorleistungspflicht der entwickelten Staaten.[1198]

Neben diesen Reduktionszielen sind den Staaten Berichtspflichten auferlegt, die sich aus Art. 4 Abs. 1 UNFCCC und Art. 12 UNFCCC ergeben.[1199] Gemäß

---

1195 *Sands/Millar*, Climate, International Protection, MPEPIL, Rn. 11.

1196 *Stoll/Krüger*, Klimawandel, in: Proelß, Internationales Umweltrecht, Rn. 32.

1197 *Ehrmann*, Erfüllungskontrolle im Umweltvölkerrecht, S. 277; *Stoll/Krüger*, Klimawandel, in: Proelß, Internationales Umweltrecht, Rn. 32 mwN.

1198 *Stoll/Krüger*, Klimawandel, in: Proelß, Internationales Umweltrecht, Rn. 37 mwN.

1199 *Ehrmann*, Erfüllungskontrolle im Umweltvölkerrecht, S. 278.

Art. 12 Abs. 1 UNFCCC übermitteln alle Staaten ein nationales Verzeichnis der Emissionen, eine allgemeine Beschreibung der ergriffenen oder geplanten Maßnahmen zur Durchführung des Übereinkommens sowie alle sonstigen Informationen, die nach ihrer Ansicht wichtig sind für die Verwirklichung des Ziels des Übereinkommens. Daneben müssen die Industriestaaten (Annex I) eine genaue Beschreibung der Politiken und Maßnahmen, die sie zur Erfüllung ihrer Verpflichtungen aus Art. 4 Abs. 2 a) und b) UNFCCC beschlossen haben, sowie eine genaue Schätzung von deren Auswirkungen berichten, Art. 12 Abs. 2 UNFCCC. Nach Art. 12 Abs. 3 UNFCCC müssen die Annex II-Staaten über die Erfüllung ihrer Pflichten aus Art. 4 Abs. 3, 4 und 5 UNFCCC berichten. Entwicklungsländer trifft keine über Art. 12 Abs. 1 UNFCCC hinausgehende Berichtspflicht. Sie können allerdings nach Art. 12 Abs. 4 UNFCCC auf freiwilliger Basis Vorhaben zur Finanzierung vorschlagen. Art. 12 Abs. 5 UNFCCC legt zeitliche Grenzen fest, wobei erneut auf die unterschiedliche Leistungsfähigkeit der Staaten Rücksicht genommen wird: Diejenigen Staaten, die zu den am wenigsten entwickelten Ländern gehören, können die erste Mitteilung nach eigenem Ermessen übermitteln (Art. 12 Abs. 5 S. 3 UNFCCC).

Die Überprüfungsmodalitäten der Berichte wurden erstmals auf der ersten Vertragsstaatenkonferenz festgelegt.[1200] Die Überprüfung erfolgt durch expert review teams.[1201] Auf der COP 20 in Lima wurden die „*Guidelines for the technical review of information reported under the Convention related to greenhouse gas inventories, biennial reports and national communications by Parties included in Annex I to the Convention*" beschlossen.[1202] Diese Guidelines regeln das aktuelle Verfahren der Überprüfung der Berichte.

Wichtigstes Organ der UNFCCC ist die Vertragsstaatenkonferenz (Conference of the Parties - COP, Art. 7 UNFCCC).[1203] Sie ist das oberste Gremium (supreme body) der Konvention, Art. 7 Abs. 2 S. 1 UNFCCC. Gemäß Art. 7 Abs. 2 UNFCCC ist sie zuständig für die Durchführung des Übereinkommens und zur Förderung der Durchführung des Übereinkommens.[1204] Jedoch kann sie keine Sanktionen und Zwangsmaßnahmen erlassen.[1205]

---

1200 Decision 2/CP.1, FCCC/CP/1995/7/Add.1, S. 7; *Ehrmann*, Erfüllungskontrolle im Umweltvölkerrecht, S. 312 f.; *Fitzmaurice*, Environmental Compliance Control, MPEPIL, Rn. 27.

1201 *Fitzmaurice*, Environmental Compliance Control, MPEPIL, Rn. 27.

1202 Decision 13/CP.20, FCCC/CP/2014/10/Add.3, S. 3.

1203 *Stoll/Krüger*, Klimawandel, in: Proelß, Internationales Umweltrecht, Rn. 39.

1204 *Ehrmann*, Erfüllungskontrolle im Umweltvölkerrecht, S. 280.

1205 *Stoll/Krüger*, Klimawandel, in: Proelß, Internationales Umweltrecht, Rn. 39.

Art. 8 UNFCCC regelt die Einrichtung eines Sekretariats. Daneben bestehen zwei ständige Nebenorgane: der Subsidiary Body for Scientific and Technological advice (Art. 9 UNFCCC) und der Subsidiary Body for Implementation (Art. 10 UNFCCC).

Während der Beratungen zur Klimarahmenkonvention wurde die Einrichtung eines Erfüllungskontrollverfahrens besprochen.[1206] Letztlich scheiterte das Vorhaben, ein solches zu erarbeiten und im Vertrag zu verankern.[1207] Die Staaten einigten sich nur auf einen „Platzhalter" in Art. 13 UNFCCC: *„Die Konferenz der Vertragsparteien prüft auf ihrer ersten Tagung die Einführung eines mehrseitigen Beratungsverfahrens zur Lösung von Fragen der Durchführung des Übereinkommens, das den Vertragsparteien auf Ersuchen zur Verfügung steht."*[1208] Hierfür wurde auf der vierten Vertragsstaatenkonferenz ein Verfahren ausgearbeitet.[1209] Da die Parteien sich nicht auf die Besetzung des vorgesehenen Komitees einigen konnten, wurde das mehrseitige Beratungsverfahren nie einsatzfähig.[1210]

Art. 14 UNFCCC regelt schließlich die Beilegung von Streitigkeiten, die die Auslegung oder Anwendung des Übereinkommens betreffen. Hier wird den Staaten zunächst eine Pflicht zur Beilegung durch Verhandlungen oder andere friedliche Mittel eigener Wahl auferlegt (Art. 14 Abs. 1 UNFCCC); daneben können sie gemäß Abs. 2 die Streitbeilegung durch den IGH oder ein Schiedsverfahren als obligatorisch anerkennen. Allerdings haben lediglich die Niederlande beide Möglichkeiten der Streitbeilegung anerkannt; die Solomon-Islands sowie Tuvalu die Streitbeilegung durch ein Schiedsgericht.[1211] Aufgrund des Prinzips der Gegenseitigkeit können auf Basis dieser Klausel nur schiedsgerichtliche Streitigkeiten zwischen diesen Staaten entstehen.[1212] Des Weiteren bietet Abs. 5 die Möglichkeit eines Vergleichsverfahrens.

---

1206 S. hierzu ausführlich *Ehrmann*, Erfüllungskontrolle im Umweltvölkerrecht, S. 285–305.

1207 *Ehrmann*, Erfüllungskontrolle im Umweltvölkerrecht, S. 303.

1208 *Ehrmann*, Erfüllungskontrolle im Umweltvölkerrecht, S. 304.

1209 Decision 10/CP.4, FCCC/CP/1998/16/Add.1, S. 42; *Maljean-Dubois/Spencer/Wemaere*, CCLR 2015, S. 68 (81).

1210 *Maljean-Dubois/Spencer/Wemaere*, CCLR 2015, S. 68 (81), *Tabau*, Climate Change Compliance Procedures, MPEPIL, Rn. 8.

1211 *Maljean-Dubois*, Climate Change Litigation, MPEPIL, Rn. 39, s. hierzu https://unfccc.int/process/the-convention/status-of-ratification/declarations-by-parties (abgerufen am 19.4.2022).

1212 *Maljean-Dubois*, Climate Change Litigation, MPEPIL, Rn. 39.

Da schon bald feststand, dass die Verpflichtungen aus der Klimarahmenkonvention nicht ausreichen würden („*Having reviewed Article 4, paragraph 2(a) and (b), of the United Nations Framework Convention on Climate Change, and Having concluded that these subparagraphs are not adequate*"), wurde auf der ersten Vertragsstaatenkonferenz (COP 1) das „Berliner Mandat" verabschiedet.[1213] Dieses sieht die Verhandlung eines neuen, strengeren Protokolls vor. Das Ergebnis dieser Verhandlungen ist das Kyoto-Protokoll.[1214]

## 2) Kyoto-Protokoll

### *a) Allgemeines*

Das Kyoto-Protokoll (KP)[1215] zur UN-Klimarahmenkonvention wurde 1997 auf der 3. Vertragsstaatenkonferenz zur Klimarahmenkonvention (COP 3) in Kyoto verabschiedet.[1216] Es konnte erst 2005 mit Erreichen der erforderlichen Ratifikationen in Kraft treten (gefordert waren 55 Vertragsparteien, darunter in Annex I UNFCCC aufgeführte Vertragsparteien, auf die mindestens 55 % der Kohlendioxidemissionen der in Annex I aufgeführten Vertragsparteien von 1990 entfallen, Art. 25 Abs. 1 KP).[1217] Bedingt durch die nicht erfolgte Ratifikation der USA hing das Inkrafttreten des Protokolls von der russischen Ratifikation ab.[1218] Diese erfolgte am 18. November 2004.[1219]

---

1213 Decision 1/CP.1 (The Berlin Mandate), FCCC/CP/1995/7/Add.1, S. 4; *Birnie/Boyle/Redgwell*, International Law and the Environment, S. 360; *Bothe*, ZaöRV 63 (2003), S. 239 (241); *Ehrmann*, Erfüllungskontrolle im Umweltvölkerrecht, S. 272 f.; *Sands/Millar*, Climate, International Protection, MPEPIL, Rn. 19.

1214 *Birnie/Boyle/Redgwell*, International Law and the Environment, S. 360; *Bothe*, ZaöRV 63 (2003), S. 239 (241); *Freestone*, The United Nations Framework Convention on Climate Change – The Basis for the Climate Regime, in: Carlarne/Gray/Tarasofsky, The Oxford Handbook of International Climate Change Law, S. 97 (104 f.); *Kreuter-Kirchhof*, ZaöRV 2005, S. 967 (975).

1215 2303 UNTS 162.

1216 *Brunnée*, ZaöRV 2003, S. 255 (266).

1217 *Birnie/Boyle/Redgwell*, International Law and the Environment, S. 362.

1218 *Bothe*, ZaöRV 63 (2003), S. 239 (242); *Carlarne/Gray/Tarasofsky*, International Climate Change Law: Mapping the Field, in: Carlarne/Gray/Tarasofsky, The Oxford Handbook of International Climate Change Law, S. 3 (8).

1219 *Freestone*, The United Nations Framework Convention on Climate Change – The Basis for the Climate Regime, in: Carlarne/Gray/Tarasofsky, The Oxford Handbook of International Climate Change Law, S. 97 (110).

Die erste Verpflichtungsperiode lief von 2008 bis 2012. In dieser verpflichteten sich die in Annex B aufgezählten Industriestaaten, die Emissionen der Treibhausgase, die in Annex A aufgelistet sind, um mindestens 5 % gegenüber 1990 zu senken, Art. 3 Abs. 1 KP.[1220] Die EU-Staaten, die ihre Verpflichtungen nach Art. 4 KP gemeinsam erfüllen, verpflichteten sich zu einer Gesamtsenkung um 8 %, sodass auf Deutschland eine Emissionsreduktion von 21 % entfiel.[1221] Annex B spezifiziert die einzelnen Reduktionsverpflichtungen der Staaten.[1222] Während für die Mehrzahl der Staaten eine Reduktionspflicht bestand, verzeichnet es für Neuseeland, Russland und die Ukraine lediglich eine Stabilisierungspflicht und für Norwegen, Australien und Island sogar die Berechtigung, ihre Emissionen zu erhöhen.[1223] Das KP enthält somit zum ersten Mal quantitative rechtsverbindliche Reduktionsverpflichtungen und Emissionsbegrenzungspflichten für die Industriestaaten.[1224] Den übrigen Staaten wird keine weitere, über Art. 4 Abs. 1 UNFCCC hinausgehende Verpflichtung auferlegt, Art. 10 KP.[1225] Art. 10 KP verweist, wie schon die Klimarahmenkonvention, auf „*common, but differentiated responsibilities*".

Die Klimaziele des KP können entweder durch Minderungen im eigenen Land oder durch sogenannte flexible Mechanismen (*flexibility mechanisms*) erreicht werden. Hintergrund ist, dass Emissionsminderungen dort erfolgen sollen, wo sie am kostengünstigsten sind.[1226] Diese flexiblen Mechanismen sind der Emissionshandel, Art. 17 KP, der Clean Development Mechanism (CDM), Art. 12 KP, sowie die Joint Implementation (JI), Art. 6 KP.[1227] Letztere beziehen

---

1220 *Ehrmann*, Erfüllungskontrolle im Umweltvölkerrecht, S. 282; *Holtwisch*, Das Nichteinhaltungsverfahren des Kyoto-Protokolls, S. 47; *Proelß*, ZfU-Spezial 2016, S. 58 (61) und *Wang/Wiser*, RECIEL 11 (2002), S. 181 (186) verweisen auf 5,2 %.

1221 S. https://ec.europa.eu/clima/policies/strategies/progress/kyoto_1_de (abgerufen am 19.4.2022).

1222 *Brunnée*, ZaöRV 2003, S. 255 (268); *Proelß*, ZfU-Spezial 2016, S. 58 (61).

1223 *Birnie/Boyle/Redgwell*, International Law and the Environment, S. 361; *Ehrmann*, Erfüllungskontrolle im Umweltvölkerrecht, S. 282; *Yamin*, RECIEL 7 (1998), S. 113 (120).

1224 *Birnie/Boyle/Redgwell*, International Law and the Environment, S. 361; *Yamin*, RECIEL 7 (1998), S. 113; *Ziehm*, ZUR 2018, S. 339 (340).

1225 *Birnie/Boyle/Redgwell*, International Law and the Environment, S. 361.

1226 *Birnie/Boyle/Redgwell*, International Law and the Environment, S. 364; *Holtwisch*, Das Nichteinhaltungsverfahren des Kyoto-Protokolls, S. 52.

1227 *Birnie/Boyle/Redgwell*, International Law and the Environment, S. 361, 363; *Yamin*, RECIEL 7 (1998), S. 113 (121).

sich auf eine Emissionsminderung auf dem Territorium einer anderen Vertragspartei des Protokolls,[1228] und zwar entweder in einem anderen Industriestaat (JI) oder in einem Entwicklungsland (CDM).

Der Clean Development Mechanism soll sowohl die Entwicklungsländer *„unterstützen, eine nachhaltige Entwicklung zu erreichen und zum Endziel des Übereinkommens beizutragen"*, als auch den Annex I-Staaten ermöglichen, ihre Reduktionsziele zu erreichen (Art. 12 Abs. 2 KP).[1229] Hierfür führen die Industriestaaten in Entwicklungsländern Projekte durch.[1230] Die Emissionsreduktionen werden den Annex I-Staaten zugerechnet und können von ihnen zur Erfüllung der Reduktionsverpflichtungen aus Art. 3 KP verwendet werden (Art. 12 Abs. 3 b) KP).[1231] Die entstandenen Reduktionen müssen zusätzlich zu den ohne die Projektmaßnahme vorhandenen entstehen (Art. 12 Abs. 5 c) KP).[1232]

Im Rahmen der Joint Implementation können Annex I-Staaten anderen Annex I-Staaten Emissionsreduktionseinheiten, die sich aus Reduktionsprojekten oder aus Senken ergeben, übertragen oder diese erwerben (Art. 6 Abs. 1 KP).[1233] JI kann somit als *„projektbezogene Form eines Emissionshandels"* bezeichnet werden.[1234] Die entsprechenden Projekte müssen ebenfalls zu Reduktionen führen, die ohne das Projekt nicht entstanden wären (Art. 6 Abs. 1 b) KP).[1235]

Die in Annex B aufgezählten Staaten haben daneben die Möglichkeit, sich am Emissionshandel zu beteiligen, um ihre Reduktionsverpflichtungen aus Art. 3 KP zu erfüllen (Art. 17 KP).

---

1228 *Brunnée*, ZaöRV 2003, S. 255 (268).

1229 *Birnie/Boyle/Redgwell*, International Law and the Environment, S. 364.

1230 *Stoll/Krüger*, Klimawandel, in: Proelß, Internationales Umweltrecht, Rn. 67.

1231 *Freestone*, The United Nations Framework Convention on Climate Change – The Basis for the Climate Regime, in: Carlarne/Gray/Tarasofsky, The Oxford Handbook of International Climate Change Law, S. 97 (107).

1232 *Freestone*, The United Nations Framework Convention on Climate Change – The Basis for the Climate Regime, in: Carlarne/Gray/Tarasofsky, The Oxford Handbook of International Climate Change Law, S. 97 (107).

1233 *Holtwisch*, Das Nichteinhaltungsverfahren des Kyoto-Protokolls, S. 53; *Birkner*, Spezifische Regelungen des Umweltvölkerrechts, in: Ipsen, Völkerrecht, Rn. 53.

1234 *Holtwisch*, Das Nichteinhaltungsverfahren des Kyoto-Protokolls, S. 53.

1235 *Birkner*, Spezifische Regelungen des Umweltvölkerrechts, in: Ipsen, Völkerrecht, Rn. 53.

In Art. 7 KP wird die Berichtspflicht aus Art. 12 UNFCCC erweitert.[1236] Diese Erweiterung führt dazu, dass die reine Informationsbeschaffung zu einem Monitoring-Verfahren wird.[1237] Gemäß Art. 8 Abs. 1 KP werden die Berichte von sachkundigen Überprüfungsgruppen (expert review teams) überprüft. Durch dieses Verfahren *„werden alle Aspekte der Durchführung dieses Protokolls durch eine Vertragspartei gründlich und umfassend fachlich beurteilt"*, Art. 8 Abs. 3 S. 1 KP. Die Berichte der Überprüfungsgruppe werden an die Konferenz der Vertragsparteien der Klimarahmenkonvention, die nach Art. 13 Abs. 1 KP als Tagung der Vertragsparteien des Protokolls fungiert, weitergeleitet (Art. 8 Abs. 3 S. 2 KP). Diese prüft Fragen der Durchführung und fasst die notwendigen Beschlüsse (Art. 8 Abs. 5, 6 KP).

Problematisch ist, dass die Emissionsreduktionspflichten lediglich die in Annex B aufgezählten Staaten treffen, nicht aber einige wesentliche Verursacher von Treibhausgasen.[1238] In den Entwicklungs- und Schwellenländern wie China und Indien stiegen die Emissionen weiter stark an.[1239] So betrafen die zwingenden Reduktionsziele nur 30 % des jährlichen globalen Ausstoßes, zwei Drittel waren nicht erfasst.[1240]

### *b) Das Compliance-Verfahren des Kyoto-Protokolls*

Art. 18 KP legt fest, dass die als Tagung der Vertragsparteien dienende Konferenz der Vertragsparteien Regelungen erarbeiten soll zur *„Feststellung und Behandlung von Fällen der Nichteinhaltung der Bestimmungen des Protokolls, unter anderem durch Zusammenstellung einer indikativen Liste der Folgen, wobei der Ursache, der Art, dem Grad und der Häufigkeit der Nichteinhaltung Rechnung getragen wird."*[1241] Auf der Klimakonferenz (COP 4) in Buenos Aires wurde 1998 der Buenos Aires Plan of Action beschlossen.[1242] Dieser behandelt unter anderem die Vorbereitung auf COP/MOP 1 inklusive der Regelungen zur

---

1236 *Breidenich/Magraw/Rowley/Rubin*, AJIL 92 (1998), S. 315 (328); *Ehrmann*, Erfüllungskontrolle im Umweltvölkerrecht, S. 284; *Wolfrum*, RdC 272 (1998), S. 9 (42).

1237 *Wolfrum*, RdC 272 (1998), S. 9 (43).

1238 *Birkner*, Spezifische Regelungen des Umweltvölkerrechts, in: Ipsen, Völkerrecht, Rn. 56.

1239 *Kreuter-Kirchhof*, DVBl 2017, S. 97 (98).

1240 *v. Unger*, AVR 50 (2012), S. 450 (454).

1241 Für eine genaue Beschreibung der Verhandlungen, s. *Holtwisch*, Das Nichteinhaltungsverfahren des Kyoto-Protokolls, S. 88–108.

1242 Decision 1/CP.4, FCCC/CP/1998/16/Add.1, S. 4.

Compliance (Nr. 1 f)).[1243] Nach jahrelangen Verhandlungen war der nächste Meilenstein die „Bonner Vereinbarung" (Bonn Agreements).[1244] Auf der siebten Vertragsstaatenkonferenz zur Klimarahmenkonvention (COP 7) wurden schließlich Regelungen festgelegt,[1245] die anschließend von der Tagung der Vertragsparteien des Kyoto-Protokolls bestätigt wurden (Decision 27/CMP.1[1246]).

Das Compliance-Verfahren des Kyoto-Protokolls unterscheidet sich in seiner Ausgestaltung von anderen Compliance-Verfahren.[1247] Gemäß Section I der Entscheidung ist das Ziel des Verfahrens „*to facilitate, promote and enforce compliance with the commitments under the protocol*". Um dieses Ziel zu erreichen, wurde ein Compliance Committee eingerichtet, das aus zwei Abteilungen besteht: der Unterstützungsabteilung (*facilitative branch*) und der Durchsetzungsabteilung (*enforcement branch*), wobei jede Abteilung 10 Mitglieder hat (Section II paragraph 1–3). Die Mitglieder werden aufgrund persönlicher Fähigkeiten, insbesondere Kompetenzen bezüglich des Klimawandels, ausgewählt (Section II paragraph 6). Sie haben ein freies Mandat und sind keine Vertreter ihrer Staaten.[1248] Die Unabhängigkeit und Unparteilichkeit soll die Gefahr der politischen Einflussnahme der Staaten minimieren.[1249] Dabei soll jede Abteilung aus je einem Mitglied der fünf Regionalgruppen der Vereinten Nationen, einem Mitglied der kleinen Inselstaaten unter den Entwicklungsländern,[1250] zwei Mitgliedern aus Annex I-Staaten und zwei Mitgliedern aus Nicht Annex I-Staaten bestehen (Section IV paragraph 1 und Section V paragraph 1).[1251]

---

1243 *Holtwisch*, Das Nichteinhaltungsverfahren des Kyoto-Protokolls, S. 90.

1244 Decision 5/CP.6; FCCC/CP/2001/5, S. 17; *Holtwisch*, Das Nichteinhaltungsverfahren des Kyoto-Protokolls, S. 104 f.

1245 Decision 24/CP.7 (Marrakech Accords), FCCC/CP/2001/13/Add.3, S. 64.

1246 Decision 27/CMP.1, FCCC/KP/CMP/2005/8/Add.3, S. 92; die weiteren Angaben im Rahmen des KP beziehen sich auf diese Entscheidung.

1247 *Fitzmaurice*, Environmental Compliance Control, MPEPIL, Rn. 81.

1248 *Holtwisch*, Das Nichteinhaltungsverfahren des Kyoto-Protokolls, S. 143.

1249 *Oberthür/Lefeber*, AVR 50 (2012), S. 420 (427).

1250 *Holtwisch*, Das Nichteinhaltungsverfahren des Kyoto-Protokolls, S. 137 übersetzt „small island developing States" mit kleine Insel-Entwicklungsländer. Im Folgenden wird die hier und auch in der Übersetzung des Paris Agreement verwendete Übersetzung (s. BGBl. 2016 II, 108, z.B. Art. 4 Abs. 6) weiter fortgeführt.

1251 Die getrennte Regelung der Zusammensetzung bedingt eine Doppelung, die man hätte vermeiden können, s. *Holtwisch*, Das Nichteinhaltungsverfahren des Kyoto-Protokolls, S. 125.

Das Verfahren kann auf unterschiedlichen Wegen eingeleitet werden:[1252] durch die Berichte der sachkundigen Überprüfungsgruppen (expert review teams) nach Art. 8 KP oder durch jede Vertragspartei bezüglich eigener oder fremder „*questions of implementation*“ (Section VI paragraph 1).[1253] Daneben kann das Komitee gemäß Section VI paragraph 3 auch andere Berichte der expert review teams erhalten. Praktisch am relevantesten ist die Einleitung durch die expert review teams.[1254]

Die Aufgabe der Unterstützungsabteilung ist in Section IV paragraph 4 beschrieben: „*The facilitative branch shall be responsible for providing advice and facilitation to Parties in implementing the Protocol, and for promoting compliance by Parties with their commitments under the Protocol, taking into account the principle of common but differentiated responsibilities and respective capabilities as contained in Article 3, paragraph 1, of the Convention. It shall also take into account the circumstances pertaining to the questions before it.*“ Diese Zuständigkeit ist dem Verfahren vor der Durchsetzungsabteilung vorgeschaltet.[1255] Daneben ist die Unterstützungsabteilung gemäß Section IV paragraph 5 alleine zuständig für Fragen der Durchsetzung bezüglich Art. 3 Abs. 14 KP sowie bezüglich der Informationen, die die Annex I-Staaten wegen der Nutzung der flexiblen Mechanismen (zusätzlich zu innerstaatlichen Maßnahmen) bereitstellen.[1256] Bis zum Jahr 2017 gab es allerdings keine diesbezüglichen Handlungen oder Entscheidungen der Unterstützungsabteilung.[1257] Außerdem soll die Unterstützungsabteilung im Rahmen einer Frühwarnfunktion Hilfestellungen leisten für Verpflichtungen aus Art. 3 Abs. 1 KP (Quantified emission limitation and reduction commitments), und zwar vor und während der Verpflichtungsperiode, sowie für Verpflichtungen aus Art. 5 Abs. 1 und 2 KP (National systems) und Art. 7 Abs. 1 und 4 KP (Greenhouse gas inventories), jeweils vor der Verpflichtungsperiode (Section IV paragraph

---

1252 S. z.B. auch die Aufzählung in Experience of the facilitative branch of the Kyoto Protocol Compliance Committee in providing advice and facilitation to Parties in implementing the Kyoto Protocol, CC/FB/20/2017/2, vom 1. August 2017, Rn. 17.

1253 *Bodansky/Brunnée/Rajamani*, International Climate Change Law, S. 196.

1254 *Oberthür/Lefeber*, AVR 50 (2012), S. 420 (431); *Tabau*, Climate Change Compliance Procedures, MPEPIL, Rn. 30.

1255 *Holtwisch*, Das Nichteinhaltungsverfahren des Kyoto-Protokolls, S. 130.

1256 *Holtwisch*, Das Nichteinhaltungsverfahren des Kyoto-Protokolls, S. 128.

1257 Experience of the facilitative branch of the Kyoto Protocol Compliance Committee in providing advice and facilitation to Parties in implementing the Kyoto Protocol, CC/FB/20/2017/2, vom 1. August 2017, Rn. 6.

6).[1258] Art. 3 Abs. 14 KP bestimmt, dass bei Erfüllung der Vertragsverpflichtungen der Annex I-Staaten nachteilige Auswirkungen auf die Entwicklungsländer so gering wie möglich gehalten werden sollen. Bezüglich der flexiblen Mechanismen soll kontrolliert werden, ob diese tatsächlich zusätzlich bzw. als Ergänzung zu innerstaatlichen Maßnahmen durchgeführt werden.[1259] Beide Fragen zeichnen sich dadurch aus, dass es keine festen Bewertungskriterien gibt, die eine Überprüfung durch die Durchsetzungsabteilung möglich machen würden.[1260] Die Konsequenzen, die ein Verfahren der Unterstützungsabteilung nach sich ziehen kann, sind gemäß Section XIV die nicht-konfrontativen Mittel des Umweltvölkerrechts:[1261] Hilfestellung (Buchst. a); finanzielle und technische Unterstützung, inklusive Technologietransfer und capacity building (Hilfe zur Selbsthilfe) bezüglich jeder betroffenen Partei (Buchst. b); finanzielle und technische Unterstützung unter Berücksichtigung von Art. 4 Abs. 3, 4 und 5 UNFCCC (Buchst. c) und die Formulierung von Empfehlungen unter Berücksichtigung von Art. 4 Abs. 7 UNFCCC (Buchst. d). Bezüglich der Zuständigkeitsverteilung hat die Unterstützungsabteilung im Verhältnis zur Durchsetzungsabteilung eine Auffangfunktion.[1262]

Weitergehend sind die Konsequenzen, die sich aus einem Verfahren vor der Durchsetzungsabteilung ergeben können. Im Gegensatz zur Unterstützungsabteilung hat sie nur wenig Ermessensspielraum bezüglich der Rechtsfolgen.[1263] Zuständig ist sie gemäß Section V paragraph 4 für die Feststellung, ob eine Vertragspartei gegen folgende Verpflichtungen verstoßen hat: die Emissionsreduktionspflichten aus Art. 3 Abs. 1 KP, die methodischen Pflichten und Berichtspflichten aus Art. 5 Abs. 1 und 2 KP und Art. 7 Abs. 1 und 4 KP sowie die Berechtigungsvoraussetzungen für die flexiblen Mechanismen nach Art. 6, 12 und 17 KP.[1264] Daneben soll sie bestimmen, ob Korrekturen der Daten aus Art. 5

---

1258 Experience of the facilitative branch of the Kyoto Protocol Compliance Committee in providing advice and facilitation to Parties in implementing the Kyoto Protocol, CC/FB/20/2017/2, vom 1. August 2017, Rn. 10.

1259 *Holtwisch*, Das Nichteinhaltungsverfahren des Kyoto-Protokolls, S. 129 mit Verweis auf FCCC/CP/2001/13/Add.2, S. 4 Abs. 4.

1260 *Holtwisch*, Das Nichteinhaltungsverfahren des Kyoto-Protokolls, S. 128 ff. mwN.

1261 *Fitzmaurice*, Environmental Compliance Control, MPEPIL, Rn. 82.

1262 *Holtwisch*, Das Nichteinhaltungsverfahren des Kyoto-Protokolls, S. 125; *Oberthür/Lefeber*, AVR 50 (2012), S. 420 (424).

1263 *Oberthür/Lefeber*, AVR 50 (2012), S. 420 (441).

1264 *Holtwisch*, Das Nichteinhaltungsverfahren des Kyoto-Protokolls, S. 133.

Abs. 2 und Art. 7 Abs. 4 KP durchgeführt werden (Section V paragraph 5).[1265] Bei Verstoß gegen Art. 5 Abs. 1 oder 2 KP oder gegen Art. 7 Abs. 1 oder 4 KP (Jährliches Verzeichnis der anthropogenen Emissionen) gibt die Durchsetzungsabteilung, unter Beachtung von Grund, Art, Grad und Häufigkeit des Verstoßes, eine „*declaration of non-compliance*“ ab und fordert die Ausarbeitung eines Plans durch die Partei, der sowohl Gründe für die Nichtbefolgung als auch entsprechende Maßnahmen und einen zeitlichen Rahmen enthält, wobei die Partei regelmäßig Berichte über den erreichten Fortschritt abgeben soll (Section XV paragraphs 1–3). Die *declaration of non-compliance* dient hier insbesondere dem *naming and shaming*, also dem Reputationsverlust.[1266] Bei Nichterfüllung der Berechtigungsvoraussetzungen von Art. 6, 12 und 17 KP kann die Abteilung eben diese Berechtigung aussetzen (Section XV paragraph 4). Auch diese Sanktion wirkt sich auf die Reputation der Staaten aus und auf die ökonomischen Interessen.[1267] Section XV, paragraphs 5–7 behandeln schließlich das Überschreiten der Emissionen. Hat die Durchsetzungsabteilung festgestellt, dass ein Staat die ihm zugewiesenen Emissionen überschritten hat, soll sie erklären, dass die Partei gegen ihre Verpflichtungen aus Art. 3 Abs. 1 KP verstoßen hat, und die folgenden Konsequenzen anwenden: Abzug der 1,3 fachen Menge der überschrittenen Emissionen von der zugewiesenen Menge an Emissionen der zweiten Verpflichtungsperiode, Entwicklung eines Compliance Action Plan und die Aussetzung der Berechtigung zum Emissionshandel nach Art. 17 KP bis zur Wiedereinsetzung nach Section X paragraph 3 oder 4. Der Compliance Action Plan soll der Durchsetzungsabteilung innerhalb von 3 Monaten vorgelegt werden (wobei auch eine längere Zeitspanne festgelegt werden kann). Er soll eine Analyse der Gründe für die Nichterfüllung, die vorgesehenen Handlungen, damit die Ziele der zweiten Verpflichtungsperiode erreicht werden, wobei der Fokus auf inländischen Maßnahmen liegen soll, und einen Zeitplan enthalten, der die Bewertung des jährlichen Fortschritts ermöglichen soll. Die Partei soll einen jährlichen Fortschrittsbericht vorlegen. Auch der Abzug der 1,3 fachen Menge in der nächsten Verpflichtungsperiode dient vorrangig dem Reputationsverlust, ökonomische Anreize sind kaum vorhanden.[1268] Selbiges gilt für die Aussetzung der Berechtigung zum Emissionshandel.[1269]

---

1265 *Holtwisch*, Das Nichteinhaltungsverfahren des Kyoto-Protokolls, S. 134 f.
1266 *Holtwisch*, Das Nichteinhaltungsverfahren des Kyoto-Protokolls, S. 238.
1267 *Holtwisch*, Das Nichteinhaltungsverfahren des Kyoto-Protokolls, S. 241.
1268 *Holtwisch*, Das Nichteinhaltungsverfahren des Kyoto-Protokolls, S. 250–255.
1269 *Holtwisch*, Das Nichteinhaltungsverfahren des Kyoto-Protokolls, S. 255–258.

Section IX eröffnet eine begrenzte Möglichkeit der Berufung.[1270] Die betroffene Partei kann gegen eine Entscheidung der Durchsetzungsabteilung, die sich auf das Emissionsziel bezieht, bei der Vertragsstaatenkonferenz Berufung einlegen.[1271] Grund der Rüge muss die Verletzung von Verfahrensregeln (due process) sein.[1272] Für eine Aufhebung der Entscheidung müssen drei Viertel der anwesenden und stimmberechtigten Parteien für diese stimmen (Section XI paragraph 3).[1273]

Das Compliance-Verfahren des KP wird als das gerichtsähnlichste[1274] dieser Verfahren eingeordnet, da es weitestgehend unabhängig ist: die Entscheidungen sind endgültig und können für gewöhnlich (mit Ausnahme der gerade genannten Gründe) von der Vertragsstaatenkonferenz nicht aufgehoben werden.[1275]

Doch auch das KP wurde von den Vertragsparteien nicht mehr als adäquates Mittel zur Bekämpfung des Klimawandels angesehen.[1276] Für die Zeit nach der ersten Verpflichtungsperiode wurde auf der 18. Vertragsstaatenkonferenz in Doha 2012 eine zweite Verpflichtungsperiode von 2013 bis 2020 beschlossen.[1277] Diese bindet indes nur die Staaten, die die dafür erfolgte Änderung des Protokolls ratifiziert haben.[1278] Die erforderlichen Ratifikationen wurden erst am 28. Oktober 2020

1270 *Oberthür/Lefeber*, AVR 50 (2012), S. 420 (442).

1271 *Oberthür/Lefeber*, AVR 50 (2012), S. 420 (442); *Wang/Wiser*, RECIEL 11 (2002), S. 181 (190).

1272 *Oberthür/Lefeber*, AVR 50 (2012), S. 420 (442); *Urbinati*, Procedures and Mechanisms Relating to Compliance under the 1997 Kyoto Protocol to the 1992 United Nations Framework Convention on Climate Change, in: Treves/Pineschi/Tanzi/Pitea/Ragni/Romanin Jacur, Non-Compliance Procedures and Mechanisms and the Effectiveness of International Environmental Agreements, S. 63 (76); *Wang/Wiser*, RECIEL 11 (2002), S. 181 (190).

1273 *Oberthür/Lefeber*, AVR 50 (2012), S. 420 (442).

1274 *Maljean-Dubois*, Climate Change Litigation, MPEPIL, Rn. 11.

1275 *Oberthür*, Compliance under the Evolving Climate Change Regime, in: Carlarne/Gray/Tarasofsky, The Oxford Handbook of International Climate Change Law, S. 120 (123); für einen kurzen Überblick über die Verfahren der Durchsetzungsabteilung s. unter Kapitel 4 III) 1) b) Befolgen der Entscheidungen (Compliance).

1276 *Carlarne/Gray/Tarasofsky*, International Climate Change Law: Mapping the Field, in: Carlarne/Gray/Tarasofsky, The Oxford Handbook of International Climate Change Law, S. 3 (4).

1277 *Ziehm*, ZUR 2018, S. 339 (340).

1278 *Proelß*, ZfU-Spezial 2016, S. 58 (62).

erreicht.[1279]

### 3) Paris Agreement

#### a) *Vorgeschichte*

Da das KP, wie bereits dargestellt, als nicht ausreichend erschien, um dem Klimawandel wirksam zu begegnen, wurde 2011 auf der Vertragsstaatenkonferenz in Durban beschlossen, ein neues Abkommen bis 2015 auszuarbeiten.[1280] Insbesondere wurde die Verankerung konkreter und individueller Reduktionsverpflichtungen als gescheitert angesehen.[1281] Geprägt wurden die nachfolgenden Verhandlungen unter anderem durch die Bestrebungen der USA, kein Abkommen zu beschließen, das durch den Kongress hätte ratifiziert werden müssen, da dessen Zustimmung nicht zu erwarten war.[1282] Das Paris Agreement beinhaltet drei Bereiche: Mitigation (Minderung) – Adaptation (Anpassung) – Loss and Damage (Verluste und Schäden).[1283]

#### b) *Vertragsschluss*

Das Paris Agreement (PA)[1284] wurde am 12. Dezember 2015 auf der 21. Vertragsstaatenkonferenz (COP 21) von 196 Parteien angenommen. Nach Erreichen der erforderlichen Ratifikationen (mindestens 55 Vertragsparteien des Rahmenübereinkommens, die weltweit für geschätzte 55 % der Treibhausgasemissionen verantwortlich sind) konnte es bereits am 4. November 2016 in Kraft treten.[1285]

---

1279 https://unfccc.int/process/the-kyoto-protocol/the-doha-amendment (abgerufen am 19.4.2022); Report Compliance Committee Enforcement Branch 35. Meeting 2020, CC/EB/35/2020/3, Nr. 6.

1280 *Carlarne/Gray/Tarasofsky*, International Climate Change Law: Mapping the Field, in: Carlarne/Gray/Tarasofsky, The Oxford Handbook of International Climate Change Law, S. 3 (5; 11 f.); *Proelß*, ZfU-Spezial 2016, S. 58 (62); *Stoll/Krüger*, Klimawandel, in: Proelß, Internationales Umweltrecht, Rn. 74.

1281 *Proelß*, ZfU-Spezial 2016, S. 58 (62).

1282 *Morgenstern/Dehnen*, ZUR 2016, S. 131 (134).

1283 *Minnerop*, Climate Protection Agreements, MPEPIL, Rn. 20.

1284 BGBl. 2016 II, 108.

1285 *Kreuter-Kirchhof*, DVBl 2017, S. 97.

### c) Inhalt

Art. 2 PA legt das Ziel des Übereinkommens fest: Der Anstieg der globalen Erwärmung wird „*deutlich unter 2 °C über dem vorindustriellen Niveau*“ gehalten werden, wobei Anstrengungen unternommen werden „*um den Temperaturanstieg auf 1,5 °C über dem vorindustriellen Niveau zu begrenzen, da erkannt wurde, dass dies die Risiken und Auswirkungen der Klimaänderungen erheblich verringern würde*“ (Art. 2 Abs. 1 a) PA). Das PA stellt damit, im Gegensatz zur Klimarahmenkonvention und zum KP, auf eine Temperaturgrenze und nicht auf ein Emissionsniveau ab. Es setzt erstmals ein verbindliches Temperaturziel.[1286] Dabei soll so bald wie möglich der weltweite Scheitelpunkt der Emissionen erreicht werden, wobei der zeitliche Rahmen für die Entwicklungsländer größer ist (Art. 4 Abs. 1 PA).[1287] Um dieses Ziel zu erreichen, werden die Staaten verpflichtet, national festgelegte Beiträge (*nationally determined contributions*, NDCs) zu erarbeiten und zu übermitteln (Art. 4 Abs. 2 PA). Jeder neue national festgelegte Beitrag muss dabei eine Steigerung gegenüber dem vorherigen sein (Art. 4 Abs. 3 PA). Art. 2 Abs. 1 b) PA verweist daneben darauf, dass die „*Fähigkeit zur Anpassung an die nachteiligen Auswirkungen der Klimaänderungen erhöht und die Widerstandsfähigkeit gegenüber Klimaänderungen sowie eine hinsichtlich der Treibhausgase emissionsarme Entwicklung so gefördert wird, dass die Nahrungsmittelerzeugung nicht bedroht wird*“.[1288] Art. 2 Abs. 1 c) PA nennt als weiteres Ziel die klimaverträgliche Finanzierungshilfe.[1289]

Das PA beinhaltet (anders als das KP) selbst keine konkreten Reduktionsvorgaben, sondern lässt diese durch die Staaten selbst bestimmen (bottom-up-Ansatz).[1290] Damit führt das PA das im Copenhagen Accord eingeführte pledge and review-Verfahren fort.[1291] Die Abkehr von konkreten Reduktionsverpflichtungen hin zu Selbstverpflichtungen war notwendig, um das PA beschließen

1286 *Minnerop*, Climate Protection Agreements, MPEPIL, Rn. 18.

1287 *Böhringer*, ZaöRV 2016, S. 753 (760); *Stoll/Krüger*, Klimawandel, in: Proelß, Internationales Umweltrecht, Rn. 75.

1288 *Böhringer*, ZaöRV 2016, S. 753 (761).

1289 *Böhringer*, ZaöRV 2016, S. 753 (761).

1290 *Birkner*, Spezifische Regelungen des Umweltvölkerrechts, in: Ipsen, Völkerrecht, Rn. 57; *Böhringer*, ZaöRV 2016, S. 753 (762); *Epiney*, Gegenstand, Entwicklung, Quellen und Akteure des internationalen Umweltrechts, in: Proelß, Internationales Umweltrecht, Rn. 38a; *Kreuter-Kirchhof*, DVBl 2017, S. 97 (100); *Markus*, ZaöRV 2016, S. 715 (746); *Tabau*, Climate Change Compliance Procedures, MPEPIL, Rn. 6.

1291 *Proelß*, ZfU-Spezial 2016, S. 58 (67); *Voigt*, RECIEL 25 (2016), S. 161.

zu können.[1292] Art. 4 Abs. 2 PA legt fest: „*Jede Vertragspartei erarbeitet, übermittelt und behält aufeinanderfolgende national festgelegte Beiträge bei, die sie zu erreichen beabsichtigt. Die Vertragsparteien ergreifen innerstaatliche Minderungsmaßnahmen, um die Ziele dieser Beiträge zu verwirklichen*". Der erste NDC ist bei Ratifikation des Abkommens fällig, wobei für Staaten, die zuvor einen INDC kommuniziert haben, dieses Erfordernis als erfüllt angesehen wird.[1293] Jeder nachfolgende Beitrag muss eine Steigerung sein und soll die „*größtmögliche Ambition*" der Vertragsparteien „*unter Berücksichtigung ihrer gemeinsamen, aber unterschiedlichen Verantwortlichkeiten und ihrer jeweiligen Fähigkeiten angesichts der unterschiedlichen nationalen Gegebenheiten ausdrücken*" (Art. 4 Abs. 3 PA). Auch wenn Art. 2 Abs. 2 PA die *common but differentiated responsibilities* benennt, so stellt die Verpflichtung aller Staaten zur Emissionssenkung ein Novum dar.[1294] Die Entwicklungsländer werden ebenfalls zur Übermittlung der NDCs verpflichtet.[1295] Für diese Staaten existieren lediglich Modalitäten zur Unterstützung (Art. 4 Abs. 5 PA) sowie Erleichterungen bezüglich ihrer besonderen Begebenheiten (diese beziehen sich nur auf die am wenigsten entwickelten Länder und die kleinen Inselstaaten unter den Entwicklungsländern, Art. 4 Abs. 6 PA). Insgesamt verzichtet das Paris Agreement auf die starre Differenzierung zwischen Annex I-Staaten und Annex II-Staaten und stellt lediglich auf die weichere Unterscheidung zwischen Entwicklungsländern und entwickelten Ländern ab.[1296] Die Verpflichtungen der Staaten werden staatenspezifisch definiert und nicht auf Basis der genannten Unterscheidung.[1297] Bei der Übermittlung der NDCs „*stellen alle Vertragsparteien die erforderlichen Informationen zur Gewährleistung der Eindeutigkeit, Transparenz und Verständlichkeit*" zur Verfügung (Art. 4 Abs. 8 PA). In Decision 1/CP.21 finden sich Angaben zur Ausgestaltung der NDCs und der Auftrag an die Ad Hoc Working Group on the Paris Agreement, Leitlinien für diese Ausgestaltung und für die Transparenzerfordernisse zu entwickeln.[1298] So sollen beispielsweise der Referenzpunkt (ein Basisjahr,

---

1292 *Franzius*, ZUR 2021, S. 131; *Kreuter-Kirchhof*, DVBl 2017, S. 97 (100).

1293 Decision 1/CP.21, FCCC/CP/2015/10/Add.1, Rn. 22; *Böhringer*, ZaöRV 2016, S. 753 (766, Fn. 53).

1294 *Markus*, ZaöRV 2016, S. 715 (746); *Proelß*, ZfU-Spezial 2016, S. 58 (60).

1295 *Birkner*, Spezifische Regelungen des Umweltvölkerrechts, in: Ipsen, Völkerrecht, Rn. 57; *Kreuter-Kirchhof*, DVBl 2017, S. 97 (98).

1296 *Proelß*, ZfU-Spezial 2016, S. 58 (66).

1297 *Kreuter-Kirchhof*, DVBl 2017, S. 97 (101).

1298 Decision 1/CP.21, FCCC/CP/2015/10/Add.1, Rn. 26 ff.; *Böhringer*, ZaöRV 2016, S. 753 (763).

wenn dieses geeignet ist) und ein Zeitrahmen und/oder Durchsetzungsperioden angegeben werden.[1299] Art. 4 Abs. 16 bis 18 PA gestattet es den Staaten, ihre Verpflichtungen gemeinsam zu erfüllen.[1300] Art. 4 Abs. 19 PA fordert schließlich die Ausarbeitung und Übermittlung langfristiger Strategien.[1301] Das Fehlen konkreter Reduktionsverpflichtungen wird von *Ayşe-Martina Böhringer* kritisch gesehen; sie verweist insbesondere auf die Gefahr der Datenfälschung.[1302] *Claudio Franzius* dagegen merkt an, dass die ambitionierten Temperaturziele nicht formuliert worden wären, wären sie mit konkreten Reduktionsverpflichtungen verbunden gewesen.[1303] Allerdings kritisiert er, dass es keine einheitlichen Standards für Definition und Bewertung der NDCs gibt, was schwerer wiege als die fehlende Bindungswirkung.[1304] Auch *Charlotte Kreuter-Kirchhof* verweist auf die Diversität der NDCs, die quantitative oder qualitative Ziele enthalten.[1305]

Art. 7 PA regelt anschließend die Anpassung an den Klimawandel.[1306] Der Artikel enthält konkrete nicht rechtsverbindliche Zielvorgaben.[1307] Während die Anpassung präventiven Charakter hat und negative Konsequenzen weitgehend verhindern soll, sollen die Bestimmungen über Verluste und Schäden regeln, wie mit schon eingetretenen Schäden umzugehen ist.[1308] Art. 8 PA behandelt diese Verluste und Schäden durch den Klimawandel. Allerdings ist die Formulierung sehr offen und beinhaltet nur eine sehr allgemeine Aufforderung zur Zusammenarbeit der Vertragsparteien.[1309] Die Regelungen zu Anpassungen und Verlusten und Schäden zeigen den diesbezüglich gestiegenen Handlungsbedarf auf.[1310]

---

1299 Decision 1/CP.21, FCCC/CP/2015/10/Add.1, Rn. 27; *Böhringer*, ZaöRV 2016, S. 753 (763).

1300 *Böhringer*, ZaöRV 2016, S. 753 (767); *Proelß*, ZfU-Spezial 2016, S. 58 (67); eine ähnliche Regelung findet sich in Art. 4 KP, *Viñuales*, The Paris Agreement: An Initial Examination (Part III of III), EJIL-Talk 8.2.2016.

1301 *Böhringer*, ZaöRV 2016, S. 753 (766); s. schon Decision 1/CP.21, FCCC/CP/2015/10/Add.1, Rn. 35.

1302 *Böhringer*, ZaöRV 2016, S. 753 (794).

1303 *Franzius*, ZUR 2017, S. 515 (518).

1304 *Franzius*, ZUR 2017, S. 515 (518).

1305 *Kreuter-Kirchhof*, DVBl 2017, S. 97 (100).

1306 *Böhringer*, ZaöRV 2016, S. 753 (774); *Viñuales*, GYIL 59 (2016), S. 11 (29).

1307 *Proelß*, ZfU-Spezial 2016, S. 58 (67 f.).

1308 *Viñuales*, GYIL 59 (2016), S. 11 (31).

1309 *Proelß*, ZfU-Spezial 2016, S. 58 (68).

1310 *Ekardt/Wieding*, ZfU-Spezial 2016, S. 36 (51).

### *d) Rechtscharakter*

Die Frage, ob das Paris Agreement ein rechtlich bindender Vertrag oder lediglich soft law sein sollte, war im Laufe der Verhandlungen zwischen den Staaten umstritten.[1311] So erwarteten die Befürworter von Rechtspflichten eine höhere Effektivität des PA, da unter anderem der Reputationsverlust bei Non-Compliance bei einer solchen Rechtspflicht höher sei.[1312] Andererseits, so die Befürchtung, könnten insbesondere verbindliche NDCs dazu führen, dass die Beteiligung gering bleibe.[1313] Auch die generelle Ausgestaltung als Vertrag bzw. Protokoll zur UNFCCC rief diese Bedenken hervor.[1314] Schlussendlich einigten sich die Staaten auf ein rechtlich verbindliches Übereinkommen: Das Paris Agreement ist ein Vertrag im Sinne der Wiener Vertragsrechtskonvention.[1315] Des Weiteren ist es als Protokoll der Klimarahmenkonvention erlassen, auch wenn es nicht explizit als Zusatzprotokoll im Sinne von Art. 17 UNFCCC ausgestaltet wurde.[1316]

Auch wenn das Übereinkommen im Ganzen ein verbindlicher Vertrag ist, so variiert die Bindungswirkung der einzelnen Artikel.[1317] Bei der Feststellung, ob eine Norm bindend ist oder nicht, ist auf das verwendete Verb zu achten: so beinhaltet das Verb „*shall*" im Allgemeinen eine Rechtspflicht, wohingegen

---

1311 *Bodansky*, RECIEL 25 (2016), S. 142; *Bodansky/Brunnée/Rajamani*, International Climate Change Law, S. 210 ff.; *Oberthür/Bodle*, Climate Law 6 (2016), S. 40 (40 f.); s. zu den Ausgestaltungsmöglichkeiten *Maljean-Dubois/Spencer/Wemaere*, CCLR 2015, S. 68–84.

1312 *Bodansky*, RECIEL 25 (2016), S. 142 (149).

1313 *Bodansky*, RECIEL 25 (2016), S. 142 (149).

1314 *Maljean-Dubois/Spencer/Wemaere*, CCLR 2015, S. 68 (72).

1315 *Bodansky*, RECIEL 25 (2016), S. 142; *Bodansky/Brunnée/Rajamani*, International Climate Change Law, S. 212; *Böhringer*, ZaöRV 2016, S. 753 (779); *Minnerop*, Climate Protection Agreements, MPEPIL, Rn. 6; *Nückel*, ZUR 2017, S. 525 (525 f.); *Oberthür/Bodle*, Climate Law 6 (2016), S. 40 (46); *Proelß*, ZfU-Spezial 2016, S. 58 (62 f.).

1316 S. Decision 1/CP.21, FCCC/CP/2015/10/Add.1, Rn. 1: „*the Paris Agreement under the United Nations Framework Convention on Climate Change*"; *Bodansky/Brunnée/Rajamani*, International Climate Change Law, S. 212; *Franzius*, EurUP 2017, S. 166 (167); *Stoll/Krüger*, Klimawandel, in: Proelß, Internationales Umweltrecht, Rn. 74; nach *Oberthür/Bodle*, Climate Law 6 (2016), S. 40 (46) lässt die Entscheidung der COP es gerade offen, ob das PA ein Protokoll unter der UNFCCC ist.

1317 *Franzius*, EurUP 2017, S. 166 (167); *Nückel*, ZUR 2017, S. 525 (526); *Proelß*, ZfU-Spezial 2016, S. 58 (64).

„*should*“ oder „*encourage*“ auf eine Empfehlung hindeuten.[1318] Noch schwächer sind die Verben „*will*“, „*are to*“, „*acknowledge*“ und „*recognize*“ zu verorten, da sie lediglich Ziele, Werte, Erwartungen oder gemeinsame Meinungen beschreiben.[1319] Das Bild ist jedoch uneinheitlich, da diese Formulierungen zum Teil auch als Rechtspflicht angesehen werden.[1320] Daneben unterscheiden sich die Verpflichtungssubjekte der Artikel.[1321] Einige Artikel adressieren alle oder einige Staaten, andere generieren Individualverpflichtungen oder haben kein Verpflichtungssubjekt.[1322]

Das Temperaturziel des Vertrages entfaltet Bindungswirkung.[1323] Problematisch ist hier, dass die Konsequenzen dieser Pflicht für den einzelnen Staat nicht deutlich werden. Bei Berechnung von Budgets, wie es vom IPCC vorgenommen wird, würde diese Pflicht für Deutschland bedeuten, dass mehr Emissionen reduziert werden müssten als ausgestoßen werden.[1324] Allerdings verweist das PA selbst in keinerlei Hinsicht auf Budgets.[1325] Es bleibt demnach unklar, wie dieses verbindliche Ziel im Lichte selbst gesetzter NDCs eingehalten werden soll. Besondere Aufmerksamkeit in der Vertragsausarbeitung erregte die Frage der Bindungswirkung der NDCs.[1326] Diese sind nicht verbindlich.[1327] Das PA regelt keine Sanktionen, wenn sie nicht eingehalten werden.[1328] Verpflichtend sind die Verfahrenserfordernisse bezüglich der NDCs, beispielsweise diese zu melden.[1329]

---

1318 *Bodansky*, RECIEL 25 (2016), S. 142 (145); *Nückel*, ZUR 2017, S. 525 (526); *Rajamani*, Journal of Environmental Law 28 (2016), S. 337 (343).

1319 *Bodansky*, RECIEL 25 (2016), S. 142 (145).

1320 S. z.B. *Rajamani*, Journal of Environmental Law 28 (2016), S. 337 (343, 346), die die Formulierung „*will*“ als Versprechen oder Erwartung klassifiziert, anschließend aber zu den „*Hard Obligations*“ zählt.

1321 *Bodansky*, RECIEL 25 (2016), S. 142 (145 f.).

1322 *Bodansky*, RECIEL 25 (2016), S. 142 (145 f.).

1323 *Ekardt/Wieding*, ZfU-Spezial 2016, S. 36 (37 ff.); *Minnerop*, Climate Protection Agreements, MPEPIL, Rn. 18.

1324 *Ekardt/Wieding*, ZfU-Spezial 2016, S. 36 (39).

1325 Anders Savaşan, Paris Climate Agreement: A Deal for Better Compliance?, S. 224 unter Verweis auf Decision 1/CP.21, FCCC/CP/2015/10/Add.1, Rn. 17.

1326 *Bodansky*, RECIEL 25 (2016), S. 142 (146).

1327 *Morgenstern/Dehnen*, ZUR 2016, S. 131 (134).

1328 *Ekardt/Wieding*, ZfU-Spezial 2016, S. 36 (44).

1329 *Bickenbach*, JZ 75 (2020), S. 168 (169); *Bodansky*, RECIEL 25 (2016), S. 142 (146); *Böhringer*, ZaöRV 2016, S. 753 (791); *Christiansen/Rösch*, GYIL 62 (2019), S. 581 (584 f.); *Frank*, NVwZ-Extra 22/2016, S. 1 (2); *Franzius*, EurUP 2017, S. 166 (168); *Meguro*, Leiden Journal of International Law 33 (2020), S. 933 (946).

Daher kann nur auf die Nichtbeachtung der Verfahrenspflichten, nicht aber auf die Nichteinhaltung der NDCs an sich reagiert werden.[1330] Art. 4 Abs. 2 PA beinhaltet somit eine Verhaltens- und keine Erfolgspflicht.[1331] Eine Rechtspflicht statuiert das „Progressionsprinzip“ der NDCs, also die Tatsache, dass neue NDCs eine Steigerung gegenüber den vorherigen darstellen müssen.[1332] *Felix Ekardt* und *Jutta Wieding* verweisen darauf, dass die NDCs im Lichte der verpflichtenden Temperaturgrenze ausgelegt werden könnten, sind aber nicht optimistisch, dass die NDCs tatsächlich dahingehend nachgeschärft werden.[1333] *Ayşe-Martina* Böhringer zeigt die unterschiedliche Bindungswirkung im Rahmen der NDCs auf, insbesondere durch die Unterscheidung zwischen „*shall*“ und „*should*“.[1334] Für die effektive Umsetzung der nationalen Emissionsreduktionsziele komme es daher auf die Überwachung und Durchsetzung an.[1335] Daneben ist nach *Felix Ekardt* und *Jutta Wieding* zu beachten, dass diese Formulierung im Deutschen ggf. unrichtig oder ungenau übersetzt wird (sollen/werden).[1336]

### *e) Organe*

Gemäß Art. 16 Abs. 1 PA dient die Konferenz der Vertragsparteien der UNFCCC (COP) als Tagung der Vertragsparteien (Conference of the Parties serving as the meeting of the Parties to the Paris Agreement, CMA). Auch das Sekretariat des Rahmenübereinkommens dient als Sekretariat des PA (Art. 17 Abs. 1 PA). Des Weiteren dienen sowohl das Nebenorgan für wissenschaftliche und technologische Beratung als auch das Nebenorgan für die Durchführung des Rahmenübereinkommens als entsprechende Nebenorgane des PA (Art. 18 Abs. 1 PA). Dies ist auch möglich für Nebenorgane, die erst noch eingesetzt werden (Art. 19 Abs. 1 PA).

---

1330 *Böhringer*, ZaöRV 2016, S. 753 (791).

1331 *Franzius*, EurUP 2017, S. 166 (170).

1332 *Epiney*, Gegenstand, Entwicklung, Quellen und Akteure des internationalen Umweltrechts, in: Proelß, Internationales Umweltrecht, Rn. 38a; *Morgenstern/Dehnen*, ZUR 2016, S. 131 (134); *Viñuales*, GYIL 59 (2016), S. 11 (26); aA *Frank*, NVwZ-Extra 22/2016, S. 1 (2) mwN; zur Entstehung des Textes mit ambivalenter Aussage zur Rechtspflicht s. *Meguro*, Leiden Journal of International Law 33 (2020), S. 933 (947).

1333 *Ekardt/Wieding*, ZfU-Spezial 2016, S. 36 (45).

1334 *Böhringer*, ZaöRV 2016, S. 753 (780 f.).

1335 *Böhringer*, ZaöRV 2016, S. 753 (781).

1336 *Ekardt/Wieding*, ZfU-Spezial 2016, S. 36 (45).

### *f) Erfüllungshilfe*

Gemäß Art. 9 Abs. 1 PA stellen die entwickelten Länder den Entwicklungsländern finanzielle Mittel zur Verfügung, um sie bei der Minderung und der Anpassung zu unterstützen.[1337] Auch der Technologietransfer ist geregelt (Art. 10 PA). Daneben besteht der Kapazitätsaufbau für Entwicklungsländer (Art. 11 PA).

### *g) Durchsetzung*

Das System der Erfüllungskontrolle des PA setzt sich zusammen aus den Art. 13, 14 und 15 PA.

Art. 13 Abs. 1 PA regelt die Errichtung eines erweiterten Transparenzrahmens für Maßnahmen und Unterstützung. Dieser soll *„durch eine inhärente Flexibilität die unterschiedlichen Kapazitäten der Vertragsparteien“* berücksichtigen und auf *„gemeinsame Erfahrungen“* aufbauen. Abs. 2 verweist erneut auf die Flexibilität, die insbesondere den Entwicklungsländern, die darauf angewiesen sind, zugutekommen soll. Der Transparenzrahmen *„stützt sich auf die Transparenzregelungen aufgrund des Rahmenübereinkommens und verstärkt sie, wobei die besonderen Gegebenheiten der am wenigsten entwickelten Länder und der kleinen Inselstaaten unter den Entwicklungsländern berücksichtigt werden“* (Art. 13 Abs. 3 PA). Betont wird weiterhin, dass er *„in einer vermittelnden, zurückhaltenden und nicht auf Strafen ausgerichteten Weise unter Achtung der nationalen Souveränität angewendet“* und dabei vermieden wird, die Parteien unangemessen zu belasten (Art. 13 Abs. 3 PA).

Art. 13 Abs. 5 PA präzisiert die Zwecke des Transparenzrahmens: Er soll als Beitrag zur weltweiten Bestandsaufnahme (Art. 14 PA) über die Maßnahmen zur Bewältigung der Klimaänderungen ein klares Verständnis vermitteln, unter anderem, indem die Fortschritte der Vertragsparteien beim Erreichen der NDCs nach Art. 4 PA sowie bei den Anpassungsmaßnahmen nach Art. 7 PA verfolgt und verdeutlicht werden. Errichtet wird demnach ein Mechanismus zur Fortschrittskontrolle.[1338] Dabei sollen von den Vertragsparteien klare Angaben zu der erhaltenen oder gewährten Unterstützung nach den Art. 4, 7, 9, 10 und 11 PA gemacht werden, um über diese nach Möglichkeit einen vollständigen Überblick zu erhalten (Art. 13 Abs. 6 PA). Zur Transparenz sind Entwicklungsländer und entwickelte Länder verpflichtet.[1339] Art. 13 Abs. 7 PA

---

1337 *Böhringer*, ZaöRV 2016, S. 753 (782).

1338 *Böhringer*, ZaöRV 2016, S. 753 (785).

1339 *Stoll/Krüger*, Klimawandel, in: Proelß, Internationales Umweltrecht, Rn. 78.

regelt Notifikationspflichten bezüglich der Treibhausgasemissionen und Senken (Art. 13 Abs. 7 a) PA) sowie der Umsetzung der NDCs (Art. 13 Abs. 7 b) PA); Absatz 8 enthält eine „should"-Vorschrift bezüglich der Notifikation der Auswirkungen der Klimaänderungen und die Anpassung daran.[1340] Absatz 9 und 10 beinhalten unterschiedliche Transparenzpflichten für entwickelte Länder und Entwicklungsländer bezüglich gewährter und erhaltener Unterstützung.[1341] Absatz 11 und 12 regeln schließlich ein Überprüfungsverfahren der Notifikationen gemäß Absatz 7 und 9 (technische Überprüfung) durch Sachverständige. Dieses soll durch *naming and shaming* der Einhaltung der Verpflichtungen dienen.[1342] Dabei soll der Transparenzrahmen auch dazu beitragen, das Vertrauen der Vertragsparteien darauf zu stärken, dass die anderen Parteien ihre Selbstverpflichtung einhalten.[1343]

Weiter konkretisiert wurden die Regelungen zu Art. 13 PA durch Decision 18/CMA.1,[1344] die die „*Modalities, procedures and guidelines for the transparency framework for action and support referred to in Article 13 of the Paris Agreement*" in ihrem Anhang enthält. Zunächst wird in Rn. 3 der Entscheidung festgehalten, dass der erste Transparenzbericht spätestens am 31. Dezember 2024 fällig wird. Die „*Modalities, procedures and guidelines for the transparency framework for action and support referred to in Article 13 of the Paris Agreement*"[1345] spezifizieren im Anschluss detailreich, welche Informationen in diesem Bericht enthalten sein müssen. Die Berichte werden in einem zweistufigen Verfahren geprüft. Geregelt wird zunächst die „*Technical expert review*".[1346] Begutachtet werden die Konsistenz der übermittelten Informationen (Rn. 146 (a)), das Erfüllen der NDCs (Rn. 146 (b)) und die geleistete Unterstützung (Rn. 146 (c)). Daneben werden Verbesserungsbereiche bezüglich Art. 13 PA (Rn. 146 (d)) identifiziert, sowie, falls benötigt, Capacity-Building (Rn. 146 (e)). Nicht begutachtet werden die Inhalte der NDCs der Parteien, also ob diese adäquat und angemessen sind (Rn. 149 (b)). Daneben soll das Technical expert review team keine politischen Urteile fällen (Rn. 149 (a)) oder die Adäquanz von durchgeführten Maßnahmen

1340 *Böhringer*, ZaöRV 2016, S. 753 (785 f.); *Viñuales*, GYIL 59 (2016), S. 11 (35).
1341 *Viñuales*, GYIL 59 (2016), S. 11 (35 f.).
1342 *Stoll/Krüger*, Klimawandel, in: Proelß, Internationales Umweltrecht, Rn. 79.
1343 *Franzius*, ZUR 2017, S. 515 (519); *Morgenstern/Dehnen*, ZUR 2016, S. 131 (136).
1344 Decision 18/CMA.1, FCCC/PA/CMA/2018/3/Add.2, S. 18.
1345 Die folgenden Randnummern im Rahmen von Art. 13 PA beziehen sich auf diese Entscheidung.
1346 Modalities, procedures and guidelines for the transparency framework for action and support referred to in Article 13 of the Paris Agreement, Rn. 146–188.

oder geleisteter Unterstützung beurteilen (Rn. 149 (c), (d)). Auch die Tatsache, ob entsprechend berechtigte Staaten die Flexibilitätsmöglichkeiten anwenden oder nicht, wird nicht begutachtet (Rn. 149 (e)).

Die *Technical expert review* kann auf unterschiedliche Weise erfolgen, zum Beispiel als *centralized review* oder *desk review* (Rn. 151–155). Daneben besteht die *„facilitative, multilateral consideration of progress"* (Rn. 189–199). Geprüft werden zunächst die Informationen, die gemäß Rn. 10 (a), (b), (d) und (e) von den Parteien erbracht werden: Den nationalen Bericht mit einem Verzeichnis der anthropogenen Emissionen von Treibhausgasen aus Quellen und des Abbaus solcher Gase durch Senken, die zur Fortschrittsbewertung bezüglich der NDCs nötigen Informationen, Informationen nach Art. 13 Abs. 9 PA sowie die Bedarfsanzeige für Unterstützung sowie erhaltene Unterstützung der Entwicklungsländer (Rn. 190 (a)). Des Weiteren werden der technical expert review report (Rn. 190 (b)) und zusätzliche, von den Parteien beigebrachte, Informationen (Rn. 190 (c)) begutachtet.

Art. 14 Abs. 1 PA bestimmt, dass die als Tagung des Übereinkommens dienende Konferenz der Vertragsparteien zur Bewertung der Fortschritte bei der Verwirklichung des Zwecks des Übereinkommens sowie seiner langfristigen Ziele in regelmäßigen Abständen eine Bestandsaufnahme der Durchführung des Übereinkommens durchführt (weltweite Bestandsaufnahme/global stocktake). Diese Bestandsaufnahme soll erstmals 2023 und danach alle fünf Jahre erfolgen. Sie bewertet die Klimaschutzbemühungen aller Vertragsstaaten und soll als Grundlage für die weiteren Selbstverpflichtungen dienen.[1347] Die genauen Bestimmungen zum Global Stocktake werden durch die Ad Hoc Working Group on the Paris Agreement ausgearbeitet.

Gemäß Art. 15 Abs. 1 PA wird ein Mechanismus zur Erleichterung der Durchführung und zur Förderung der Bestimmungen des Übereinkommens eingerichtet (*mechanism to facilitate implementation of and promote compliance with the provisions of this Agreement*). Absatz 2 regelt, dass dieser aus einem Ausschuss aus Sachverständigen zusammengesetzt sein soll. Er hat einen vermittelnden Charakter und handelt in einer *„transparenten, als nicht streitig angelegten und nicht auf Strafen ausgerichteten Weise"*. Dabei berücksichtigt er besonders *„die jeweiligen nationalen Fähigkeiten und Gegebenheiten der Vertragsparteien"*. Diese weiche Erfüllungskontrolle ist dabei die Konsequenz daraus, dass es keine völkerrechtlich verbindlichen Reduktionsverpflichtungen gibt.[1348] Die in

1347 *Kreuter-Kirchhof*, DVBl 2017, S. 97 (102).
1348 *Franzius*, ZUR 2017, S. 515 (519).

Art. 15 PA gewählte Formulierung weist Ähnlichkeiten mit der der Unterstützungsabteilung (facilitative branch) des KP auf.[1349] Art. 15 PA begegnet demnach der Sorge der Staaten, dass das PA ein ähnliches Compliance Committee wie das des KP einrichten würde, das Sanktionen erlassen kann.[1350] Es wird gerade kein Fokus auf Abschreckung und Strafen gelegt.[1351]

In Decision 1/CP.21, mit der die Vertragsstaatenkonferenz zur UNFCCC das PA annahm, wurde in Rn. 102 und 103 das weitere Vorgehen hinsichtlich des Durchsetzungsmechanismus festgelegt. Gemäß Rn. 102 soll er aus zwölf Mitgliedern bestehen, die anerkannte Kompetenzen in den relevanten Gebieten haben und die von der Konferenz der Vertragsparteien, die als Tagung der Vertragsparteien des PA dient, gewählt werden sollen. Hierbei soll auf eine ausgeglichene geographische Verteilung geachtet werden, wobei je zwei Mitglieder aus den fünf Regionalgruppen bei den Vereinten Nationen sowie je ein Mitglied aus den kleinen Inselstaaten unter den Entwicklungsländern und den am wenigsten entwickelten Ländern stammen sollen. Bei der Besetzung ist das Ziel der „*gender balance*" zu beachten.[1352] Während die geographische Verteilung in weiten Teilen der des Compliance Committee des KP entspricht, ist der Verweis auf die gender balance neu. In Rn. 103 wird die Ad Hoc Working Group on the Paris Agreement aufgefordert, die „*modalities and procedures*" für dieses Komitee auszuarbeiten.

Aufgrund der Benennung des Ausschusses, die die Worte „*implementation*" und „*compliance*" beinhaltet, wurde erwartet, dass dieser wie schon im Rahmen des KP aus zwei Abteilungen bestehen würde.[1353] Diese Vorhersage ist nicht eingetreten.

Die erarbeiteten Regelungen (Modalities and procedures for the effective operation of the committee to facilitate implementation and promote compliance

---

1349 *Böhringer*, ZaöRV 2016, S. 753 (790); *Franzius*, ZUR 2017, S. 515 (519); auch *Markus*, ZaöRV 2016, S. 715 (748) verweist darauf, dass das Verfahren der Facilitative Branch Vorbildwirkung haben könne.

1350 *Bodansky/Brunnée/Rajamani*, International Climate Change Law, S. 246.

1351 *Tabau*, Climate Change Compliance Procedures, MPEPIL, Rn. 16.

1352 S. hierzu auch 1. Annual Report of the Paris Agreement Implementation and Compliance Committee to the Conference of the Parties serving as the meeting of the Parties to the Paris Agreement, Rn. 27.

1353 *Franzius*, EurUP 2017, S. 166 (170); *Voigt*, RECIEL 25 (2016), S. 161 (165 ff.); Klein/Carazo/Doelle/Bulmer/Higham/*Dagnet/Northrop*, The Paris Agreement on Climate Change, Facilitating Implementation and Promoting Compliance (Art. 15), S. 338 (343) zeigen auf, dass die Formulierung diese Möglichkeit offen lässt.

referred to in Article 15, paragraph 2, of the Paris Agreement, im Folgenden „Modalities and Procedures") wurden von der Vertragsstaatenkonferenz in Kattowitz im Jahr 2018 angenommen (Decision 20/CMA 1) und sind im Anhang der Entscheidung aufgeführt. In deren Rn. 2 wird erneut betont, dass das Verfahren „*transparent, non-adversarial and non-punitive*" ist. Im Rahmen des PA wurde somit ein Transparenz- und Unterstützungsverfahren eingerichtet und gerade kein sanktionsbewehrtes Compliance-Verfahren wie das des KP.[1354]

Die Modalities and Procedures legen die Ausrichtung und Zusammensetzung des Paris Agreement Implementation and Compliance Committee (PAICC) fest. Zunächst wird, wie bereits gesagt, in Rn. 2 der nicht-streitige Charakter betont: „*The Committee shall be expert-based and facilitative in nature and function in a manner that is transparent, non-adversarial and non-punitive. The Committee shall pay particular attention to the respective national capabilities and circumstances of Parties*". Dies wird durch die Aussage, dass das PAICC weder als Durchsetzungs- noch als Streitbeilegungsmechanismus dienen sowie keine Sanktionen erlassen soll, verdeutlicht (Rn. 4). Daneben soll es die nationale Souveränität respektieren (Rn. 4). Auch *Felix Ekardt* und *Jutta Wieding* verweisen darauf, dass der Mechanismus „*eher unterstützende und beratende Funktion*" habe und daher „*so gesehen eigentlich kein Durchsetzungsmechanismus*" sei.[1355]

Diese Aussage widerspricht auf den ersten Blick der in vorliegender Untersuchung vorgenommenen Kategorisierung. Zu beachten sind jedoch die unterschiedlichen Definitionen von Durchsetzung. Für diese Studie wurde Durchsetzung definiert als eine wie auch immer ausgestaltete Reaktion auf die Tatsache, dass gegen Völkerrecht verstoßen wird, unabhängig von der konkreten Ursache eines Verstoßes und der Art der Reaktion. Unter dem Begriff der Durchsetzung werden sowohl Mittel, die Zwang beinhalten (können) und bindend sind, als auch Mechanismen zur „Hilfestellung" erfasst. Die hier vertretene Definition ist demnach sehr weit, unter sie können auch die konsensorientierten Verfahren des Umweltvölkerrechts ohne weiteres subsumiert werden. Daher stehen die Modalities and Procedures dem Begriffsverständnis, das der vorliegenden Untersuchung zugrunde liegt, nicht entgegen.

Die Zusammensetzung deckt sich mit der oben schon benannten Regelung aus Decision 1/CP.21: „*The Committee shall consist of 12 members with recognized competence in relevant scientific, technical, socioeconomic or legal fields to*

1354 *Franzius*, EurUP 2017, S. 166 (171); *Minnerop*, Climate Protection Agreements, MPEPIL, Rn. 26.

1355 *Ekardt/Wieding*, ZfU-Spezial 2016, S. 36 (56).

*be elected by the Conference of the Parties serving as the meeting of the Parties to the Paris Agreement (CMA) on the basis of equitable geographical representation, with 2 members each from the five regional groups of the United Nations and 1 member each from the small island developing States and the least developed countries, taking into account the goal of gender balance.*“ (Rn. 5). Die Mitglieder des Komitees sowie ihre Stellvertreter sollen durch die Vertragsstaatenkonferenz gewählt werden, wobei die „*expert-based nature*“ sowie die „*diversity of expertise*“ berücksichtigt werden sollen (Rn. 6). Die Amtszeit beträgt drei Jahre, wobei maximal zwei Amtszeiten aufeinander folgen dürfen (Rn. 7). Die Mitglieder des PAICC sind keine Vertreter ihres Heimatstaates, sondern unabhängig (Rn. 10).

Wenn keine andere Entscheidung fällt, soll das PAICC beginnend ab 2020 zweimal jährlich zusammentreten (Rn. 12).[1356] Entscheidungen erfordern ein Quorum von zehn anwesenden Mitgliedern und sollen nach Möglichkeit im Konsens ergehen (Rn. 15, 16).

Art. 24 PA verweist schließlich auf die Streitbeilegungsklausel Art. 14 UNFCCC und erklärt diese für anwendbar.

## III) Effektivitätsbewertung

Die Bewertung der Effektivität erfolgt mit Stand April 2022. Sie stützt sich insbesondere auf die durch die Vertragsstaatenkonferenz verabschiedeten Modalities and Procedures. Die vollständigen Rules of Procedure sind noch nicht beschlossen, da die Klimakonferenz Ende 2020 pandemiebedingt auf November 2021 verschoben werden musste. Lediglich die Punkte, die geregelt werden sollen, sind im Anhang des zweiten Meeting-Reports des PAICC enthalten.[1357] Daneben hat das Komitee bei seinem fünften Meeting im August 2021 Teile der Draft Rules of Procedure beschlossen, die auf der Klimakonferenz 2021 angenommen

1356 Das Paris Agreement Implementation and Compliance Committee (PAICC) hielt sein erstes Treffen vom 2. bis 5. Juni 2020 aufgrund der Corona-Pandemie in virtueller Form ab, s. Report of the 1st meeting of the committee referred to in Article 15, paragraph 2, of the Paris Agreement, Document no. PAICC/2020/M1/9, paragraph 1 und 2; ursprünglich sollte es in Bonn stattfinden. Auch das zweite (26. bis 29. Oktober 2020), das dritte (22. und 24. bis 26. März 2021), das vierte (23. bis 25. Juni 2021) und das fünfte Treffen (11. bis 13. sowie 17. bis 18. August 2021) fanden virtuell statt. Das sechste Treffen (8. bis 10. März 2022) fand in virtueller Form statt.

1357 Report of the 2nd meeting of the committee referred to in Article 15, paragraph 2, of the Paris Agreement, Annex 3, Document no. PAICC/2020/M2/4/Rev.3.

wurden.[1358] Diese beziehen sich auf die Besetzung des Komitees sowie auf organisatorische Fragen. Die weiteren Regelungen sollen 2022 ausgearbeitet werden.[1359] Deswegen wird hier auf der Basis der vorliegenden Modalities and Procedures bewertet, ob und wie weit wichtige Grundlagen für eine effektive Durchsetzung des PA bereits vorhanden sind.

## 1) Bewertung anhand der Effektivitätskriterien

Zunächst werden die Effektivitätskriterien betrachtet. Stand April 2022 kann zu einigen Punkten mangels Verfahrensregelungen noch keine Aussage getroffen werden. Bei diesen wird auf Parallelen zu den beschriebenen Verfahren und auf Prognosen abgestellt. Wie auch schon in Kapitel 3 wird die Reihenfolge der Kriterien leicht abgewandelt. Der Punkt der Verfahrenseinleitung wird vorgezogen, da die diesbezüglichen Ergebnisse in der darauffolgenden Untersuchung vorausgesetzt werden. Gemäß *Yamide Dagnet* und *Eliza Northrop* ist Art. 15 PA eine starke Grundlage für die Errichtung eines effektiven Mechanismus.[1360] Die vorliegende Untersuchung soll zeigen, ob die bisherige Umsetzung diesen Erwartungen gerecht wird.

### *a) Verfahrenseinleitung und Klagebefugnis*

Art und Weise der Verfahrenseinleitung sind essentiell für die Effektivität der umweltvölkerrechtlichen Regime.[1361] Die Modalities and Procedures legen mehrere Wege fest, wie das PAICC befasst werden kann. Zunächst kann jede Vertragspartei eigene Probleme der Compliance und/oder der Durchführung des Übereinkommens vor das Komitee bringen (Rn. 20 der Modalities

---

1358 Report of the 5th meeting of the committee to facilitate implementation and promote compliance referred to in Article 15, paragraph 2, of the Paris Agreement, Annex 2, Document PAICC/2021/M5/3; Decision 24/CMA.3, FCCC/PA/CMA/2021/10/Add.3, S. 52.

1359 2. Annual Report of the Paris Agreement Implementation and Compliance Committee to the Conference of the Parties serving as the meeting of the Parties to the Paris Agreement, Rn. 25.

1360 Klein/Carazo/Doelle/Bulmer/Higham/*Dagnet/Northrop*, The Paris Agreement on Climate Change, Facilitating Implementation and Promoting Compliance (Art. 15), S. 338 (351).

1361 Klein/Carazo/Doelle/Bulmer/Higham/*Dagnet/Northrop*, The Paris Agreement on Climate Change, Facilitating Implementation and Promoting Compliance (Art. 15), S. 338 (346).

and Procedures[1362]). Daneben kann das PAICC auf eigene Initiative Verfahren anstrengen. Regelungen hierzu finden sich in Rn. 22. Zunächst bestimmt Buchst. a, dass das Komitee in vier Fällen eine „*consideration of issues*" initiieren wird. Dies betrifft Fälle, in denen folgende Verfahrens- und Meldeerfordernisse durch die Parteien nicht erfüllt wurden: das Melden und Aktualisieren der NDCs ((i)), verpflichtende Berichte oder die Kommunikation von Informationen nach Art. 13 Abs. 7 und 9 oder Art. 9 Abs. 7 PA ((ii)), die Teilnahme an der verpflichtenden, multilateralen Erörterung der Fortschritte ((iii)) und die Übermittlung der verpflichtenden Informationen nach Art. 9 Abs. 5 PA ((iv)). Hervorgehoben wird, dass nicht der Inhalt der entsprechenden Meldungen überprüft wird (Rn. 23). Rn. 22 b) legt fest, dass das Komitee mit der Zustimmung der betreffenden Partei bei relevanter und gewohnheitsmäßiger Unvereinbarkeit der nach Art. 13 Abs. 7 und 9 PA erbrachten Informationen mit den hierzu erlassenen „modalities, procedures and guidelines" eine „*facilitative consideration of issues*" anstrengen kann. Hierbei stützt sich das Komitee auf die technische Überprüfung durch Sachverständige nach Art. 13 Abs. 11 und 12 PA. Im Unterschied zu Buchst. a, der dem PAICC kein Ermessen zugesteht („*will initiate*"), gewährt Buchst. b dieses („*May*").

Neben diesen Compliance-Verfahren kann das PAICC „*issues of a systemic nature*", die mehrere Vertragsparteien betreffen, identifizieren und der Vertragsstaatenkonferenz berichten (Rn. 32). Diese wiederum kann auch das PAICC bitten, solche Probleme zu betrachten und zu berichten (Rn. 33).

Die Möglichkeiten, das PAICC zu befassen, sind demnach sowohl bezüglich der berechtigten Personen und Organe als auch der erfassten Pflichtverletzungen eingeschränkt. Zunächst ist festzustellen, dass nach den Statistiken der facilitative branch des KP „Selbstanzeigen" wenig wahrscheinlich sind.[1363] Dies ist auch darauf zurückzuführen, dass durch eine solche Anzeige die eigenen Probleme öffentlich werden (*naming and shaming*). Die Staaten können keine fremde Non-Compliance melden, genauso wenig wie die Vertragsstaatenkonferenz. Das Melden fremder Non-Compliance wird von den Staaten allgemein allerdings

1362 Weitere Verweise auf Randnummern im Rahmen des PA beziehen sich auf diese Modalities and Procedures.

1363 So gab es dort (Stand August 2017) keine einzige „Selbstanzeige", Experience of the facilitative branch of the Kyoto Protocol Compliance Committee in providing advice and facilitation to Parties in implementing the Kyoto Protocol, CC/FB/20/2017/2, vom 1. August 2017, Rn. 20.

eher zurückhaltend ausgeübt.[1364] Das Fehlen dieser Möglichkeit bedingt demnach keinen Mangel an Effektivität.

Schwerer wiegt die fehlende Möglichkeit, dass die Öffentlichkeit bzw. NGOs ein Verfahren anstrengen können. Denn insbesondere NGOs spielen eine wichtige Rolle bei der Durchsetzung von Verträgen des Umweltvölkerrechts.[1365] Nutzung und Nutzen der Verfahren werden durch eine Einleitungsmöglichkeit der Öffentlichkeit erhöht.[1366] Es fehlen demnach die Einleitungsmöglichkeiten, die bei bestehenden Compliance-Mechanismen den größten Erfolg vermelden können. So werden im Rahmen der Aarhus-Konvention die meisten Eingaben durch die Öffentlichkeit, im Rahmen des Kyoto-Protokolls durch die expert review teams erfasst.[1367] Auch das PA errichtet im Rahmen des enhanced transparency framework (Art. 13 Abs. 11 und 12 PA) Überprüfungen durch expert review teams. Diese führen indes nicht unmittelbar zu einer Verfahrenseinleitung, sondern werden durch das PAICC bei der „*facilitative consideration of issues*" nach Art. 22 b) der Modalities and Procedures lediglich zugrunde gelegt. Diese Berichte können demnach nur indirekt zu einer Verfahrenseinleitung führen. Voraussetzung sind eine diesbezügliche Entscheidung des PAICC (wie bereits dargestellt steht das Einschreiten in dessen Ermessen) sowie die Zustimmung des betroffenen Staates. Die erfassten Pflichtverletzungen und der Rechtscharakter der Verpflichtungen des PA machen deutlich, dass nicht der Erfolg der Maßnahmen zum Klimaschutz bewertet werden soll, sondern die Einhaltung von Verfahrensregelungen.

Die dargestellten Einleitungsmöglichkeiten betonen den nicht streitigen Charakter des Verfahrens vor dem PAICC. Es sollen keine Situationen entstehen, bei denen sich zwei (oder mehr) Staaten als Streitgegner gegenüberstehen. Vielmehr wird der unterstützende Charakter hervorgehoben. Die Staaten können sich auf eigene Initiative Hilfe suchen, sofern sie dieser bedürfen oder das PAICC kann eingreifen.

Durch die Modalities and Procedures wurde ein Verfahren eingeführt, das vordergründig dem Pilot-Verfahren vor dem EGMR zu ähneln scheint und somit im Rahmen dieser Untersuchung positiv zur Kanalisierung von Verfahren bzw. zur Effektuierung des Verfahrens angeführt werden müsste.[1368] In

---

1364 *Savaşan*, Paris Climate Agreement: A Deal for Better Compliance?, S. 80.

1365 *Wolfrum*, RdC 272 (1998), S. 9 (52).

1366 *Oberthür/Lefeber*, AVR 50 (2012), S. 420 (430) mwN.

1367 S. Kapitel 4 I) 1) b) Das Verfahren vor dem Compliance Committee im Einzelnen sowie Kapitel 4 II) 2) b) Das Compliance-Verfahren des Kyoto-Protokolls.

1368 S. hierzu Kapitel 2 II) 4) d) Ergebnis und Abhilfemöglichkeiten.

Rn. 32–34 wird die „*Consideration of systemic issues*“ geregelt. Dieses Verfahren betrifft Durchführungs- und Compliance-Probleme, mit denen eine Vielzahl an Staaten konfrontiert sind. Das Komitee kann die Vertragsstaatenkonferenz auf diese Probleme aufmerksam machen (Rn. 32) oder durch diese mit einer Untersuchung beauftragt werden (Rn. 33). Im Unterschied zum Verfahren vor dem EGMR betrifft es Probleme unterschiedlicher Staaten, wohingegen der EGMR ein Problem eines Staates, das eine Flut von Klagen zur Folge hat, behandelt. Eine drohende Überlastung des PAICC, die durch diesen Mechanismus behoben werden könnte, ist nicht zu erwarten.[1369] Dies folgt unter anderem aus den eingeschränkten Einleitungsmöglichkeiten. Zu einer Überlastung kann nämlich insbesondere die Einleitung durch die Öffentlichkeit führen;[1370] diese ist hier, wie aufgezeigt, jedoch nicht gegeben.

Die Verfahrenseinleitung vor dem PAICC folgt konsequent der nicht auf Konfrontation angelegten Grundidee des Mechanismus: Die Staaten sind aufgerufen, eigene Probleme zu melden, die Möglichkeiten des PAICC selbst sind begrenzt. Es steht zu befürchten, dass diese Ausgestaltung die Effektivität beeinflussen wird, da wichtigen Akteuren keine Einleitungsmöglichkeiten zugestanden werden. Das Verfahren vor dem PAICC versteht sich primär als Hilfestellung für betroffene Staaten, die von sich aus Verfahren vor dem PAICC initiieren. Effektiv kann es somit nur werden, wenn die Staaten diesen Weg bei Problemen frühzeitig und konsequent auch beschreiten. Ob dies geschieht, muss sich noch erweisen.

### *b) Befolgen der Entscheidungen (Compliance)*

Die Betrachtung der Compliance mit Entscheidungen des PAICC ist nicht möglich, da bislang keine Verfahren eingeleitet oder abgeschlossen wurden. Hilfsweise wird – um einen Anhaltspunkt zu schaffen – auf die bisherige, insbesondere deutsche, Compliance mit dem PA und mit den Entscheidungen der enforcement branch des Kyoto-Protokolls abgestellt. Mit diesen Angaben soll eine Prognose bezüglich des PAICC getroffen werden.

Im März 2021 konnte Deutschland verkünden, dass die Klimaziele 2020 entgegen den Erwartungen eingehalten wurden.[1371] Dies ist jedoch nicht auf höhere

---

1369 S. hierzu Kapitel 4 III) 1) c) Anzahl der Verfahren.

1370 *Tabau*, Climate Change Compliance Procedures, MPEPIL, Rn. 60.

1371 https://www.bmuv.de/pressemitteilung/treibhausgasemissionen-sinken-2020-um-87-prozent/ (abgerufen am 19.4.2022); https://www.umweltbundesamt.de/presse/pressemitteilungen/treibhausgasemissionen-sinken-2020-um-87-prozent (abgerufen am 19.4.2022).

Ambitionen in der Klimapolitik, sondern vielmehr auf die Covid-19-Pandemie zurückzuführen.[1372] Des Weiteren muss bei den Klimazielen beachtet werden, dass die Staaten ihre NDCs selbst festlegen. (Über-)ambitionierte Ziele sind daher nicht zu erwarten. Daher ist es möglich, dass zwar die NDCs erfüllt werden, das Temperaturziel des PA aber nicht erreicht wird. Im Gegensatz zu den NDCs ist das Temperaturziel rechtlich verbindlich.[1373] Im Februar 2021 hat das Sekretariat einen vorläufigen Synthesis Report zu den eingereichten NDCs veröffentlicht.[1374] Die finale Version wurde vor COP 26 im September 2021 publiziert.[1375] Im ersten vorläufigen Report wurden die Informationen von 48 NDCs (von 75 Parteien) zusammengefasst, die 40 % der Vertragsparteien und rund 30 % der globalen Treibhausgase erfassen.[1376] Das Sekretariat kam zu dem vorläufigen Ergebnis, dass die bis zu diesem Zeitpunkt vorgelegten NDCs nicht ausreichen, um das Temperaturziel zu erreichen.[1377] Dies verdeutlichte das Bedürfnis nach einer Verschärfung der NDCs.[1378] Für die finale Version konnte das Sekretariat auf NDCs aller Vertragsparteien zurückgreifen.[1379] Diese enthalten allerdings nicht die benötigte Verschärfung. Unter Zugrundelegung der NDCs würden bis 2030 89 % des restlichen $CO_2$-Budgets, wie es vom IPCC berechnet wurde, um mit einer Wahrscheinlichkeit von 50 % das Ziel von 1,5 °C Erwärmung zu erreichen, verbraucht werden.[1380] Dies verdeutlicht das dringende

1372 https://www.tagesschau.de/inland/klimaziel-2020-101.html (abgerufen am 19.4.2022); eine ähnliche Entwicklung ist in Frankreich zu beobachten, s. „Grande Synthe II", Conseil d'État, Decision n° 427301 vom 1. Juli 2021, Rn. 4.

1373 S. Kapitel 4 II) 3) d) Rechtscharakter.

1374 Nationally determined contributions under the Paris Agreement, FCCC/PA/CMA/2021/2.

1375 Nationally determined contributions under the Paris Agreement, FCCC/PA/CMA/2021/8.

1376 Nationally determined contributions under the Paris Agreement, FCCC/PA/CMA/2021/2, Rn. 2.

1377 Nationally determined contributions under the Paris Agreement, FCCC/PA/CMA/2021/2, Rn. 13.

1378 Nationally determined contributions under the Paris Agreement, FCCC/PA/CMA/2021/2, Rn. 13.

1379 Nationally determined contributions under the Paris Agreement, FCCC/PA/CMA/2021/8, Rn. 2

1380 Nationally determined contributions under the Paris Agreement, FCCC/PA/CMA/2021/8, Rn. 14.

Bedürfnis nach ambitionierteren NDCs oder nach Übererfüllung der gemeldeten NDCs.[1381]

In der Bilanz der Enforcement Branch des KP sind (Stand April 2022) zwölf Questions of Implementation gelistet, die zehn Staaten betreffen.[1382] Von diesen zwölf Verfahren sind neun erfolgreich beendet, da die Question of Implementation im Anschluss an die Entscheidung der Enforcement Branch als gelöst klassifiziert wurde. Das Verfahren gegen Kanada wurde nicht weiterverfolgt, die beiden aktuellsten Verfahren gegen Kasachstan sind noch nicht abgeschlossen. Bei allen anderen Verfahren konnten die Sanktionen (Suspendierung der Berechtigung zur Teilnahme an den flexiblen Mechanismen gemäß Art. 6, 12 und 17 KP) aufgrund des Verhaltens der Staaten im Anschluss an die Entscheidung aufgehoben werden. Da bei dem Verfahren gegen Kanada keine Entscheidung erging und die aktuellen Verfahren noch anhängig sind, weist die Enforcement Branch somit derzeit eine Compliance-Rate von 100 % auf.[1383] Dies zeigt auf, dass auch sanktionsbewehrte Verfahren zu einer hohen Compliance-Rate führen können, da die Staaten ein Interesse an der Aufhebung der entsprechenden Sanktionen haben.

Im Rahmen des PA hat man sich indes für einen anderen Weg entschieden, der bereits im Vertragstext angelegt ist („*non-punitive*"). Rn. 30 der Modalities and Procedures listet Maßnahmen auf, die ergriffen werden können. Sanktionen sind in dieser Liste nicht enthalten. Vielmehr kann das PAICC: In einen Dialog mit der Vertragspartei eintreten, um Herausforderungen zu identifizieren, Empfehlungen auszusprechen und Informationen zu teilen, auch bezüglich möglicher Hilfestellungen (Buchst. a); Hilfestellung leisten bezüglich derjenigen Organe, die finanzielle oder technologische Hilfe oder capacity-building leisten, um mögliche Herausforderungen und Lösungen zu identifizieren (Buchst. b); diesbezüglich Empfehlungen aussprechen, die auch, mit Einverständnis der Vertragspartei, an die entsprechenden Organe mitgeteilt werden können (Buchst. c); das Entwickeln eines action plan empfehlen und, falls gewünscht, bei der Entwicklung dieses Plans assistieren (Buchst. d) und Tatsachenfeststellungen bezüglich der

1381 Nationally determined contributions under the Paris Agreement, FCCC/PA/CMA/2021/8, Rn. 15.

1382 https://unfccc.int/process/the-kyoto-protocol/compliance-under-the-kyoto-protocol (abgerufen am 19.4.2022).

1383 So auch schon *v. Unger*, AVR 50 (2012), S. 450 (462), der die Rückkehr zu rechtskonformem Verhalten (oder eine entsprechende Absicht) bei allen betroffenen Staaten feststellt sowie *Oberthür*, Compliance under the Evolving Climate Change Regime, in: Carlarne/Gray/Tarasofsky, The Oxford Handbook of International Climate Change Law, S. 120 (125 f.) für den Stand Miterte 2014.

in Rn. 22 a) aufgezählten Fragen der Erfüllung und Durchsetzung[1384] ausstellen (Buchst. e). Auch diese Maßnahmen folgen, wie schon die Verfahrenseinleitung, dem nicht-streitigen Charakter des Verfahrens. Das PAICC tritt in einen Dialog mit den Staaten ein und versucht so, eine Rückkehr zu Rechtstreue zu erreichen. Hierbei leistet es Hilfestellungen.

Im Vergleich mit der Enforcement branch ist auffällig, dass lediglich der action plan übernommen wurde, der von einer verpflichtenden Maßnahme zu einer Empfehlung abgewandelt wurde. Die Konsequenzen ähneln vielmehr der der facilitative branch. Diese verzeichnet jedoch nur wenige Verfahren, sodass eine Prognose auf dieser Basis Schwierigkeiten begegnet.[1385] Auffällig ist, dass die Vertragsstaaten sich bewusst gegen ein Verfahren wie das der Enforcement branch entschieden haben, obwohl dieses eine Compliance-Rate von 100 % aufweist.

Da lediglich eingeschränkte Einleitungs- und Überprüfungsmöglichkeiten bestehen und der Fokus des Verfahrens auf der Hilfestellung liegt, was sich auch in den zu ergreifenden Maßnahmen zeigt, ist nicht damit zu rechnen, dass es Widerstände gegen die Entscheidungen des PAICC geben wird. Vielmehr werden sich die Staaten (sofern sie dies tun) nur dann an das PAICC wenden, wenn sie diese Hilfestellung benötigen und annehmen werden. Auch bei den durch das Komitee eingeleiteten Verfahren ist primär damit zu rechnen, dass die geleistete Hilfe angenommen wird. Daher ist die Compliance prognostisch positiv zu bewerten, wobei beachtet werden muss, dass aufgrund der eingeschränkten Möglichkeiten der Verfahrenseinleitung wenige Verfahren zu erwarten sind. Diese Frage leitet über zum nächsten Punkt der Untersuchung.

### *c) Anzahl der Verfahren*

Auch über die Anzahl der Verfahren kann zum Zeitpunkt dieser Studie noch keine Aussage getroffen werden. Es ist unklar, wie viele Verfahren durch die Staaten oder das PAICC selbst eingeleitet werden. Wie bereits angedeutet, ist

1384 Das Melden und Aktualisieren der NDCs ((i)); verpflichtende Berichte oder die Kommunikation von Informationen nach Art. 13 Abs. 7 und 9 oder Art. 9 Abs. 7 PA ((ii)); die Teilnahme an der verpflichtenden, multilateralen Erörterung der Fortschritte ((iii)) sowie die Übermittlung der verpflichtenden Informationen nach Art. 9 Abs. 5 PA ((iv)).

1385 S. z.B. Experience of the facilitative branch of the Kyoto Protocol Compliance Committee in providing advice and facilitation to Parties in implementing the Kyoto Protocol, CC/FB/20/2017/2, vom 1. August 2017, Rn. 34–39.

prognostisch nicht mit einer hohen Nutzung zu rechnen. Dies ist zunächst darauf zurückzuführen, dass die Möglichkeiten der Verfahrenseinleitung nur begrenzt sind und die erfahrungsgemäß effektivsten Möglichkeiten fehlen. Insbesondere mangelt es an einer Überprüfungsmöglichkeit durch die Öffentlichkeit. Auch zeigen die geringen Verfahren der facilitative branch, dass Mechanismen zur Hilfestellung (nach derzeitigem Stand) nicht genutzt werden. Dort ist insbesondere die Möglichkeit, dass die Staaten selbst Hilfe bei dem entsprechenden Komitee suchen, nicht genutzt worden.[1386] Zu beachten ist auch, dass die Nutzung des Mechanismus zur Hilfestellung dazu führt, dass die Probleme bei der Umsetzung öffentlich bekannt werden. Dies kann die Anzahl der Verfahren negativ beeinflussen.

Daneben sind nur einige Vorschriften überprüfbar, was die Anzahl der möglichen Verfahren weiter schmälert. Die Verfahrenszahl wird daher insbesondere davon abhängen, wie viele Staaten Probleme bei der Umsetzung haben und Hilfe in Anspruch nehmen möchten. Die Prognose fällt jedoch eher negativ aus.

#### *d) Zwang oder Freiwilligkeit der Unterwerfung*

Anders als beim IGH gibt es für das PAICC keine gesonderte Unterwerfungserklärung. Vielmehr erfolgt diese durch Beitritt zum PA. Das PA beinhaltet – im Unterschied zur Aarhus Konvention – auch keine Möglichkeit, für eine gewisse Dauer bestimmte Eingaben auszuschließen.[1387] Da das Verfahren kein Verfahren Staat gegen Staat, sondern lediglich ein Hilfestellungsmechanismus ist, ist kein Konsens erforderlich. Generell kennen Compliance-Mechanismen kein Konsenserfordernis.[1388] Eine Ausnahme ist jedoch in Rn. 22 b) der Modalities and Procedures enthalten: Bei Einleitung eines Verfahrens durch das PAICC wegen der Verpflichtungen aus Art. 13 Abs. 7 und 9 PA muss die betroffene Partei zustimmen. Es besteht demnach kein Konsenserfordernis für den Mechanismus an sich, sondern nur für einen Teil der Verfahren. Noch sind keine Daten oder Ankündigungen der Staaten vorhanden, ob sie ihr Einverständnis verweigern werden. Damit gibt es jedenfalls aktuell keine belastbaren Indizien dafür, dass einerseits Verfahrens durch das PAICC wegen der Verpflichtungen aus

---

1386 Experience of the facilitative branch of the Kyoto Protocol Compliance Committee in providing advice and facilitation to Parties in implementing the Kyoto Protocol, CC/FB/20/2017/2, vom 1. August 2017, Rn. 20.

1387 S. Decision I/7, ECE/MP.PP/2/Add.8, Rn. 18, wonach Communications der Öffentlichkeit für vier Jahre ausgeschlossen werden können.

1388 *Fitzmaurice*, SYBIL 8 (2004), S. 23 (26).

Art. 13 Abs. 7 und 9 PA häufig stattfinden könnten und dass andererseits diese Verfahren in der Mehrzahl von den betroffenen Staaten durch Verweigerung der Zustimmung vereitelt würden. Das spricht dafür, gerade wegen des Unterschiedes zur internationalen Gerichtsbarkeit das Fehlen der hohen Hürde des Staatenkonsenses für die Effektivität positiv zu bewerten.

### *e) Weitere Verfahrensvoraussetzungen und -hindernisse*

Bei den weiteren Verfahrensvoraussetzungen ist zwischen den verschiedenen Möglichkeiten der Verfahrenseinleitung zu unterscheiden. Bei einer Eingabe durch eine Vertragspartei unternimmt das PAICC eine Voruntersuchung (preliminary examination) innerhalb der durch die rules of procedure vorgegebenen Zeitrahmen (Rn. 21). Durch diese Untersuchung soll sichergestellt werden, dass genügend Informationen enthalten sind, unter anderem bezüglich der Frage, ob es sich um die Durchführung des PA oder die Compliance mit einer Bestimmung des PA handelt. Bei einer Verfahrenseinleitung durch das PAICC nach Rn. 22 soll die betroffene Partei benachrichtigt und gebeten werden, alle nötigen Informationen zum Fall beizubringen. Weitere Verfahrensvoraussetzungen sind in den Modalities and Procedures nicht enthalten. Es ist jedoch zu erwarten, dass diese (zumindest in formeller Hinsicht) durch die Rules of Procedure noch erweitert werden. So enthält die diesbezüglich aufgestellte Liste im Anhang des zweiten Meeting-Reports den Punkt „*Requirements for written submission by a Party*“, der andeutet, dass einige Voraussetzungen einzuhalten sein werden. Dies könnten Erfordernisse wie im Rahmen der Aarhus-Konvention sein, beispielsweise, dass die Eingabe nicht rechtsmissbräuchlich sein darf. Zwar betreffen die Voraussetzungen in Rn. 20 von Decision I/7 im Rahmen der AK die Eingaben der Öffentlichkeit, was auch das Erfordernis der Nicht-Anonymität erklärt. Dies spricht aber nicht dagegen, dass in den Rules of Procedure des PAICC ähnliche Regelungen enthalten sein können. Auch Anforderungen bezüglich des Inhalts sind möglich. Es steht nicht zu erwarten, dass die Voraussetzungen sehr hoch angesetzt werden. Es widerspräche der Zielsetzung des Verfahrens, wenn Staaten durch zu hohe Hürden abgeschreckt würden. Stand April 2022 ist das Kriterium daher positiv zu bewerten.

### *f) Bindungswirkung*

Gemäß Rn. 28 und 29 der Modalities and Procedures kann das PAICC „*appropriate measures, findings or recommendations*“ treffen. Dies scheint eine Unterscheidung der Maßnahmen zu beinhalten, die eine unterschiedliche Bindungswirkung auslösen könnten. Hierbei erscheinen dem Wortlaut zufolge die

Empfehlungen (*recommendations*) als diejenigen, die am wahrscheinlichsten keinen bindenden Charakter aufweisen,[1389] wohingegen „*appropriate measures*" durchaus eine Bindungswirkung haben könnten. In Rn. 30 der Modalities and Procedures sind lediglich fünf (nicht abschließende) „*appropriate measures*" aufgezählt, die durch das PAICC ergriffen werden können. Diese Rn. beinhaltet eine Soll-Vorschrift bezüglich des Ergreifens der „*appropriate measures*", „*findings or recommendations*" werden nicht mehr erwähnt. Somit wird keine Unterscheidung mehr in der Benennung der Maßnahmen getroffen.

Zunächst besteht nach Rn. 30 a) die Möglichkeit, dass das PAICC und der betroffene Staat in einen Dialog eintreten. Hierbei sollen Herausforderungen identifiziert, Empfehlungen ausgesprochen und Informationen geteilt werden. Schon der Wortlaut („*recommendations*") spricht gegen einen bindenden Charakter. Hier werden demnach die Empfehlungen wieder aufgegriffen, allerdings als Teil der Maßnahmen. Dies spricht dafür, dass diese in den „*appropriate measures*" aufgehen. Auch der Wortlaut von Rn. 30 b) („*Assist*") bezieht sich nicht auf bindende Maßnahmen, sondern auf Hilfestellungen für die Partei. Rn. 30 c) rekurriert erneut auf Empfehlungen („*recommendations*") und setzt für das Weiterleiten von Informationen das Einverständnis der Partei voraus. Rn. 30 d) übernimmt die Entwicklung eines action plan aus den Maßnahmen der Enforcement branch des KP; das PAICC darf diesen indes nur empfehlen und, auf Wunsch der Partei, beim Entwickeln helfen. Daneben kann das PAICC nach Rn. 30 e) „*findings of fact*" (Tatsachenfeststellungen) ausstellen. Hier finden sich die „*findings*" aus Rn. 28 und 29 wieder. Aber auch diese sind keine bindenden Maßnahmen.

Entgegen dem Wortlaut in Rn. 28 und 29 wird in der nicht abschließenden Aufzählung geeigneter Maßnahmen somit nicht mehr zwischen „*appropriate measures, findings or recommendations*" unterschieden. Dies spricht dafür, dass die „*findings or recommendations*" in den „*appropriate measures*" aufgehen bzw. deren Unterkategorie sind. Auch diese Maßnahmen können keine Bindungswirkung vorweisen. Somit verfügt keine der in Rn. 30 aufgezählten Maßnahmen über eine Bindungswirkung. Das PAICC kann keine bindenden Maßnahmen erlassen. Bindende Maßnahmen würden auch deutlich von dem Konzept des

---

1389 So haben „recommendations and provision of advice" grds. keine Bindungswirkung, s. *Milano*, The Outcomes of the Procedure and their legal effects, in: Treves/Pineschi/Tanzi/Pitea/Ragni/Romanin Jacur, Non-Compliance Procedures and Mechanisms and the Effectiveness of International Environmental Agreements, S. 407 (412).

nicht-konfrontativen und nicht-strafenden Charakters des Mechanismus im Allgemeinen abweichen.

Von dieser rechtlichen Wirkung zu unterscheiden ist indes die faktische Wirkung bzw. der faktische Zustand nach einer solchen Entscheidung: Die Probleme der Umsetzung sind öffentlich bekannt geworden. Diese Öffentlichkeit kann sogar als die „härteste" Konsequenz des Verfahrens bezeichnet werden. Das PA legt den Fokus auf Öffentlichkeit, auch in Verbindung mit Art. 13 PA. Inwiefern dies tatsächlich geschieht, kann indes noch nicht bewertet werden.

### *g) Existenz eines (weiteren) Durchsetzungsmechanismus (Durchsetzung der Durchsetzung)*

Im Verfahren vor dem PAICC ist kein nächster Verfahrensschritt, keine Berufung o.Ä. zur Vertragsstaatenkonferenz zugelassen. Es scheint also keine Möglichkeit zu geben, die Entscheidung zu überprüfen, anzufechten oder durchzusetzen. Die betroffene Partei wird lediglich in Rn. 31 der Modalities and Procedures ermutigt („*is encouraged*"), ihre Fortschritte bei der Erfüllung des Action Plan nach Rn. 30 d) dem Komitee mitzuteilen.

Diese Regelung unterscheidet das Verfahren des PAICC von dem der Enforcement branch des KP. Dort ist eine (eingeschränkte) Berufung möglich.[1390] Auch im Rahmen der Aarhus-Konvention existiert ein Follow-Up. Da das Verfahren des PA lediglich nicht-bindende Konsequenzen hat, die auf Hilfestellung ausgerichtet sind, wäre eine „formelle" Berufung auch der falsche Weg. Rechtsmittel und „Zwangsvollstreckung" passen nicht zum Vertragskonzept des PA. Daher ist dieser Punkt weder positiv noch negativ in die Bewertung einzustellen.

### *h) Innerstaatliche Rezeption*

Über die innerstaatliche Rezeption von Entscheidungen des PAICC kann mangels solcher Entscheidungen noch keine Aussage getroffen werden. Insbesondere die Tatsache, dass die Maßnahmen des Komitees keine Bindungswirkung haben, wird die innerstaatliche Beachtung erschweren. Daneben gibt es keinen auf Dialog mit den Gerichten oder anderen staatlichen Institutionen ausgelegten Mechanismus. Die Prognose fällt daher eher negativ aus, eine abschließende Bewertung ist noch nicht möglich.

---

1390 S. Kapitel 4 II) 2) b) Das Compliance-Verfahren des Kyoto-Protokoll.

### *i) Komplexität des Mechanismus und des Verfahrens*

Nach den derzeit zur Verfügung stehenden Informationen ist das Verfahren vor dem PAICC als nicht sehr komplex anzusehen. Auch die Liste der möglichen Elemente der Verfahrensregeln beinhaltet dahingehend keine Angaben. Aufgrund der Fokussierung auf die Hilfestellung wäre ein komplexes und dadurch abschreckendes Verfahren kontraproduktiv. Hierdurch verfehlt das Verfahren den in Kapitel 2 aufgezeigten „Mittelweg", der zwischen abschreckenden Vorschriften einerseits und Rechtssicherheit und Vorhersehbarkeit durch Verfahrensregeln andererseits gefunden werden soll. Da die Entscheidungen des PAICC nicht bindend sind und keine strafenden Konsequenzen beinhalten, ist der Punkt der Rechtssicherheit und Vorhersehbarkeit weniger streng zu gewichten. Daher ist das Verfahren (Stand April 2022) als in sich konsequent und damit positiv zu bewerten.

### *j) Möglichkeit von Vorbehalten*

Gemäß Art. 27 PA sind keine Vorbehalte zum Abkommen möglich. Es ist demnach nicht möglich, die Behandlung von Compliance-Fragen durch das PAICC auszuschließen.

### *k) Unabhängigkeit*

Ein weiteres Effektivitätskriterium ist die Unabhängigkeit des Durchsetzungsmechanismus. Schon Art. 15 Abs. 2 PA deutet die Unabhängigkeit des PAICC an,[1391] sie ist allerdings nicht unmittelbar benannt. Rn. 5 der Modalities and Procedures sieht dementsprechend vor, dass das PAICC aus zwölf Mitgliedern mit anerkannter Kompetenz in den relevanten Bereichen bestehen soll, die von der CMA gewählt werden. Die geographische Verteilung und der Verweis auf die gender balance entsprechen Rn. 102 von Decision 1/CP.21. Bei der Wahl sollen die Staaten die expertenbasierte Natur des Committee beachten sowie die Diversität der Expertise (Rn. 6). Rn. 10 betont schließlich, dass die Mitglieder *„in their individual expert capacity"* dienen sollen. Dies unterscheidet das Verfahren von dem des Montreal Protocol, bei dem die Mitglieder als Vertreter der Staaten gewählt werden. Gemäß Rn. 25 a) darf die betroffene Partei bei den Diskussionen des Komitees teilnehmen, nicht aber bei Ausarbeitung und Annahme

---

1391 Klein/Carazo/Doelle/Bulmer/Higham/*Dagnet/Northrop*, The Paris Agreement on Climate Change, Facilitating Implementation and Promoting Compliance (Art. 15), S. 338 (347).

der Entscheidung. Die Unabhängigkeit der Mitglieder des Komitees wird durch den oath of service bestätigt, der zunächst in den *interim organizational arrangements* geregelt wurde und nun in die Rules of Procedure aufgenommen wurde, wo er allerdings nicht mehr als oath of service bezeichnet wird.[1392] Mit diesem bestätigen die Mitglieder unter anderem, dass sie ihr Amt unabhängig und unparteiisch ausüben. Sie bestätigen auch, Interessenkonflikte, die unvereinbar mit der Objektivität, Unabhängigkeit und Unparteilichkeit des Komitees sind, unmittelbar offen zu legen und in diesen Fällen nicht an der Arbeit des Komitees teilzunehmen.

Ähnliche Formulierungen finden sich im Eid der Mitglieder des Compliance Committee des KP.[1393] Der Wortlaut enthält nur die Bestätigung der Unparteilichkeit, nicht aber der Unabhängigkeit. Aber auch hier zieht sich ein Mitglied bei möglichen Beeinträchtigungen der Unabhängigkeit oder der Unparteilichkeit von der Arbeit des Komitees zurück.[1394] Auch die Mitglieder des Compliance Committee der Aarhus-Konvention legen vor der Übernahme ihrer Verpflichtungen eine solemn declaration ab, dass sie ihre Pflichten unparteiisch und gewissenhaft erfüllen werden.[1395]

Es ist demnach eine Entwicklung zu beobachten. Während im ersten Compliance-Verfahren (dem des Montreal Protocol) die Mitglieder noch Staatenvertreter sind, so sind sie in den neueren Verfahren unabhängig. Die Verfahren nähern sich in dieser Hinsicht der gerichtlichen Streitbeilegung an. Erfolgreich sind sowohl das Verfahren des Montreal Protocol als auch das der

1392 Report of the 2nd meeting of the committee referred to in Article 15, paragraph 2, of the Paris Agreement, Document no. PAICC/2020/M2/3, paragraph 8; Decision 24/CMA.3, FCCC/PA/CMA/2021/10/Add.3, Rule 3.3 Rn. 3.

1393 Rules of procedure of the Compliance Committee of the Kyoto Protocol, zitiert nach der konsolidierten Fassung, Rule 4 paragraph 2; *Lefeber*, The Practice of the Compliance Committee under the Kyoto Protocol to the United Nations Framework Convention on Climate Change (2006–2007), in: Treves/Pineschi/Tanzi/Pitea/Ragni/Romanin Jacur, Non-Compliance Procedures and Mechanisms and the Effectiveness of International Environmental Agreements, S. 303 (306).

1394 *Oberthür/Lefeber*, AVR 50 (2012), S. 420 (428).

1395 Decision I/7, ECE/MP.PP/2/Add.8, Rn. 11; *Pitea*, Procedures and Mechanisms for Review of Compliance under the 1998 Aarhus Convention on Access to Information, Public Participation and Access to Justice in Environmental Matters, in: Treves/Pineschi/Tanzi/Pitea/Ragni/Romanin Jacur, Non-Compliance Procedures and Mechanisms and the Effectiveness of International Environmental Agreements, S. 221 (225 f.) mwN.

Aarhus-Konvention, sodass die unterschiedliche Ausgestaltung hier keinen Mangel an Effektivität bei einem der beiden Mechanismen erkennen lässt. Die Ausgestaltung als unabhängiges Gremium kann jedoch das Vertrauen in das Gremium stärken. Weder in den Modalities and Procedures noch in den vorläufigen Verfahrensregeln finden sich Regelungen zu der Frage, was geschieht, wenn der betroffene Staat nicht im Komitee „vertreten" ist, wie es beim IGH mit den ad hoc Richtern der Fall ist. Die Ausgangslage ist jedoch eine andere: Beim PAICC stehen sich nicht zwei Staaten gegenüber, da keine fremde Non-Compliance gemeldet werden kann. Somit kann kein Ungleichgewicht entstehen. Eine solche Regelung wäre somit im Hinblick auf Chancengleichheit überflüssig. Die Effektivität bezüglich der Unabhängigkeit ist daher positiv zu bewerten.

#### *l) Verfahrensdauer*

Die Verfahrensdauer des Verfahrens vor dem PAICC kann noch nicht bewertet werden. Anhaltspunkte sind jedoch Rn. 26 der Modalities and procedures zu entnehmen. Die Regelung gewährt Flexibilität bei der Festsetzung der Fristen je nach Bedürfnis der betroffenen Partei, wobei nationale Kapazitäten und Umstände besonders berücksichtigt werden sollen. Auch ist zu beachten, dass die Dauer von den Treffen des PAICC abhängt, die nur zweimal jährlich erfolgen (sollen). Die Bestimmung ist damit konsequent im Zusammenhang des Verfahrens und daher positiv zu bewerten.

#### *m) Zusammenfassung und Bewertung der Kriterien*

Da viele Kriterien lediglich prognostisch bewertet werden konnten, begegnet eine Zusammenfassung gewissen Schwierigkeiten. Es lässt sich indes festhalten, dass die Ausgestaltung des Verfahrens vor dem PAICC in sich konsequent ist. In diesem in sich geschlossenen System wurden viele Punkte positiv bewertet. Allerdings fallen wesentliche Punkte negativ auf. Hervorzuheben ist die fehlende Verfahrenseinleitung durch die Öffentlichkeit. Diese wird die Effektivität und die Anzahl der Verfahren beeinflussen. Für die Konsequenz des Verfahrens ist somit ein positives Urteil zu fällen, für die Ausgestaltung wesentlicher Verfahrensbestandteile ein negatives. Ein genaueres Urteil wird erst nach einigen Entscheidungen des PAICC möglich sein.

### 2) Bewertung anhand der Effektivitätsdefinition

Das Ziel des PA ist in Art. 2 mit dem Temperaturziel klar benannt: die Erderwärmung soll auf unter 2 °C, bestenfalls auf unter 1,5 °C begrenzt werden. Nach der erfolgten Analyse ist festzuhalten, dass das PAICC hierzu unmittelbar nur begrenzt beitragen wird, auch wenn die Benennung dies anders suggeriert. Das PAICC soll nach Art. 15 Abs. 1 PA die Durchführung erleichtern und die Einhaltung der Bestimmungen des Übereinkommens fördern. Die Ausgestaltung schürt allerdings wenig Erwartungen, dass dies umgesetzt wird. Die Möglichkeiten des PAICC, tätig zu werden, hängen zu weiten Teilen von der Bereitschaft der Staaten ab, sich helfen zu lassen. Dies ist aufgrund des Aspekts der Öffentlichkeit primär nicht zu erwarten, wie auch schon die Erfahrungen mit anderen Übereinkommen zeigen. Es ist daher wenig wahrscheinlich, dass das PAICC dazu beiträgt, zu einer Verhaltensänderung (verbesserte Klimaschutzpolitik) beizutragen, die wiederum dazu führt, das Ziel des Vertrages (also das Temperaturziel) zu erreichen oder zu fördern.

### 3) Gesamtbewertung der Effektivität

Die Gesamtbewertung der Effektivität hängt demnach unter anderem von der weiteren Entwicklung ab. Nach derzeitigem Stand ist sie prognostisch negativ anzusetzen - ob dies eintritt, wird die Zeit zeigen. Positiv ist die Ausgestaltung des Verfahrens in sich, negativ die Ausgestaltung der Kriterien, die bei anderen Verfahren hohe Effektivität versprechen. Das PAICC folgt der Struktur des PA, welches ebenfalls auf Freiwilligkeit und Mitwirkung der Staaten beruht.

# Kapitel 5: Zusammenfassung und Ausblick

Die vorhergehenden Kapitel haben aufgezeigt, dass die Thematik „Durchsetzung des Völkerrechts" vielschichtig ist. Die in dieser Studie untersuchten Mechanismen zur Durchsetzung weisen erhebliche Unterschiede auf, sind zugleich aber durch gemeinsame Probleme gekennzeichnet.

Die vorliegende Untersuchung hatte zum Ziel, ausgewählte Institutionen zur Durchsetzung von Völkerrechtsverletzungen, nämlich den IGH und das im Rahmen des PA errichtete PAICC, zu untersuchen und anhand eines selbst gesetzten Rasters zu bewerten. Als Grundlage der Untersuchung wurden im ersten Kapitel Durchsetzung und Durchsetzungsschwäche beschrieben und definiert. Bei dieser Definition wurde das Ziel der Durchsetzung, die Compliance, aufgezeigt. Die Diskussion der Theorien, wie Compliance erreicht werden kann, hat hierbei den Fokus auf die unterschiedlichen Gründe der Non-Compliance gerichtet, denen unterschiedlich begegnet wird bzw. werden muss. Gerade im Umweltvölkerrecht ist das Bewusstsein geschärft für nicht willentliche Non-Compliance, beispielsweise durch fehlende finanzielle Mittel oder Technologien. Anschließend wurde diskutiert, ob die Durchsetzungsschwäche des Völkerrechts Auswirkungen auf seine Rechtsqualität hat. Als relevanteste Ursache der Durchsetzungsschwäche wurde die souveräne Gleichheit der Staaten beschrieben. Zur Vervollständigung des Überblicks hat die Untersuchung die Entwicklung des Konzepts der friedlichen Streitbeilegung und die zu seiner Umsetzung geschaffenen Institutionen und Mechanismen aufgezeigt.

In Kapitel zwei wurden Definition und Kriterien der Effektivität erarbeitet. Hierfür wurden unterschiedliche Definitionen der Effektivität des Völkerrechts sowie der Effektivität der Durchsetzung betrachtet und verglichen. Dabei wurden Parallelen zum generellen Verständnis von Effektivität im Völkerrecht sowie zum effektiven Rechtsschutz gezogen. Zur Spezifizierung der Definition wurden anschließend Kriterien entwickelt, anhand derer die Effektivität von Durchsetzungsmechanismen bewertet werden kann. Ein besonderer Fokus lag auf der Diskussion, ob Compliance ein geeigneter Faktor zur Bestimmung von Effektivität ist. Verneint wurde dabei die Eignung der Compliance als alleiniger Faktor der Effektivität. Vielmehr muss das staatliche Handeln in einen Kontext gesetzt und beispielsweise betrachtet werden, ob die zu befolgende Norm tatsächlich kausal für die Normbefolgung war. Das am Ende des Kapitels stehende Prüfungsmuster wurde anschließend angewendet.

Kapitel drei und vier der Untersuchung waren der Bewertung und dem Vergleich der ausgewählten Bereiche gewidmet. Dabei sollte dem IGH als dem klassischen Mittel der friedlichen Streitbeilegung mit den Compliance-Mechanismen des Umweltvölkerrechts eine neuere Entwicklung gegenübergestellt werden. Diese weichen von einer Durchsetzung ab, bei der Staaten sich gegenseitig verklagen, und richten den Blick auf eine kooperative Form der Durchsetzung. Dabei arbeiten sie unter anderem mit Anreizen und haben als übergeordnetes Ziel die Erfüllung des jeweiligen umweltvölkerrechtlichen Vertrages. Ausgangspunkt der Untersuchung war somit, ob ein aktuelles Compliance-Verfahren (hier wurde das des PA ausgewählt) eine höhere Effektivität, die Befolgung völkerrechtlicher Normen betreffend, verspricht als die seit Ende des Ersten Weltkrieges bestehende internationale Gerichtsbarkeit im Rahmen von Völkerbund und Vereinten Nationen. Es bestand durchaus die Erwartung, dass die „modernere" Entwicklung effektiver sein könnte, als das seit einem Jahrhundert bestehende System. Die Untersuchung hat indes aufgezeigt, dass dies (noch) nicht der Fall ist.

Der IGH als Streitbeilegungsorgan wurde in weiten Teilen als effektiv bewertet. Negativ beurteilt wurden lediglich die Kriterien der weiteren Durchsetzung der Urteile, der innerstaatlichen Rezeption sowie die Verfahrensdauer. Zu beachten ist jedoch, dass diese Kriterien außerhalb der Einflusssphäre des Gerichtshofes selbst liegen. Die Ursache für die mangelnde Durchsetzbarkeit der Urteile liegt im Gesamtsystem der Vereinten Nationen, insbesondere im Veto-System des Sicherheitsrates. Die Bewertung anhand der Effektivitätsdefinition hat ebenfalls verdeutlicht, dass der Gerichtshof ein Teil des Systems der friedlichen Streitbeilegung ist und so insgesamt zu dem Ziel, bewaffnete Konflikte zu verhindern, beiträgt.

Im Gegensatz dazu wurde das PAICC prognostisch als wenig effektiv bewertet. Viele Bestandteile des Verfahrens lassen nicht erwarten, dass sich das Komitee auf Grundlage der hier angelegten Kriterien als effektiv erweisen wird. Negativ hervorzuheben ist insbesondere, dass Verfahren nicht durch die Öffentlichkeit bzw. NGOs eingeleitet werden können. Daneben erscheint es nicht als wahrscheinlich, dass das PAICC wesentlich zum Erreichen des Ziels des PA, die Erderwärmung auf 1,5 °C zu begrenzen, beitragen wird.

Im Vergleich zum IGH zeichnet das PAICC sich durch höhere Flexibilität, sowohl im Verfahren als auch bei den Rechtsfolgen, aus. Verfahren vor dem IGH sind dagegen systembedingt starr; sie werden auf Grundlage einer festen und ausdifferenzierten Verfahrensordnung durchgeführt. Das System bietet daneben keine Möglichkeiten, einer Verletzung des Völkerrechts durch Anreize oder Hilfestellungen abzuhelfen. Begründet ist dieser Unterschied unter anderem durch die Tatsache, dass der IGH ein standing body ist, das PAICC dagegen nur ad hoc zusammentritt. Das Verfahren vor dem IGH ist formell, das vor dem PAICC (prognostisch) eher informell. Die formelle Ausgestaltung des Verfahrens vor dem IGH bedingt jedoch Rechtssicherheit für die Staaten. Auch deshalb optieren sie häufig für den IGH als ständigen Gerichtshof, mit der Folge, dass die Arbeitsbelastung inzwischen erhebliche Auswirkungen auf die Verfahrensdauer hat. Aufgezeigt wurde, dass hier Abhilfe geschaffen werden muss, wenn der IGH sich weiterhin als wirksames Mittel der friedlichen Streitbeilegung präsentieren möchte. Die neueren Entwicklungen lassen darauf schließen, dass der IGH diesem Problem der Verfahrensdauer begegnen möchte und Regelungen zur Abhilfe erlassen werden.

Eine Gemeinsamkeit weisen beide Mechanismen auf: Privatpersonen und NGOs sind nicht berechtigt, Verfahren einzuleiten. Mit Blick auf den IGH ist dies begründet durch das staatenzentrierte Völkerrecht. Im Rahmen des PAICC wäre eine Beteiligung der Öffentlichkeit durchaus möglich gewesen, wie das Beispiel der Aarhus-Konvention aufzeigt. Der neu geschaffene Mechanismus bildet damit gerade nicht das gestiegene individuelle Bedürfnis ab, sich für mehr Klimaschutz einzusetzen. Dies zeigt sich beispielsweise in der weltweiten Fridays for Future-Bewegung.

Die Compliance-Verfahren, zu denen das Verfahren vor dem PAICC zu zählen ist, sind dem Ergebnis dieser Studie zufolge somit nur scheinbar ein wirksames neues Mittel, um Non-Compliance zu begegnen. Zwar können einige Verfahren Erfolge vorweisen – die Charakteristika dieser Verfahren wurden jedoch nicht allgemein bei der Schaffung neuer Verfahren übernommen. Das Nichterfüllungsverfahren des PA ist ein Rückschritt im Vergleich zu vorhergehenden Verfahren, beispielsweise der Aarhus-Konvention. Dies zeigt auf, dass im Rahmen der Streitbeilegung noch kein Wille der Staaten vorhanden ist, auf das Konsensprinzip weitergehend zu verzichten, indem wirkungsvolle und effektive Streitbeilegung ohne vorherige explizite Unterwerfung geschaffen wird. Effektive Streitbeilegung wie die des IGH basiert auf dem Konsensprinzip, darauf, dass kein Staat ohne seinen Willen einem Verfahren unterworfen wird. Nur wenn dieses Erfordernis gegeben ist, scheint ein Wille zu effektiver Durchsetzung gegeben zu sein.

Somit zeigt sich, dass, trotz der aufgezeigten Entwicklungen in der Streitbeilegung, die staatenzentrierte, konsensorientierte, klassische und formelle Streitbeilegung das Vertrauen der Staaten genießt und sich deshalb als effektiv erweist. Die Compliance-Verfahren als noch relativ neue Phänomene müssen sich dieses Vertrauen erst erarbeiten. Erst dann sind Compliance-Verfahren zu erwarten, die nach der hier vertretenen Ansicht als effektiv anzusehen sind.

# Literaturverzeichnis


| | |
|---|---|
| *Abraham, Ronny* | Presentation of the international Court of Justice over the Last Ten Years<br>Journal of International Dispute Settlement 7 (2016), S. 297–319 |
| *Alter, Karen J.* | Agents or Trustees? International Courts in their Political Context<br>European Journal of International Relations 14 (2008), S. 33–63 |
| *Ambos, Kai* | Internationales Strafrecht<br>Strafanwendungsrecht – Völkerstrafrecht<br>Europäisches Strafrecht – Rechtshilfe<br>5. Auflage<br>München 2018 |
| *Amerasinghe, C.F.* | Theory with Practical Effects<br>Is International Law neither Fish nor Fowl?<br>AVR 37 (1999), S. 1–24 |
| *Anand, Ram Prakash* | Enhancing the Acceptability of Compulsory Procedures of International Dispute Settlement<br>in: Frowein, Jochen A./Wolfrum, Rüdiger, Max Planck Yearbook of United Nations Law 2001, S. 1–20<br>Den Haag/London/New York 2001 |
| *Andersen, Stephen O./Zaelke, Durwood/Taddonio, Kristen N./Ferris, Richard „Tad“/Sherman, Nancy J.* | Ozone Layer, International Protection<br>MPEPIL Februar 2021 |
| *Ando, Nisuke* | Permanent Court of Arbitration (PCA)<br>MPEPIL Oktober 2006 |
| *Arnauld, Andreas von* | Völkerrecht<br>4. Auflage<br>Heidelberg 2019 |

*Austin, John* Lectures on Jurisprudence or The Philosophy of positive Law
VolumeI
London 1885

*Bakırcı, Hasan* Case Management: European Court of Human Rights (ECtHR)
MPEPIL Februar 2019

*Bantekas, Ilias* Criminal Jurisdiction of States under International Law
MPEPIL März 2011

*Begoore, Yateesh* Uniting for Enforcement: Resolving the World Court's Enforcement Gap
The Law and Practice of International Courts and Tribunals 17 (2018), S. 335–349

*Berger, Julien* Einführung in die internationale Gerichtsbarkeit
JuS 2017, S. 828–832

*Bernhardt, Rudolf* Die gerichtliche Durchsetzung völkerrechtlicher Verpflichtungen
ZaöRV 1987, S. 17–31

*Beyerlin, Ulrich/Grote Stoutenburg, Jenny* Environment, International Protection
MPEPIL Dezember 2013

*Beyerlin, Ulrich/Marauhn, Thilo* International Environmental Law
Oxford 2011

*Bickenbach, Christian* Subjektiv-öffentliches Recht auf Klimaschutz?
Die Erderwärmung vor den Gerichten
JZ 75 (2020), S. 168–177

*Birkenkötter, Hannah* Zwischen Quasi-Gericht und politischem Organ: Die Menschenrechtsausschüsse der Vereinten Nationen
APuZ 10–11/2016, S. 10–16

*Birkner, Stefan* — Spezifische Regelungen des Umweltvölkerrechts
in: Epping, Volker/Heintschel von Heinegg, Wolff: Ipsen, Knut, Völkerrecht, S. 1087–1130
7. Auflage
München 2018

*Birnie, Patricia/Boyle, Alan/Redgwell, Catherine* — International Law and the Environment
3. Auflage
Oxford 2009

*Bodansky, Daniel* — The Legal Character of the Paris Agreement
RECIEL 25 (2016), S. 142–150

*Bodansky, Daniel/Brunnée, Jutta/Rajamani, Lavanya* — International Climate Change Law
Oxford 2017

*Bogdandy, Armin von/Venzke, Ingo* — In wessen Namen? Internationale Gerichte in Zeiten globalen Regierens
Berlin 2014

*Böhringer, Ayṣe-Martina* — Das neue Pariser Klimaübereinkommen
Eine Kompromisslösung mit Symbolkraft und Verhaltenssteuerungspotential
ZaöRV 2016, S. 753–795

*Bonafé, Beatrice I.* — Indispensable Party
MPEPIL Februar 2018

*Bothe, Michael* — Compliance
MPEPIL Oktober 2010

*Bothe, Michael* — The United Nations Framework Convention on Climate Change – an Unprecedented Multilevel Regulatory Challenge
ZaöRV 2003, S. 239–254

*Bothe, Michael* — Friedenssicherung und Kriegsrecht
in: Graf Vitzthum, Wolfgang/Proelß, Alexander, Völkerrecht, S. 755–873
8. Auflage
Berlin/Boston 2019

*Boyle, Alan* — Environmental Dispute Settlement
MPEPIL April 2009

| | |
|---|---|
| *Brabandere, Eric de* | International Dispute Settlement – from Practice to Legal Discipline<br>Leiden Journal of International Law 31 (2018), S. 459–468 |
| *Breidenich, Clare/Magraw, Daniel/ Rowley, Anne/Rubin, James W.* | The Kyoto Protocol to the United Framework Convention on Climate Change<br>AJIL 92 (1998), S. 315–331 |
| *Brower II, Charles H.* | Arbitration<br>MPEPIL Februar 2007 |
| *Brower, Charles N./Lando, Massimo* | Judges *ad hoc* of the International Court of Justice<br>Leiden Journal of International Law 33 (2020), S. 467–493 |
| *Brunnée, Jutta* | The Kyoto Protocol: Testing Ground for Compliance Theories?<br>ZaöRV 2003, S. 255–280 |
| *Brunnée, Jutta* | Enforcement Mechanisms in International Law and International Environmental Law<br>in: Beyerlin, Ulrich/Stoll, Peter-Tobias/ Wolfrum, Rüdiger, Ensuring Compliance with Multilateral Environmental Agreements A Dialogue between Practitioners and Academia, S. 1–23<br>Leiden/Boston 2006 |
| *Bruns, Viktor* | Völkerrecht als Rechtsordnung I<br>ZaöRV 1929, S. 1–56 |
| *Buergenthal, Thomas* | Human Rights<br>MPEPIL März 2007 |
| *Calarne, Cinnamon P./Gray, Kevin R./Tarasofsky, Richard G.* | International Climate Change Law: Mapping the Field<br>in: Calarne, Cinnamon P./Gray, Kevin R./Tarasofsky, Richard G., The Oxford Handbook of International Climate Change Law, S. 3–25<br>Oxford 2016 |

*Calliess, Christian/Ruffert, Matthias* EUV/AEUV
Das Verfassungsrecht der Europäischen Union mit Europäischer Grundrechtecharta
Kommentar
6. Auflage
München 2022

*Charney, Jonathan I.* Disputes Implicating the Institutional Credibility of the Court: Problems of Non-Appearance, Non-Participation, and Non-Performance
in: Fisler Damrosch, Lori, The International Court of Justice at a Crossroads, S. 288–319
New York 1987

*Chayes, Abram/Handler Chayes, Antonia* On Compliance
International Organization 47 (1993), S. 175–205

*Chayes, Abram/Handler Chayes, Antonia* The New Sovereignty
Compliance with International Regulatory Agreements
Cambridge/London 1995

*Christiansen, Liv/Rösch, Lilo B.* German Practice concerning the Implementation of the 2015 Paris Agreement
GYIL 62 (2019), S. 581–598

*Cot, Jean-Pierre* Conciliation
MPEPIL April 2006

*Crawford, James R.* State Responsibility
MPEPIL September 2006

*Crawford, James* Brownlie's Principles of Public International Law
9. Auflage
Oxford 2019

*Crawford, James R.* Military and Paramilitary Activities in and against Nicaragua Case (Nicaragua v United States of America)
MPEPIL Januar 2019

*Cremer, Hans-Joachim* Völkerrecht – Alles nur Rhetorik? ZaöRV 2007, S. 267–296

*Daum, Oliver* Das Völkerrecht der Seeblockade Ein Beitrag zur dogmatischen Kategorisierung konkreter Konflikthandlungen Baden-Baden 2016

*de Paor, Risteard* Climate Change and Arbitration: Annex Time before there won't be A Next Time Journal of International Dispute Settlement 8 (2017), S. 179–215

*Delcourt, Barbara* Compliance, Theory of MPEPIL September 2013

*Detterbeck, Steffen* Streitgegenstand, Justizgewährungsanspruch und Rechtsschutzanspruch AcP 192 (1992), S. 325–340

*Diaconu, Ion* Peaceful Settlement of Disputes Between States: History and Prospects in: Macdonald, R. St.J./Johnston, Douglas M., The Structure and Process of International Law: Essays in Legal Philosophy Doctrine and Theory Den Haag 1983

*Dörr, Oliver* Gewalt und Gewaltverbot im modernen Völkerrecht APuZ 43/2004, S. 14–20

*Dörr, Oliver* Use of Force, Prohibition ofMPEPIL August 2019

*Downs, George W./Rocke, David M./Barsoom, Peter N.* Is the good news about compliance good news about cooperation? International Organization 50 (1996), S. 379–406

*Dupuy, Pierre-Marie/Hoss, Christina* LaGrand Case (Germany v. United States of America) MPEPIL Dezember 2009

*Dürig, Günter/Herzog, Roman/Scholz, Rupert* Grundgesetz Kommentar 95. EL München 2021

*Eastwood, R. A.* A Brief Introduction to Austin's Theory of Positive Law and Sovereignty London 1916

*Eborah, Solomon T.* International Human Rights Courts in: Romano, Cesare PR/Alter, Karen J./ Shany, Yuval, The Oxford Handbook of International Adjudication, S. 225–249 Oxford 2014

*Ehrmann, Markus* Erfüllungskontrolle im Umweltvölkerrecht Verfahren der Erfüllungskontrolle in der umweltvölkerrechtlichen Vertragspraxis Baden-Baden 2000

*Eick, Christophe* Die Anerkennung der obligatorischen Gerichtsbarkeit des Internationalen Gerichtshofs durch Deutschland ZaöRV 2008, S. 763–777

*Ekardt, Felix/Wieding, Jutta* Rechtlicher Aussagegehalt des Paris-Abkommen – eine Analyse der einzelnen Artikel ZfU-Spezial 2016, S. 36–57

*Epiney, Astrid* Gegenstand, Entwicklung, Quellen und Akteure des internationalen Umweltrechts in: Proelß, Alexander, Internationales Umweltrecht, S. 1–35 Berlin/Boston 2017

*Epiney, Astrid/Diezig, Stefan/Pirker, Benedikt/Reitemeyer, Stefan* Aarhus-Konvention Handkommentar Baden-Baden 2018

*Epping, Volker* Das Individuum als Völkerrechtssubjekt in: Epping, Volker/Heintschel von Heinegg, Wolff: Ipsen, Knut, Völkerrecht, S. 357–373 7. Auflage München 2018

*Epping, Volker* Der Staat als die „Normalperson" des Völkerrechts
in: Epping, Volker/Heintschel von Heinegg, Wolff: Ipsen, Knut, Völkerrecht, S. 76–232
7. Auflage
München 2018

*Epping, Volker* Die friedliche Streitbeilegung
in: Epping, Volker/Heintschel von Heinegg, Wolff: Ipsen, Knut, Völkerrecht, S. 1228–1275
7. Auflage
München 2018

*Epping, Volker/Hillgruber, Christian* BeckOK Grundgesetz
50. Edition
München 2022

*Fassbender, Bardo* The United Nations Charter As Constitution of The International Community
Columbia Journal of transnational Law 36 (1998), S. 529–619

*Fassbender, Bardo* Die souveräne Gleichheit aller Staaten – ein angefochtenes Grundprinzip des Völkerrechts
APuZ 43/2004, S. 7–13

*Fassbender, Bardo* Grund und Grenzen der konstitutionellen Idee im Völkerrecht
in: Depenheuer, Otto/Heintzen, Markus/Jestaedt, Matthias/Axer, Peter, Staat im Wort Festschrift für Josef Isensee, S. 73–91
Heidelberg/München/Landsberg/Berlin 2007

*Fischer-Lescano, Andreas* Globalverfassung: Verfassung der Weltgesellschaft
ARSP 88 (2002), S. 349–378

*Fisher, Roger* Improving Compliance with International Law
Charlottesville 1981

*Fitzmaurice, Malgosia* — The Kyoto Protocol Compliance Regime and Treaty Law
SYBIL 8 (2004), S. 23–40

*Fitzmaurice, Malgosia* — Environmental Compliance Control
MPEPIL Februar 2021

*Fitzmaurice, Malgosia* — International Court of Justice, Optional Clause
MPEPIL Februar 2021

*Franck, Thomas M.* — Fairness in International Law and Institutions
Oxford 1995

*Frank, Will* — Staatliche Klimaschutzpflichten
„Soft Law", „Due Diligence" und „Untermaßverbot"
NVwZ-Extra 2016, S. 1–7

*Franzius, Claudio* — Das Paris-Abkommen zum Klimaschutz
Auf dem Weg zum transnationalen Klimaschutzrecht?
ZUR 2017, S. 515–525

*Franzius, Claudio* — Das Paris-Abkommen zum Klimaschutz als umweltvölkerrechtlicher Paradigmenwechsel
EurUP 2017, S. 166–175

*Franzius, Claudio* — Ziele des Klimaschutzrechts
ZUR 2021, S. 131–140

*Freestone, David* — The United Nations Framework Convention on Climate Change – The Basis for the Climate Change Regime
in: Calarne, Cinnamon P./Gray, Kevin R./Tarasofsky, Richard G., The Oxford Handbook of International Climate Change Law, S. 97–119
Oxford 2016

| | |
|---|---|
| *Frowein, Jochen Abr.* | Das de facto-Regime im Völkerrecht<br>Eine Untersuchung zur Rechtsstellung „nichtanerkannter Staaten“ und ähnlicher Gebilde<br>Köln/Berlin 1968 |
| *Gaja, Giorgia* | Standing: International Court of Justice (ICJ)<br>MPEPIL Juni 2018 |
| *Garrido-Muñoz, Asier* | Dispute<br>MPEPIL Dezember 2018 |
| *Giladi, Rotem/Shany, Yuval* | The International Court of Justice<br>in: Shany, Yuval, Assessing the Effectiveness of International Courts<br>Oxford 2014 |
| *Ginsburg, Tom* | Political Theory of International Adjudication<br>MPEPIL Juni 2019 |
| *Ginsburg, Tom/McAdams, Richard H.* | Adjudicating in Anarchy: An Expressive Theory of International Dispute Resolution<br>William and Mary Law Review 45 (2004), S. 1229–1339 |
| *Goldsmith, Jack L./Posner, Eric A.* | The Limits of International Law<br>Oxford 2005 |
| *Gowlland-Debbas, Vera* | The Relationship Between the International Court of Justice and the Security Council<br>in the Light of the Lockerbie Case<br>AJIL 88 (1994), S. 643–677 |
| *Grabenwarter, Christoph/Pabel, Katharina* | Europäische Menschenrechtskonvention<br>Ein Studienbuch<br>7. Auflage<br>München 2021 |

*Graf Vitzthum, Wolfgang* — Begriff, Geschichte und Rechtsquellen des Völkerrechts
in: Graf Vitzthum, Wolfgang/Proelß, Alexander, Völkerrecht, S. 1–71
8. Auflage
Berlin/Boston 2019

*Groeben, Hans von der/Schwarze, Jürgen/Hatje, Armin* — Europäisches Unionsrecht
Vertrag über die Europäische Union
Vertrag über die Arbeitsweise der Europäischen Union
Charta der Grundrechte der Europäischen Union
7. Auflage
Baden-Baden 2015

*Gross, Leo* — Compulsory Jurisdiction Under the Optional Clause: History and Practice
in: Fisler Damrosch, Lori, The International Court of Justice at a Crossroads, S. 19–57
New York 1987

*Grotto, Andrew J.* — Monetary Gold Arbitration and Case
MPEPIL Dezember 2008

*Grzeszick, Bernd* — Die Staatsgewalt in der UN-Charta zwischen Gewaltverbot und Selbstverteidigungsrecht
AVR 41 (2003), S. 484–505

*Guillaume, Gilbert* — De l'exécution des décisions de la Cour internationale de Justice
SZIER 1997, S. 431–447

*Guzman, Andrew T.* — The Promise of International Law
Virginia Law Review 92 (2006), S. 533–564

*Guzman, Andrew T.* — International Tribunals: A Rational Choice Analysis
University of Pennsylvania Law Review 157 (2008), S. 171–235

*Hathaway, Oona A./Lavinbuk, Ariel N.* Rationalism and Revisionism in International Law
Harvard Law Review 119 (2006), S. 1404–1443

*Hawkins, Darren/Jacoby, Wade* Partial Compliance
A Comparison of the European and Inter-American Courts of Human Rights
Journal of International Law and International Relations 6 (2010), S. 35–85

*Heintschel von Heinegg, Wolff* Vom *ius ad bellum* zum *ius contra bellum* (Kriegsverbot, Gewaltverbot und Interventionsverbot)
in: Epping, Volker/Heintschel von Heinegg, Wolff: Ipsen, Knut, Völkerrecht, S. 1131–1153
7. Auflage
München 2018

*Heintze, Hans-Joachim* Menschenrechte als völkerrechtlicher Regelungsgegenstand
in: Epping, Volker/Heintschel von Heinegg, Wolff: Ipsen, Knut, Völkerrecht, S. 695–720
7. Auflage
München 2018

*Helfer, Laurence R.* The Effectiveness of International Adjudicators
in: Romano, Cesare PR/Alter, Karen J./Shany, Yuval, The Oxford Handbook of International Adjudication, S. 464–482
Oxford 2014

*Helfer, Laurence R./Alter, Karen J./Guerzovich, M. Florencia* Islands of Effective International Adjudication: Constructing an Intellectual Property Ruleof Law in the Andean Community
AJIL 103 (2009), S. 1–47

*Helfer, Laurence R./Slaughter, Anne-Marie* Toward a Theory of Effective Supranational Adjudication
Yale Law Journal 107 (1997), S. 273–391

*Helfer, Laurence R./Slaughter, Anne-Marie* Why States Create International Tribunals: A Response to Professors Posner and Yoo
California Law Review 93 (2005), S. 901–956

*Herbst, Jochen* Norwegian Loans Case
MPEPIL Februar 2009

*Herdegen, Matthias* Völkerrecht
21. Auflage
München 2022

*Hey, Ellen* Compliance Procedure: Aarhus Convention
MPEPIL März 2018

*Hillgruber, Christian* The Admission of New States to the International Community
EJIL 9 (1998), S. 491–509

*Hobe, Stephan* Einführung in das Völkerrecht
11. Auflage
Tübingen 2020

*Holtwisch, Christoph* Das Nichteinhaltungsverfahren des Kyoto-Protokolls
Entstehung – Gestalt – Wirkung
Berlin 2006

*Huneeus, Alexandra* Courts Resisting Courts: Lessons from the Inter-American Court's Struggle to Enforce Human Rights
Cornell International Law Journal 44 (2011), S. 493–533

*Huneeus, Alexandra* Compliance with Judgments and Decisions
in: Romano, Cesare PR/Alter, Karen J./Shany, Yuval, The Oxford Handbook of International Adjudication, S. 437–463
Oxford 2014

*Ipsen, Jörn* Staatsrecht II
Grundrechte
24. Auflage
München 2021

*Ipsen, Jörn/Kaufhold, Ann-Katrin/ Wischmeyer, Thomas* — Staatsrecht I
Staatsorganisationsrecht
33. Auflage
München 2021

*Jarass, Hans D.* — Bedeutung der EU-Rechtsschutzgewährleistung für nationale und EU-Gerichte
NJW 2011, S. 1393–1398

*Jarass, Hans D.* — Charta der Grundrechte der Europäischen Union
Unter Einbeziehung der sonstigen Grundrechtsregelungen des Primärrechts und der EMRK
Kommentar
4. Auflage
München 2021

*Jendroska, Jerzy* — Aarhus Convention Compliance Committee: Origins, Status and Activities
JEEPL 8 (2011), S. 301–314

*Jennings, Robert* — The Judicial Enforcement of International Obligations
ZaöRV 1987, S. 3–16

*Jennings, Robert Y.* — The International Court of Justice after Fifty Years
AJIL 89 (1995), S. 493–505

*Joyner, Christopher C.* — Coercion
MPEPIL Dezember 2006

*Kadelbach, Stefan* — Rechtsschutz durch die Vereinten Nationen, insbesondere nach dem Internationalen Pakt über bürgerliche und politische Rechte
in: Ehlers, Dirk/Schoch, Friedrich, Rechtsschutz im Öffentlichen Recht, S. 47–59
München 2021

*Kadelbach, Stefan/Kleinlein, Thomas* Überstaatliches Verfassungsrecht Zur Konstitutionalisierung im Völkerrecht AVR 44 (2006), S. 235–266

*Kau, Marcel* Der Staat und der Einzelne als Völkerrechtssubjekte in: Graf Vitzthum, Wolfgang/Proelß, Alexander, Völkerrecht, S. 159–317 8. Auflage Berlin/Boston 2019

*Keith, Kenneth* Advisory Proceedings: International Court of of Justice (ICJ) MPEPIL Januar 2018

*Keohane, Robert O./Moravcsik, Andrew/Slaughter, Anne-Marie* Legalized Dispute Resolution: Interstate and Transnational International Organization 54 (2000), S. 457–488

*Kingsbury, Benedict* International Courts: uneven judicialisation in global order in: Crawford, James/Koskenniemi, Martti, The Cambridge Companion to International Law, S. 203–227 Cambridge 2012

*Kiss, Alexandre* Reporting Obligations and Assessment of Reports in: Beyerlin, Ulrich/Stoll, Peter-Tobias/Wolfrum, Rüdiger, Ensuring Compliance with Multilateral Environmental Agreements A Dialogue between Practitioners and Academia, S. 229–245 Leiden/Boston 2006

*Klein, Daniel/Carazo, María Pía/Doelle, Meinhard/Bulmer, Jane/Higham, Andrew* The Paris Agreement on Climate Change Analysis and Commentary Oxford 2017

*Koester, Veit* Review of Compliance under the Aarhus Convention: a Rather Unique Compliance Mechanism JEEPL 2 (2005), S. 31–44

*Koh, Harold Hongju* Why Do Nations Obey International Law? Yale Law Journal 106 (1997), S. 2599–2659

*Kokott, Juliane* Souveräne Gleichheit und Demokratie im Völkerrecht ZaöRV 2004, S. 517–533

*Kolb, Robert* The International Court of Justice Oxford/Portland 2013

*Kolb, Robert* The Elgar Companion to the International Court of Justice Cheltenham/Northampton 2014

*Koroma, Abdul G.* International Court of Justice, Rules and Practice Directions MPEPIL April 2006

*Koskenniemi, Martti* Breach of Treaty or Non-Compliance? Reflections on the Enforcement of the Montreal Protocol Yearbook of International Environmental Law 3 (1992), S. 123–162

*Kottmann, Matthias* Plaumanns Ende: Ein Vorschlag zu Art. 263 Abs. 4 AEUV ZaöRV 2010, S. 574–566

*Kreuter-Kirchhof, Charlotte* Dynamisierung des internationalen Klimaschutzregimes durch Institutionalisierung ZaöRV 2005, S. 967–1014

*Kreuter-Kirchhof, Charlotte* Das Pariser Klimaschutzübereinkommen und die Grenzen des Rechts – eine neue Chance für den Klimaschutz DVBl 2017, S. 97–104

*Kreuter-Kirchhof, Charlotte* Wirtschaft und Kultur in: Graf Vitzthum, Wolfgang/Proelß, Alexander, Völkerrecht, S. 159–317 8. Auflage Berlin/Boston 2019

*Krieger, Heike* Das Effektivitätsprinzip im Völkerrecht Berlin 2000

| | |
|---|---|
| *Kritsiotis, Dino* | International law and the relativities of enforcement<br>in: Crawford, James/Koskenniemi, Martti, The Cambridge Companion to International Law, S. 245–268<br>Cambridge 2012 |
| *Krüger, Herbert* | Das Prinzip der Effektivität, oder: Über die besondere Wirklichkeitsnähe des Völkerrechts<br>in: Constantopoulos, D. S./Eustathiades, C. Th./Fragistas, C. N., Grundprobleme des internationalen Rechts, Festschrift für Jean Spiropoulos<br>Bonn 1957 |
| *Kunig, Philip* | Völkerrecht als öffentliches Recht – ein Glasperlenspiel<br>in: Randelzhofer/Albrecht, Scholz, Rupert/Wilke, Dieter, Gedächtnisschrift für Eberhard Grabitz, S. 325–346<br>München 1995 |
| *Kunig, Philip* | Das völkerrechtliche Gewaltverbot<br>JURA 1998, S. 664–668 |
| *Kunig, Philipp/Uerpmann-Wittzack, Robert* | Völkerrecht und staatliches Recht<br>in: Graf Vitzthum, Wolfgang/Proelß, Alexander, Völkerrecht, S. 73–157<br>8. Auflage<br>Berlin/Boston 2019 |
| *Lamm, Vanda* | Compulsory Jurisdiction in International Law<br>Cheltenham/Northampton 2014 |

*Lefeber, René* — The Practice of the Compliance Committee under the Kyoto Protocol to the United Nations Framework Convention on Climate Change (2006–2007)
in: Treves, Tullio/Pineschi, Laura/Tanzi, Attila/Pitea, Cesare/Ragni, Chiara/Romanin Jacur, Francesca, Non-Compliance Procedures and Mechanisms and the Effectiveness of International Environmental Agreements, S. 303–317
Den Haag 2009

*Lesaffer, Randall* — Kellogg-Briand Pact (1928)
MPEPIL Oktober 2010

*Llamzon, Aloysius P.* — Jurisdiction and Compliance in Recent Decisions of the International Court of Justice
EJIL 18 (2007), S. 815–852

*Luchterhand, Otto* — Völkerrechtliche Aspekte des Georgien-Krieges
AVR 46 (2008), S. 435–480

*Luchterhand, Otto* — Der Krieg Aserbaidschans gegen Berg-Karabach im April 2016 aus völkerrechtlicher Sicht
AVR 55 (2017), S. 185–233

*Lutz, Dagmar/Sauer, Matthias* — Neuigkeiten zur Aarhus-Konvention – die 6. Vertragsstaatenkonferenz in Montenegro
EurUP 2018, S. 118–127

*Madhava Sarma, K.* — Compliance with the Multilateral Environmental Agreements to Protect the Ozone Layer
in: Beyerlin, Ulrich/Stoll, Peter-Tobias/Wolfrum, Rüdiger, Ensuring Compliance with Multilateral Environmental Agreements A Dialogue between Practitioners and Academia, S. 25–38
Leiden/Boston 2006

*Maljean-Dubois, Sandrine* Climate Change Litigation
MPEPIL Juni 2018

*Maljean-Dubois, Sandrine/Spencer, Thomas/Wemaere, Matthieu* The Legal Form of the Paris Climate Agreement: a Comprehensive Assessment of Options
CCLR 2015, S. 68–84

*Marauhn, Thilo* Towards a Procedural Law of Compliance Control in International Environmental Relations
ZaöRV 2016, S. 696–731

*Markus, Till* Die Problemwirksamkeit des internationalen Klimaschutzrechts – Ein Beitrag zur Diskussion um die Effektuierung völkerrechtlicher Verträge
ZaöRV 2016, S. 715–752

*Martin, Lisa L.* Against Compliance
in: Dunoff, Jeffrey L./Pollack, Mark A., Interdisciplinary Perspectives on International Law and International Relations The State of the Art, S. 591–610
Cambridge 2013

*Maurer, Hartmut* Staatsrecht I
Grundlagen Verfassungsorgane Staatsfunktionen
6. Auflage
München 2010

*McRae, Donald* Measuring the Effectiveness of the WTO Dispute Settlement System
AJWH 3 (2008), S. 1–20

*Meguro, Maiko* Litigating Climate Change through international law: Obligations strategy and rights strategy
Leiden Journal of International Law 33 (2020), S. 933–951

*Merrills, J.G.* The International Court of Justice and the Adjudication of Territorial and Boundary Disputes
Leiden Journal of International Law 13 (2000), S. 873–901

*Merrills, J.G.* International Dispute Settlement
6. Auflage
Cambridge 2017

*Meyer-Ladewig, Jens/Nettesheim, Martin/von Raumer, Stefan* EMRK
Europäische Menschenrechtskonvention
Handkommentar
4. Auflage
Baden-Baden 2017

*Meyer, Jürgen/Hölscheidt, Sven* Charta der Grundrechte der Europäischen Union
5. Auflage
Baden-Baden 2019

*Meyer, Timothy* How Compliance Understates Effectiveness
ASIL-Proceedings 2014, S. 168–172
Panel: Effectiveness of international adjudication: Assessing Functions and Performance

*Milano, Enrico* The Outcomes of the Procedure and their legal effects
in: Treves, Tullio/Pineschi, Laura/Tanzi, Attila/Pitea, Cesare/Ragni, Chiara/Romanin Jacur, Francesca, Non-Compliance Procedures and Mechanisms and the Effectiveness of International Environmental Agreements, S. 407–418
Den Haag 2009

*Minnerop, Petra* Climate Protection Agreements
MPEPIL März 2018

*Mitchell, Ronald B.* Compliance Theory: A Synthesis
RECIEL 2 (1993), S. 327–334

*Mollengarden, Zachary/Zamir, Noam* — The *Monetary Gold* Principle: Back to Basics
AJIL 115 (2021), S. 41–77

*Morgenstern, Lutz/Dehnen, Milan* — Eine neue Ära für den internationalen Klimaschutz: Das Übereinkommen von Paris
ZUR 2016, S. 131–138

*Mosler, Hermann* — Völkerrecht als Rechtsordnung
ZaöRV 1976, S. 6–49

*Nettesheim, Martin* — Effektive Rechtsschutzgewährleistung im arbeitsteiligen System europäischen Rechtsschutzes
JZ 57 (2002), S. 928–934

*Nückel, David* — Rechtlicher Charakter des Pariser Übereinkommens – *hard law* oder *soft law*?
ZUR 2017, 525

*Nußberger, Angelika* — Europäische Menschenrechtskonvention
in: Isensee, Josef/Kirchhof, Paul, Handbuch des Staatsrechts Band X: Deutschland in der Staatengemeinschaft, S. 135–171
Heidelberg 2012

*Oberthür, Sebastian* — Compliance under the Evolving Climate Change Regime
in: Calarne, Cinnamon P./Gray, Kevin R./Tarasofsky, Richard G., The Oxford Handbook of International Climate Change Law, S. 120–136
Oxford 2016

*Oberthür, Sebastian/Lefeber, René* — Das System der Erfüllungskontrolle des Kyoto-Protokolls: Eine Bestandsaufnahme nach sechs Jahren Praxis
AVR 50 (2012), S. 420–449

*Oberthür, Sebastian/Bodle, Ralph* — Legal Form and Nature of the Paris Outcome
Climate Law 6 (2016), S. 40–57

*Oda, Shigeru* — The Compulsory Jurisdiction of the International Court of Justice: A Myth? A Statistical Analysis of Contentious Cases
International & Comparative Law Quarterly 49 (2000), S. 251–277

*Oellers-Frahm, Karin* — Zur Vollstreckung der Entscheidungen internationaler Gerichte im Völkerrecht
ZaöRV 1976, S. 654–679

*Oellers-Frahm, Karin* — Die „obligatorische" Gerichtsbarkeit des Internationalen Gerichtshofs
Anmerkungen anläßlich der Zuständigkeitsentscheidung im Fall Nicaragua gegen USA
ZaöRV 1987, S. 243–264

*Oellers-Frahm, Karin* — Multiplication of International Courts and Tribunals and Conflicting Jurisdiction – Problems and Possible Solutions
in: Frowein, Jochen A./Wolfrum, Rüdiger, Max Planck Yearbook of United Nations Law 2001, S. 67–104
Den Haag/London/New York 2001

*Oellers-Frahm, Karin* — Souveräne Gleichheit der Staaten in der internationalen gerichtlichen Streitbeilegung?
Überlegungen zu Art. 94 Abs. 2 und Art. 27 UN-Charta
in: Frowein, Jochen Abr./Scharioth, Klaus/Winkelmann, Ingo/Wolfrum, Rüdiger, Verhandeln für den Frieden Negotiating for Peace Liber Amoricum Tono Eitel, S. 169–191
Berlin ua 2003

*Oetheimer, Mario/Cano Palomares, Guillem* — European Court of Human Rights (ECtHR)
MPEPIL Oktober 2020

*Orrego Vicuña, Francisco* Individuals and Non-State Entities before International Courts and Tribunals in: Frowein, Jochen A./Wolfrum, Rüdiger, Max Planck Yearbook of United Nations Law 2001, S. 53–66 Den Haag/London/New York 2001

*Oxman, Bernard H.* Jurisdiction of States MPEPIL November 2007

*Papdaki, Matina* Compromissory Clauses as the Gatekeepers of the Law to be "Used" in the ICJ and the PCIJ Journal of International Dispute Settlement 5 (2014), S. 560–604

*Paulson, Colter* Compliance with Final Judgments of the International Court of Justice since 1987 AJIL 98 (2004), S. 434–461

*Pauwelyn, Joost/Hamilton, Rebecca J.* Exit from International Tribunals Journal of International Dispute Settlement 9 (2018), S. 679–690

*Payandeh, Mehrdad* Die verfassungsrechtliche Stärkung der internationalen Gerichtsbarkeit: Zur Bindung deutscher Gerichte an Entscheidungen des Internationalen Gerichtshofs AVR 45 (2007), S. 244–257

*Payandeh, Mehrdad/Sauer, Heiko* Staatliche Gewährleitungsverantwortung für den Schutz der Grundrechte und des Völkerrechts NJW 2021, S. 1570–1574

*Pellet, Alain* Judicial Settlement of International Disputes MPEPIL Juli 2013

*Pellet, Alain* Peaceful Settlement of International Disputes MPEPIL August 2013

*Peters, Anne* International Dispute Settlement: A Network of Cooperational Duties EJIL 14 (2003), S. 1–34

*Pitea, Cesare* Procedures and Mechanisms for Review of Compliance under the 1998 Aarhus Convention on Access to Information, Public Participation and Access to Justice in Environmental Matters
in: Treves, Tullio/Pineschi, Laura/Tanzi, Attila/Pitea, Cesare/Ragni, Chiara/Romanin Jacur, Francesca, Non-Compliance Procedures and Mechanisms and the Effectiveness of International Environmental Agreements, S. 221–249
Den Haag 2009

*Polakiewicz, Jörg* International Law and Domestic (Municipal) Law, Law and Decisions of International Organizations and Courts
MPEPIL März 2011

*Polakiewicz, Jörg* Council of Europe (COE)
MPEPIL Januar 2019

*Polonskaya, Ksenia* Selecting candidates to the bench of the World Court: (Inevitable) politicization and its consequences
Leiden Journal of International Law 33 (2020), S. 409–428

*Posner, Eric A./Yoo, John C.* Judicial Independence in International Tribunals
California Law Review 93 (2005), S. 1–74

*Posner, Eric A./Yoo, John C.* Reply to Helfer and Slaughter
California Law Review 93 (2005), S. 957–973

*Proelß, Alexander* Klimaschutz im Völkerrecht nach dem Paris Agreement: Durchbruch oder Stillstand?
ZfU-Spezial 2016, S. 58–71

*Rajamani, Lavanya* The 2015 Paris Agreement: Interplay Between Hard, Soft and Non-Obligations
Journal of Environmental Law 28 (2016), S. 337–358

*Raustiala, Kal* Compliance & Effectiveness in International Regulatory Cooperation
Case Western Reserve Journal of International Law 32 (2000), S. 387–440

*Reisman, W. M.* The Enforcement of International Judgments
AJIL 63 (1969), S. 1–27

*Romanin Jacur, Francesca* The Non-Compliance Procedure of the 1987 Montreal Protocol to the 1985 Vienna Convention on Substances that Deplete the Ozone Layer
in: Treves, Tullio/Pineschi, Laura/Tanzi, Attila/Pitea, Cesare/Ragni, Chiara/Romanin Jacur, Francesca, Non-Compliance Procedures and Mechanisms and the Effectiveness of International Environmental Agreements, S. 11–32
Den Haag 2009

*Romano, Cesare P.R.* The Proliferation of International Judicial Bodies: The Pieces of the Puzzle
N.Y.U. J. Int'l L. & Pol. 31 (1999), S. 709–751

*Romano, Cesare P.R./Alter, Karen J./Shany, Yuval* Mapping International and Adjudicative Bodies, the Issues, and Players
in: Romano, Cesare PR/Alter, Karen J./Shany, Yuval, The Oxford Handbook of International Adjudication, S. 3–26
Oxford 2014

*Rosenne, Shabtai* International Courts and Tribunals, Jurisdiction and Admissibility of Inter-State Applications
MPEPIL März 2006

*Rosenne, Shabtai* International Court of Justice (ICJ)
MPEPIL Juni 2006

*Rosenne, Shabtai/Shaw, Malcolm N.* Rosenne's Law and Practice of the International Court: 1920–2015
VolumeI
The Court and the United Nations
5. Auflage
Leiden/Boston 2016

*Sachs, Michael* Grundrechte: Grundrechtsverletzungen durch andere Staaten
Schutz gegen von Deutschland mitverursachte Grundrechtsverletzungen von Ausländern durch fremde Staaten im Ausland
JuS 2021, S. 804–807

*Sands, Philippe J./Millar, Ilona* Climate, International Protection
MPEPIL Januar 2011

*Saurer, Johannes* Klimaschutz global, europäisch, national – Was ist rechtlich verbindlich?
NVwZ 2017, S. 1574–1579

*Savaşan, Zerrin* Paris Climate Agreement: A Deal for Better Compliance?
Lessons Learned from the Compliance Mechanisms of the Kyoto and Montreal Protocols
Schweiz 2019

*Schachter, Oscar* The Enforcement of International Judicial and Arbitral Decisions
AJIL 54 (1960), S. 1–24

*Schadtle, Kai* Das völkerrechtliche Gewaltverbot und seine Ausnahmen
JURA 2009, S. 686–695

*Schiff Berman, Paul* Seeing Beyond the Limits of International Law
Texas Law Review 84 (2006), S. 1265–1306

*Schilling, Theodor* Internationaler Menschenrechtsschutz
Das Recht der EMRK und des IPbpR
3. Auflage
Tübingen 2016

*Schlacke, Sabine* Die Pariser Klimavereinbarung – ein Durchbruch? Ja (!), aber…
ZUR 2016, S. 65–66

*Schmahl, Stefanie* Der Beitritt der EU zur Europäischen Menschenrechtskonvention: Wo liegt das Problem?
JZ 71 (2016), S. 921–928

*Schmahl, Stefanie* Die Internationalen und die Supranationalen Organisationen
in: Graf Vitzthum, Wolfgang/Proelß, Alexander, Völkerrecht, S. 319–461
8. Auflage
Berlin/Boston 2019

*Schmalenbach, Kirsten* Friedliche Streitbeilegung
in: Proelß, Alexander, Internationales Umweltrecht, S. 243–282
Berlin/Boston 2017

*Schmalenbach, Kirsten* Verantwortlichkeit und Haftung
in: Proelß, Alexander, Internationales Umweltrecht, S. 211–242
Berlin/Boston 2017

*Schmidt-Bleibtreu, Bruno/Klein, Franz/Bethge, Herbert* Bundesverfassungsgerichtsgesetz
Kommentar
61. EL
München 2021

*Schöbener, Burkhard/Knauff, Matthias* Allgemeine Staatslehre
4. Auflage
München 2019

*Schorkopf, Frank* Der Europäische Weg
Geschichte und Gegenwart der Europäischen Union
3. Auflage
Tübingen 2020

*Schröder, Meinhard* Verantwortlichkeit, Völkerstrafrecht, Streitbeilegung und Sanktionen
in: Graf Vitzthum, Wolfgang/Proelß, Alexander, Völkerrecht, S. 691–753
8. Auflage
Berlin/Boston 2019

*Schulte, Constanze* Compliance with Decisions of the International Court of Justice
Oxford 2004

*Schweisfurth, Theodor* Völkerrecht
Tübingen 2006

*Shany, Yuval* A Goal-Based Approach to Effectiveness Analysis
in: Shany, Yuval, Assessing the Effectiveness of International Courts, S. 13–30
Oxford 2014

*Shany, Yuval* Assessing the Effectiveness of International Courts: A Goal-Based Approach
AJIL 106 (2012), S. 225–270

*Shany, Yuval* Introduction
in: Shany, Yuval, Assessing the Effectiveness of International Courts, S. 1–9
Oxford 2014

*Shany, Yuval* Introductory Remarks by Yuval Shany, ASIL Proceedings 2014, S. 113 f.
Panel: Effectiveness of international adjudication: Assessing Functions and Performance

*Shany, Yuval* Judgment-Compliance
in: Shany, Yuval, Assessing the Effectiveness of International Courts, S. 117–136
Oxford 2014

*Shany, Yuval* Measuring Goal Attainment
in: Shany, Yuval, Assessing the Effectiveness of International Courts, S. 49–62
Oxford 2014

| | |
|---|---|
| *Shany, Yuval* | The Goals of International Courts<br>in: Shany, Yuval, Assessing the Effectiveness of International Courts, S. 31–48<br>Oxford 2014 |
| *Shany, Yuval* | Jurisdiction and Admissibility<br>in: Romano, Cesare PR/Alter, Karen J./Shany, Yuval, The Oxford Handbook of International Adjudication, S. 779–805<br>Oxford 2014 |
| *Shany, Yuval* | Effectiveness of International Adjudication<br>MPEPIL Oktober 2019 |
| *Shaw, Malcolm N.* | International Law<br>8. Auflage<br>Cambridge 2017 |
| *Shelton, Dinah* | Human Rights, Individual Communications/Complaints<br>MPEPIL März 2006 |
| *Simma, Bruno* | Der Internationale Gerichtshof<br>DRiZ 2006, S. 181–184 |
| *Simma, Bruno/Ortgies, Jan* | Ad Hoc Judge<br>MPEPIL Januar 2019 |
| *Skordas, Achilles/Spieker, Luke Dimitrios* | Supranational Law<br>MPEPIL Januar 2021 |
| *Stein, Torsten* | Die Bilateral Immunity Agreements der USA und Art. 98 des Rom-Statuts<br>in: Bröhmer, Jürgen/Bieber, Roland/Calliess, Christian/Langenfeld, Christine/Weber, Stefan/Wolf, Joachim, Internationale Gemeinschaft und Menschenrechte Festschrift für Georg Ress, S. 295–306<br>Köln/Berlin/München 2005 |
| *Stein, Torsten/von Buttlar, Christian/Kotzur, Markus* | Völkerrecht<br>14. Auflage<br>München 2017 |

| | |
|---|---|
| *Stern, Klaus/Sachs, Michael* | Europäische Grundrechte-Charta GRCh<br>Kommentar<br>München 2016 |
| *Stoll, Peter-Tobias/Krüger, Hagen* | Klimawandel<br>in: Proelß, Alexander, Internationales Umweltrecht, S. 283–319<br>Berlin/Boston 2017 |
| *Streinz, Rudolf* | Individualrechtsschutz im Kooperationsverhältnis<br>EuZW 2014, S. 17–21 |
| *Tabau, Anne-Sophie* | Climate Change Compliance Procedures<br>MPEPIL Juli 2019 |
| *Taki, Hiroshi* | Effectiveness<br>MPEPIL Februar 2013 |
| *Tams, Christian J.* | Das LaGrand-Urteil – IGH, EuGRZ 2001, 287<br>JuS 2002, S. 324–328 |
| *Tanzi, Attila* | Problems of Enforcement of Decisions of the International Court of Justice and the Law of the United Nations<br>EJIL 6 (1995), S. 539–572 |
| *Thiele, Carmen* | Das Recht auf einen wirksamen Rechtsbehelf<br>in vergleichender europäischer Perspektive<br>(Art. 47 GRC, Artt. 6 und 13 EMRK)<br>ERA Forum (2015) 16:511–527 |
| *Thienel, Tobias/Zimmermann, Andreas* | Yugoslavia, Cases and Proceedings before the ICJ<br>MPEPIL Januar 2019 |
| *Thirlway, Hugh* | The Law and Procedure of the International Court of Justice<br>1960–1989: Part Twelve<br>BYIL 72 (2001), S. 37–181 |
| *Thirlway, Hugh* | Advisory Opinions<br>MPEPIL April 2006 |

*Thirlway, Hugh* Judgments of International Courts and Tribunals
MPEPIL April 2007

*Thirlway, Hugh* The International Court of Justice 1989–2009: At the Heart of the Dispute Settlement System?
NILR 2010, S. 347–395

*Thirlway, Hugh* The International Court of Justice
Oxford 2016

*Thirlway, Hugh* The International Court of Justice
in: Evans, Malcolm D., International Law, S. 573–600
5. Auflage
Oxford 2018

*Thompson, Alexander* Coercive Enforcement of International Law
in: Dunoff, Jeffrey L./Pollack, Mark A., Interdisciplinary Perspectives on International Law and International Relations
The State of the Art, S. 502–523
Cambridge 2013

*Tilch, Horst/Arloth, Frank* Deutsches Rechts-Lexikon
Band 1 A–F
3. Auflage
München 2001

*Tomuschat, Christian* Enforcement of International Law
From the Authority of Hard Law to the Impact of Flexible Methods
ZaöRV 2019, S. 579–631

*Tomuschat, Christian* Human Rights Committee
MPEPIL April 2019

*Tomuschat, Christian* International Courts and Tribunals
MPEPIL April 2019

*Tomuschat, Christian* International Covenant on Civil and Political Rights (1966)
MPEPIL April 2019

*Treves, Tullio* — Aspects of Legitimacy of Decisions of International Courts and Tribunals
in: Wolfrum, Rüdiger/Röben, Volker, Legitimacy in International Law
Berlin/Heidelberg/New York 2008

*Uerpmann, Robert* — Grenzen zentraler Rechtsdurchsetzung im Rahmen der Vereinten Nationen
AVR 33 (1995), S. 107–130

*Unger, Moritz von* — Rechtsform und Prozess: Klimaverträge nach Kyoto
AVR 50 (2012), S. 450–474

*Urbinati, Sabrina* — Procedures and Mechanisms Relating to Compliance under the 1997 Kyoto Protocol to the 1992 United Nations Framework Convention on Climate Change
in: Treves, Tullio/Pineschi, Laura/Tanzi, Attila/Pitea, Cesare/Ragni, Chiara/Romanin Jacur, Francesca, Non-Compliance Procedures and Mechanisms and the Effectiveness of International Environmental Agreements, S. 63–84
Den Haag 2009

*van Aaken, Anne* — To Do Away with International Law? Some Limits to "The Limits of International Law"
EJIL 17 (2006), S. 289–308

*van Aaken, Anne* — Die vielen Wege zur Effektuierung des Völkerrechts
RW 2013, S. 227–262

*van Aaken, Anne/Simsek, Betül* — Rewarding in International Law
AJIL 115 (2021), S. 195–241.

*Vedross, Alfred/Simma, Bruno* — Universelles Völkerrecht
Theorie und Praxis
3. Auflage
Berlin 1984

*Victor, David G.* — The Operation and Effectiveness of the Montreal Protocol's Non-Compliance Procedure
in: Victor, David G./Raustiala, Kal/Skolnikoff, Eugene B., The Implementation and Effectiveness of International Environmental Commitments Theory and Practice, S. 137–176
Laxenburg 1998

*Victor, David G./Raustiala, Kal/Skolnikoff, Eugene B.* — Introduction and Overview
in: Victor, David G./Raustiala, Kal/Skolnikoff, Eugene B., The Implementation and Effectiveness of International Environmental Commitments Theory and Practice, S. 1–46
Laxenburg 1998

*Vidigal, Geraldo* — Targeting Compliance: Prospective Remedies in International Law
Journal of International Dispute Settlement 6 (2015), S. 462–484

*Viñuales, Jorge E.* — The Paris Agreement on Climate Change: Less is More
GYIL 59 (2016), S. 11–45

*Voigt, Christina* — The Compliance and Implementation Mechanism of the Paris Agreement
RECIEL 25 (2016), S. 161–173

*Voland, Thomas* — Zur Reichweite von Menschenrechten im Klimaschutz
Wäre die „Urgenda-Entscheidung" auch im deutschen Recht zu erwarten?
NVwZ 2019, S. 114–120

*Vöneky, Silja* — Die Durchsetzung des Völkerrechts
JURA 2007, S. 488–494

*Waibel, Michael* — Corfu Channel Case
MPEPIL März 2013

*Walter, Christian* Constitutionalizing (Inter)national Governance – Possibilities for and Limits to the Development of an International Constitutional Law
GYIL 44 (2001), S. 170–201

*Walter, Christian* Grundlagen und Rahmenbedingungen für die Steuerungskraft des Völkerrechts
ZaöRV 2016, S. 363–389

*Walter, Christian* Rechtsschutz durch den Internationalen Gerichtshof
in: Ehlers, Dirk/Schoch, Friedrich, Rechtsschutz im Öffentlichen Recht, S. 24–46
München 2021

*Wang, Xueman/Wiser, Glenn* The Implementation and Compliance Regimes under the Climate Change Convention and its Kyoto Protocol
RECIEL 11 (2002), S. 181–198

*Warioba, Joseph Sinde* Monitoring Compliance with and Enforcement of Binding Decisions of International Courts
in: Frowein, Jochen A./Wolfrum, Rüdiger, Max Planck Yearbook of United Nations Law 2001, S. 41–52
Den Haag/London/New York 2001

*Watts, Arthur* Enhancing the Effectiveness of Procedures of International Dispute Settlemen
in: Frowein, Jochen A./Wolfrum, Rüdiger, Max Planck Yearbook of United Nations Law 2001, S. 21–39
Den Haag/London/New York 2001

*Weiß, Norman* Überblick über die Erfahrungen mit Individualbeschwerden unter verschiedenen Menschenrechtsabkommen
AVR 42 (2004), S. 142–156

*Wengler, Wilhelm* Gerichtszuständigkeit und Klagezulässigkeit im Verfahren Nicaragua/Vereinigte Staaten vor dem Internationalen Gerichtshof
NJW 1985, S. 1266–1267

*Wengler, Wilhelm* Die Entscheidung des Internationalen Gerichtshofs im Nicaragua-Fall
NJW 1986, S. 2994–2997

*Wiegandt, Jan* Internationale Rechtsordnung oder Machtordnung?
Eine Anmerkung zum Verhältnis von Macht und Recht im Völkerrecht
ZaöRV 2011, S. 31–76

*Wolfrum, Rüdiger* Means of Ensuring Compliance with and Enforcement of International Environmental Law
RdC 272 (1998), S. 9–154

*Wolfrum, Rüdiger* International Law
MPEPIL November 2006

*Wolfrum, Rüdiger* Legitimacy in International Law
MPEPIL März 2011

*Wood, Michael* United Nations, Security Council
MPEPIL Juli 2007

*Yamin, Farhana* The Kyoto Protocol: Origins, Assessment and Future Challenges
RECIEL 7 (1998), S. 113–127

*Young, Oran R.* International Cooperation
Building Regimes for Natural Resources and the Environment
Ithaca/London 1989

*Young, Oran R.* International Governance
Protecting the Environment in a Stateless Society
Ithaca/London 1994

*Zeitner, Florian* Das Non-Compliance-Verfahren der Aarhus-Konvention
EurUP 2019, S. 159–168

*Ziehm, Cornelia* Klimaschutz im Mehrebenensystem – Kyoto, Paris, europäischer Emissionshandel und nationale CO2-Grenzwerte
ZUR 2018, S. 339–346

*Zimmermann, Andreas* Continuity of States
MPEPIL August 2006

*Zimmermann, Andreas/Tams, Christian J.* The Statute of the International Court of Justice
A Commentary
3. Auflage
Oxford 2019

# Rechtsprechungsverzeichnis

## Nationale Entscheidungen – Deutschland

VG Köln, Urteil vom 27. Mai 2015 – 3 K 5625/14

OVG Münster, Urteil vom 19. März 2019 – 4 A 1361/15, NVwZ 2019, S. 1624, BeckRS 2019, 5666

BVerwG, Urteil vom 25. November 2020, BVerwGE 170, 345, NJW 2021, S. 1610

2 BvR 508/21

BVerfG, Beschluss vom 16. Dezember 1980, BVerfGE 55, 349, (Rudolf-Hess-Entscheidung)

BVerfG, Beschluss vom 30. April 2003, BVerfGE 107, 395, NJW 2003, S. 1924

BVerfG, Beschluss vom 14. Oktober 2004, BVerfGE 111, 307, (Görgülü-Beschluss)

BVerfG, Urteil vom 19. September 2006 – 2 BvR 2115/01, 2 BvR 2132/01, 2 BvR 348/03, (zitiert nach juris), NJW 2007, S. 499

BVerfG, Beschluss vom 6. November 2019, BVerfGE 152, 216, (Recht auf Vergessen II)

## Nationale Entscheidungen – Europa

„Grande Synthe II", Conseil d'État, Urteil vom 1. Juli 2021, Decision n° 427301

Rechtbank Den Haag, Urteil vom 24. Juni 2015, ECLI:NL:RBDHA:2015:7196

Gerechtshof Den Haag, Urteil vom 9. Oktober 2018, ECLI:NL:GHDHA:2018:2610

Hoge Raad, Urteil vom 20. Dezember 2019, ECLI:NL:HR:2019:2007

## Gerichtsbarkeit der Europäischen Union

EuG, Jégo-Quéré et Cie SA/Kommission der Europäischen Gemeinschaften, Urteil vom 3. Mai 2002, T-177/01, ECLI:EU:T:2002:112

EuG, Inuit Tapiriit Kanatami mit Sitz in Ottawa [Kanada] u.a./Europäisches Parlament, Beschluss vom 6. September 2011, T-18/10, ECLI:EU:T:2011:419

EuGH, Van Gend en Loos/Administratie der Belastingen, Urteil vom 5. Februar 1963, C-26/62, ECLI:EU:C:1963:1

EuGH, Firma Plaumann & Co./Kommission der EWG, Urteil vom 15. Juli 1963, C-25/62, ECLI:EU:C:1963:17

EuGH, Costa/E.N.E.L., Urteil vom 15. Juli 1964, C-6/64, ECLI:EU:C:1964:66, S. 1269

EuGH, Unión de Pequeños Agricultores/Rat, Urteil vom 25. Juli 2002, C-50/00, ECLI:EU:C:2002:462

EuGH, Inuit Tapiriit Kanatami u.a./Europäisches Parlament und Rat der EU, Urteil vom 3. Oktober 2013, C-583/11 P, ECLI:EU:C:2013:625

## Europarat – EGMR

EGMR (Große Kammer), Urteil vom 22. Juni 2004 – 31443/96 Broniowski/Polen, NJW 2005, S. 2521

EGMR (Große Kammer), Urteil vom 4. Februar 2005 – 46827/99, 46951/99 Mamatkulov und Askarov/Türkei

EGMR (V. Sektion), Urteil vom 2. September 2010 – 46344/06 Rumpf/Deutschland, NJW 2010, S. 3355

EGMR (Große Kammer), Urteil vom 12. Oktober 2017 – 46852/13 ua Burmych ua/Ukraine, NJW 2019, S. 27

## Ständiger Internationaler Gerichtshof

PCIJ, Status of Eastern Carelia, Gutachten vom 23. Juli 1923, Series B Nr. 5, S. 7

PCIJ, The Mavrommatis Palestine Concessions, Urteil vom 30. August 1924, Series A Nr. 2, S. 11

PCIJ, Factory at Chorzów, Urteil vom 26. Juli 1927, Series A Nr. 17, S. 29

PCIJ, Interpretation of Judgements Nos. 7 and 8 (The Chorzów Factory), Urteil vom 16. Dezember 1927, Series A No. 13, S. 12

PCIJ, The Panevezys-Saldukis Railway Case, Urteil vom 28. Februar 1939, Series A/B Nr. 76, S. 4

## Internationaler Gerichtshof

ICJ, The Corfu Channel Case (United Kingdom of Great Britain and Northern Ireland v. Albania), Urteil vom 9. April 1949, ICJ Rep. 1949, S. 4

ICJ, Fisheries Case (United Kingdom v. Norway), Urteil vom 18. Dezember 1951, ICJ Rep. 1951, S. 116

ICJ, Anglo-Iranian Oil Co. Case (United Kingdom v. Iran), Preliminary Objections, Urteil vom 22. Juli 1952, ICJ Rep. 1952, S. 93.

ICJ, Nottebohm Case (Liechtenstein v. Guatemala), Preliminary Objection, Urteil vom 18. November 1953, ICJ Rep. 1953, S. 111

ICJ, Case of the monetary gold removed from Rome in 1943 (Italy v. France, United Kingdom of Great Britain and Northern Ireland and United States of America), Preliminary Question, Urteil vom 1. Juni 1954, ICJ Rep. 1954, S. 19

ICJ, Nottebohm Case (Liechtenstein v. Guatemala), Second Phase, Urteil vom 6. April 1955, ICJ Rep. 1955, S. 4

ICJ, Case of Certain Norwegian Loans (France v. Norway), Urteil vom 6. Juli 1957, ICJ Rep. 1957, S. 9

ICJ, Interhandel Case (Switzerland v. United States of America), Preliminary Objections, Urteil vom 21. März 1959, ICJ Rep. 1959, S. 6

ICJ, Case concerning the Temple of Preah Vihear (Cambodia v. Thailand), Merits, Urteil vom 15. Juni 1962, ICJ Rep. 1962, S. 6

ICJ, South West Africa Cases (Ethiopia v. South Africa; Liberia v. South Africa), Preliminary Objections, Urteil vom 21. Dezember 1962, ICJ Rep. 1962, S. 319

ICJ, Case concerning the Northern Cameroons (Cameroon v. United Kingdom), Preliminary Objections, Urteil vom 2. Dezember 1963, ICJ Rep. 1963, S. 15

ICJ, South West Africa Cases (Ethiopia v. South Africa; Liberia v. South Africa), Urteil vom 18. Juli 1966, ICJ Rep. 1966, S. 6

ICJ, Barcelona Traction, Light and Power Company, Limited (Belgium v. Spain), Second Phase, Urteil vom 5. Februar 1970, ICJ Rep. 1970, S. 3

ICJ, Appeal Relating to the Jurisdiction of the ICAO Council (India v. Pakistan), Urteil vom 18. August 1972, ICJ Rep. 1972, S. 46

ICJ, United States Diplomatic and Consular Staff in Tehran (United States of America v. Iran), Urteil vom 24. Mai 1980, ICJ Rep. 1980, S. 3

ICJ, Military and Paramilitary Activities in and against Nicaragua (Nicaragua v. United States of America), Jurisdiction and Admissibility, Urteil vom 26. November 1984, ICJ Rep. 1984, S. 392

ICJ, Military and Paramilitary Activities in and against Nicaragua (Nicaragua v. United States of America), Merits, Urteil vom 27. Juni 1986, ICJ Rep. 1986, S. 14

ICJ, Certain Phosphate Lands in Nauru (Nauru v. Australia), Preliminary Objections, Urteil vom 26. Juni 1992, ICJ Rep. 1992, S. 240

ICJ, East Timor (Portugal v. Australia), Urteil vom 30. Juni 1995, ICJ Rep. 1995, S. 90

ICJ, Gabčíkovo-Nagymaros Project (Hungary v. Slovakia), Urteil vom 25. September 1997, ICJ Rep. 1997, S. 7

ICJ, Land and Maritime Boundary between Cameron and Nigeria (Cameroon v. Nigeria), Preliminary Objections, Urteil vom 11. Juni 1998, ICJ Rep. 1998, S. 275

ICJ, Request for Interpretation of the Judgment of 11 June 1998 in the Case concerning the Land and Maritime Boundary between Cameroon and Nigeria

(Cameroon v. Nigeria), Preliminary Objections (Nigeria v. Cameroon), Urteil vom 25. März 1999, ICJ Rep. 1999, S. 31

ICJ, LaGrand (Germany v. United States of America), Urteil vom 27. Juni 2001, ICJ Rep. 2001, S. 466

ICJ, Oil Platforms (Islamic Republic of Iran v. United States of America), Merits, Urteil vom 6. November 2003, ICJ Rep. 2003, S. 161

ICJ, Legality of Use of Force (Serbia and Montenegro v. Belgium), Urteil vom 15. Dezember 2004, ICJ Rep. 2004, S. 279

ICJ, Case Concerning Armed Activities on the Territory of the Congo (New Application: 2002) (Democratic Republic of the Congo v. Rwanda), Jurisdiction and Admissibility, Urteil vom 3. Februar 2006, ICJ Rep. 2006. S. 6

ICJ, Application of the Convention on the Prevention and Punishment of the Crime of Genocide (Bosnia and Herzegovina v. Serbia and Montenegro), Urteil vom 26. Februar 2007, ICJ Rep. 2007, S. 43

ICJ, Certain Questions of Mutual Assistance in Criminal Matters (Djibouti v. France), Urteil vom 4. Juni 2008, ICJ Rep. 2008, S. 177

ICJ, Request for Interpretation of the Judgement of 31 March 2004 in the Case concerning Avena and Other Mexican Nationals (Mexico v. United States of America), Urteil vom 19. Januar 2009, ICJ Rep. 2009, S. 3

ICJ, Certain Criminal Proceedings in France (Republic of the Congo v. France)

ICJ, Application of the International Convention on the Elimination of All Forms of Racial Discrimination (Georgia v. Russian Federation), Preliminary Objections, Urteil vom 1. April 2011, ICJ Rep. 2011, S. 70

ICJ, Jurisdictional Immunities of the State (Germany v. Italy, Greece intervening), Urteil vom 3. Februar 2012, ICJ Rep. 2012, S. 99

ICJ, Questions relating to the Obligation to Prosecute or Extradite (Belgium v. Senegal), Urteil vom 20. Juli 2012, ICJ Rep. 2012, S. 422

ICJ, Request for Interpretation of the Judgment of 15 June 1962 in the Case concerning the Temple of Preah Vihear (Cambodia v. Thailand) (Cambodia v. Thailand), Urteil vom 11. November 2013, ICJ Rep. 2013, S. 281

ICJ, Whaling in the Antarctic (Australia v. Japan; New Zealand intervening), Urteil vom 31. März 2014, ICJ Rep. 2014, S. 226

ICJ, Obligations concerning Negotiations relating to Cessation of the Nuclear Arms Race and to Nuclear Disarmament (Marshall Islands v. Pakistan), Jurisdiction and Admissibility, Urteil vom 5. Oktober 2016, ICJ Rep. 2016, S. 552

ICJ, Obligations concerning Negotiations relating to Cessation of the Nuclear Arms Race and to Nuclear Disarmament (Marshall Islands v. India), Jurisdiction and Admissibility, Urteil vom 5. Oktober 2016, ICJ Rep. 2016, S. 255

ICJ, Obligations concerning Negotiations relating to Cessation of the Nuclear Arms Race and to Nuclear Disarmament (Marshall Islands v. United Kingdom), Preliminary Objections, Urteil vom 5. Oktober 2016, ICJ Rep. 2016, S. 833

ICJ, Immunities and Criminal Proceedings (Equatorial Guinea v. France), Preliminary Objections, Urteil vom 6. Juni 2018, ICJ Rep 2018, S. 292

ICJ, Certain Iranian Assets (Islamic Republic of Iran v. United States of America), Preliminary Objections, Urteil vom 13. Februar 2019, ICJ Rep. 2019, S. 7

ICJ, Jadhav (India v. Pakistan), Urteil vom 17. Juli 2019, ICJ Rep. 2019, S. 418

ICJ, Alleged violations of the 1955 Treaty of Amity, Economic Relations, and Consular Rights (Islamic Republic of Iran v. United States of America), Preliminary Objections, Urteil vom 3. Februar 2021

ICJ, Alleged Violations of the 1955 Treaty of Amity, Economic Relations, and Consular Rights (Islamic Republic of Iran v. United States of America)

ICJ, Conditions of Admission of a State to the United Nations (Charter, Art. 4), Gutachten vom 28. Mai 1948, ICJ Rep 1948, S. 57

ICJ, Interpretation of Peace Treaties with Bulgaria, Hungary and Romania, Gutachten vom 30. März 1950 (first phase), ICJ Rep. 1950, S. 65

ICJ, International Status of South West Africa, Gutachten vom 11. Juli 1950, ICJ Rep. 1950, S. 128

ICJ, Judgments of the Administrative Tribunal of the I.L.O. upon complaints made against the U.N.E.S.C.O., Gutachten vom 23. Oktober 1956, ICJ Rep. 1956, S. 77

ICJ, Certain Expenses of the United Nations (Article 17, paragraph 2 of the Charter), Gutachten vom 20. Juli 1962, ICJ Rep. 1962, S. 151

ICJ, Western Sahara, Gutachten vom 16. Oktober 1975, ICJ Rep. 1975, S. 12

ICJ, Legality of the Use by a State of Nuclear Weapons in Armed Conflict, Gut achten vom 8. Juli 1996, ICJ Rep. 1996, S. 66

ICJ, Legality of the Treath or Use of Nuclear Weapons, Gutachten vom 8. Juli 1996, ICJ Rep. 1996, S. 226

ICJ, Difference Relating to Immunity from Legal Process of a Special Rapporteur of the Commission on Human Rights, Gutachten vom 29. April 1999, ICJ Rep. 1999, S. 62

ICJ, Legal Consequences of the Construction of a Wall in the Occupied Palestinian Territory, Gutachten vom 9. Juli 2004, ICJ Rep. 2004, S. 136

ICJ, Accordance with International Law of the Unilateral Declaration of Independence in Respect of Kosovo, Gutachten vom 22. Juli 2010, ICJ Rep. 2010, S. 403

ICJ, Legal Consequences of the Separation of the Chagos Archipelago from Mauritius in 1965, Gutachten vom 25. Februar 2019, ICJ Rep. 2019, S. 95

**Schiedsgerichtsbarkeit**

Islands of Palmas Case (Netherlands, USA), 4. April 1928, RIAA II, S. 829 (839)

**Menschenrechtsausschuss**

Menschenrechtsausschuss, F.M./Kanada, Communication Nr. 2284/2013